DUMONT

WANDERZEIT IN DER LÜNEBURGER HEIDE

Herrlich entspannte Touren zum Abschalten & Genießen

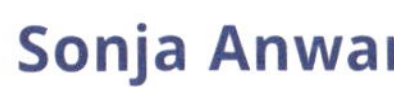

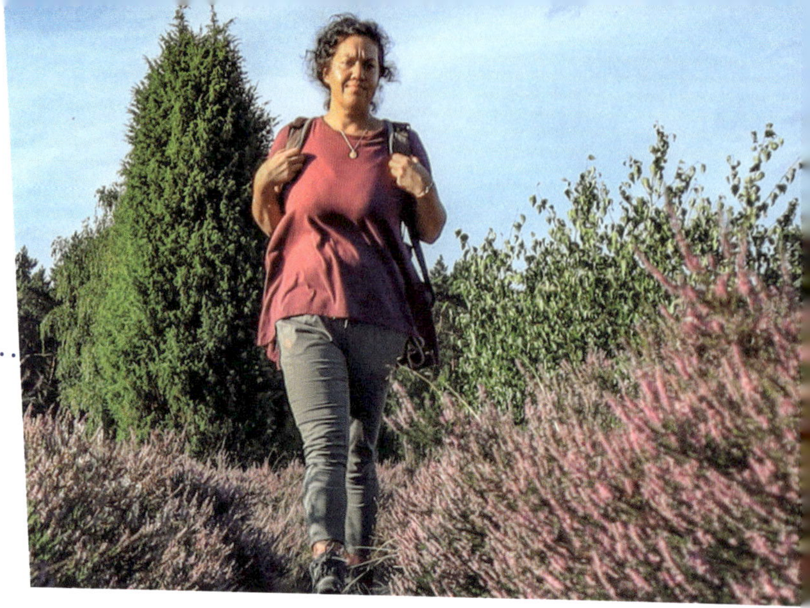

SONJA ANWAR

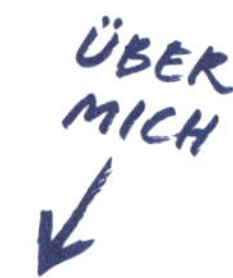

Hallo & Moin, ich bin Sonja,

Humangeografin, Reisebloggerin (delightfulspots.de) und Autorin. Meine Freude am Wandern entdeckte ich ausgerechnet zwischen Zeche und Hütte – im Ruhrgebiet und im Saarland, wo ich geboren und aufgewachsen bin. Während meines Studiums in Trier zog es mich in Weinberge und Schluchten. Seit über zehn Jahren lebe ich nun im Süden Hamburgs. Mit einer aus Gletschern und von Menschenhand geformten Landschaft, die je nach Jahreszeit kunterbunt leuchtet, direkt vor der Haustür.

Meine persönliche Wanderweisheit:

» **Man muss nicht das Land verlassen, um neue Welten zu entdecken.**

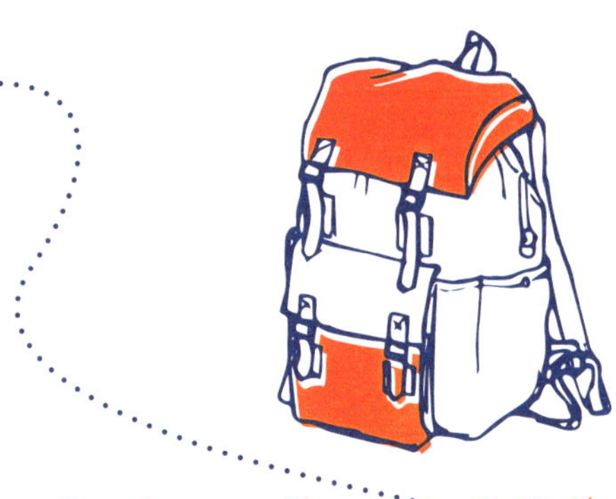

LIEBE LESERIN, LIEBER LESER,

Es brauchte eine Pandemie, um zu erkennen, welcher besondere Schatz vor meiner Nase liegt. Die Lüneburger Heide ist von Hamburg, Bremen und Hannover leicht zu erreichen. Doch wenn ich ehrlich bin: Es ist noch nicht allzu lange her, dass ich dachte, dorthin fahren nur Busreisende und Kutschen-Fans. Glücklicherweise siegte meine Neugier und ich brach auf. Hielt in allen Himmelsrichtungen Ausschau nach besonderen Orten, ließ mich verzaubern und überraschen. Von der zarten und leisen Tier- und Pflanzenwelt. Von Mooren, Wäldern und Bächen. Fand meinen Lieblingsplatz unter einer Kiefer.

In der Stille und Weite der Lüneburger Heide lasse ich meine Seele baumeln, tanke Energie und erhole mich vom Alltag.

Eine herrlich entspannte Wanderzeit wünscht

Sonja Nar

INHALT

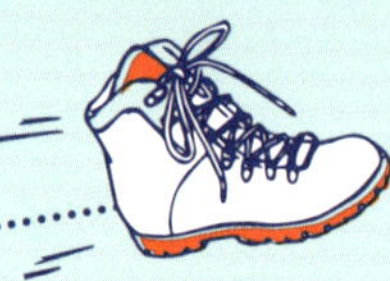

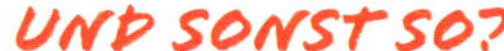
UND SONST SO?

UNTERWEGS AUF DEN SCHÖNSTEN STRECKEN ...

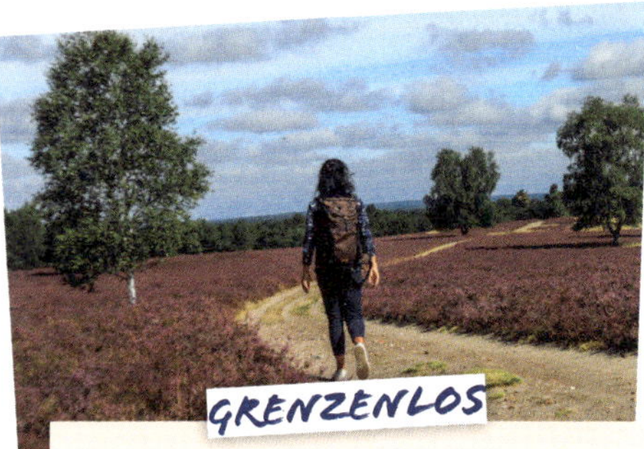

GRENZENLOS

» Heide und Himmel scheinen unterwegs miteinander zu verschmelzen – dieser Weitblick ist einfach fantastisch. Tour 8 zwischen Schafstall und Camp Reinsehlen, Seite 84

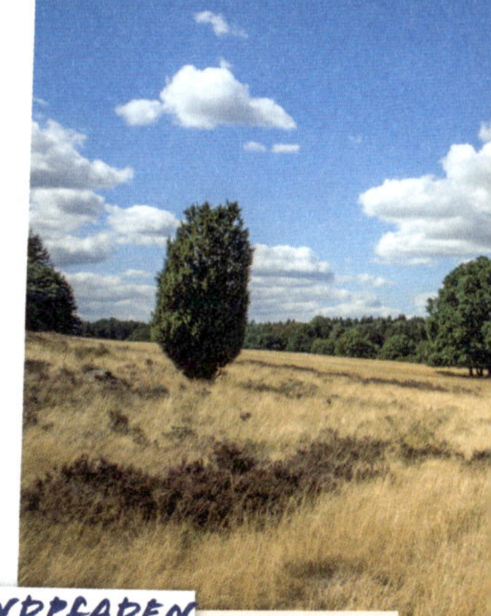

AUF SANDPFADEN

» Weder Auto noch Motorrad – rund um den Wilseder Berg herrscht pures Wanderglück mit offenen Flächen. Fehlt nur noch eine Bisonherde. Tour 9 zwischen Aussichtsturm und Aussichtspunkt Wilseder Berg, Seite 94

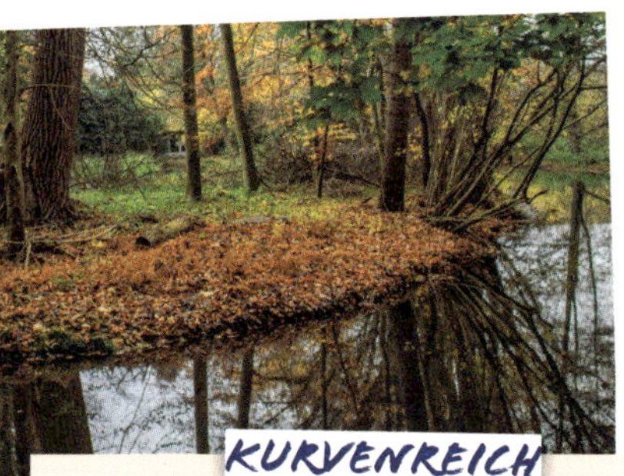

KURVENREICH

» Auf schmalem Pfad, im sanften Auf und Ab, direkt am Flussufer durch den Böhmewald streifen. Hier malt der Heidebach seine Schleifen, wie er mag. Tour 16 zwischen Halifax/Röders' Park und Soltau, Seite 164

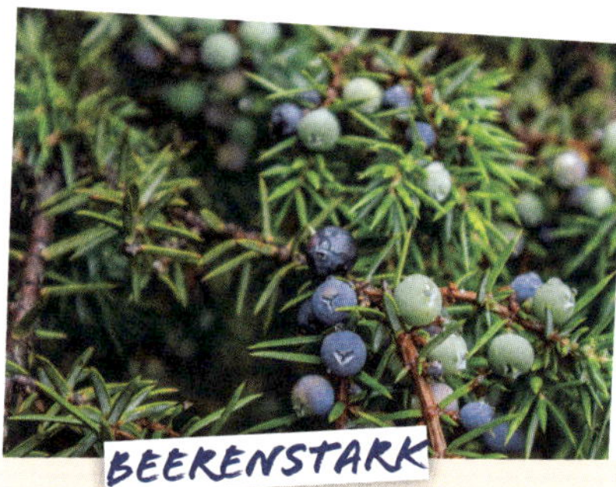

BEERENSTARK

» Nebelschwaden, sanfte Hügel und meterhoher Wachholder. Das Radenbachtal bildet eine Symbiose aus Natur und Kultur und zählt zu den ursprünglichen Heidetälern. Tour 11 zwischen Radenbachtal und Dorfkern Undeloh, Seite 114

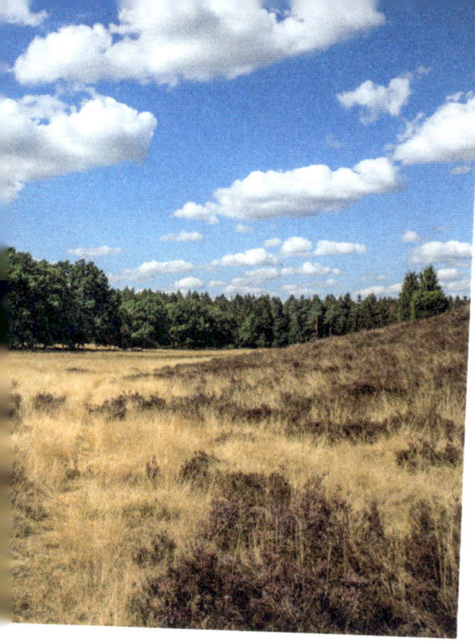

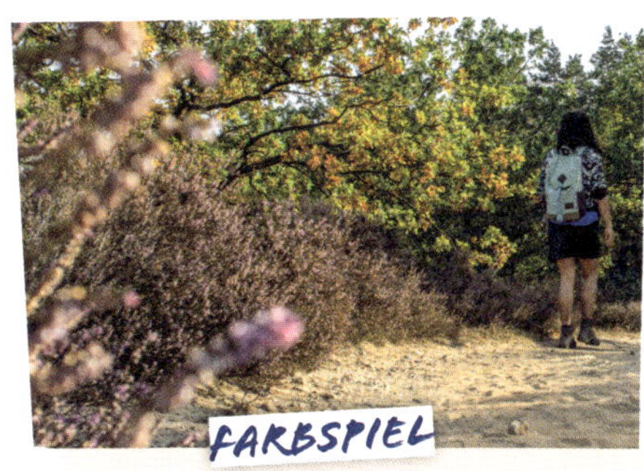

FARBSPIEL

» Dunkelgrün, Pink, Orange. Die Komposition gleicht einem Gemälde. Auf verschlungenen Pfaden hinab ins Fischbektal, vorbei an Kiefer, Heide und Eiche.
Tour 1 zwischen Segelflugplatz und Aussichtspunkt Elbtal, Seite 14

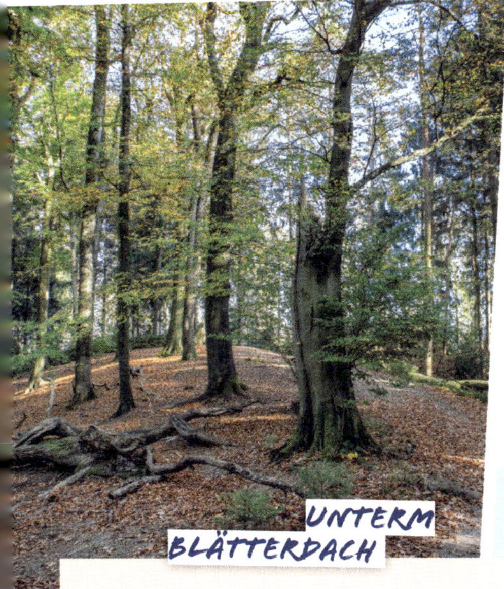

UNTERM BLÄTTERDACH

» Bucheckern knacken, Laub raschelt, durch die Krone der Buchenwälder im Regionalpark Rosengarten fällt goldenes Licht. Tour 2 zwischen Hasselbrack und Moisburger Stein, Seite 24.

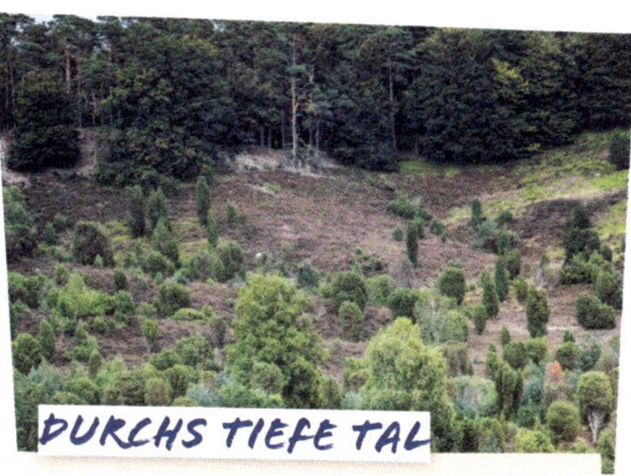

DURCHS TIEFE TAL

» Zu jeder Jahreszeit spektakulär und unvergesslich: In den weiten Talkessel blicken und durch das Tal des Totengrunds flanieren, vorbei an Heide und Wacholder. Tour 10 zwischen Aussichtsplattform Totengrund und Volkwardingen, Seite 104

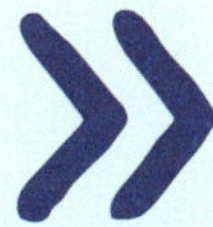

ALLE TOUREN IM ÜBERBLICK

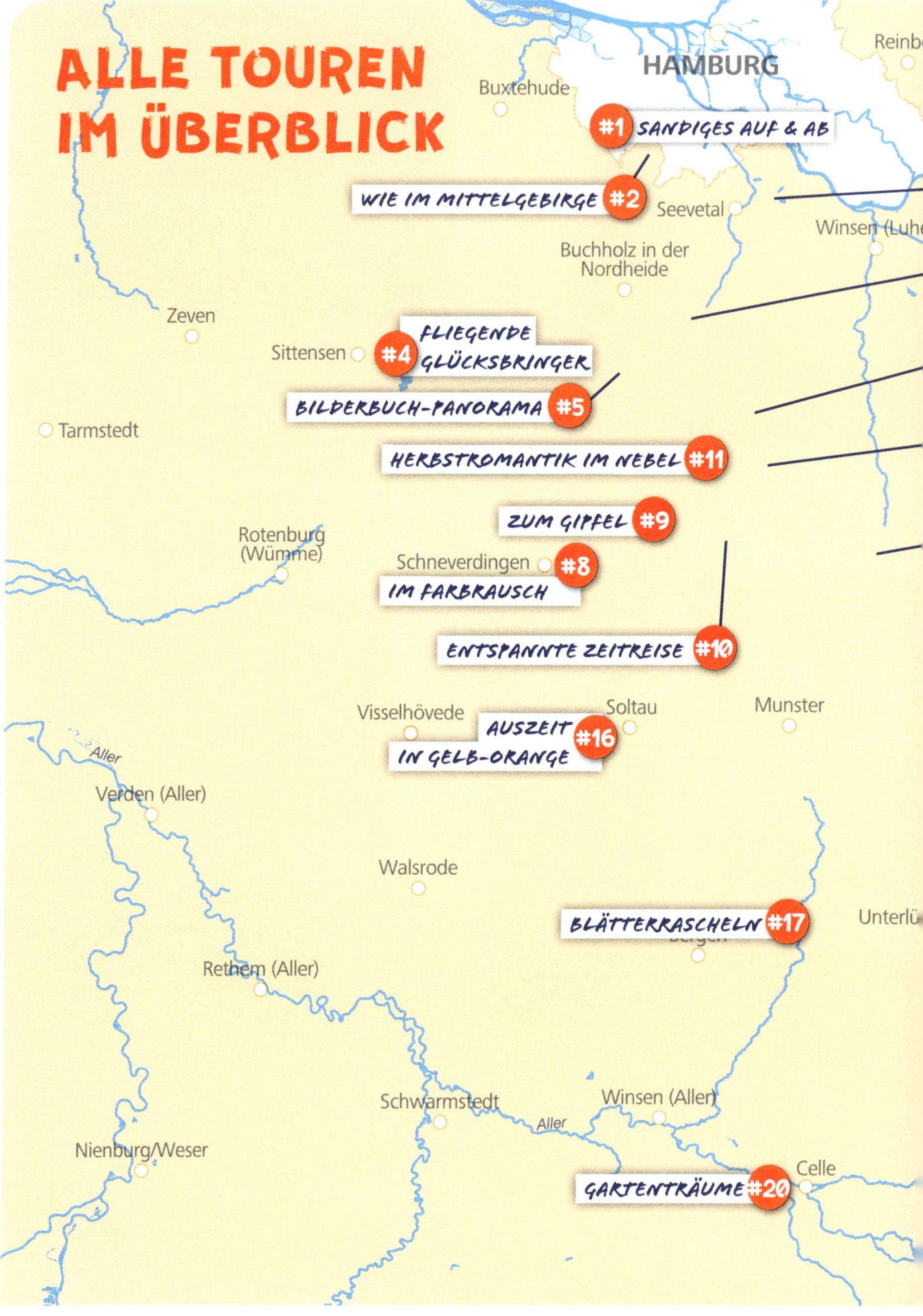

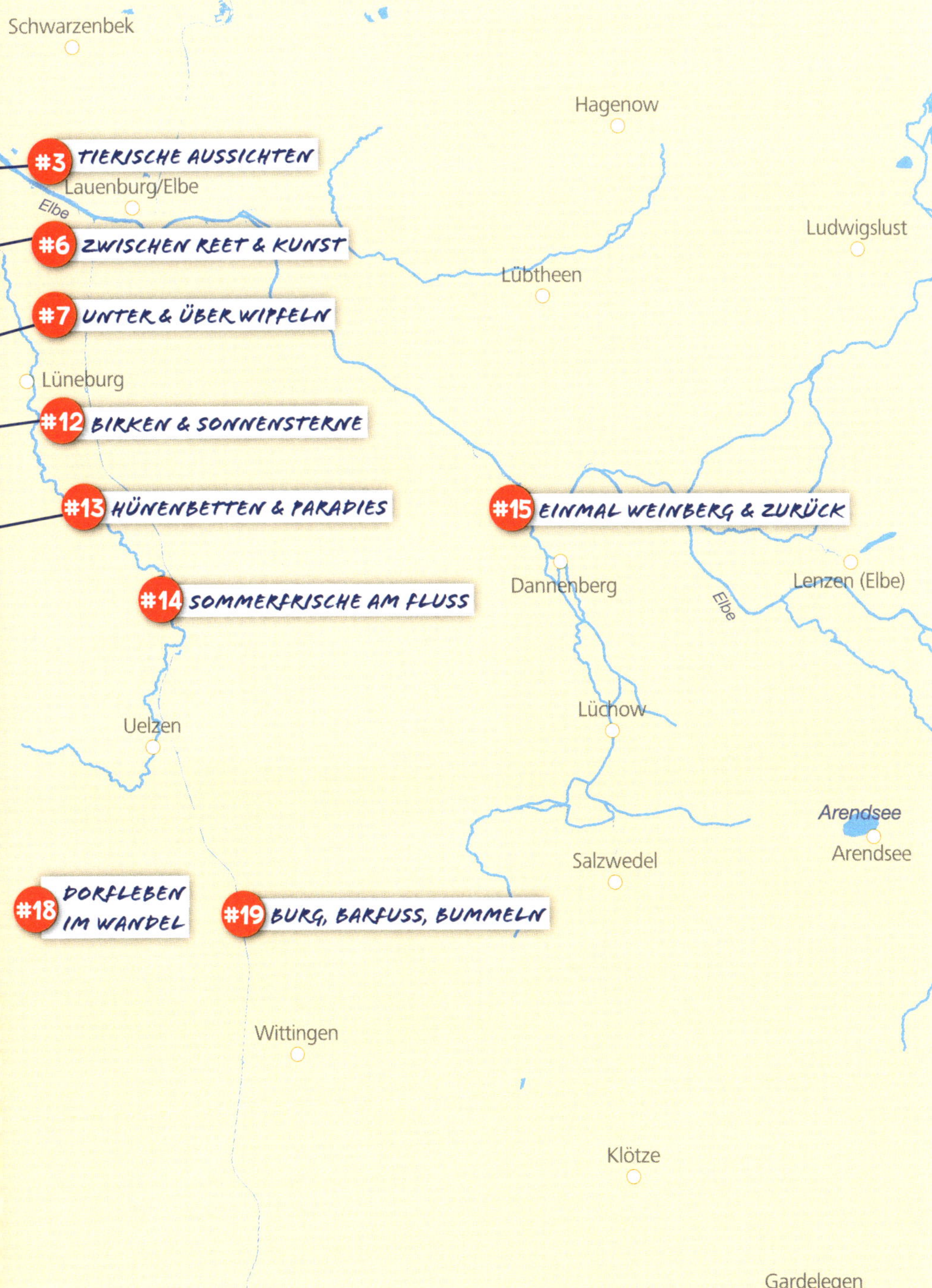
Schwarzenbek
Hagenow
#3 TIERISCHE AUSSICHTEN
Lauenburg/Elbe
Elbe
#6 ZWISCHEN REET & KUNST
Ludwigslust
Lübtheen
#7 UNTER & ÜBER WIPFELN
Lüneburg
#12 BIRKEN & SONNENSTERNE
#13 HÜNENBETTEN & PARADIES
#15 EINMAL WEINBERG & ZURÜCK
#14 SOMMERFRISCHE AM FLUSS
Dannenberg
Elbe
Lenzen (Elbe)
Lüchow
Uelzen
Arendsee
Arendsee
Salzwedel
#18 DORFLEBEN IM WANDEL
#19 BURG, BARFUSS, BUMMELN
Wittingen
Klötze
Gardelegen

… UND AUCH PAUSE MACHEN NICHT VERGESSEN

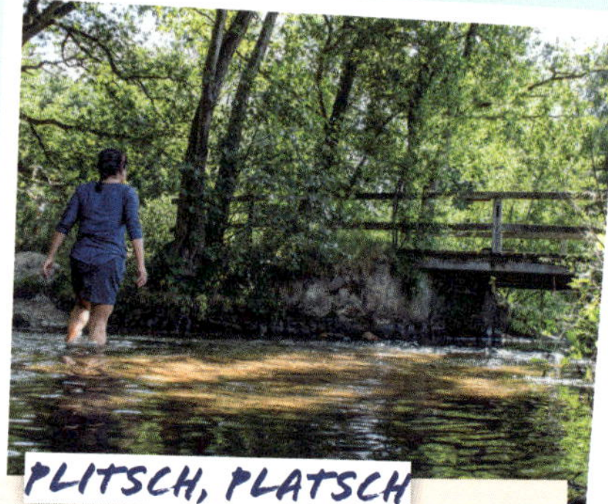

PLITSCH, PLATSCH

» Einfach Socken aus und Zehen in den Heidebach Schmale Aue stecken. Kühles Nass für warm gelaufene Füße – herrlich so eine Mini-Wellnesskur mit Rastplatz. Tour 7, Stopp 2, Seite 79

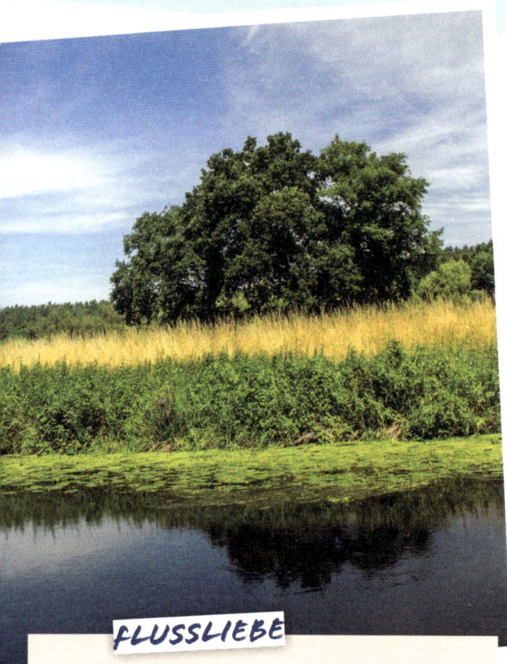

FLUSSLIEBE

» Flusstreiben anschauen, paddelnden Wasserratten einen Seemannsgruß zurufen und ein Erinnerungsfoto von der wunderschönen Ilmenau knipsen. Was für eine schöne Auszeit. Tour 14, Stopp 3, Seite 149

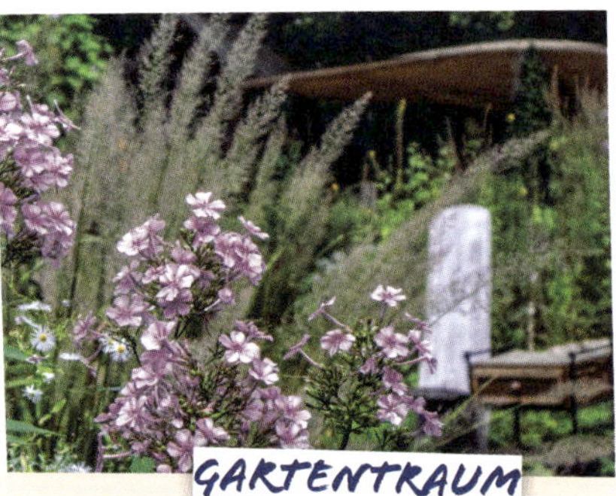

GARTENTRAUM

» Müßiggang trifft auf gackernde Hühner, Tee und Kuchen auf entspannte Schildkröte. Ein paar Stunden verbummeln? Das geht an diesem wunderschönen Ort ganz von selbst. Tour 10, Stopp 4, Seite 110

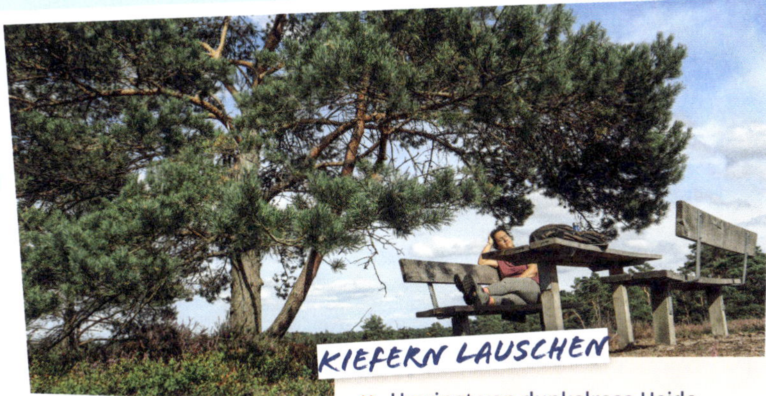

KIEFERN LAUSCHEN

» Umringt von dunkelrosa Heide unter den breiten Armen einer Kiefer dösen. Nadeln zwischen den Fingern reiben und den Duft tief einatmen. Dann auf zum Brunsberg! Tour 5, Stopp 3, Seite 59

IN DER HÄNGEMATTE

» Sanftes Schaukeln zwischen Baumstämmen, Kopf gen Himmel gerichtet, Kraniche zählen. Mitten im Moor lädt diese Wiege zum Entspannen und Nichtstun ein. Tour 4, Stopp 4, Seite 50

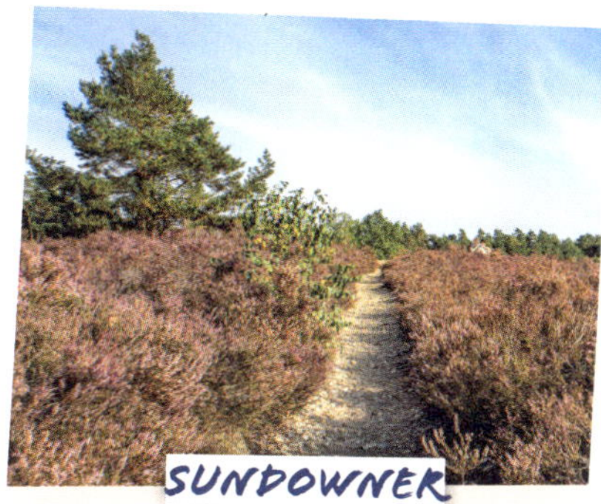

SUNDOWNER

» Am Waldrand sitzen und schauen, wie sich die Fischbeker Heide golden färbt, wenn die Sonne untergeht. Der perfekte Platz für eine Brotzeit. Tour 1, Stopp 5, Seite 21

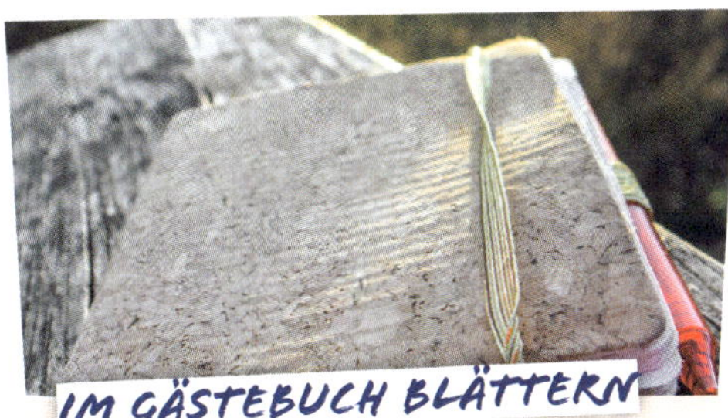

IM GÄSTEBUCH BLÄTTERN

» Sich Zeit nehmen, den Moment genießen. In Worte fassen, was einem durch den Kopf geht und in Urlaubsgeschichten schmökern: im Naturwunder Birkenbank. Tour 12, Stopp 5, Seite 131

EINFACH LOSWANDERN

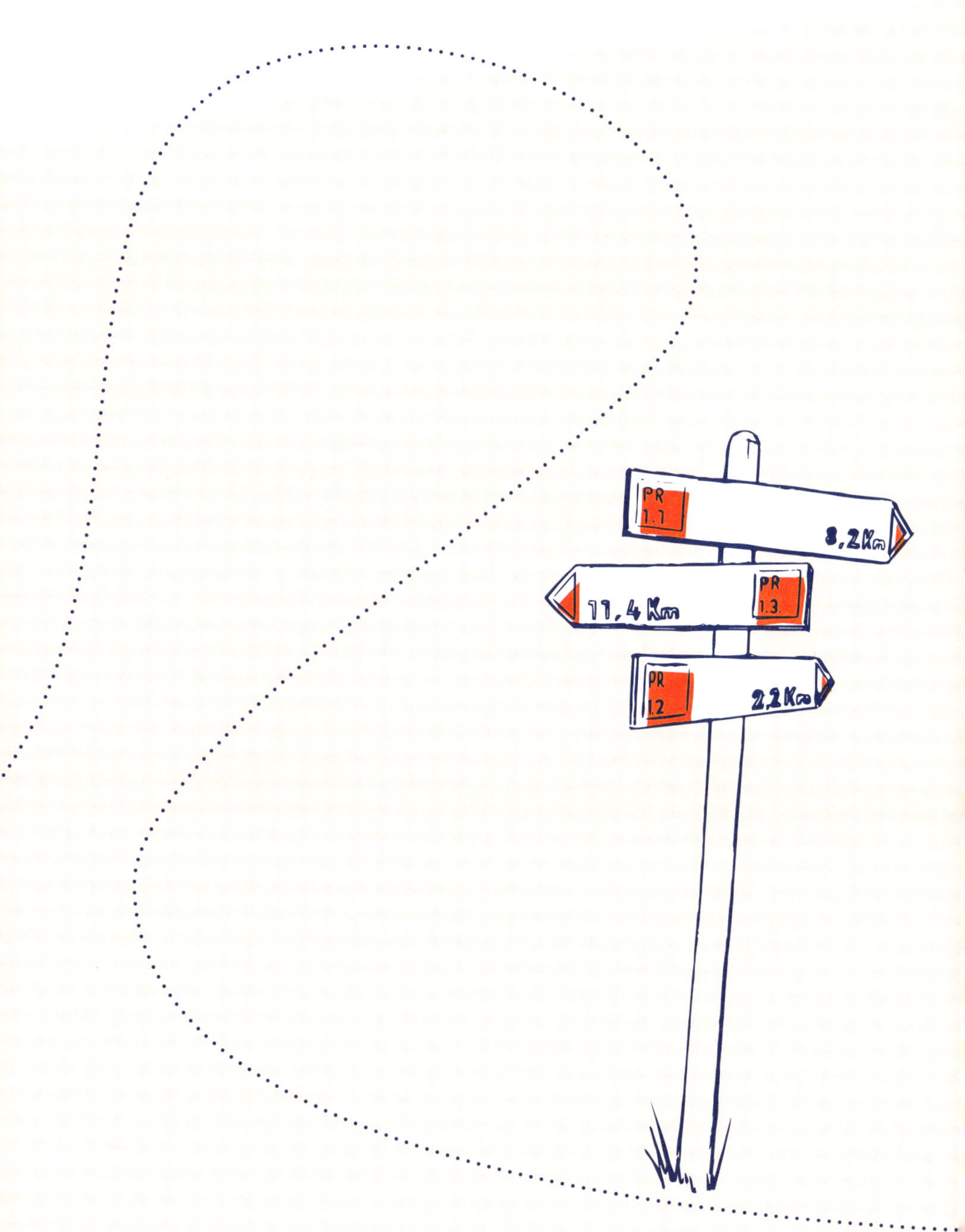
PR
1.1
8,2Km
11,4 Km
PR
1.3.
PR
1.2
2,2Km

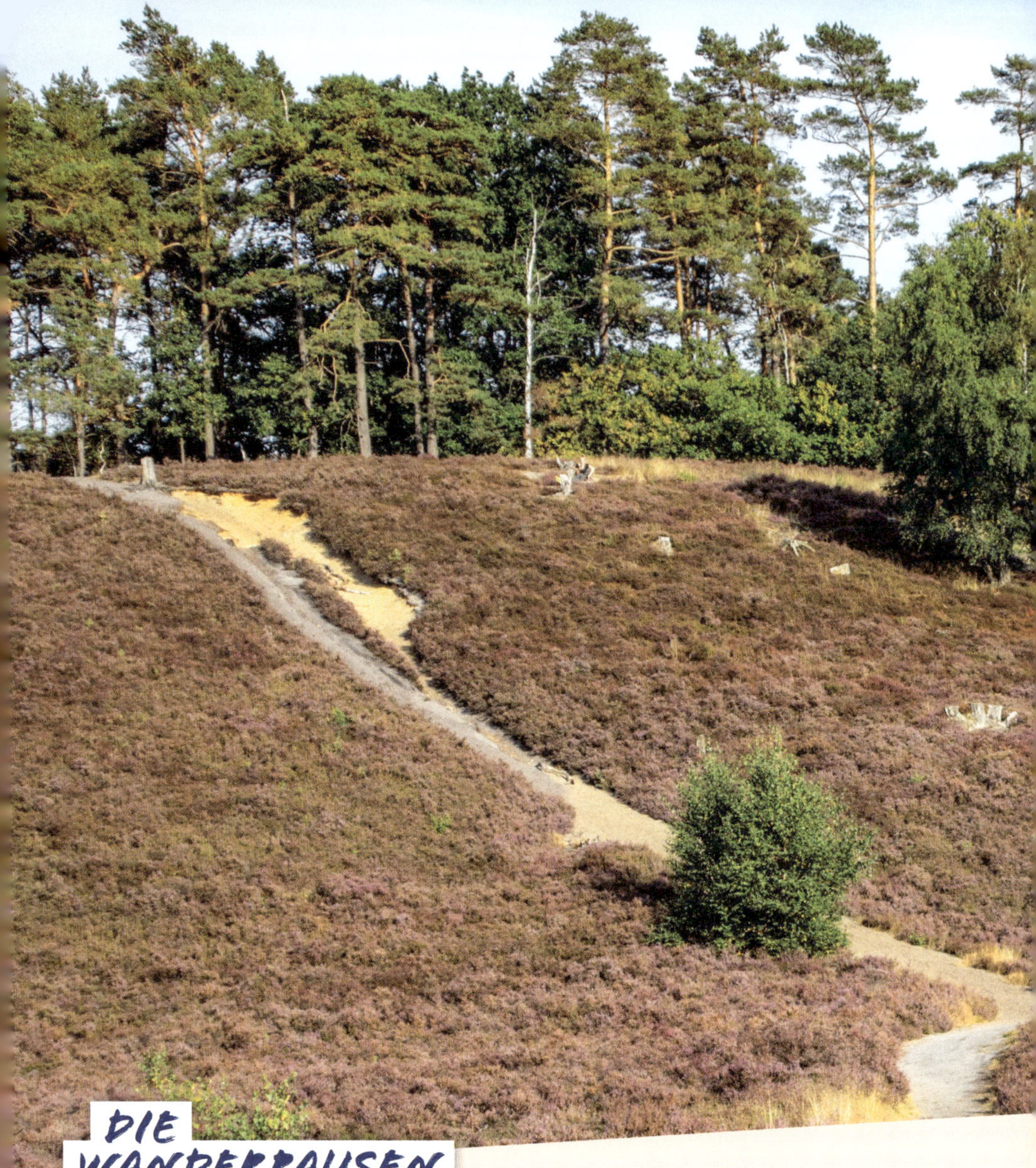

DIE WANDERPAUSEN

» START
Bushaltestelle Fischbeker Heideweg

KM 0,5
1 Fischbeker Heidehaus
Naturschutz im Schafstall

KM 1
2 Fischbeker Glatze
Panoramablick genießen

KM 2
3 Kuhteich
Oase im Wald

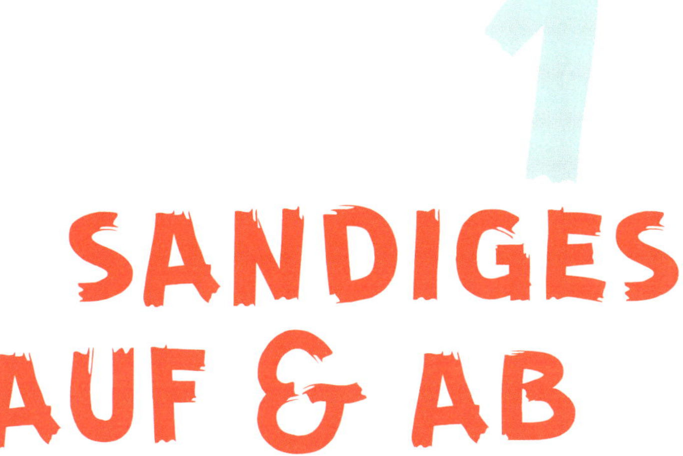

1 Sandiges auf & ab

In der Fischbeker Heide

Vor den Toren Hamburgs erstreckt sich ein Kleinod aus Heide, Kiefern, Buchen und Birken. Dazwischen blöken Heidschnucken, Pferde galoppieren über Sand. Auf verschlungenen Wegen geht's stetig auf und ab, hinter jedem Hügel wartet eine neue Entdeckung.

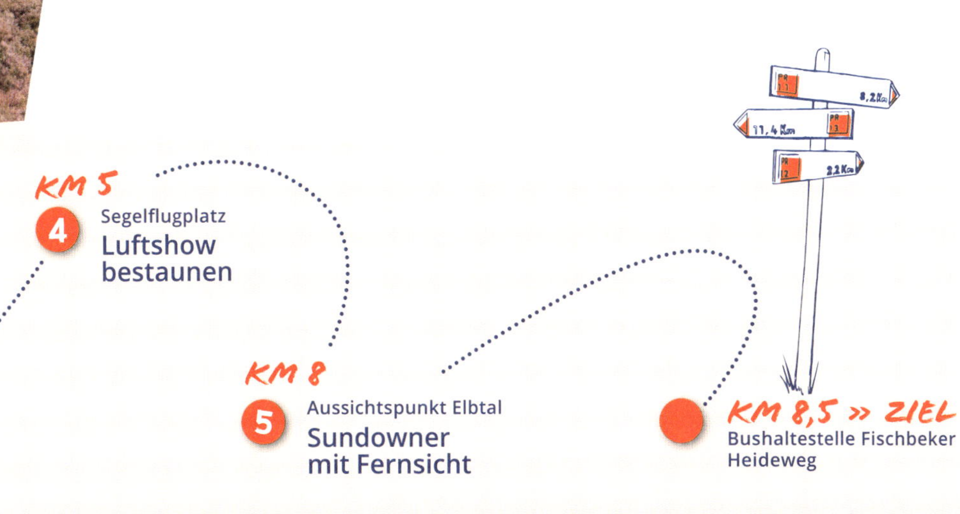

WO GEHT'S DENN HIER ZUR HEIDE?

Das mag sich fragen, wer aus dem Bus aussteigt und mitten im Wohngebiet landet. Vor den Toren Hamburgs ist auf den ersten Blick nichts von weiter Heidelandschaft und Heidschnucken zu erahnen, von sandigen Pfaden, Rosmarinheide, Ginster und tanzenden Libellen.

Häuser und Straße verschwinden im Rücken. Abtauchen unter einer grünen Decke aus Kiefern, Buchen und Eichen. Ein Besuch im **Fischbeker Heidehaus** gibt einen Vorgeschmack auf das Naturschutzgebiet. Auf die vielfältige Tierwelt mit Fröschen, Heide-Grünwidderchen, Spinnen, Eidechsen, Käfern und Spinnen. Biotope wie Feucht- und Trockenheide, Magerrasen, Waldwiesen, Quellmoore und Laubwald.

SUPERROMANTISCH: WENN SICH DAS FISCHBEKTAL ZUR GOLDENEN STUNDE RÖTLICH FÄRBT

Genug der Theorie. Zunächst durch den Krattwald, der mit seinen verschlungenen Ästen an einen Märchenwald erinnert. Hier liegen Rastende auf bunten Decken, alle Viere von sich gestreckt, ins Kartenspiel oder zwischen Buchseiten versunken.

Am **Kuhteich,** einer kleinen Oase mitten im Wald, kommt der Praxistest. Augen und Ohren offen halten. Was summt, was raschelt da?

Schuhe aus und ein vollkommen anderes Wandergefühl erleben. Vom Wald durchs Tal auf hellem Sand, die **Glatze** auf der rechten Seite. Links wartet der erste richtige Anstieg. Oben angekommen, etwas aus der Puste, winkt Belohnung: die grandiose Aussicht auf einen **Segelflugplatz,** der ganz ohne Kerosin auskommt. An Tagen mit Flugbetrieb kommt man aus dem Staunen über die Kunst des Segelfliegens gar nicht raus.

Auf dem letzten Stück der Tour einfach der Intuition folgen. Sich hinab ins Tal treiben lassen. Dunkelblaue Heidelbeeren am Wegesrand. Eicheln knacken unter den Wanderschuhen, an einigen Stellen ist der Boden beige, grau oder rotbraun gefärbt. Wer genau hinhört, kann den flötenden Gesang von Heidelerchen vernehmen. Vom Tal an einer alten Kieskuhle vorbei, steil bergauf und diese Tour mit einem wunderschönen Aussichtspunkt mit Elbblick krönen. «

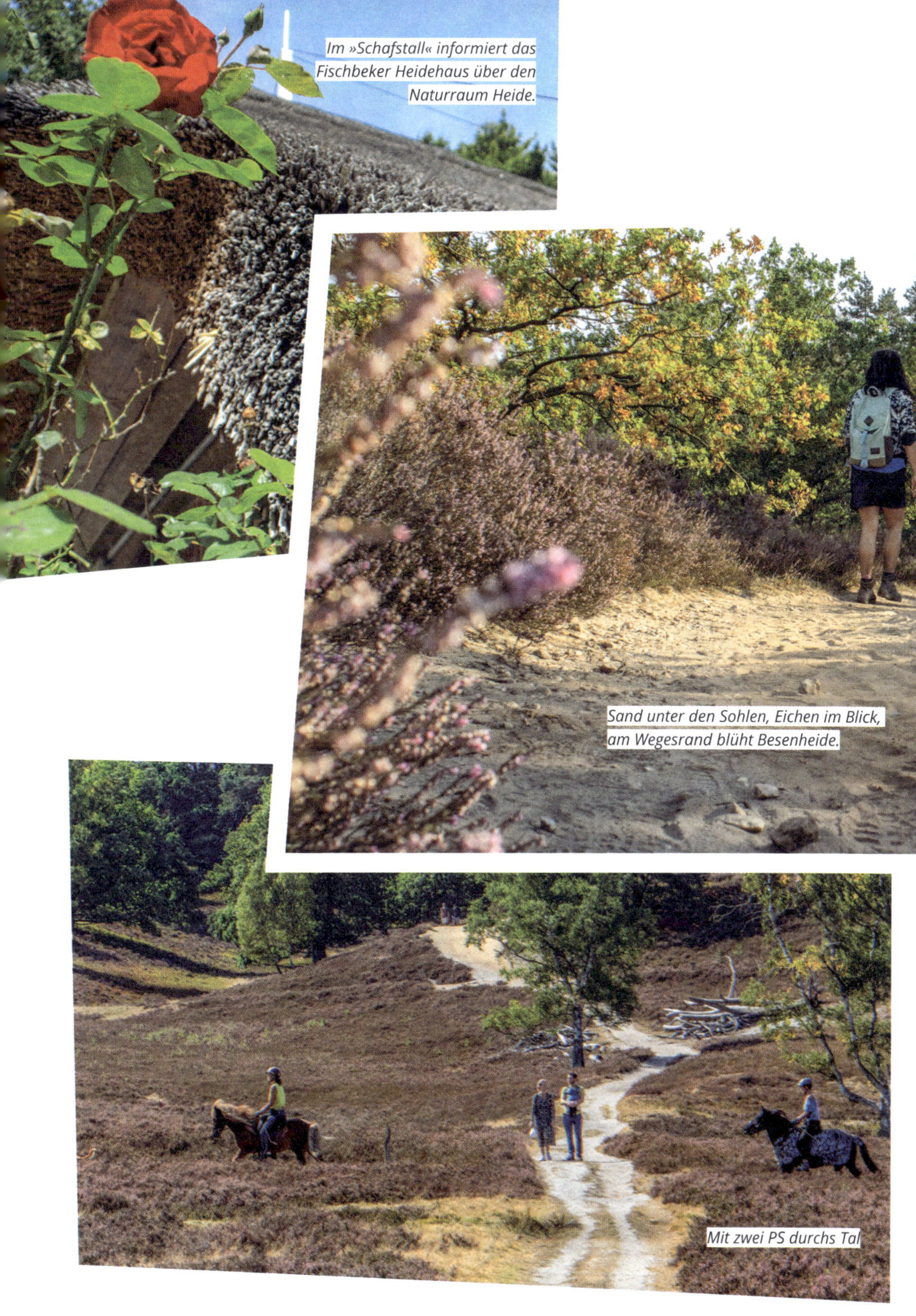

Im »Schafstall« informiert das Fischbeker Heidehaus über den Naturraum Heide.

Sand unter den Sohlen, Eichen im Blick, am Wegesrand blüht Besenheide.

Mit zwei PS durchs Tal

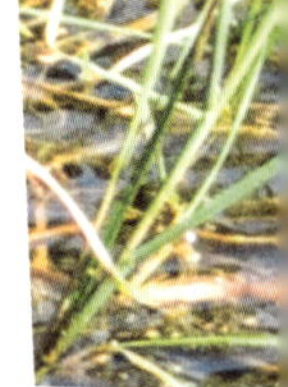

WANDERN & GENIESSEN

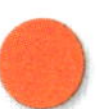

» START

Bushaltestelle Fischbeker Heideweg

Von der Bushaltestelle auf den Fischbeker Heideweg (Straße mit Gehweg). Das Fischbeker Heidehaus ist ausgeschildert und nach etwa zehn Gehminuten erreicht.

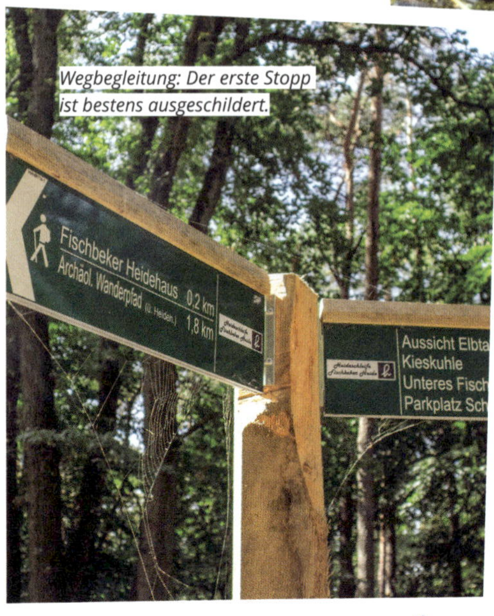

Wegbegleitung: Der erste Stopp ist bestens ausgeschildert.

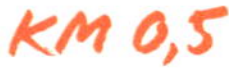

KM 0,5

Fischbeker Heidehaus

1 Naturschutz im Schafstall

Umgeben von Wald stehen zwei längliche, mit Reet gedeckte Schafställe. Im rechten Schafstall blökt leise eine Heidschnucken-Herde, wenn sie nicht gerade zusammen mit der Schäferin durchs Tal zieht. Im linken Gebäude informiert das Naturschutz-Informationszentrum der Loki Schmidt Stiftung über den Natur- und Kulturraum Heide. Wie kamen Gletscher in die Heide? Was sind Krattbäume? Wo lebt der Brombeerzipfelfalter? Die Antworten dazu und mehr Wissenswertes vermitteln interaktive Tische – der Besuch lohnt. Das Haus ist außerdem Treffpunkt für Wanderungen durch das Naturschutzgebiet. (loki-schmidt-stiftung.de/fischbek)

Infozentrum links herum verlassen, den Fischbeker Heideweg überqueren und zwischen Freiluftschule und Sportplatz auf dem Naturweg zum Ausguck.

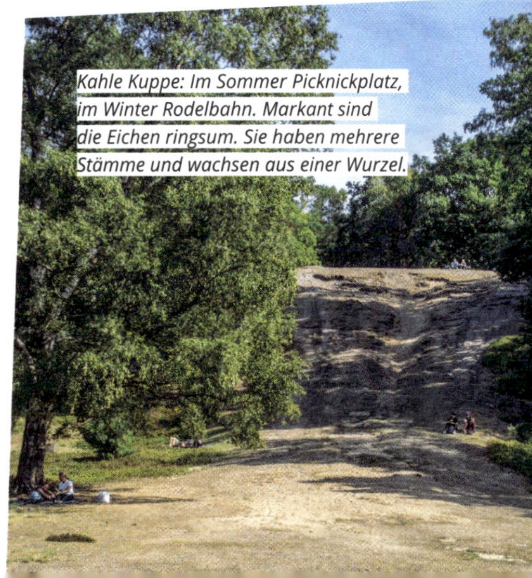

Kahle Kuppe: Im Sommer Picknickplatz, im Winter Rodelbahn. Markant sind die Eichen ringsum. Sie haben mehrere Stämme und wachsen aus einer Wurzel.

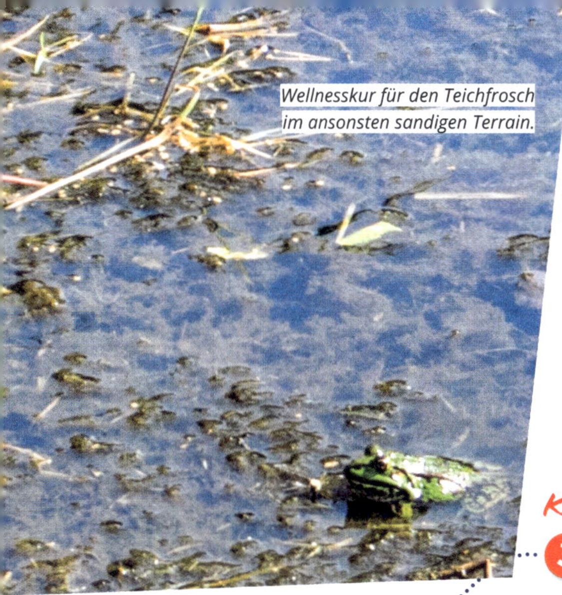

Wellnesskur für den Teichfrosch im ansonsten sandigen Terrain.

FARBLICH BESTENS ANGEPASST

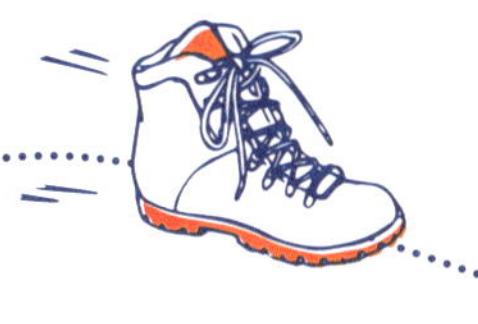

KM 1

2 Fischbeker Glatze
Panoramablick genießen

Bisher war vom Fischbektal mit steilen Hängen und kurvenreichen Wegen nichts zu sehen. Umso mehr überrascht der Blick vom markanten Landschaftspunkt aus. Helle Pfade durchziehen die Kulisse. Dunkellila Besenheide bedeckt das trockene Flussbett zur Blütezeit, Birken ragen vereinzelt in die Höhe. Kiefern und Eichen strecken ihre Äste in die Breite. Dazwischen wuseln Menschen in alle Himmelsrichtungen, zu Fuß, zu Pferd, auf Bikes. Den Blick schweifen lassen. Bei klarer Sicht ist Hamburg von hier oben zu sehen. Die Fischbeker Glatze, eine kahle Kuppe, verwandelt sich bei Schnee in einen Rodelberg. Im Sommer Sonne satt im Tal. Doch hier: Schatten und leises Blätterrauschen.

Entweder den steilen Abhang ins Elbtal hinab, dann Wanderweg W5 links herum zum Kuhteich folgen. Wem der Abstieg zu steil ist, der kehrt zurück zum Fischbeker Heideweg, hält sich rechts und folgt Wanderweg W6 durch Krattwald bis zum Kuhteich. Leicht abschüssig.

KM 2

3 Kuhteich
Oase im Wald

Mitten in der ansonsten trockenen Fischbeker Heide wirkt der nahezu kreisrunde Kuhteich wie eine Oase. Ein Relikt der alten Fischbek, die das markante Tal formte. Wald umgibt die Wasserstelle. Bänke und Tisch laden zur Rast ein. Der grüne Teichfrosch wirkt träge, scheint sich im Schlamm und sattem Grün wohlzufühlen. Im Frühling sorgen Moorfrösche für Farbtupfer. Zur Laichzeit leuchten die kleinen Frösche blau, um den Damen zu gefallen. Im Spätsommer strahlen Vogelbeeren der Eberesche knallrot. Ein Specht hämmert. Libellen tänzeln flink zwischen Gräsern und legen waghalsige Flugmanöver ein. Der perfekte Ort zum Lauschen und Beobachten. Wer mag, zieht die Schuhe aus und läuft barfuß weiter.

Am Rastplatz rechts herum ins Fischbektal abbiegen durch Wald mit Heidelbeersträuchern.

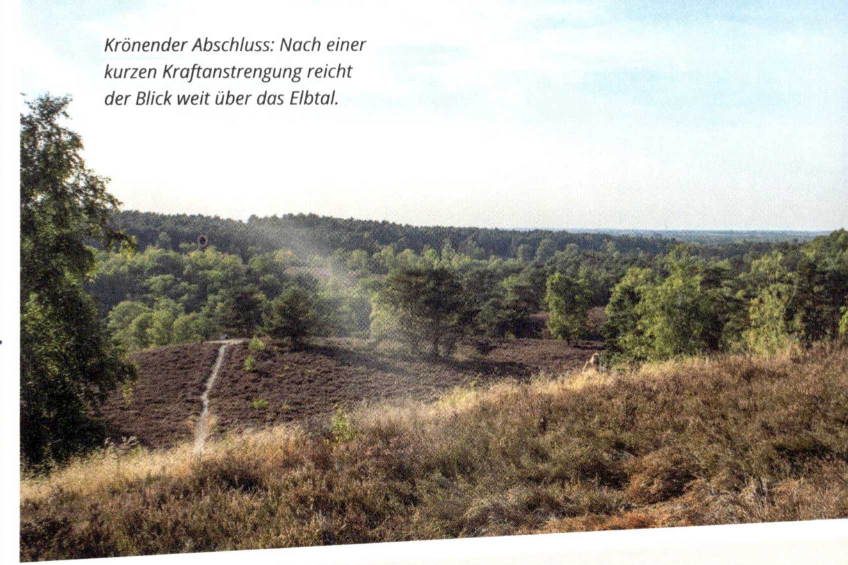

Krönender Abschluss: Nach einer kurzen Kraftanstrengung reicht der Blick weit über das Elbtal.

KM 5

4 Segelflugplatz

Luftshow bestaunen

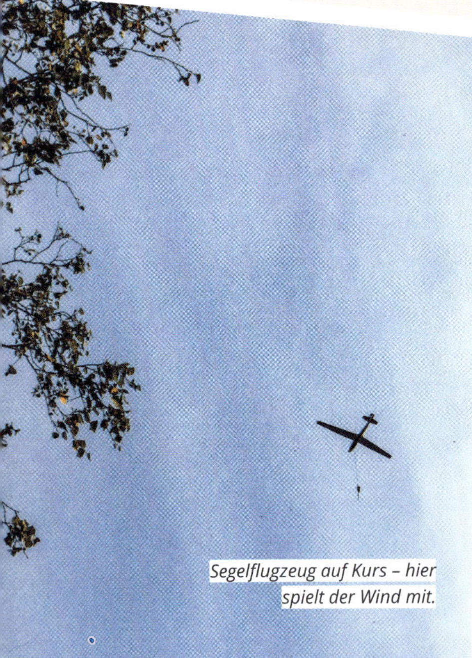

Segelflugzeug auf Kurs – hier spielt der Wind mit.

Ein Zugfahrzeug saust über die Startbahn, zieht einen großen Vogel mit Insassen hinter sich her. Von 0 auf 100 km/h in zwei Sekunden. Klack. Das zuvor straff gespannte Zugseil fällt schlaff zu Boden. Ganz ohne Treibstoff, nur dank Thermik schwebt das Segelflugzeug nahezu lautlos über der Fischbeker Heide. Das Spektakel lässt sich von einer Bank oder Picknickdecke prima beobachten. Mutige wagen sich selbst ins Cockpit. Dafür braucht es allerdings etwas Glück. An Wochenenden und Feiertagen nachmittags, einfach am Startwagen nachfragen, ob ein Platz für einen Gastflug verfügbar ist, und sich den Traum vom Fliegen über grünlila Wellen erfüllen. (segelflugclub-fischbek.de)

Segelflugplatz im Rücken, Sandpfaden zwischen Kiefern und Birken in nordöstlicher Richtung folgen. Zunächst durch Kiefernwald, dann an Eichen, Heide und Heidelbeersträuchern vorbei in Kurven ins Tal hinab. Der Beschilderung hinauf zur Aussicht Elbtal folgen.

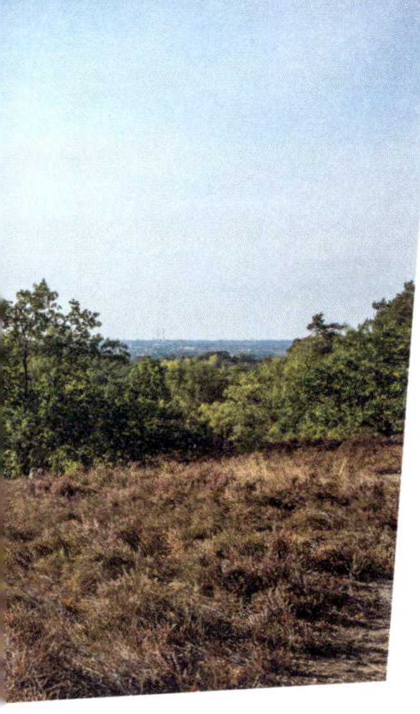

EXTRA INFOS:

Löwen und Wölfe, Feenwald und Kratteichen – wer sein Wissen vertiefen möchte und die Heidelandschaft mit all ihren fauna- und floratypischen Besonderheiten kennenlernen möchte, für den eignen sich die regelmäßig stattfindenden Führungen der ● **Loki Schmidt Stiftung** (loki-schmidt-stiftung.de/veranstaltungen). Treffpunkt ist das Fischbeker Heidehaus (s. Stopp 1). Von After-Work-Walk bis Vollmondwanderung: Die Fischbeker Heide lohnt zu jeder Tages- und Jahreszeit.

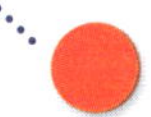

KM 8

5 Aussichtspunkt Elbtal

Sundowner mit Fernsicht

Atemlos oben angekommen. Zur Belohnung ein Moment, der sich ins Gedächtnis brennt: der Blick frei auf das sandige Heidetal zu Füßen und auf grüne Hänge rundherum, die an einem warmen Spätsommertag golden schimmern. Wolkenloser Himmel. Famose Fernsicht bis Blankenese, über das Elbtal bis ins Alte Land. Glieder und Fußknöchel sind müde vom heutigen Auf und Ab, vom Laufen auf Sand. Platz nehmen, mitgebrachte Brotzeit und Blubbergetränk genießen und das Farbenspiel des Sonnenuntergangs bestaunen. Einen schöneren Platz für ein Open-Air-Dinner gibt es nicht.

Wanderweg nach Süden bis zur nächsten Weggabelung folgen. Links abbiegen, Talsenke durchqueren, hinauf zur Thiemannstraße. Die Bushaltestelle liegt rechter Hand.

KM 8,5 » ZIEL

Bushaltestelle Fischbeker Heideweg

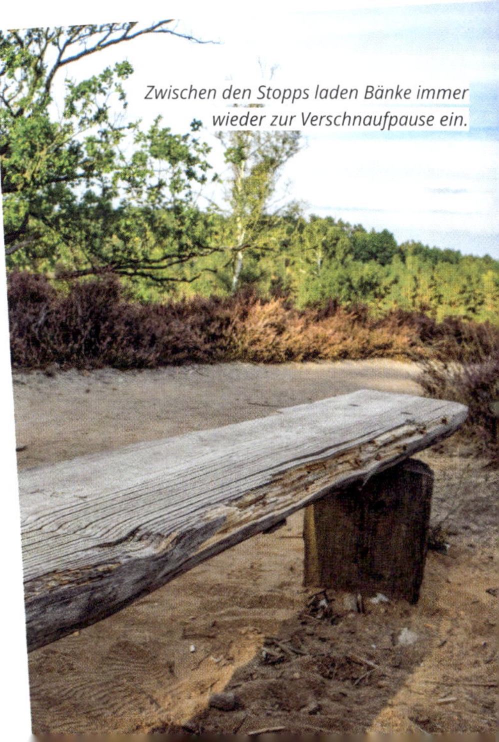

Zwischen den Stopps laden Bänke immer wieder zur Verschnaufpause ein.

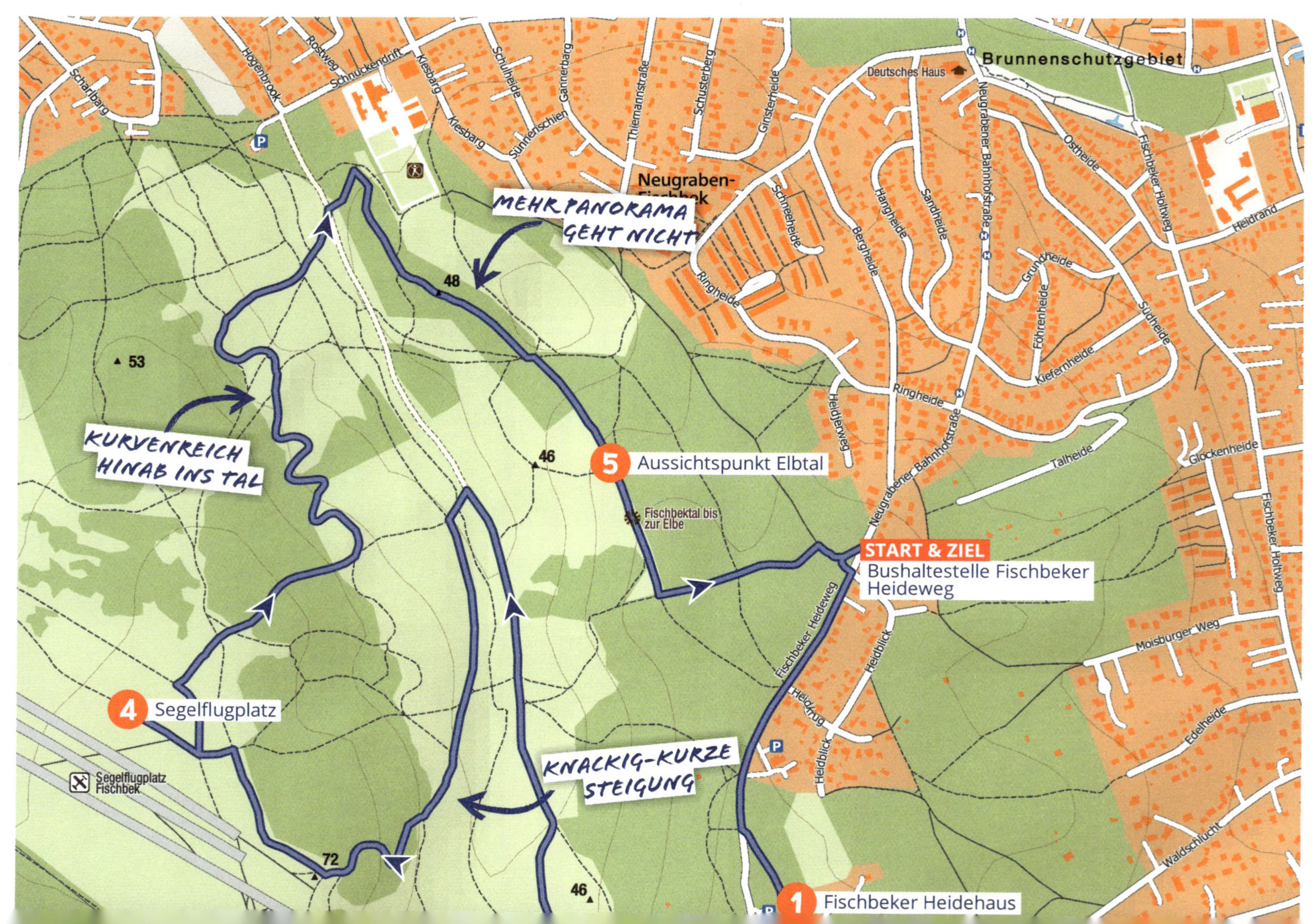
START & ZIEL
Bushaltestelle Fischbeker Heideweg
1 Fischbeker Heidehaus
4 Segelflugplatz
5 Aussichtspunkt Elbtal
MEHR PANORAMA GEHT NICHT
KURVENREICH HINAB INS TAL
KNACKIG-KURZE STEIGUNG
Fischbektal bis zur Elbe
Segelflugplatz Fischbek
Brunnenschutzgebiet
Deutsches Haus
Neugraben-
Neugrabener Bahnhofstraße
Fischbeker Holtweg
Fischbeker Heideweg
Moisburger Weg
Heidrand
Ostheide
Südheide
Grundheide
Föhrenheide
Kiefernheide
Sandheide
Hangheide
Bergheide
Ringheide
Schneeheide
Heidjerweg
Talheide
Glockenheide
Edelheide
Waldschlucht
Heidblick
Heidkrug
Ginsterheide
Schusterberg
Thiemannstraße
Gannerbarg
Sunnenschien
Schulheide
Kiesbarg
Schnuckendrift
Rostweg
Hogenbrook
Scharlbarg
53
48
46
72

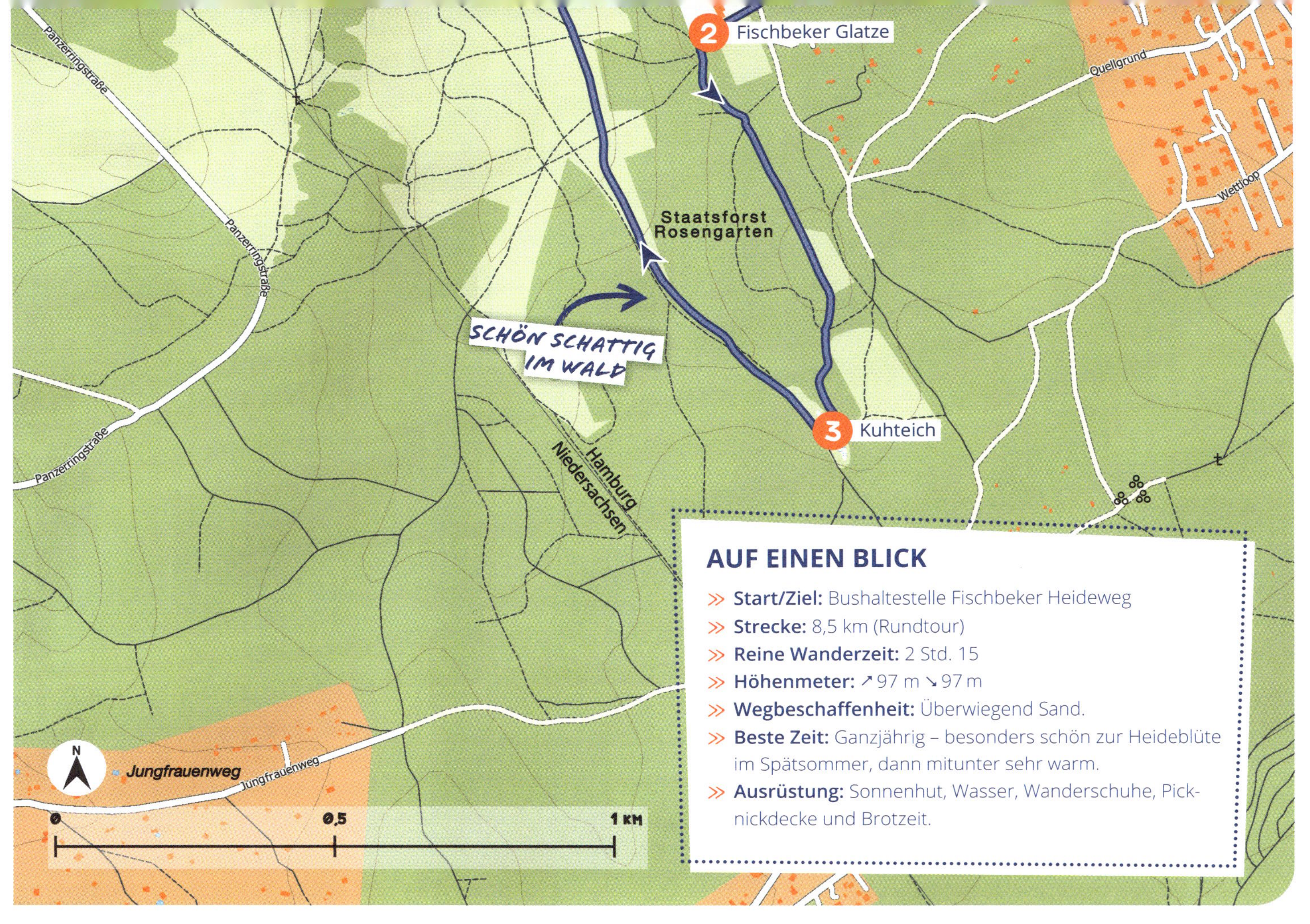

AUF EINEN BLICK

- **Start/Ziel:** Bushaltestelle Fischbeker Heideweg
- **Strecke:** 8,5 km (Rundtour)
- **Reine Wanderzeit:** 2 Std. 15
- **Höhenmeter:** ↗ 97 m ↘ 97 m
- **Wegbeschaffenheit:** Überwiegend Sand.
- **Beste Zeit:** Ganzjährig – besonders schön zur Heideblüte im Spätsommer, dann mitunter sehr warm.
- **Ausrüstung:** Sonnenhut, Wasser, Wanderschuhe, Picknickdecke und Brotzeit.

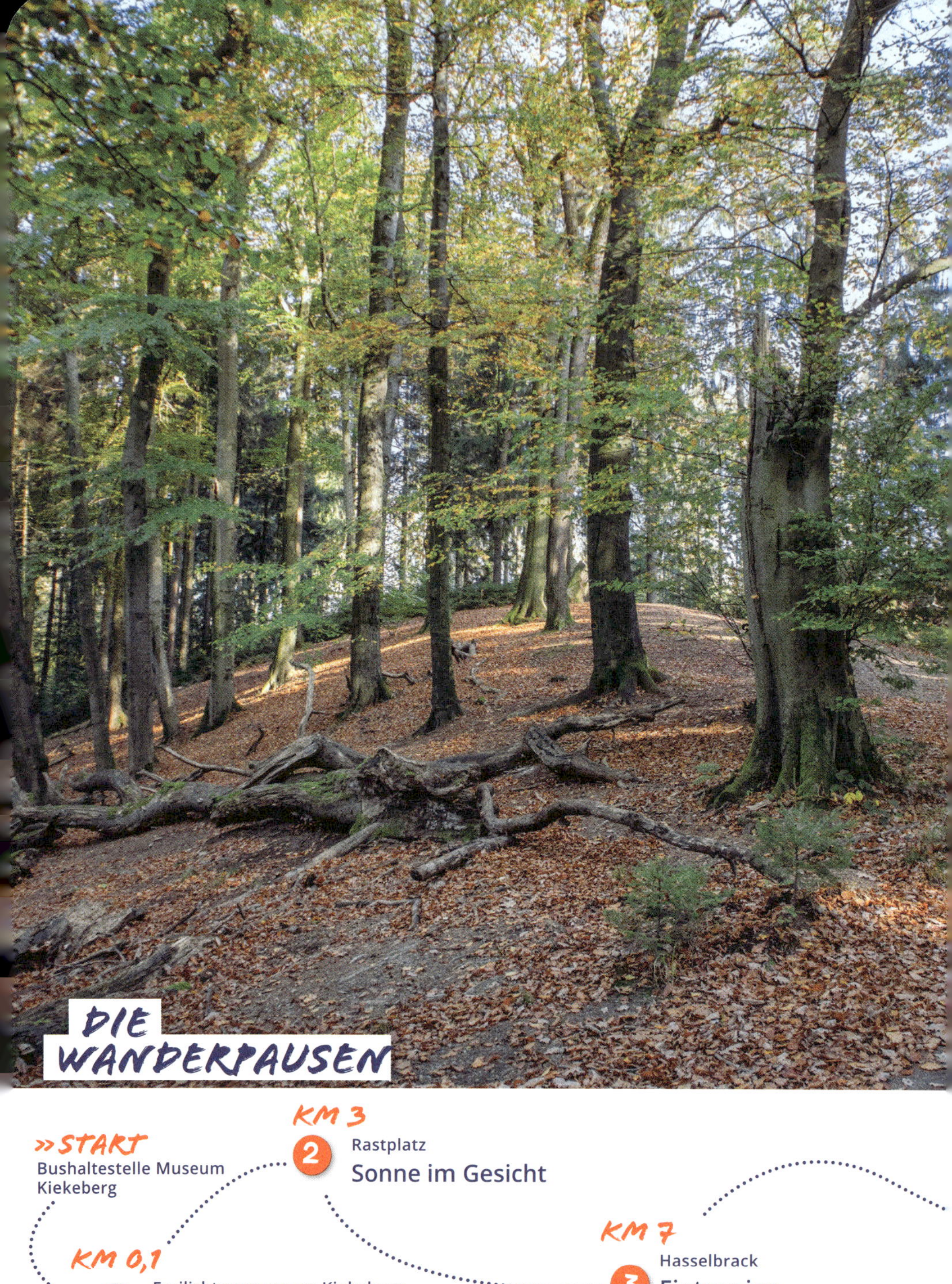

DIE WANDERPAUSEN

» START
Bushaltestelle Museum Kiekeberg

KM 0,1
1 Freilichtmuseum am Kiekeberg
Blick in die jüngere Geschichte

KM 3
2 Rastplatz
Sonne im Gesicht

KM 7
3 Hasselbrack
Eintrag ins Gipfelbuch

2

WIE IM MITTEL-GEBIRGE

Durch die Harburger Berge

Durch dichte Wälder und tiefe Täler auf verschlungenen Pfaden im Auf und Ab zum Gipfelglück. Wer für norddeutsche Verhältnisse hoch hinaus möchte, unternimmt diese Light-Trekkingtour zwischen Elbe, Marsch und Heide.

KM 8,5

4 Moisburger Stein

Über Grenzen hinweg

KM 11

5 Hofladen Schröder

Zwischen Spargel und Eierlikör

KM 11,1 » ZIEL

Bushaltestelle Alveser Straße

AUF GIPFELTOUR IN DER NORDHEIDE?

Sind die Fragezeichen im Blick des Gegenübers groß, funktioniert der Überraschungseffekt. Höchste Zeit, sich nicht nur in die Weite des Nordens zu verlieben, sondern auch in die Buckel und Gipfel.

Start ist das **Freilichtmuseum am Kiekeberg,** das Einblicke in mehrere Hundert Jahre Landleben in Marsch und Heide ermöglicht. Vom weitläufigen Gelände und der Vergangenheit geht es an Dörfern der Neuzeit vorbei und hinein in die Berge, die gleich hinter dem Gasthaus am Kiekeberg beginnen. Klönschnack am Rastplatz, dann weiter zum Gipfelsammeln.

Durch Buchenblätter strahlt Sonnenschein. Unter den Sohlen ist der Boden mal weich, dann wieder stark durchwurzelt. In Wellen führt der Pfad über die Gipfel von Kiekeberg und Langer Stein, vorbei an Pferdekoppeln und hinab bis zum Wanderparkplatz. Räder werden vom Autodach geschnallt, Helme aufgesetzt. Ein letzter Blick auf grüne Weiden und weiten Horizont, dann über Stock und Stein hinein ins Waldabenteuer.

Der Aufstieg zum Paul-Roth-Stein zieht sich, führt geradewegs einen steilen Hang hinauf. Kurze Verschnaufpause, dann auf der anderen Seite wieder runter. Wie kommt denn die Treppe hierher? Zwischen zwei Hängen führen Stufen hinab und auf der anderen Seite wieder hinauf. Humor haben sie im Norden.

Der Weg auf Hamburgs höchsten Punkt ähnelt einer Schnitzeljagd. Kein Handyempfang, kein Schild weist den Weg zum 116 Meter hohen Gipfel. MTB-Fahrer kreuzen das unebene Gelände und bestätigen: Da geht's rauf zum **Hasselbrack.** Und plötzlich steht man auf einem Plateau mit Findling mitten im Laubwald. Der Blick ins Gipfelbuch beschert heitere Momente.

HERAUSFORDERUNG GEMEISTERT: OHNE NAVI UND SCHILDER ZUM GIPFEL GEFUNDEN

Das letzte Stück führt in Schlangenlinien entlang der Landesgrenze zwischen Hamburg und Niedersachen hinab an den Rand der Fischbeker Heide. Und schließlich an den Gehegen des Wildparks Schwarze Berge vorbei, hinauf zu Äckern, Blumenfeldern und Dörfern im Rosengarten.

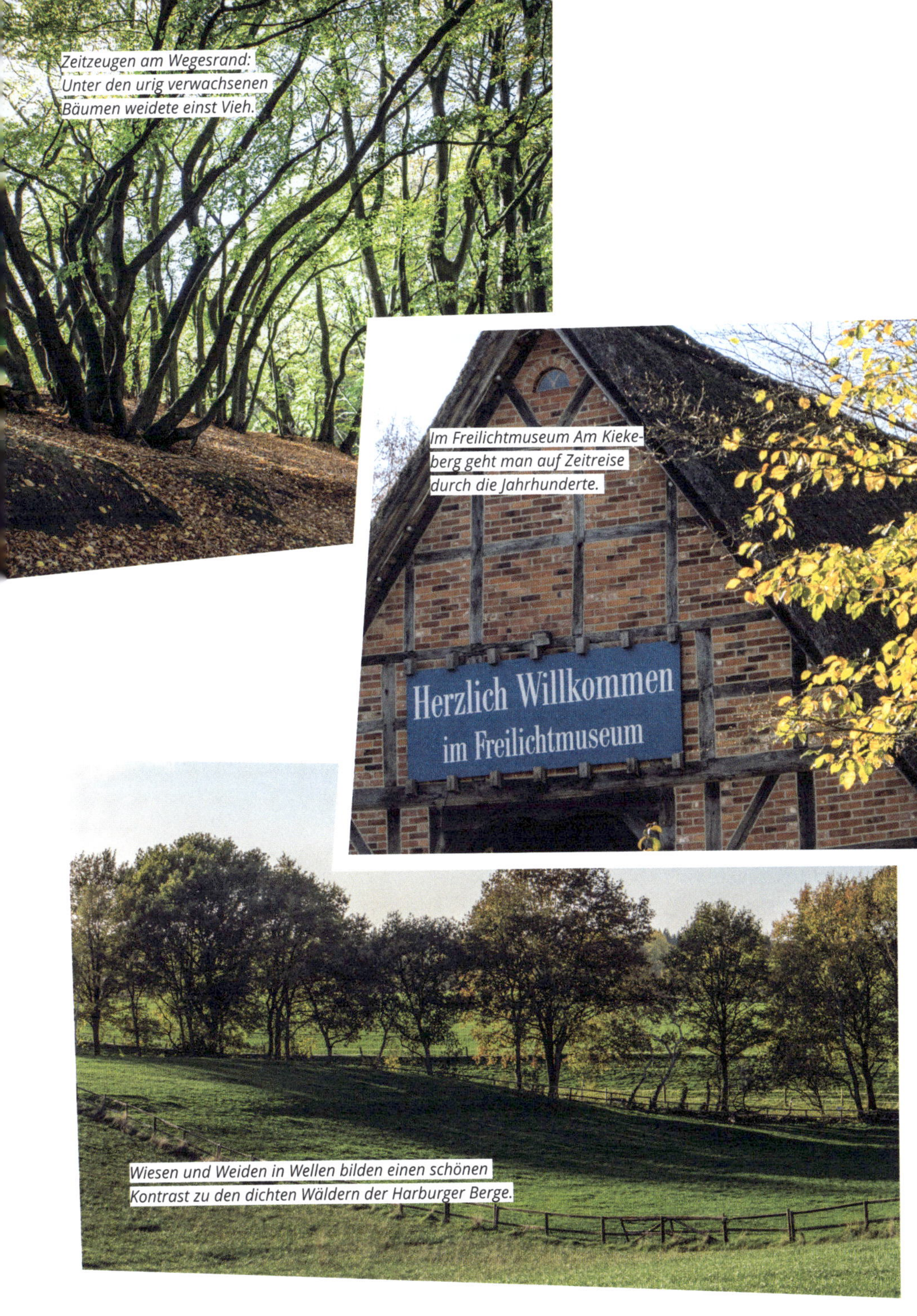

Zeitzeugen am Wegesrand: Unter den urig verwachsenen Bäumen weidete einst Vieh.

Im Freilichtmuseum Am Kiekeberg geht man auf Zeitreise durch die Jahrhunderte.

Wiesen und Weiden in Wellen bilden einen schönen Kontrast zu den dichten Wäldern der Harburger Berge.

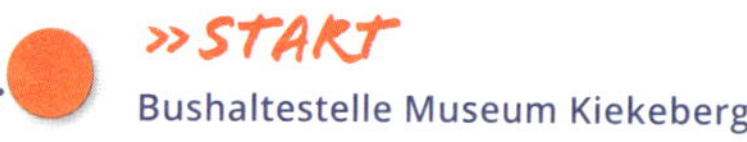

Bushaltestelle Museum Kiekeberg

Der erste Stopp liegt gleich gegenüber der Bushaltestelle.

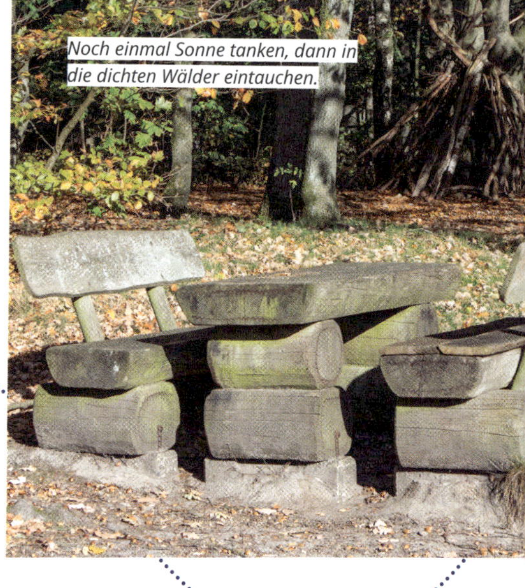
Noch einmal Sonne tanken, dann in die dichten Wälder eintauchen.

KM 0,1

1 **Freilichtmuseum am Kiekeberg**

Blick in die jüngere Geschichte

Straßenlaternen, Litfaßsäule, Telefonzelle, eine Ladenzeile mit Drogerie, Metzgerei und Fotofachgeschäft. Das Fertighaus aus dem Katalog stammt aus Winsen an der Luhe, die Tankstelle aus Stade. Mit der »Königsberger Straße« bringt das Freilichtmuseum am Kiekeberg die Zeit von 1949 bis 1979 ins Museum. Hier Doppelhaus mit Kleingarten, dort Nissenhütte. Einzelne Gebäude befinden sich im Originalzustand, Rekonstruktionen, Bauunterlagen, Fotoalben und provisorische Ersteinrichtung machen die Nachkriegszeit in Marsch und Heide erlebbar und geben spannende Einsichten in Familienbiografien und die jüngere deutsche Kulturgeschichte. (kiekeberg-museum.de)

Freilichtmuseum nach links verlassen und auf Am Kiekeberg weiter. Wanderschildern Heideschleife (h) und Wanderweg W5 (gelbes Dreieck) in Richtung Paul-Roth-Stein folgen.

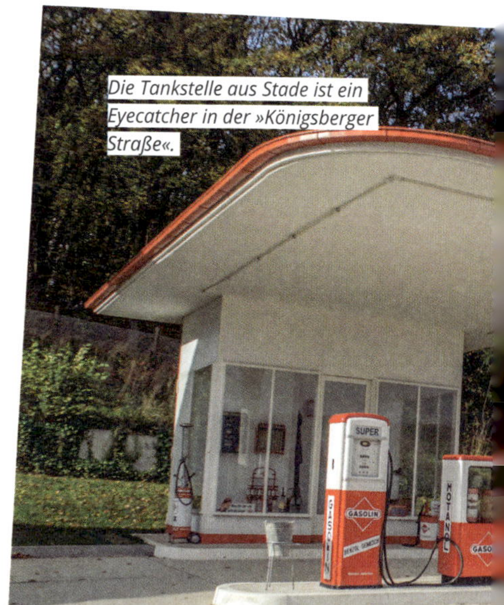

Die Tankstelle aus Stade ist ein Eyecatcher in der »Königsberger Straße«.

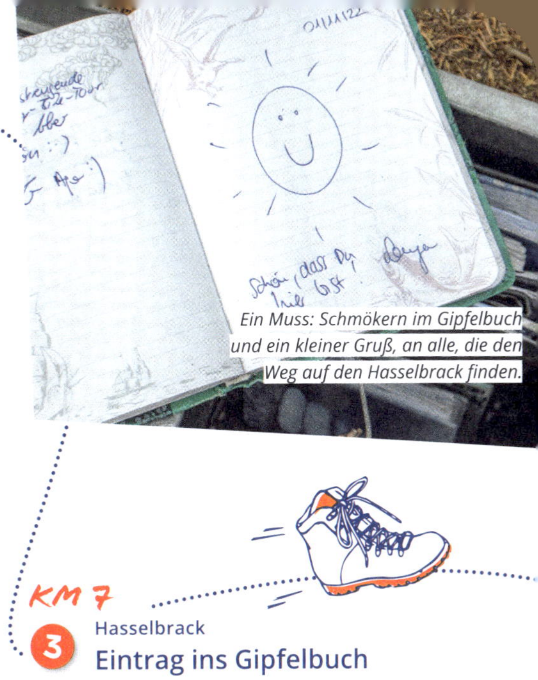
Ein Muss: Schmökern im Gipfelbuch und ein kleiner Gruß, an alle, die den Weg auf den Hasselbrack finden.

KM 3

Rastplatz

Sonne im Gesicht

Wenn der Laubwald sich lichtet und die Pferdekoppel zu sehen ist, befindet sich der Rastplatz mit Tisch und Bänken gleich zur Linken. Laub raschelt im Wind, Eicheln klackern, die Nachmittagssonne strahlt mit voller Kraft auf den schönen Platz am Waldrand von Vahrendorf. Hier bietet sich eine Verschnaufpause an, um die Eindrücke vom ersten Stopp wirken zu lassen und sich mit einer Brotzeit für das bevorstehende Auf und Ab mit zum Teil sportlichen Steigungen und Parcours aus Wurzeln zu stärken.

W5 über Paul-Roth-Stein zur Großmoddereiche folgen. Am Rastplatz angekommen, rechts auf dem breiten Wander- und Radweg weiter. An der dritten Möglichkeit links auf Waldpfad abbiegen und rechts halten. Zunächst durch Nadelwald, dann durch Mischwald.

KM 7

3 Hasselbrack

Eintrag ins Gipfelbuch

Statt eines Gipfelkreuzes markiert ein Findling mit Inschrift den höchsten Punkt Hamburgs. Eichen und Buchen beschatten den Buckel, von Fernsicht keine Spur. Eine im Boden eingelassene Metallbox löst Neugierde aus. Unter dem Deckel verstecken sich Hefte und Bücher mit amüsanten Anekdoten aus dem Alltag all jener, die es hier herauf schafften. Liebesschwüre, Skizzen, Klatsch und Tratsch. Wer mag, verewigt sich ebenfalls im Gipfelbuch und bahnt sich dann seinen Weg hinab ins Tal.

Pfad links hinab bis zum nächsten breiten Wanderweg folgen, dann rechts weiter zum Moisburger Stein.

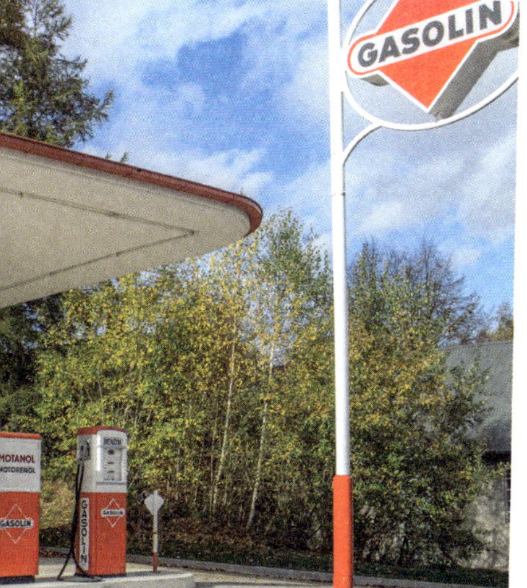

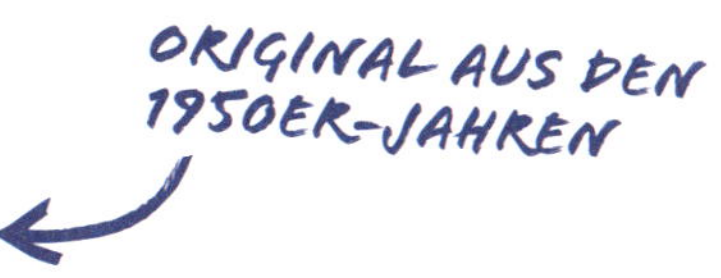

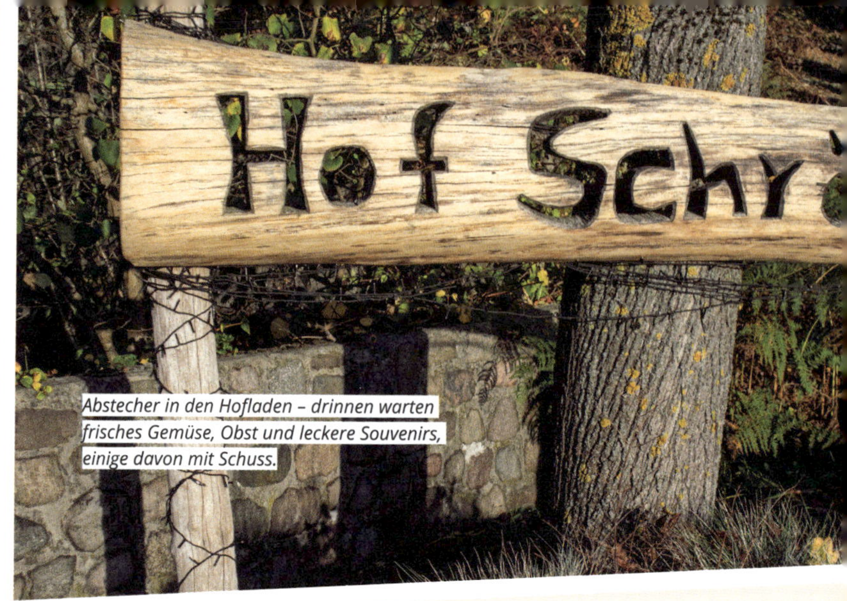

Abstecher in den Hofladen – drinnen warten frisches Gemüse, Obst und leckere Souvenirs, einige davon mit Schuss.

KM 8,5

4 Moisburger Stein

Über Grenzen hinweg

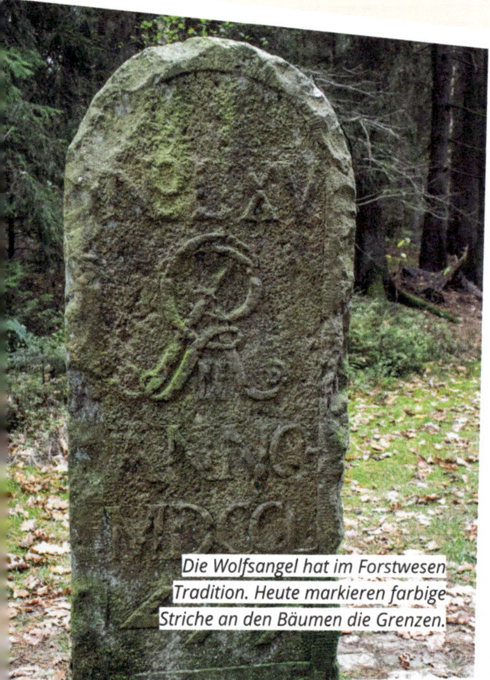
Die Wolfsangel hat im Forstwesen Tradition. Heute markieren farbige Striche an den Bäumen die Grenzen.

Unscheinbar wirkt der moosbedeckte Stein an der Waldkreuzung. Eingravierte römische Zahlen und eine Wolfsangel sind zu erkennen. Von einst 900 Grenzsteinen ist dieser als einziger Zeitzeuge übrig geblieben. Der Stein markiert seit 1750 die Landesgrenze zwischen Harburg in Hamburg und Moisburg in Niedersachsen und trennte den königlichen Forst vom Bauernwald. Eine Infotafel verrät mehr über den Geschichtsort und die Region, ein Rastplatz unter Baumgrün lädt zum Verweilen ein. Nach einem kleinen Stück in Richtung Fischbeker Heide (s. Tour Nr. 1) geht es zurück in die Berge.

W5 bis zur Weggabelung folgen und hinauf zum Wildpark Schwarze Berge (Zwei-Stunden-Abstecher möglich). Auf Am Wildpark rechts weiter, Kreuzung Alveser Straße überqueren. Der letzte Stopp liegt Am Sandberg auf der linken Seite.

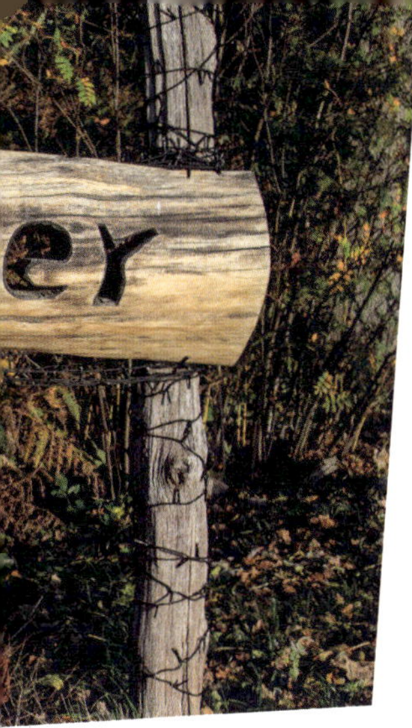

EXTRA INFOS:

Auch wenn man sich keine Tiere anschauen mag, lohnt ein Besuch des ● **Wildpark-Restaurants** (dafür ist keine Eintrittskarte nötig). Das Restaurant mit Sommerterrasse ist auf Gerichte aus der deutschen Küche spezialisiert und bietet zudem einen kulinarischen Kalender an: Im Frühling steht die Knolle im Fokus, im Frühsommer der Spargel, im Sommer heizt der Grill Fleischbäckchen an und im Herbst dreht sich alles ums Wild. Fleischlose Speisen stehen ebenfalls auf der Karte. (wildpark-restaurant.de)

KM 11

5 Hofladen Schröder

Zwischen Spargel und Eierlikör

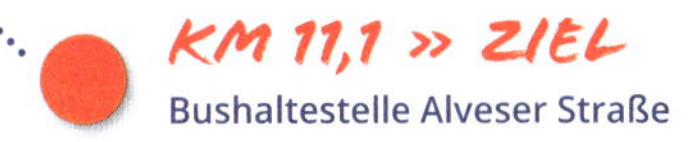

KM 11,1 » ZIEL

Bushaltestelle Alveser Straße

Schafe grasen auf der Weide. Freesien und langstielige Rosen grüßen beim Betreten des Hofladens. Saisonale Produkte und Spezialitäten regionaler Manufakturen stehen in den Regalen. Zur Spargelsaison spielt das weiße Gold aus eigenem Anbau die Hauptrolle. Der Eierlikör mit Eiern der Landhühner vom Kiekeberg wurde mit Korn und Dry Gin verfeinert. Ziegenkäse, frische Milch, Fleisch, Sprossenkohl, Amalfi-Zitronen – hier wird der Rucksack mit kulinarischen Souvenirs aus dem Rosengarten gepackt, bevor es nach Hause geht. (spargelhof-schröder.de)

Die Bushaltestelle liegt direkt am Hof.

CHARMANTER ROSENKAVALIER ↗

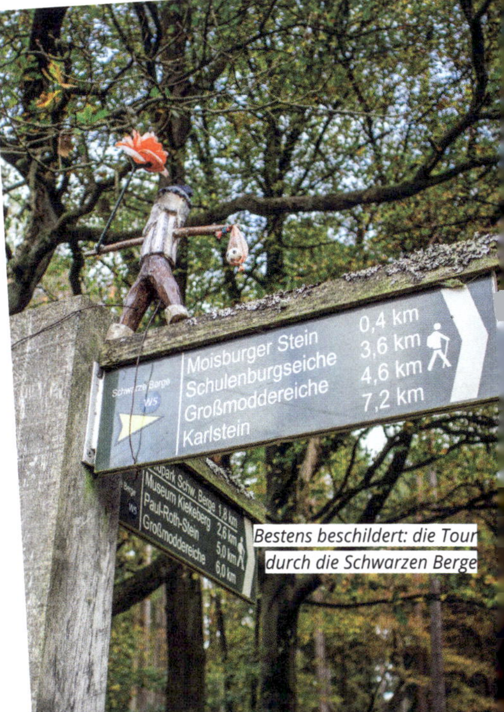

Bestens beschildert: die Tour durch die Schwarzen Berge

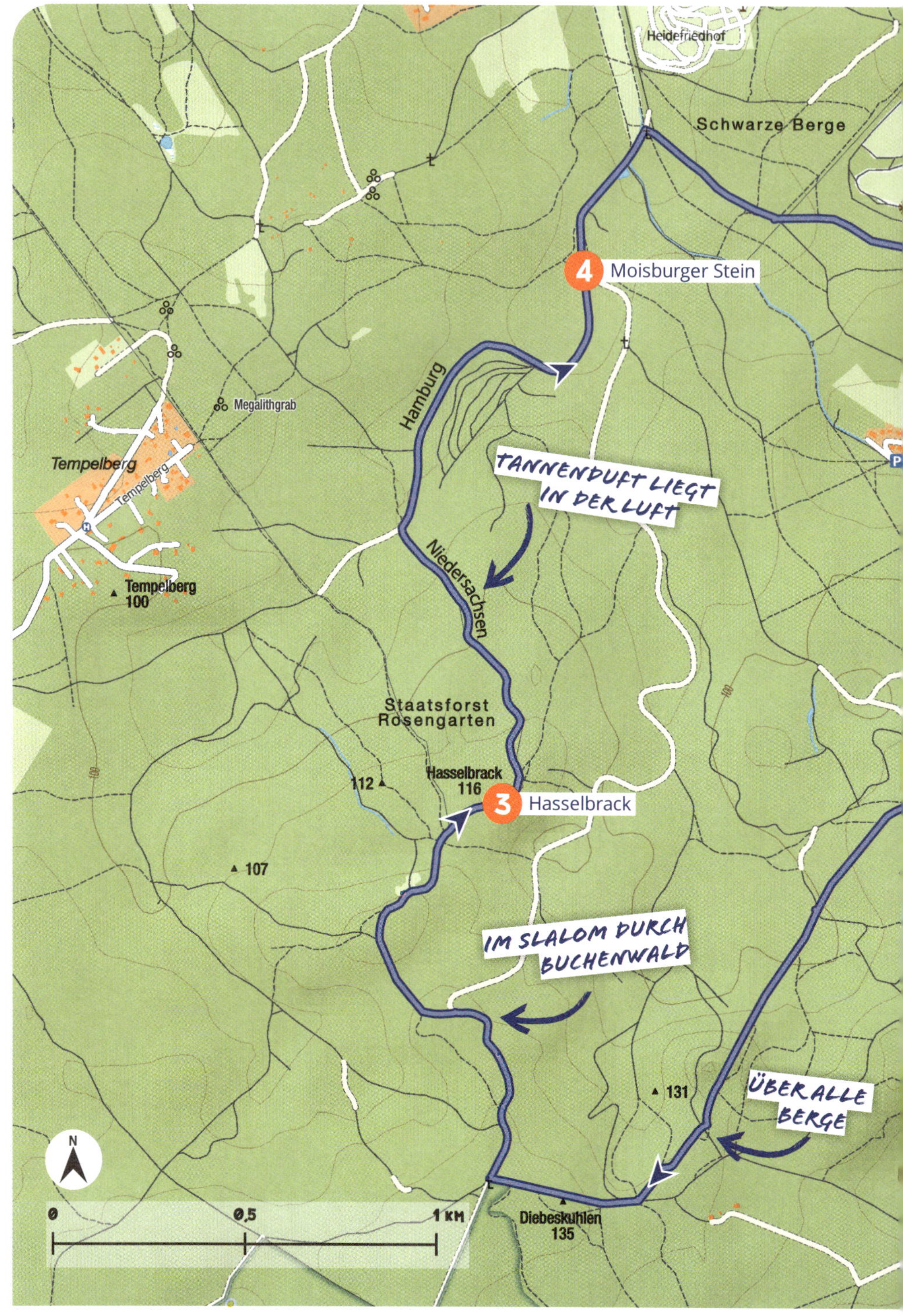

Heidefriedhof
Schwarze Berge
4 Moisburger Stein
Megalithgrab
Hamburg
Tempelberg
Tempelberg
Tempelberg 100
TANNENDUFT LIEGT IN DER LUFT
Niedersachsen
Staatsforst Rosengarten
112
Hasselbrack 116
3 Hasselbrack
107
IM SLALOM DURCH BUCHENWALD
131
ÜBER ALLE BERGE
Diebeskuhlen 135
N
0
0,5
1 KM

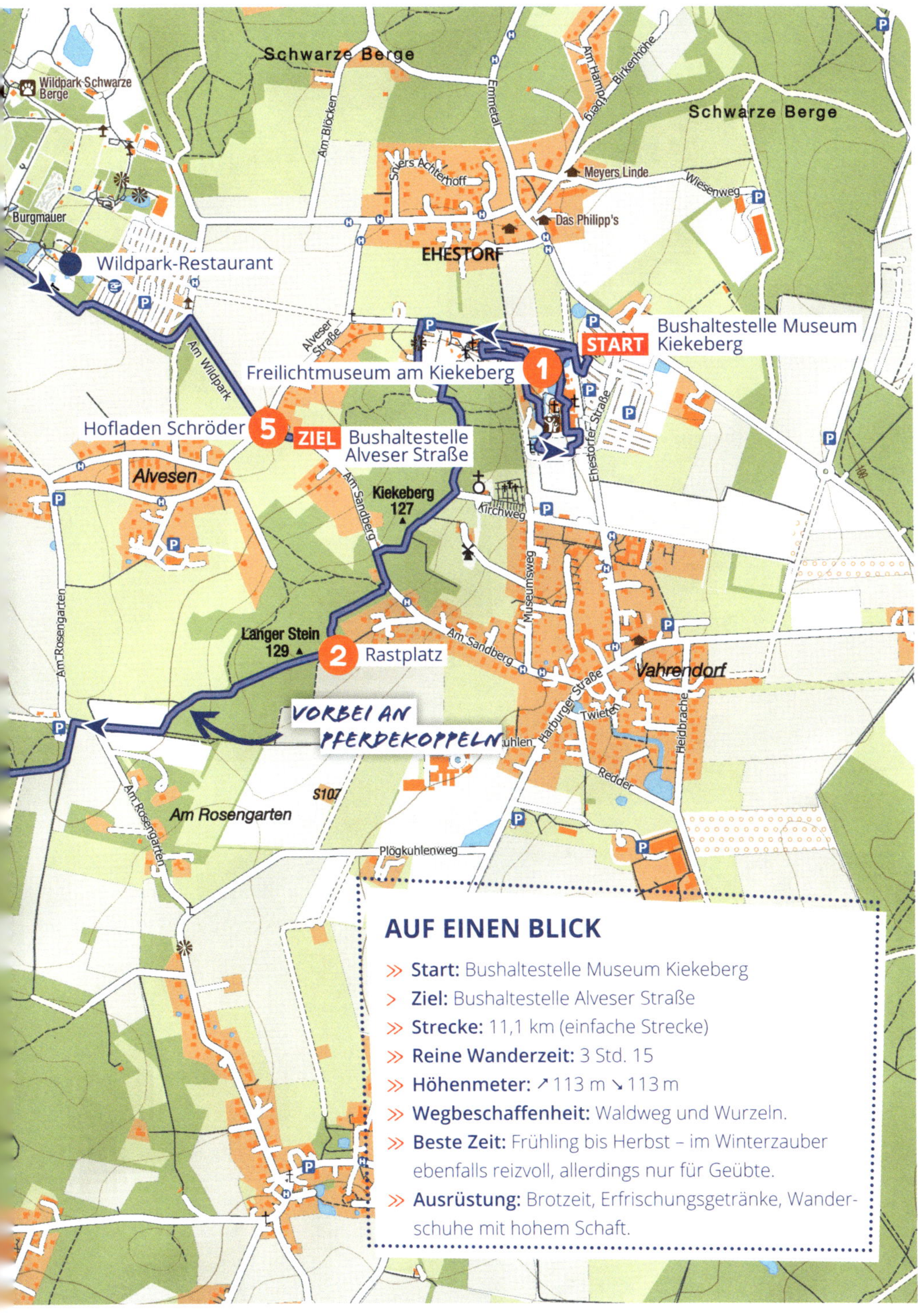

AUF EINEN BLICK

» **Start:** Bushaltestelle Museum Kiekeberg
» **Ziel:** Bushaltestelle Alveser Straße
» **Strecke:** 11,1 km (einfache Strecke)
» **Reine Wanderzeit:** 3 Std. 15
» **Höhenmeter:** ↗ 113 m ↘ 113 m
» **Wegbeschaffenheit:** Waldweg und Wurzeln.
» **Beste Zeit:** Frühling bis Herbst – im Winterzauber ebenfalls reizvoll, allerdings nur für Geübte.
» **Ausrüstung:** Brotzeit, Erfrischungsgetränke, Wanderschuhe mit hohem Schaft.

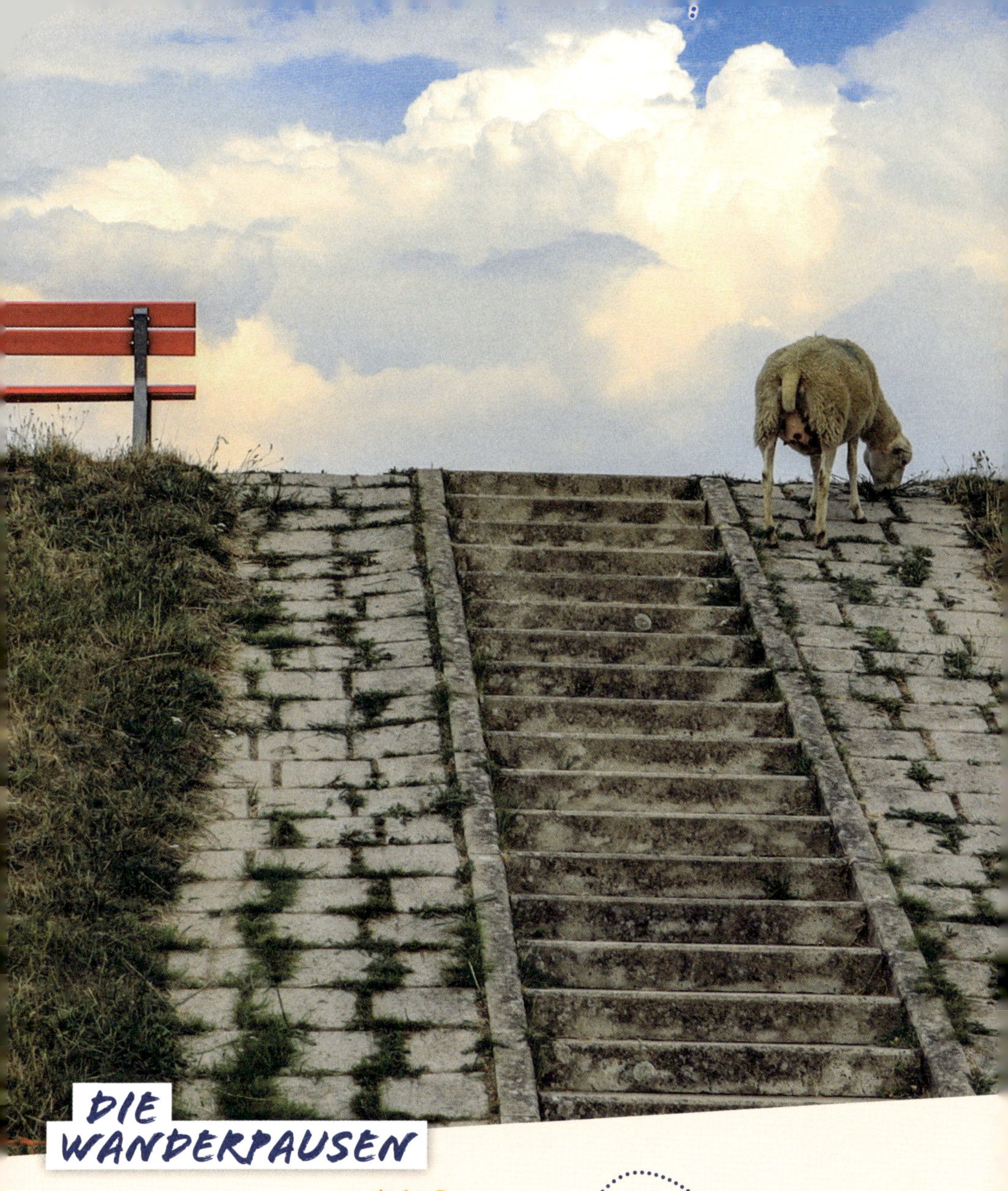

DIE WANDERPAUSEN

» START
Bahnhof Maschen

KM 2
1 Seevengeti
Mit Fellnasen flirten

KM 3
2 Seevestrand
Plitsch, platsch am Heidebach

KM 6,5
3 Bank auf'm Deich und Melkhus Over
Die Zeit vergessen

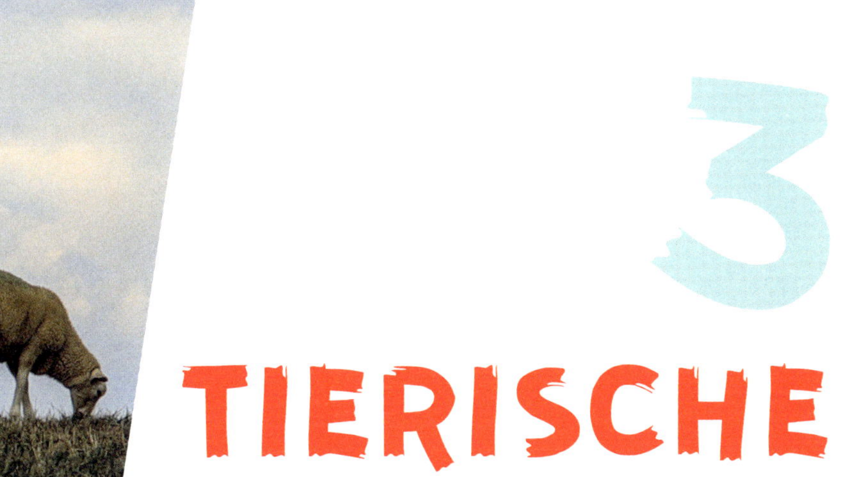

3 TIERISCHE AUSSICHTEN

Von Maschen nach Over an der Elbe

Wer Europas größten Rangierbahnhof in Maschen verlässt, taucht kurze Zeit später im Grünland ab. Tierische Bewohner mit Hörnern und Federkleid sorgen für Abwechslung am Wegesrand, Seeve und Elbe kühlen im Sommer – eine Tour der Kontraste.

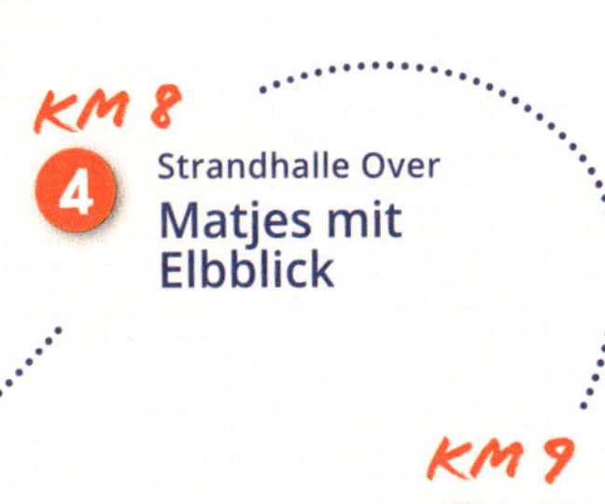

KM 8

4 Strandhalle Over

Matjes mit Elbblick

KM 9

5 Elbbucht

Strandhopping

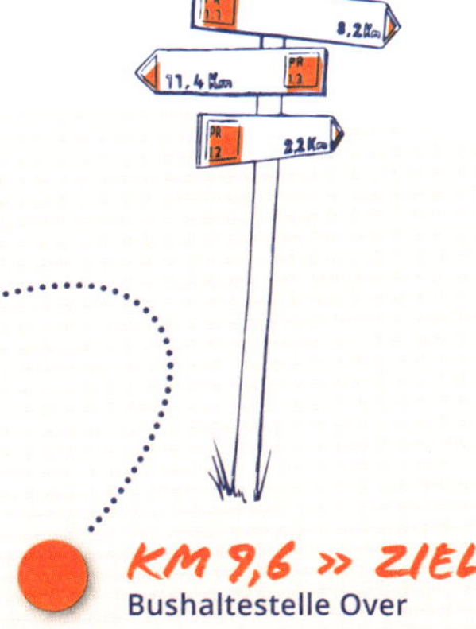

KM 9,6 » ZIEL

Bushaltestelle Over

JAGUAR IM REGENWALD, ...

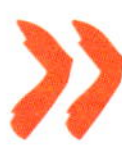

... Rosen auf gelben Fliesen. Bunte Wandbilder zieren das Bahnhofsgebäude von Maschen. Auf dem 400 Fußballfelder großen Rangierbahnhof werden bis zu 4000 Waggons täglich gekoppelt. Waggons quietschen, Container ruckeln.

Nur wenige Gehminuten später: grüne Wiesen, Brombeersträucher, Vogelgezwitscher. Sumpfdotterblume und Schachbrettblume blühen hier im Frühling und Sommer. Ein Fest für Botanikfans. Pfade führen zu einem Aussichtsturm und einer Plattform mit Ausguck. Schnattern, kreischen, schmatzen – ganz schön was los auf dem Steller See.

Der Himmel strahlt, die Sonne lacht. Lust auf eine Abkühlung? Die Seeve wirbelt und rauscht unter der grünen Brücke hindurch. Von der Lüneburger Heide bis zur Mündung in die Elbe legt der **Heidebach** 42 Kilometer zurück. Ein Ministrand aus Sand und runden Kieselsteinen, eingebettet in hohem Gras und von einer schattenspendenden Baumkrone flankiert. So sieht der perfekte Ort aus, um Schuhe und Socken abzustreifen. Zehen, Knöchel und, wer mag, Oberschenkel mit kaltem Wasser umspülen. Einfach herrlich!

ERFRISCHEND: DAMPFENDE SOCKEN ABLEGEN UND DURCHS KÜHLE NASS DER SEEVE WATEN

Der Streifzug durch das Marschland geht weiter. Vorbei an aufgerollten Strohballen und Feuchtflächen mit Hochstauden, Röhrichten und Seggen. Ziel für heute ist die **Elbe** – Lebensader und Sehnsuchtsort. Von hier ist das Meer nicht mehr weit.

Wie lange es wohl dauert, bis den Angelnden etwas am Haken zappelt? Oder die Schafe den Deich gemäht haben? Über solche Fragen lässt sich auf einer Deichbank mit Eis oder Milchkaffee in der Hand prima sinnieren und die Zeit vergessen. Bis der Magen knurrt und nach einer richtigen Einkehr verlangt. Ein bisschen versteckt, dafür mit prominentem Flussblick, serviert die **Strandhalle** Matjes, Pannfisch und Leberkäse. Ein Ausflugsschiff fährt flussabwärts, ein Motorboot steuert den Hafen an. Kühler Wind nach einem Hitzegewitter. Der perfekte Abschluss? Na, ein Strandspaziergang natürlich – Strandtuchplatz inklusive! «

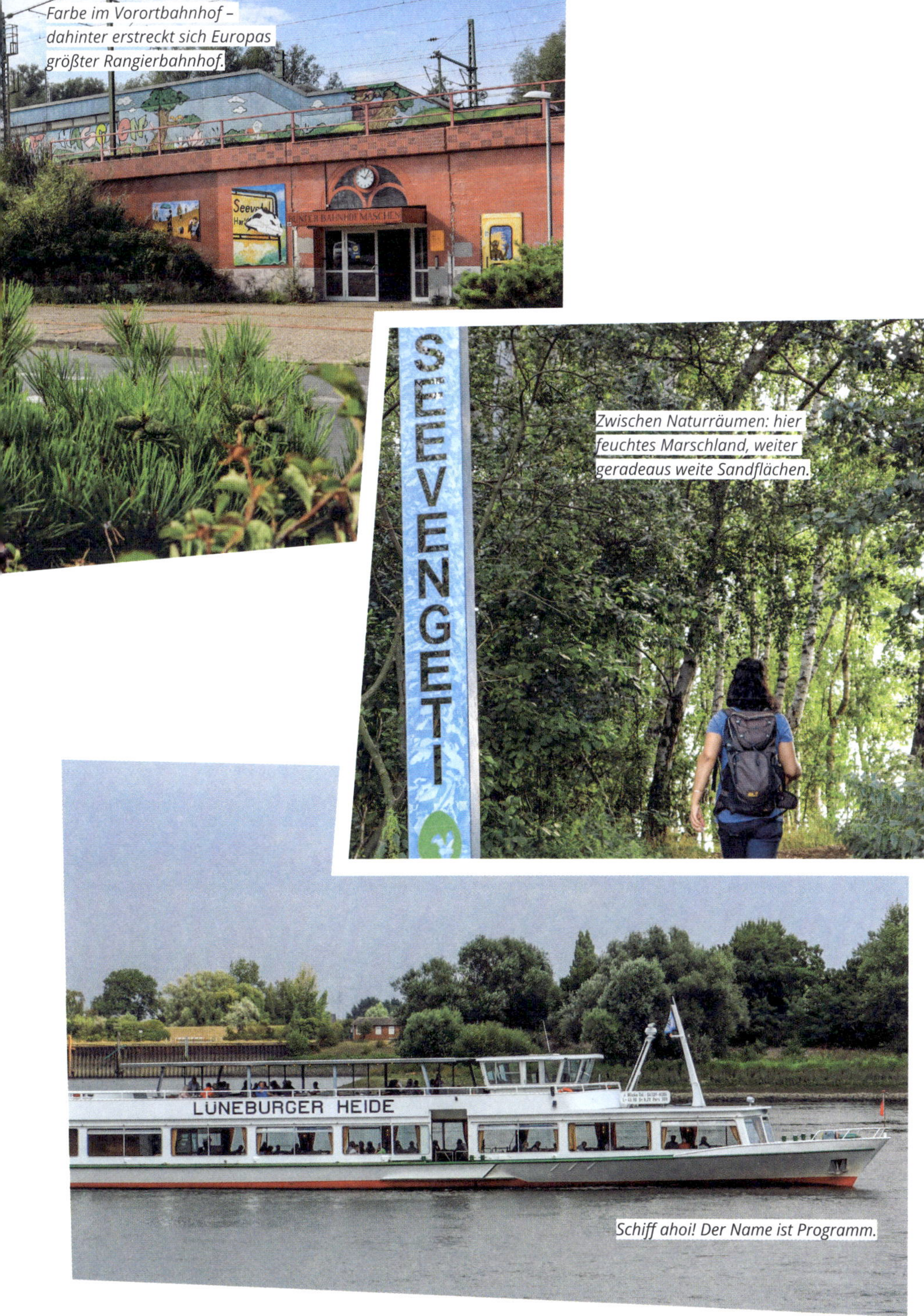

Farbe im Vorortbahnhof – dahinter erstreckt sich Europas größter Rangierbahnhof.

Zwischen Naturräumen: hier feuchtes Marschland, weiter geradeaus weite Sandflächen.

Schiff ahoi! Der Name ist Programm.

WANDERN & GENIESSEN

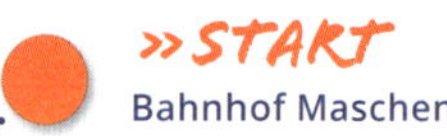

»START

Bahnhof Maschen

Aus dem Bahnhof, geradeaus über den Park+Ride-Parkplatz, links auf die Hörstener Straße abbiegen, dann rechts der Landstraße (Achtung: Autoverkehr, kein Fußgängerweg) bis zum Infoschild »Willkommen in der Unteren Seeveniederung«) folgen (ca. 10 Gehminuten, 850 m). Rad- und Gehweg geradeaus folgen. Ein Metallschild mit der Aufschrift »Seevengeti« führt zum ersten Aussichtspunkt: einem Beobachtungsturm. Auf demselben Weg zurück, dem Asphaltweg bis zur nächsten Abbiegemöglichkeit folgen, dann ins Dickicht abtauchen.

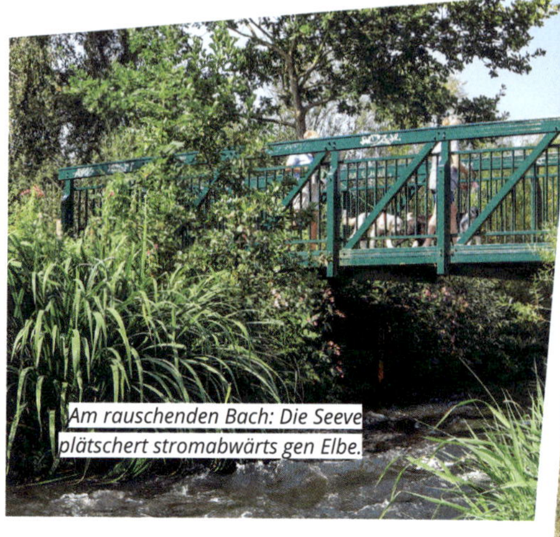

Am rauschenden Bach: Die Seeve plätschert stromabwärts gen Elbe.

KM 2

1 Seevengeti

Mit Fellnasen flirten

Ein Kalb streckt frech die Zunge raus und schnabuliert genüsslich grüne Leckereien. Währenddessen döst die gehörnte Verwandtschaft am Seeufer. Oder behält Graugänse und Kormorane im Blick. Im Steller See ankern zwei schwimmende Brutplätze für Austernfischer, Flussseeschwalbe und Co. Getarnt hinter einer Holzwand mit Guckfenstern lässt sich das Federvieh beobachten. Mit viel Glück sind Eisvogel und Seeadler zu erhaschen. Aufgeschütteter Kies, Sand und unbrauchbare Böden vom Bau des Rangierbahnhofs bilden die Basis eines reichen Biotops. Der untypische und trockene Lebensraum ist ein Kontrast zum feuchten Marschland und erinnert an eine ostafrikanische Steppenlandschaft. Diese trägt übrigens den Kunstnamen Seevengeti – ein Ort, an dem Seeve und Serengeti zusammenfinden.

Geh- und Radweg weiter geradeaus folgen.

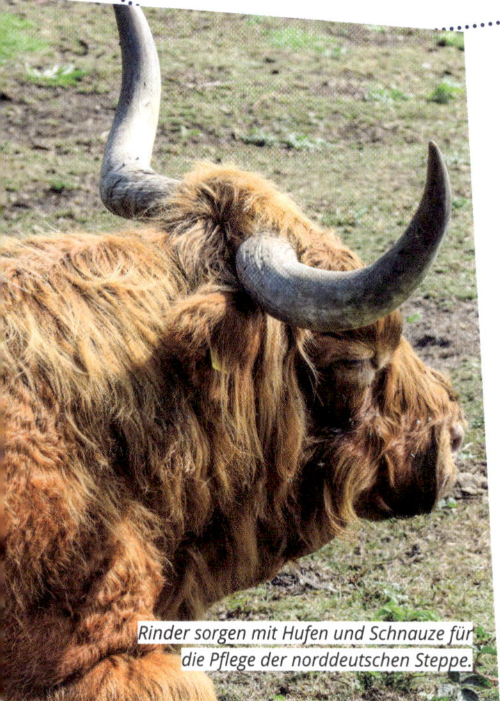

Rinder sorgen mit Hufen und Schnauze für die Pflege der norddeutschen Steppe.

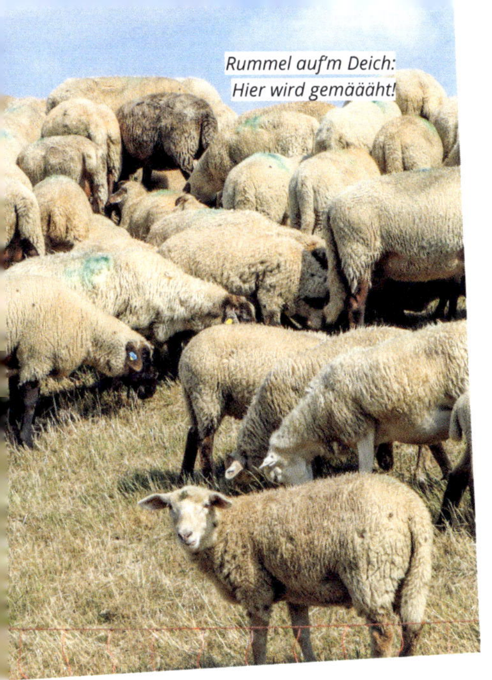

Rummel auf'm Deich:
Hier wird gemäääht!

2 Seevestrand
Plitsch, platsch am Heidebach

Kaum ein anderer Fluss eignet sich besser für eine Erfrischung als der kälteste Fluss Norddeutschlands, oder? Die Seeve entspringt zwischen Handeloh und Undeloh im Herzen des Naturparks Lüneburger Heide. Durchschnittstemperatur? 6–8 Grad Celsius. Zurückgelegte Strecke bis zur Mündung in die Elbe? Knapp 40 Kilometer. Im nährstoffreichen Wasser des sommerkalten Heidebachs fühlen sich Bach- und Meerforelle wohl. Am kleinen Strand unterhalb der grünen Brücken können Wauzi und Wandernde die wohltuende Energie rauschenden Wassers genießen und warm gelaufene Pfoten und Fußsohlen im klaren Fluss abkühlen.

Hinter der Brücke rechts dem asphaltieren Geh- und Radweg mehrere Kilometer folgen. An der Kreuzung beim Seevesperrwerk links am Deich weiter.

KM 6,5

3 Bank auf'm Deich & Melkhus Over
Die Zeit vergessen

Hinter dem Sperrwerk mündet die Seeve in die Elbe, nach Grünland ruft die See. Kurzer Stopp im Melkhus, einer Milchraststätte, in der es neben frischer Milch auch Eis oder Milchkaffee »to go« gibt (Mai–Sept. tgl. außer Mi). Mit leckerer Erfrischung über Stufen den Deich hinauf und auf einer Sitzbank Platz nehmen, auf den Fluss blicken und dem fahrenden Treiben auf dem Gewässer zusehen. Ringsum Schafe, deren Felle genauso bauschig sind wie die Wolken am blauen Himmel. Angelnde werfen die Rute aus, hoffen auf einen Fang. An diesem Sommertag wirkt der gigantische Fluss träge. Bei der Sturmflut 1962 wurden Tausende Hektar Land überflutet, Deiche brachen und viele Menschen kamen ums Leben. Die Abdämmung der Nebenflüsse soll das Binnenland zukünftig vor Überschwemmungen schützen.

Alter Elbdeich und Neue Deichstraße bis zum Parkplatz an Strandhäusern folgen, dann rechts ab zur Strandhalle Over.

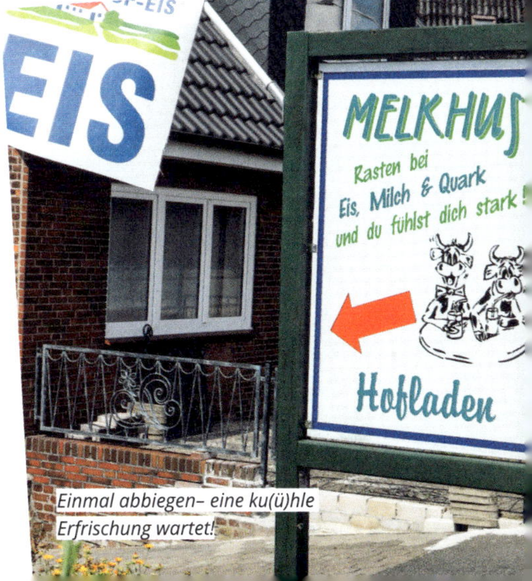

Einmal abbiegen– eine ku(ü)hle
Erfrischung wartet!

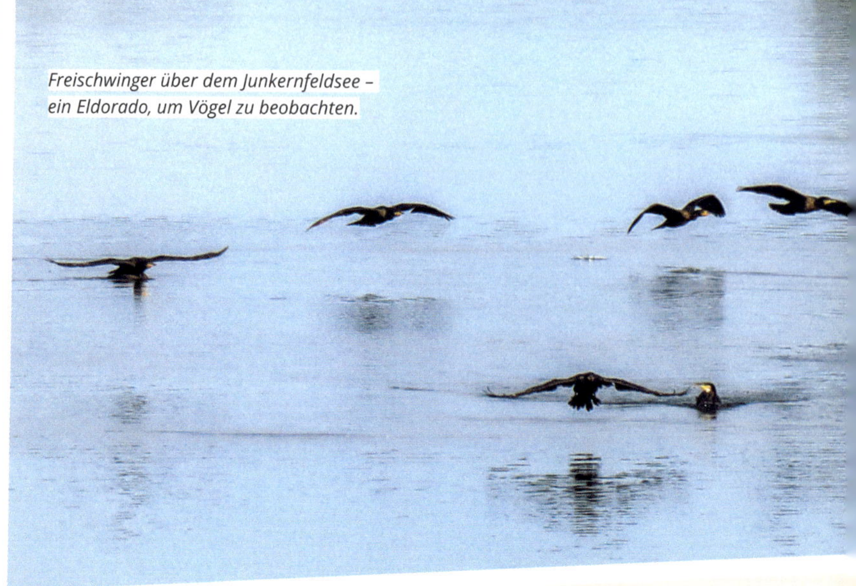

Freischwinger über dem Junkernfeldsee – ein Eldorado, um Vögel zu beobachten.

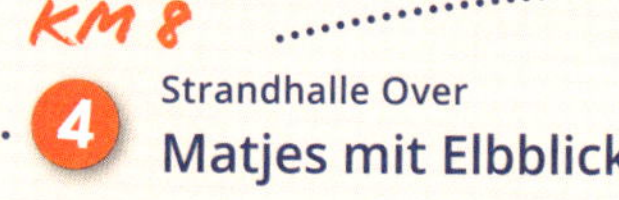

KM 8

4

Strandhalle Over

Matjes mit Elbblick

Ein kleines Ferienparadies direkt am Fluss? So zumindest wirkt die Anhäufung von Häuschen, die mal an Schrebergarten, mal an Tiny House erinnern. Apfelbäume tragen reife Früchte. Eine Hecke ist voll mit violettrosa Hibiskusblüten, der Holzzaun dahinter kaum zu sehen. Wer dem Schleichweg folgt, landet bei einem Geheimtipp direkt am Fluss. In der Strandhalle Over (Mai–Sept., tgl. 12–20 Uhr), einer Gaststätte mit Außenplätzen und Lounge-Ecke, kommen Matjes mit Bratkartoffeln, Pannfisch mit Senfsoße und gebackener Camembert mit Preiselbeeren auf den Teller. Gut bürgerliches Essen in üppigen Portionen bei bester Aussicht. Wer mag, gönnt sich einen Cocktail dazu, träumt vom eigenen Motorboot, das unten am Steg ankert, und zack – Dolce Vita pur im hohen Norden.

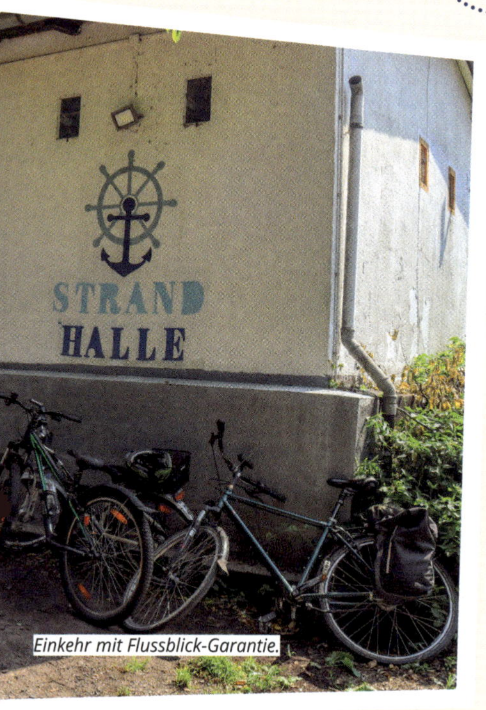

Einkehr mit Flussblick-Garantie.

Gaststätte verlassen und linker Hand dem Pfad zwischen Parkplatz und Gartenanlagen folgen.

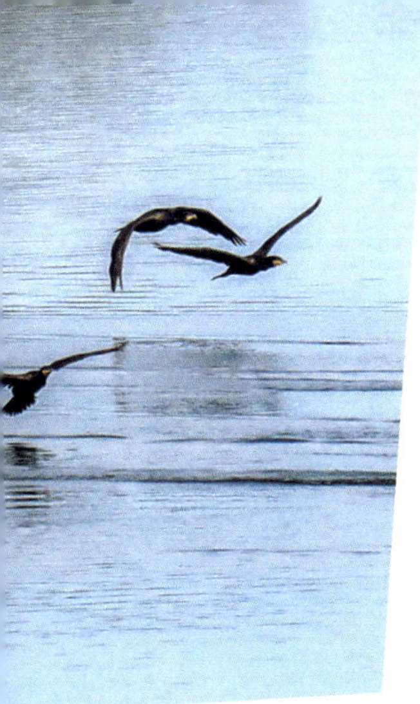

EXTRA INFOS:

Bless- und Teichhühner, Graureiher und Haubentaucher – Vogelfreunde unternehmen einen kleinen Abstecher zum ● **Junkernfeldsee** und steigen auf einen **Beobachtungsturm** am Südufer. Nach dem Plantschen an Stopp 2 linker Hand dem Radweg folgen und etwa fünf Minuten geradeaus gehen. Der Turm liegt auf der rechten Seite. Anschließend zurück zum Bach und der Wegbeschreibung folgen.

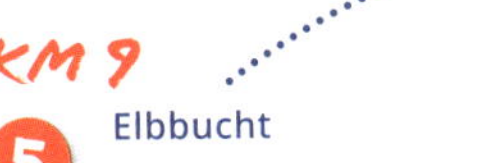

5 Elbbucht
Strandhopping

Nun da das Dolce-Vita-Gefühl schon mal da ist, kann es mit in die Verlängerung. Dazu benötigt man nur ein lauschiges Plätzchen mitten im Sand. Die versteckte Bucht lädt ein zum Sonnenbaden, Faulenzen, Schmökern oder Flussgucken. Ausflugsschiffe ziehen stromabwärts, Röhricht wippt sanft mit der lauen Sommerbrise. Mit den bunten Plastikformen lassen sich prima Sandtürmchen bauen und Matschkuchen backen. Ein schöner Sommertag zwischen Geest und Elbe neigt sich dem Ende zu.

Strand verlassen, Deich überqueren und Neue Deichstraße ein Stück in Richtung Strandhalle folgen. Links in Sandberg abbiegen und am Sportplatz vorbei. Die Bushaltestelle liegt am Ende der Straße.

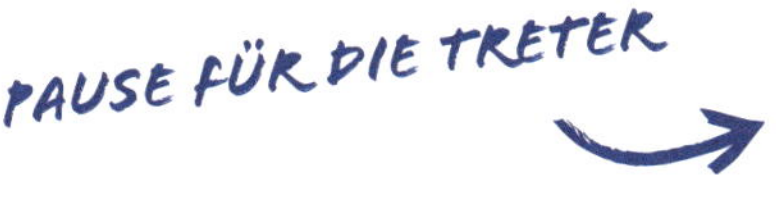

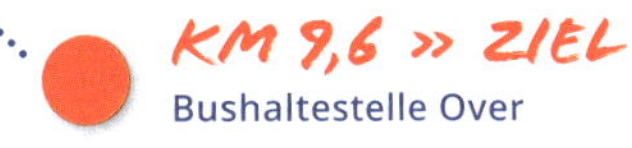

Bushaltestelle Over

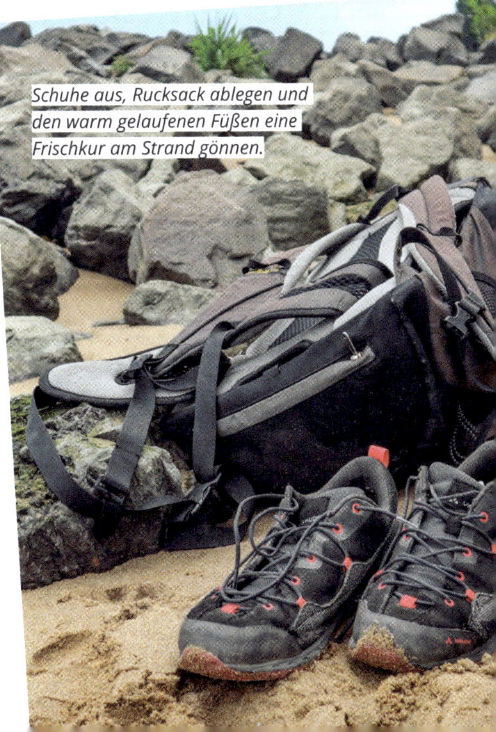

Schuhe aus, Rucksack ablegen und den warm gelaufenen Füßen eine Frischkur am Strand gönnen.

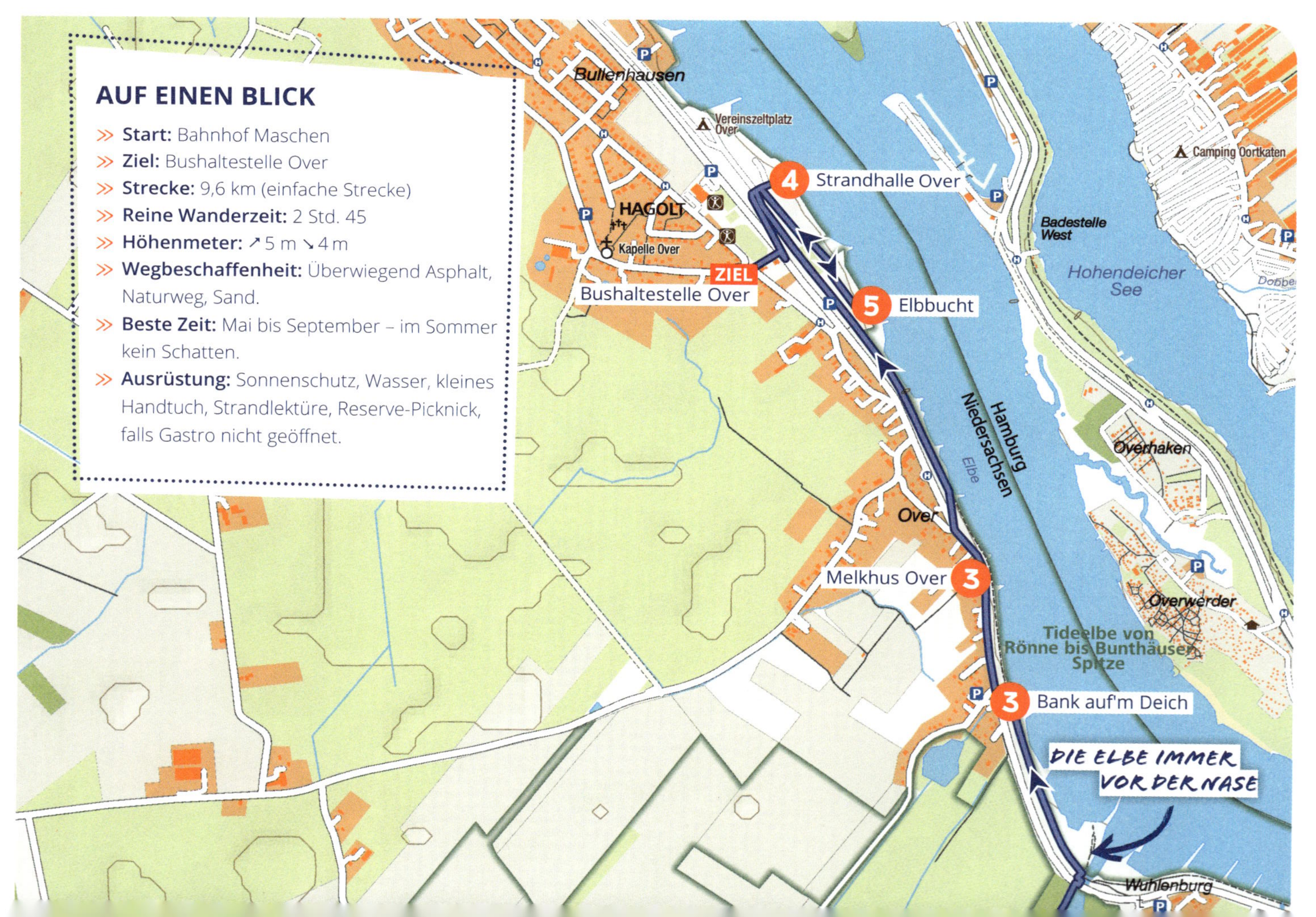

AUF EINEN BLICK

- » **Start:** Bahnhof Maschen
- » **Ziel:** Bushaltestelle Over
- » **Strecke:** 9,6 km (einfache Strecke)
- » **Reine Wanderzeit:** 2 Std. 45
- » **Höhenmeter:** ↗ 5 m ↘ 4 m
- » **Wegbeschaffenheit:** Überwiegend Asphalt, Naturweg, Sand.
- » **Beste Zeit:** Mai bis September – im Sommer kein Schatten.
- » **Ausrüstung:** Sonnenschutz, Wasser, kleines Handtuch, Strandlektüre, Reserve-Picknick, falls Gastro nicht geöffnet.

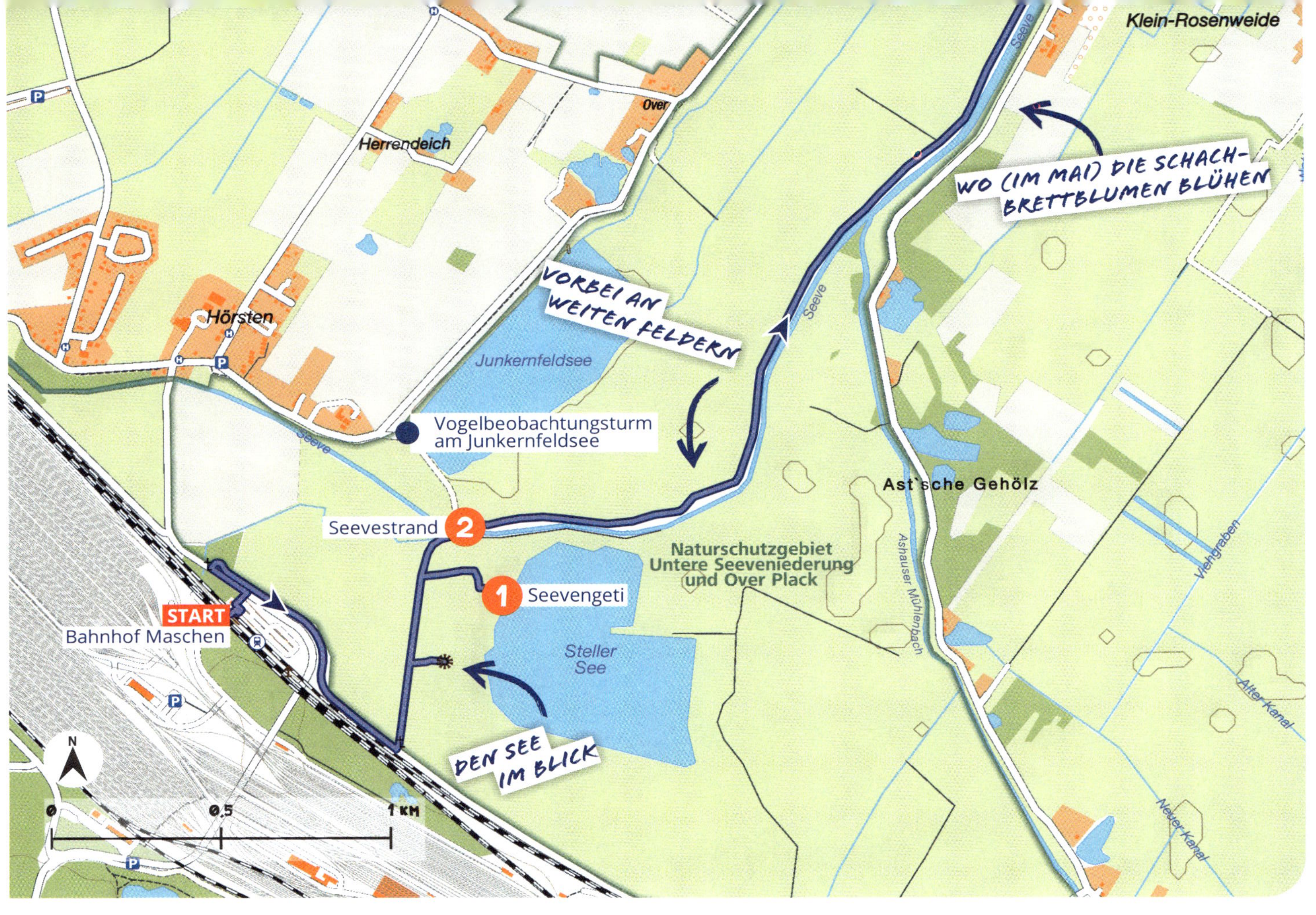
Klein-Rosenweide
Over
Herrendeich
Hörsten
WO (IM MAI) DIE SCHACH-
BRETTBLUMEN BLÜHEN
VORBEI AN
WEITEN FELDERN
Junkernfeldsee
Seeve
Vogelbeobachtungsturm
am Junkernfeldsee
Ast`sche Gehölz
Seevestrand
2
Naturschutzgebiet
Untere Seeveniederung
und Over Plack
1
Seevengeti
Ashauser Mühlenbach
Viehgraben
START
Bahnhof Maschen
Steller
See
DEN SEE
IM BLICK
Alter Kanal
Neuer Kanal
N
0
0,5
1 KM

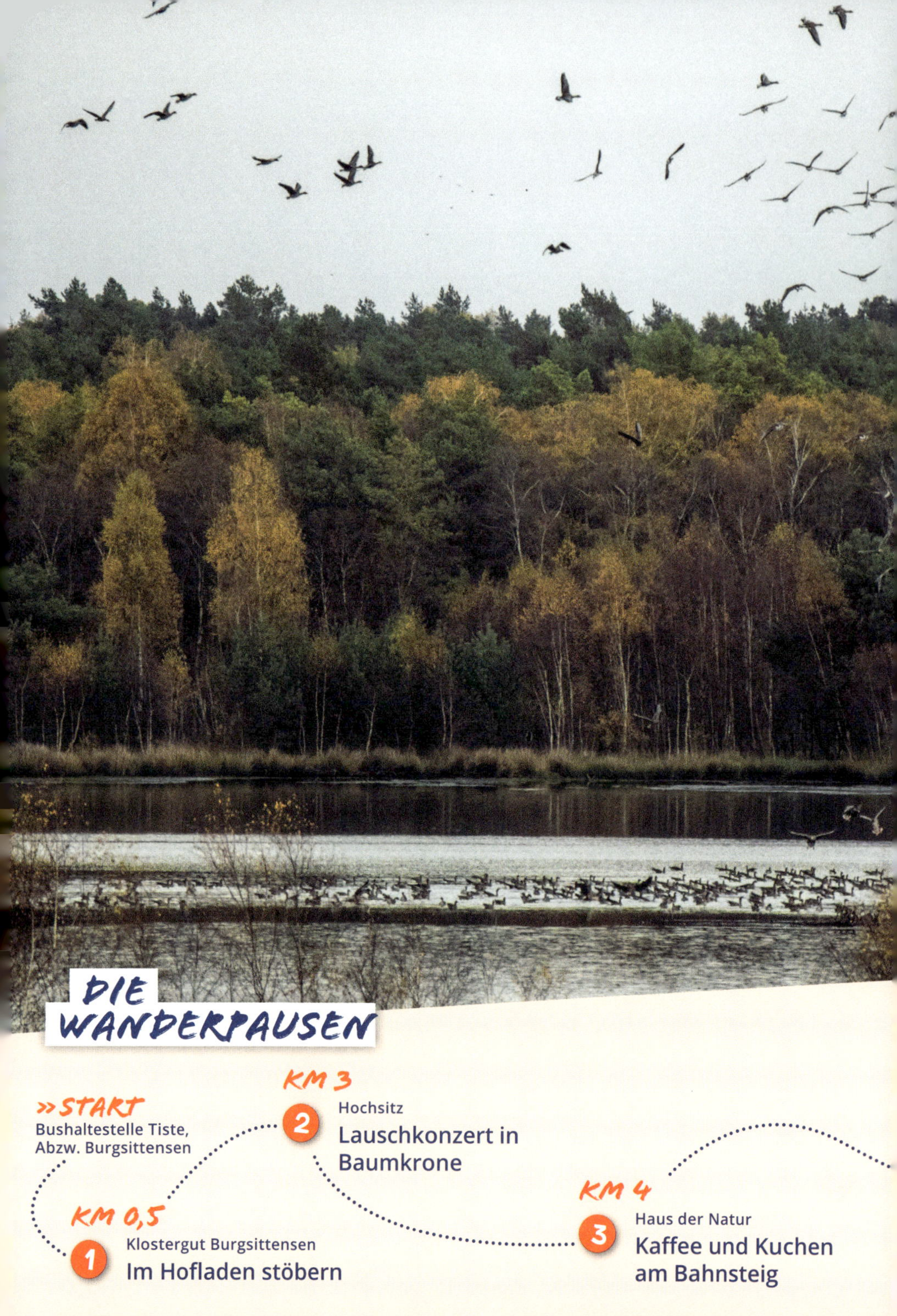

DIE WANDERPAUSEN

» START
Bushaltestelle Tiste, Abzw. Burgsittensen

KM 0,5
1 Klostergut Burgsittensen
Im Hofladen stöbern

KM 3
2 Hochsitz
Lauschkonzert in Baumkrone

KM 4
3 Haus der Natur
Kaffee und Kuchen am Bahnsteig

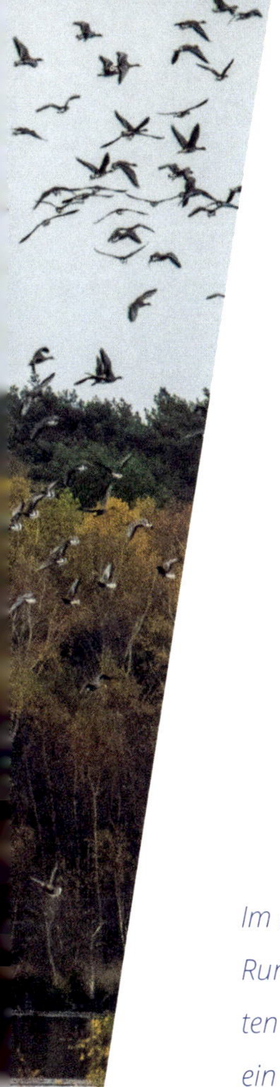

4 FLIEGENDE GLÜCKS-BRINGER

Im Tister Bauernmoor

Im Frühjahr und Herbst verwandelt sich das Naturschutzgebiet in einen Rummelplatz. Zugvögel und heimisches Federvieh schnattern, trompeten und zwitschern, wie ihnen der Schnabel gewachsen ist. Dann lohnt ein Abstecher in Matsch und Schlamm besonders.

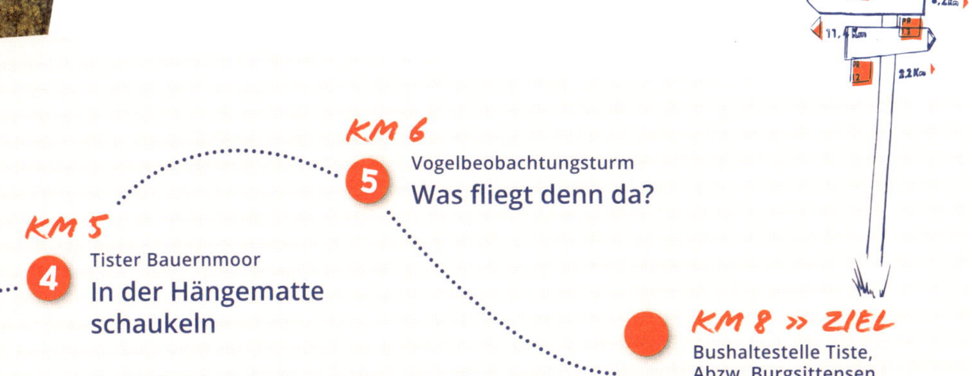

KAUM ERAHNEN LÄSST SICH …

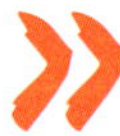

… beim Start an der Bushaltestelle an der Hauptstraße, dass sich nur ein paar Kilometer Luftlinie landeinwärts eine weite Seenlandschaft versteckt, Rückzugsort und Brutplatz für Löffelente, Kormoran, Singschwan & Co.

Das **Landgut** mit Wassergraben und einem Jagdschloss am Wegesrand überrascht. Ob hier Tafelrunden und Ritterspiele stattfanden? Das zumindest kommt einem in den Sinn, wenn man liest, dass an diesem Platz ab dem 14. Jahrhundert ein Rittergut stand. Später, beim Spaziergang durch den Wald, kann man sich gut vorstellen, dass dies einst als Jagdrevier genutzt wurde.

Statt hoch zu Ross geht es ab auf den **Hochsitz.** Eine Ewigkeit ist es her, dass man hoch oben in den Wipfeln saß. Aus der Vogelperspektive auf Wiesen, Wald und Felder zu blicken, ist einfach faszinierend. Der Traum vom Fliegen erfüllt sich auch an diesem Tag für Menschen nicht. Aber bald sorgen allerhand Flieger für Staunen.

Zuvor führen Holzstege, matschige Pfade und Schwebebalken durch das **Tister Bauernmoor.** Ruheinseln laden zum Entspannen ein. Am Wegesrand wachsen echte Spezialisten: Schmalblättriges Wollgras (gut erkennbar an den weißen Puscheln), Pinke Glockenheide, Pfeifengras, Rundblättriger Sonnentau. Diese und einige weitere Pflanzen überleben in kargen, nährstoffarmen Bedingungen und finden kreative Möglichkeiten zur Bestäubung. Denn Insekten sind rar. Doch einige Bewohner fühlen sich wohl im Schlamm. Die ungiftige Ringelnatter etwa, erkennbar an den halbmondförmigen hellen Flecken im Nacken, sowie Kreuzotter und Waldeidechse. Und weißgesichtige Nordische Moosjungfern, eine Libellenart.

HERRLICH ENTSPANNEND: HÄNGEMATTEN-BAUMEL-MOMENTE MITTEN IM MOOR

Alle Wege im Moor führen zu und enden an einer barrierefreien Aussichtsplattform und einem **Aussichtsturm.** Hier treffen sich alle, um einen kurzen oder längeren Blick auf die Wasserflächen zu werfen, Flugmanöver zu beobachten und ihre To-see-Liste abzuhaken. 220 Vogelarten wurden bisher gesichtet. Ein paar fehlen noch – beim nächsten Besuch geht’s weiter.

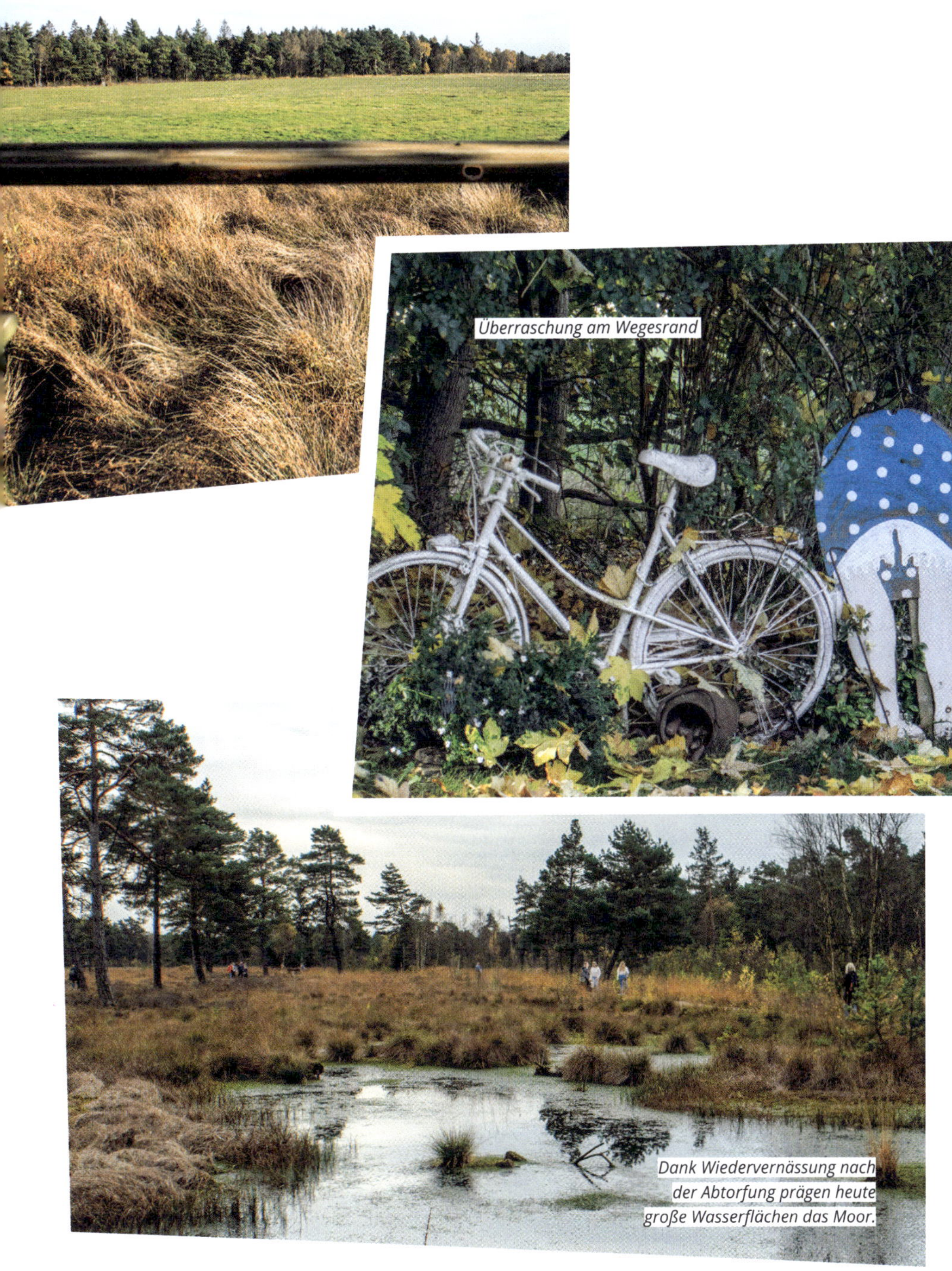

usblick vom Baumkronen-Hochsitz

Überraschung am Wegesrand

Dank Wiedervernässung nach der Abtorfung prägen heute große Wasserflächen das Moor.

WANDERN & GENIESSEN

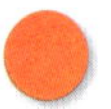

» START

Bushaltestelle Tiste, Abzw. Burgsittensen

Die Bushaltestelle liegt direkt an der Hauptstraße. Die Straßenseite wechseln und Geh- und Radweg linksherum bis zur Kreuzung Am Walde folgen. Rechts abbiegen, dann geradeaus.

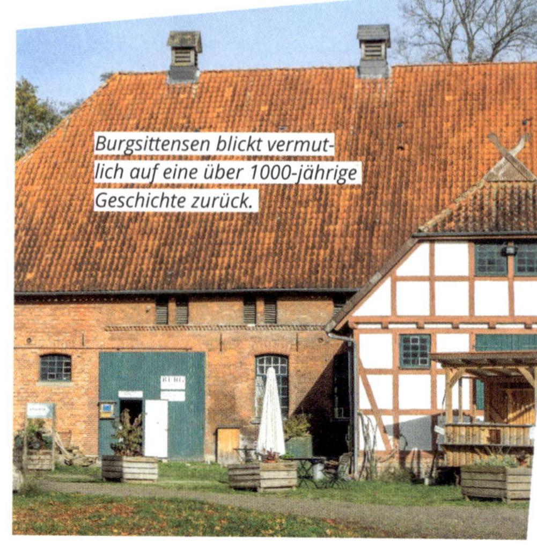

Burgsittensen blickt vermutlich auf eine über 1000-jährige Geschichte zurück.

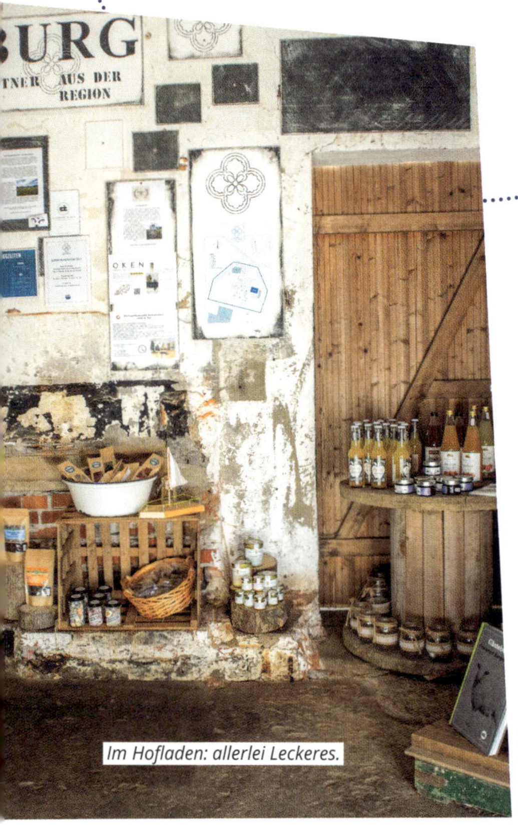

Im Hofladen: allerlei Leckeres.

KM 0,5

Klostergut Burgsittensen

Im Hofladen stöbern

Wassergraben, Jagdschloss, Obstgarten. Wer immer schon mal wissen wollte, wie es sich als Ritter, Baron oder Baroness lebte, dem ist ein Spaziergang über das Klostergut ans Herz gelegt. Im Hofladen mit Selbstbedienung, dem Burgkontor, findet sich das ein oder andere leckere Schmankerl für zu Hause. Speisen für den kleinen Hunger bietet die Burgküche an – mit Sitzplätzen in wunderschöner Parkanlage. (klostergut-burgsittensen.de; Gelände frei zugänglich)

Burgsittensen am Haupttor links herum verlassen, am Wassergraben entlang bis zum Ende des Wegs, dann zweimal links. Vor dem Wanderparkplatz mit Infotafel rechts abbiegen und dem asphaltierten Geh- und Radweg folgen. An der dritten Kreuzung links am Waldrand entlang, noch mal links, dann rechts dem Wanderweg Nordpfade folgen. Der Hochsitz liegt auf der rechten Seite am Ende des Wegs.

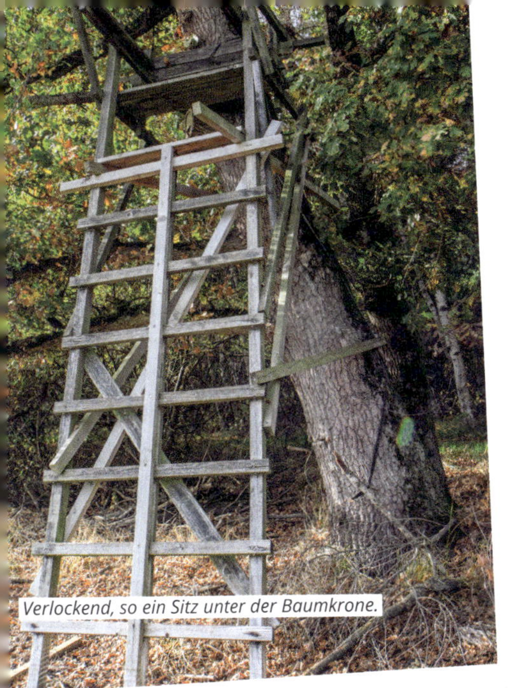
Verlockend, so ein Sitz unter der Baumkrone.

KM 3

2 Hochsitz

Lauschkonzert in Baumkrone

Keine Sorge: Die Sprossen der Leiter sind stabil. Im Nu ist der Sitzplatz in luftiger Höhe unter den verzweigten Ästen einer Eiche erreicht. Zack, Sitzkissen unter den Pobacken platzieren und zurücklehnen. Der Blick schweift über beige Gräser, gelbgrüne Wiesen und dunkelgrünen Waldrand mit orangen Tupfen. Augen schließen und lauschen. Aus der Ferne ertönen Trompetenklänge. Über dem Kopf rascheln Blätter. Zu Füßen wippen Halme. Das klingt wie ein Sinfonieorchester. Open-Air-Konzert mit Logenplatz.

Links am Hochsitz vorbei und Wanderweg »Nordpfade Börde Sittensen« (geschwungenes N auf orangem Hintergrund) zum NSG Tister Bauernmoor folgen. Der Wanderweg endet auf einem großen Parkplatz an der Hauptstraße. Rechts abbiegen und dem Weg folgen. Das Haus der Natur ist bereits auf der linken Seite zu sehen.

KM 4

3 Haus der Natur

Kaffee und Kuchen am Bahnsteig

Ob Kranichkieker oder Moorredder, im Haus der Natur scheinen sich alle auf einen Klönschnack zu treffen. Blechkuchen mit Sahne oder lieber Torte mit Schuss? Während die Wahl des richtigen Kuchens schwerfällt, ist man sich sofort einig: Kännchen Kaffee muss sein. So, mit Sitzplatz gleich am Bahnsteig, hat dieser Stopp fast etwas von Aufbruch in die weite Welt. Hier verkörpert durch ein faszinierendes Hochmoor, das eine vielfältige Tier- und Pflanzenwelt beheimatet. Die kleine Feldbahn mit 70 Jahre alter Lok befördert Gäste knatternd durch das Naturschutzgebiet (moorbahn.de). Wer jedoch zu Fuß loszieht, den erwarten spannende Infos und Erlebnisstationen.

Beschilderung zum Moorlehrpfad folgen und auf dem Hinweg den linken der beiden Wege einschlagen.

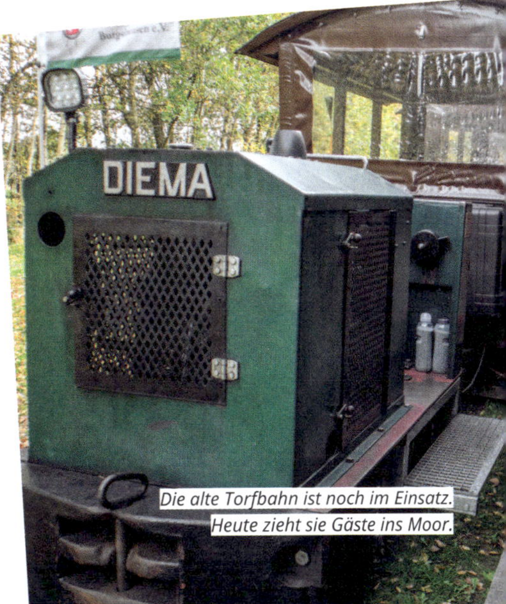

Die alte Torfbahn ist noch im Einsatz. Heute zieht sie Gäste ins Moor.

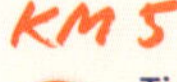

4

Tister Bauernmoor

In der Hängematte schaukeln

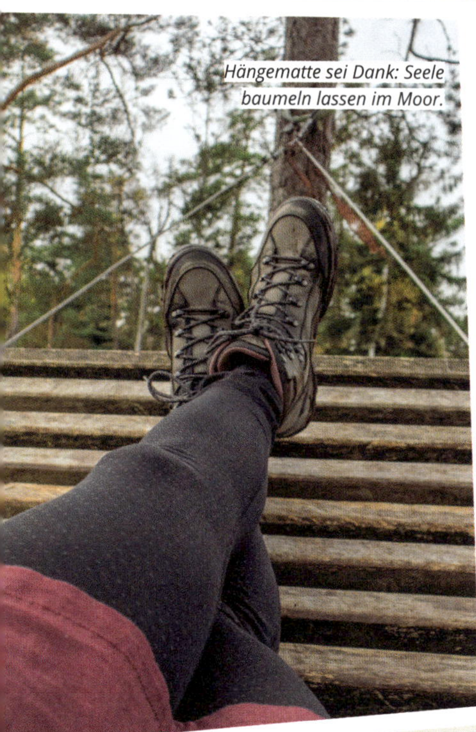

Hängematte sei Dank: Seele baumeln lassen im Moor.

Auf die wackelige Matte aus Holzstäben setzen, alle viere von sich strecken und zwischen Baumstämmen hin und her baumeln. Den Blick zum Himmel richten und dem Vogelzug hinterherschauen. In dieser Position verankern sich all die Infos, die einem auf dem bisherigen Weg begegneten, im Gedächtnis. Wer sich zuvor an einer Erlebnisstation im Moorpedden versuchte – dabei werden einfach die Hosenbeine hochgekrempelt, um dann knietief im Schlamm zu versinken –, döst nun einfach. Hört, riecht, spürt – und bricht dann ganz entspannt zum Beobachtungsturm auf.

Weg zum Vogelbeobachtungsturm folgen. Achtung, es geht auch über eine Schwebebrücke.

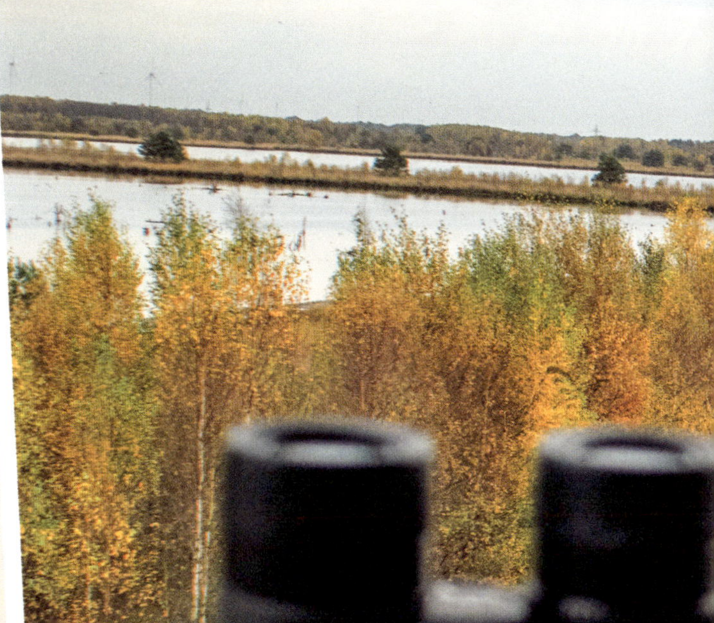

KM 6

5

Vogelbeobachtungsturm

Was fliegt denn da?

Das Fernglas ist reserviert für den Vogelzug in der Dämmerung. Zumindest im Frühjahr und Herbst. Dann rasten Kraniche, Glücksbringer mit Trompetengesang und schlacksigen Beinen, auf und an der Seenlandschaft. Seit der Wiedervernässung der abgetorften Moore in den 1990er-Jahren ist dies hier ein Eldorado für Federvieh. Was sie lockt? Angenehme Nachtruhe, geschützte Brutplätze, reiche Speisen. Still Beobachtende belegen Sitzbänke, Blick und Fotoequipment aufs Wasser gerichtet. Kiebitz, Nilgans, Graureiher. Mit ganz viel Glück lässt sich ein Seeadler erhaschen, der mit wenigen Flügelschlägen elegant durch die Lüfte gleitet.

Rückweg auf dem linken Weg, immer geradeaus bis zum Ausgang. Am Parkplatz links herum, an der Straße entlang bis zur Bushaltestelle.

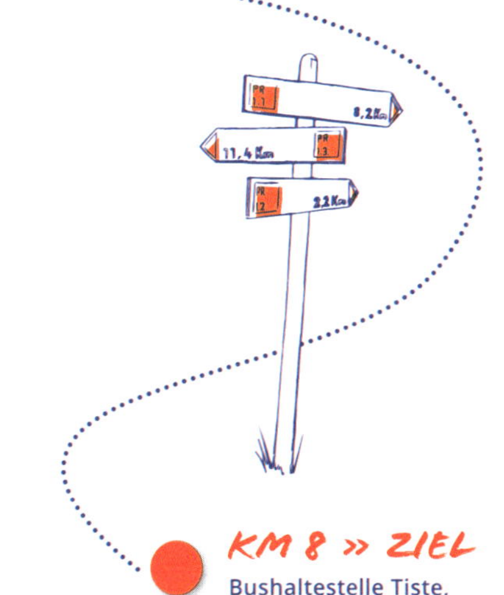

KM 8 » ZIEL

Bushaltestelle Tiste, Abzw. Burgsittensen

Das Fernglas steht parat, die Flugshow kann beginnen. Zur Zugvogelzeit mag man kaum mehr runter vom Aussichtsturm.

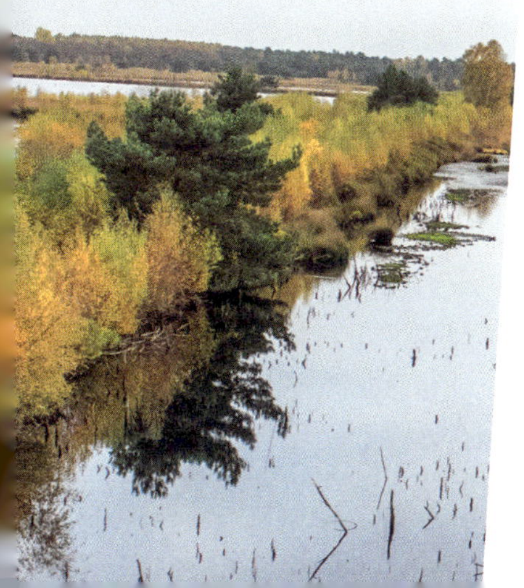

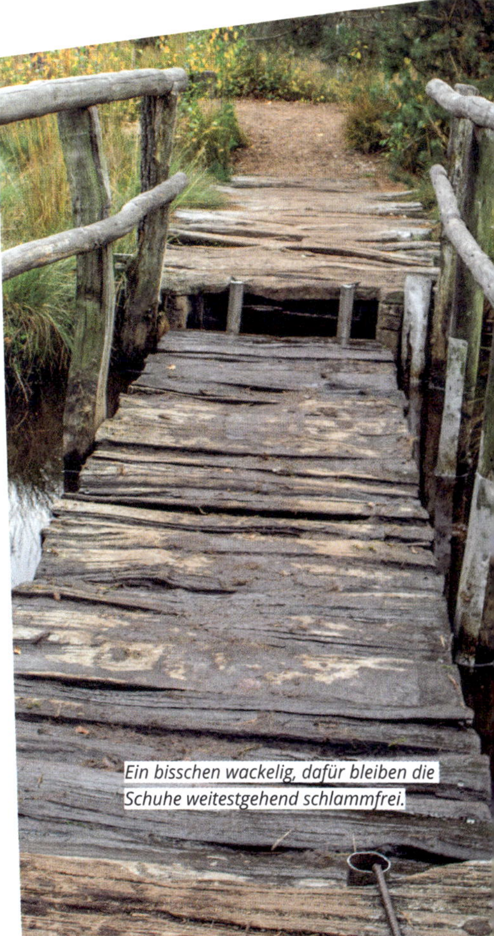

Ein bisschen wackelig, dafür bleiben die Schuhe weitestgehend schlammfrei.

AUF EINEN BLICK

- **Start/Ziel:** Bushaltestelle Tiste, Abzw. Burgsittensen
- **Strecke:** 8 km (Rundweg)
- **Reine Wanderzeit:** 2 Std.
- **Höhenmeter:** ↗ 2 m ↘ 2 m
- **Wegbeschaffenheit:** Naturweg, Holzstege, Moor.
- **Beste Zeit:** Frühling und Herbst, wenn die Zugvögel vorbeischauen.
- **Ausrüstung:** Sonnenhut, Mückenschutz im Sommer, Wasser, evtl. Handtuch fürs Moorpedden, Sitzkissen, Fernglas, Kamera mit Teleobjektiv, Taschenlampe (im Herbst dämmert es schnell).

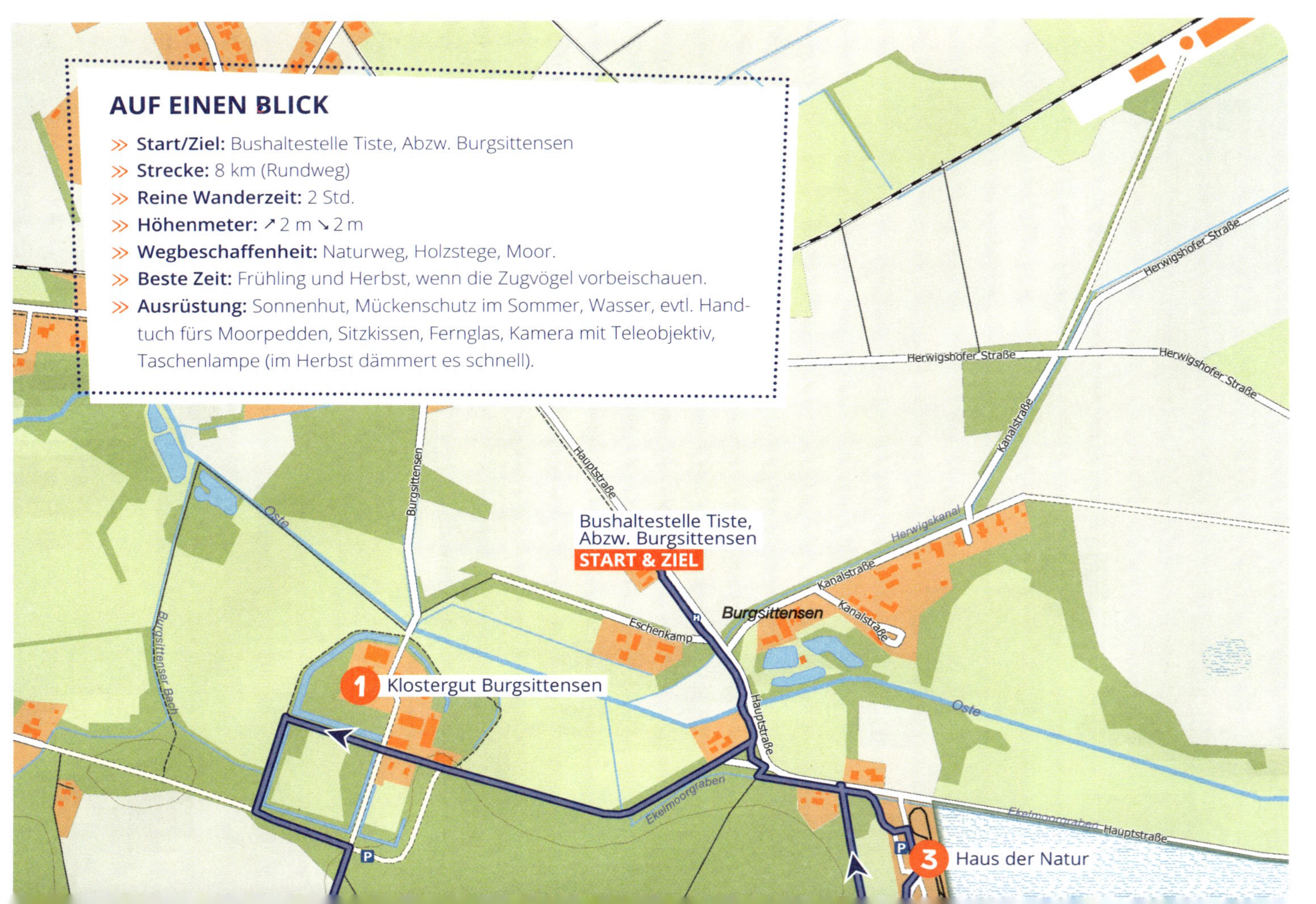

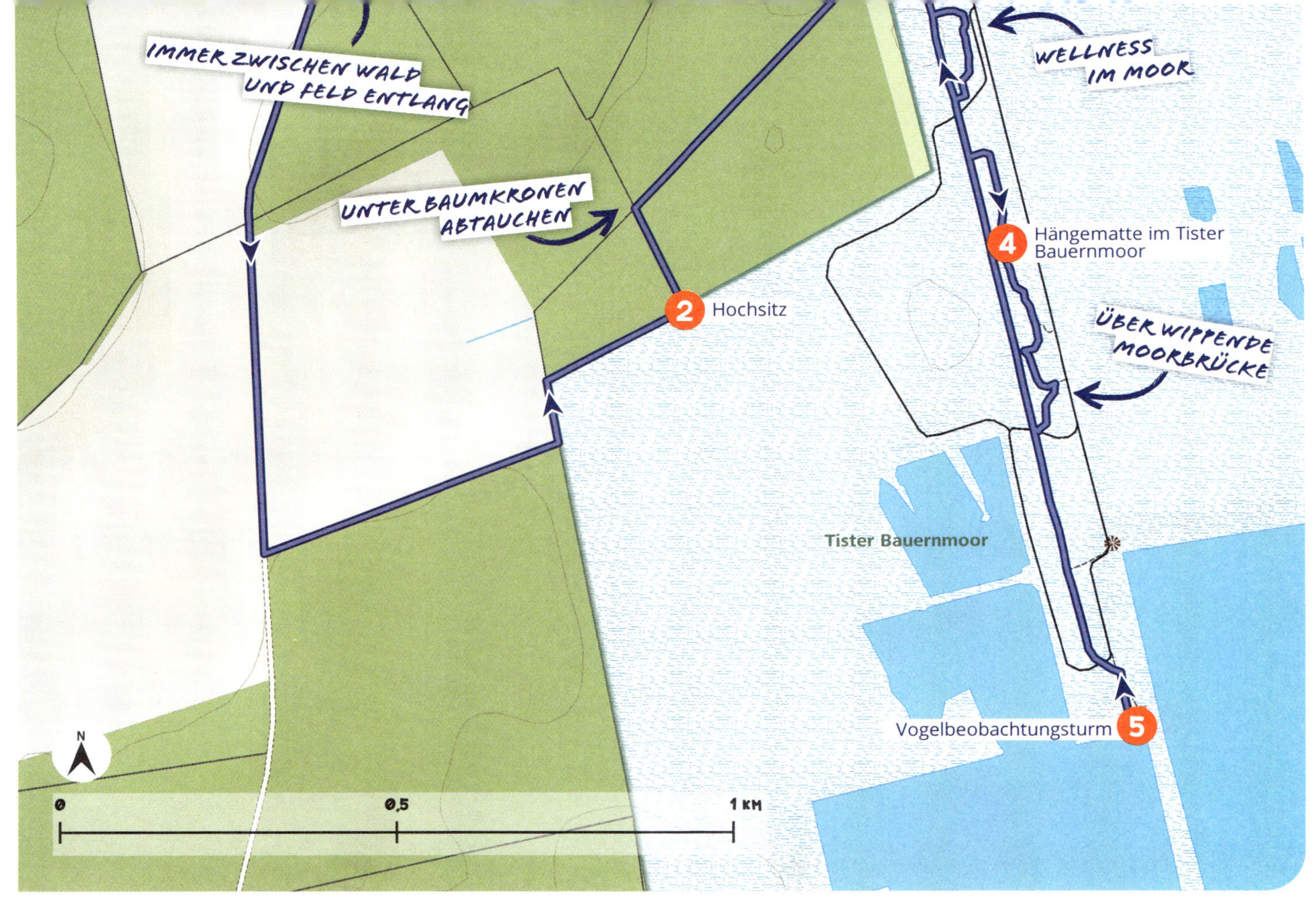

IMMER ZWISCHEN WALD UND FELD ENTLANG
UNTER BAUMKRONEN ABTAUCHEN
WELLNESS IM MOOR
4 Hängematte im Tister Bauernmoor
2 Hochsitz
ÜBER WIPPENDE MOORBRÜCKE
Tister Bauernmoor
5 Vogelbeobachtungsturm
N
0
0,5
1 KM

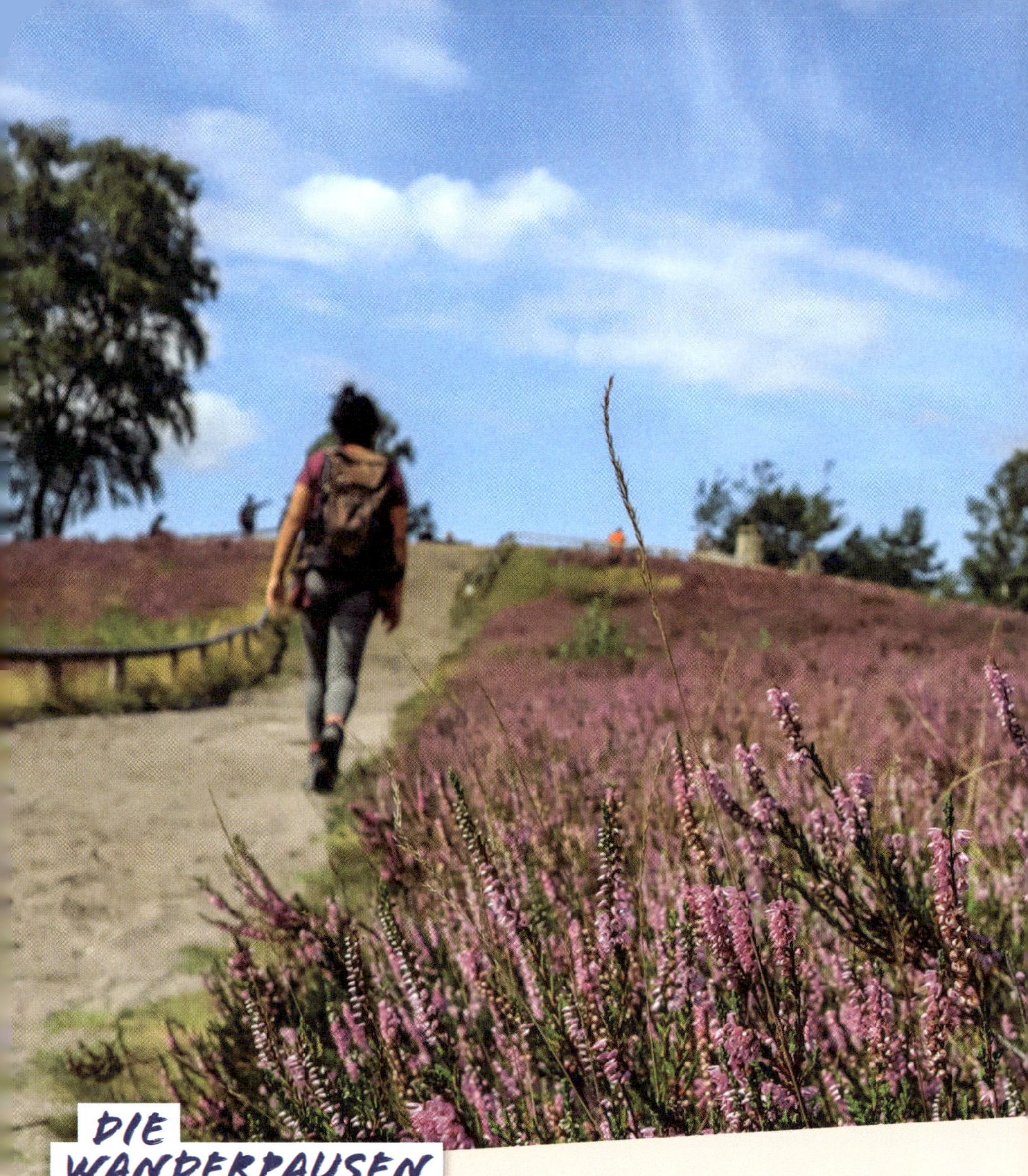

DIE WANDERPAUSEN

» START
Bahnhof Büsenbachtal

KM 1,5
1 Pferdekopf
Einen U100er erklimmen

KM 2,5
2 Heidemoor
Zu Besuch bei Sumpfschrecke und Moorfrosch

KM 4,5
3 Rastplatz
Kiefern lauschen

5 BILDER-BUCH-PANORAMA

Zwischen Büsenbach und Brunsberg

Lust auf Kitsch pur, die ganz Großen und eine Oase? Dann ist diese Tour zwischen Berg und Tal mit lauter entzückenden Momenten, erstaunlichen Landschaften und grandiosen Rundsichten genau das Richtige.

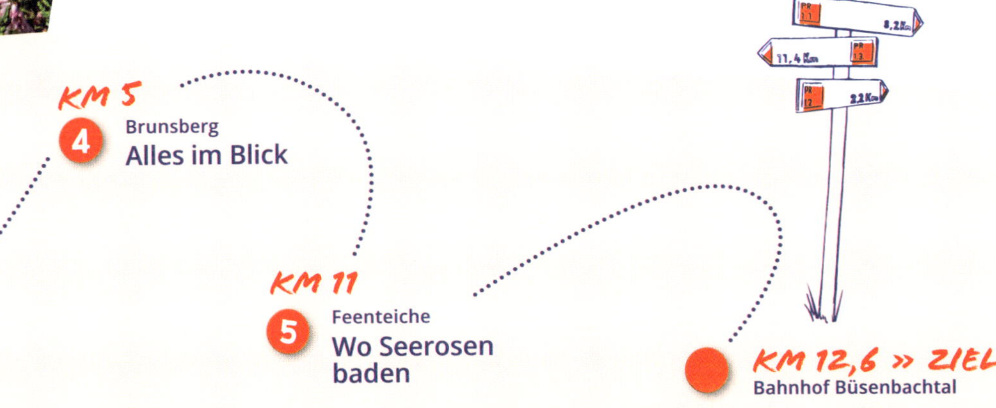

FARBENREICHE AUGENBLICKE …

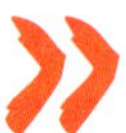

… und ganz viel Weite rauben einem den Atem. Beim Start am Bahnhof Büsenbachtal bei Handeloh ist vom Klischee-Panorama aber zunächst noch nichts zu erahnen.

Ein breiter Naturweg führt entlang einer Bachsenke westwärts ins Tal. Schlacksige Kiefern strecken ihr Haupt zum Himmel. Birkenblätter flattern wie Schmetterlingsflügel im Wind. Bienen schwirren durch blühendes Heidekraut und summen in sommergrünen Wiesen mit gelben Tupfen.

HERRLICH: INNEHALTEN UNTER KIEFERNZWEIGEN, WÄHREND ALLE ANDEREN ZUM GIPFEL EILEN

200 Meter bis zum ersten Gipfel. Ah und oh. Innehalten, um die Kulisse zu bestaunen. Auf dem **Pferdekopf** kann man nachempfinden, wie sich ein Baumfalke auf seinem Horst fühlt, wenn er die Welt ins Visier nimmt. Offener Rundumblick. Menschen wuseln wie Ameisen auf hellen Sandwegen durchs Tal und an Berghängen herum. Lila, Grün und Blau beherrschen die Farbpalette.

Auf Heide folgt Wald. Birke, Buche und Tanne breiten ihr Blätterdach aus und spenden Schatten. Wie eine Schneise bahnt sich der Weg durch einen grünen Korridor. Wurzelwerk tritt zutage. Unter Tage speichert eines der seltenen Heidemoore Wasser wie ein Schwamm. Nach einer lang gestreckten Passage aufwärts lockt ein Sonnenplatz umringt von Calluna. Sie soll durch Entkusseln auch zukünftigen Generationen erhalten bleiben. Zeit zum Sinnieren über Natur und Kultur.

Der **Brunsberg** gehört zusammen mit dem Wilseder Berg zu den »Top-Gipfeln« in der Lüneburger Heide. Welcher schöner ist, möge jeder selbst erwandern. Kopf in den Nacken, Arme ausbreiten. Der Wind pustet kräftig, Gedanken fliegen mit.

Abtauchen in den Nadelwald der **Lohberge,** eines Moränenzugs, der in der letzten Eiszeit entstand. Dunkelblaue Heidelbeeren hängen pflückreif am Wegesrand. Ein fantastischer Zieleinlauf mit Weitblick über den Start der Tour. Mit etwas Glück zeigen sich Heidschnucken-Popos, die nach Hause wackeln.

«

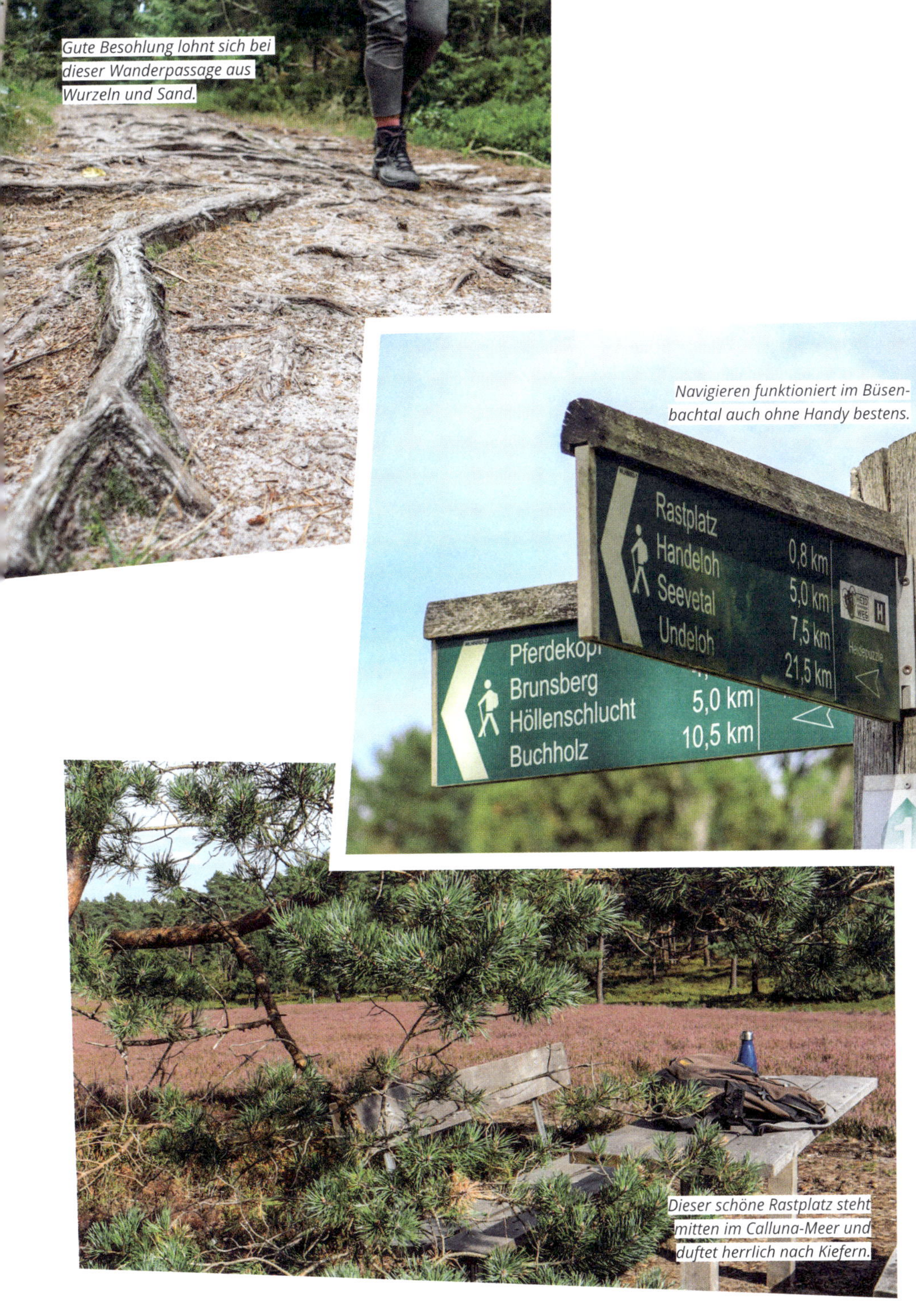

Gute Besohlung lohnt sich bei dieser Wanderpassage aus Wurzeln und Sand.

Navigieren funktioniert im Büsenbachtal auch ohne Handy bestens.

Dieser schöne Rastplatz steht mitten im Calluna-Meer und duftet herrlich nach Kiefern.

WANDERN & GENIESSEN

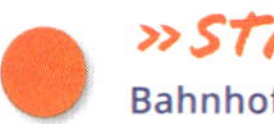

» START

Bahnhof Büsenbachtal

Den Bahnhof rechts herum verlassen, Handeloher Straße überqueren. Vom dort gelegenen Parkplatz führen zwei Wege ins Büsenbachtal. Dem rechten Weg zum Pferdekopf folgen.

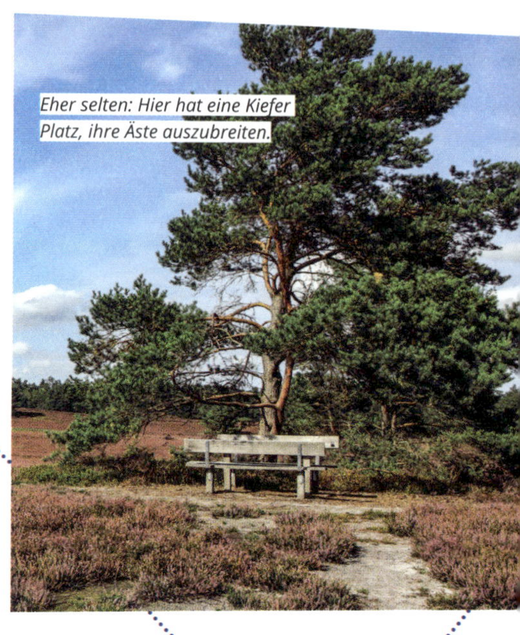

Eher selten: Hier hat eine Kiefer Platz, ihre Äste auszubreiten.

KM 1,5

1 Pferdekopf

Einen U100er erklimmen

Auf sandigem Pfad hügelan. Im Spätsommer breitet sich rechts und links ein lila Blütenmeer aus. Dazwischen tänzeln quietschgrüne Birkenblätter, dunkelgrüne Wacholder werfen Schatten. Wer im Mittelgebirge oder in den Alpen wandert, mag schmunzeln: Der höchste Punkt im Büsenbachtal liegt 79 Meter über dem Meeresspiegel – eine stattliche Höhe fürs norddeutsche Tiefland. Erhöhter Puls, Schweißperlen auf der Oberlippe. Oben auf dem Pferdekopf angekommen, öffnet sich ein herrlich kitschiger Ausblick. An der tiefsten Stelle durchzieht der Bachlauf des Büsenbachs wie ein grünes Band das Tal. Teiche schimmern in der Sonne. Sattsehen, genießen und im Wandertagebuch notieren, wie es sich anfühlt, auf dem schönsten Heidegipfel unter 100 Metern zu stehen.

Pfad geradeaus in Richtung Waldrand folgen (nicht hinab ins Tal).

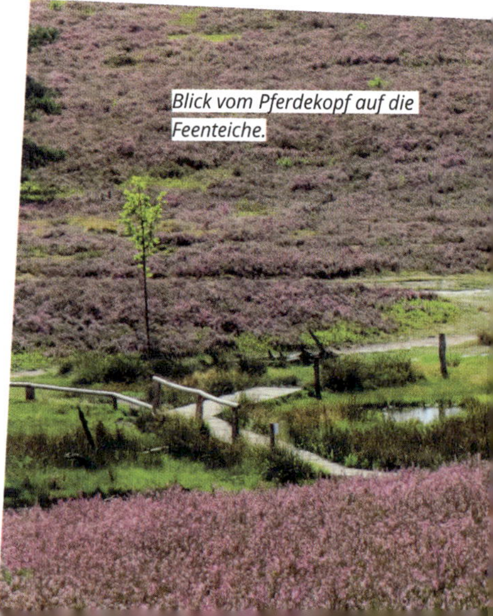

Blick vom Pferdekopf auf die Feenteiche.

KM 2,5

2 Heidemoor

Zu Besuch bei Sumpfschrecke und Moorfrosch

Ein Bohlensteg führt durch eine Senke in den Lohbergen. Einst umgeben von Heide, umrahmen heute Kiefern, Buchen, Birken und Vogelbeeren das kleine Moor. Grashalme hängen träge über dem sumpfigen Erdreich. Wer am Klimaschützer vorbeirauscht, verpasst eine lohnende Auszeit. Ohren spitzen, Blick schärfen. Fühlt sie sich im Feuchtgebiet wohl oder ist in Flirtlaune, dann knipst die Sumpfschrecke weithin hörbar, indem sie ihr Hinterbein hebt und nach hinten schleudert. Moorfrösche gönnen sich zu dieser Jahreszeit ein Schlammbad, bevor sie sich im Frühling von ihrer besten Seite zeigen und mit »Wok-Wok-Wok« und blubbernden Geräuschen klarmachen: Wir sind in Hochzeitslaune. Zuerst Lila auf dem Pferdekopf, nun sattes Waldgrün. Ein wunderschöner Kontrast und eine Wohltat für Augen und Gemüt.

Beschilderung und Wanderweg zum Brunsberg folgen.

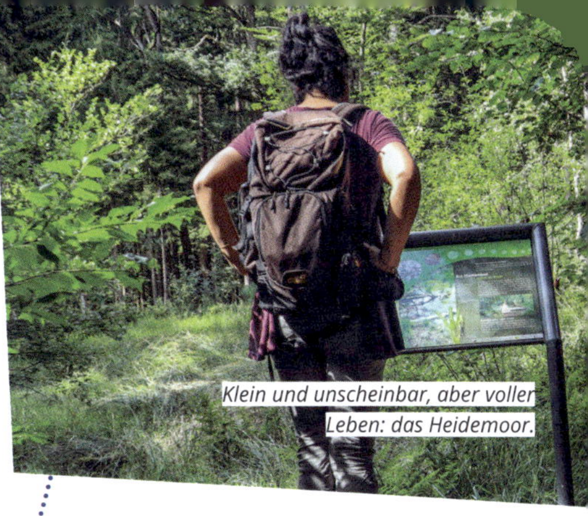

Klein und unscheinbar, aber voller Leben: das Heidemoor.

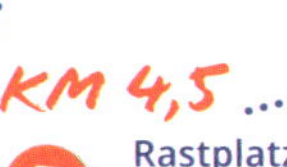

KM 4,5

3 Rastplatz

Kiefern lauschen

Kurz vor dem zweiten Gipfel lädt am rechten Wegesrand ein pittoresker Platz zum Picknick ein. Eine Kiefer mit Doppelstamm und ausladenden Ästen bewacht zwei Sitzbänke und einen Tisch mitten in einer weiten Heidefläche. Schattenplätze sind an einem solch sonnenreichen Tag gern gesehene Inseln zum Rasten. Brotzeit auspacken und plauschen. Lauschen, wie Zapfen zu Boden fallen und Wind durch Kiefern rauscht. Zuschauen, wie Sonnenstrahlen durch Nadeln glitzern, und spüren, wie sie sanft die Haut streicheln. Den holzigen Geruch des Nadelbaums um die Nase wehen lassen. Ein Duftbäumchen in seinem natürlichen Habitat – kein Vergleich zu den baumelnden grünen Lufterfrischern im Auto. Doch dann: Zeit, sich loszueisen, denn: Der nächste Gipfel ruft!

Pfad hinauf zum Brunsberg folgen.

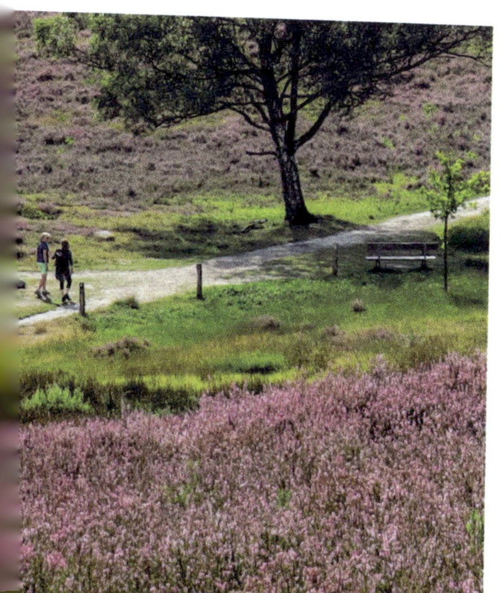

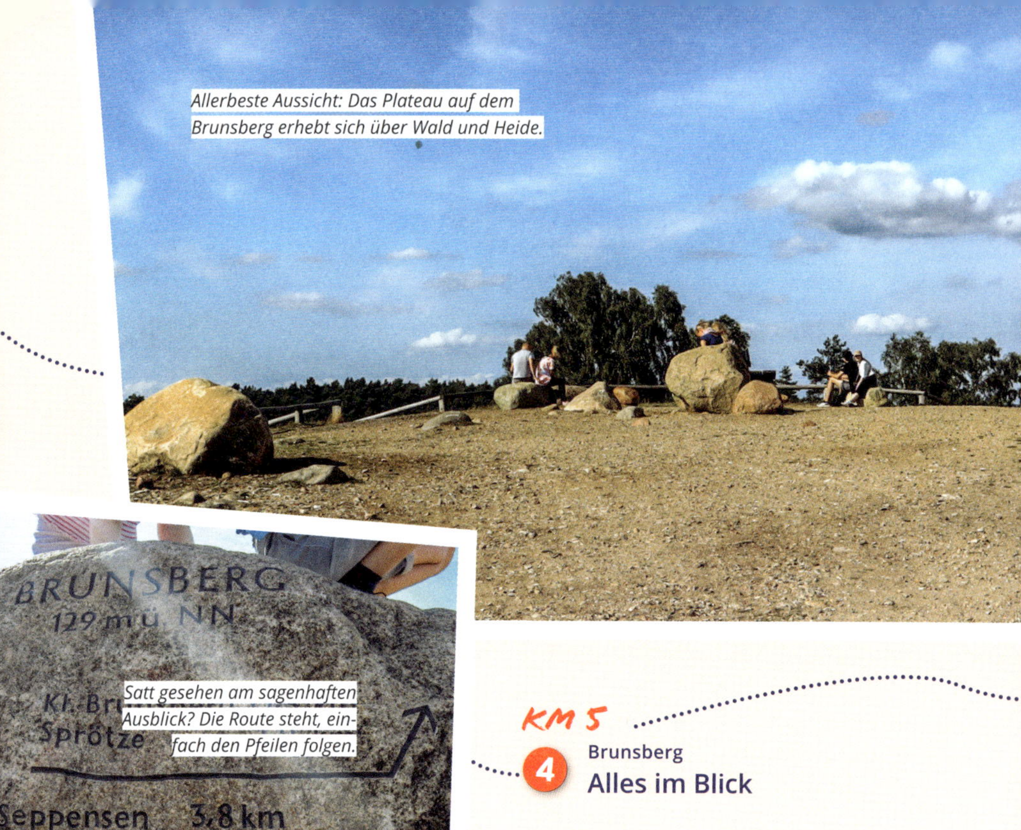

Allerbeste Aussicht: Das Plateau auf dem Brunsberg erhebt sich über Wald und Heide.

Satt gesehen am sagenhaften Ausblick? Die Route steht, einfach den Pfeilen folgen.

GIPFELGLÜCK NUMMER ZWEI

KM 5

4 **Brunsberg**

Alles im Blick

Die 360-Grad-Aussicht ist spektakulär! Einmal um sich selbst drehen. Kein Wunder, dass einem schwindelig ist. So viel Weite. Der Blick sucht Anker im schier grenzenlosen Raum. Azur, Magenta und Schwarzgrün. Farbbänder geben Halt. Über dem Scheitel die Sonne, zu Füßen Heidesträucher, am Horizont Baumkronen. Auf dem Gipfel, einem abgeflachten Plateau auf 129 Metern über dem Meeresspiegel, dienen rundgeschliffene Findlinge aus der letzten Eiszeit als Klettergerüst, Wegweiser und Sitzplatz. In Schlangenlinien fallen Pfade zu allen Seiten vom Brunsberg hinab durch Heideflächen bis zum Wald.

In Richtung Kl. Brunsberg/Sprötze weiter, abtauchen in Kiefernwald mit Heidelbeeren am Wegesrand. Links halten (W1), Beschilderung zur Drei-Männer-Kiefer folgen und die Schnellstraße überqueren. Heideschleife (h) durch die Lohberge folgen. Das Büsenbachtal ist bereits ausgeschildert.

KM 11

Feenteiche

Wo Seerosen baden

Zurück im Büsenbachtal, nun an den Quellseen eines Bachs, der sich als Bachschwinde entpuppt. Kurz taucht er unter die Erde ab, sprudelt dann zurück ans Tageslicht und plätschert gen Seeve, als sei nichts gewesen. In der grünen Oase tänzeln Libellen in der Abendsonne. Auf Schwimmblättern thronen vor tiefschwarzer Wasseroberfläche weiße Seerosen. Dolden pendeln im Gleichtakt. Eine Holzbrücke führt über Wasser. Schuhe und Socken abstreifen und die letzten Meter barfuß am Bachlauf zurücklegen. Den warmen Sand zwischen den Zehen spüren.

Pfaden parallel zum Bachlauf bis zum Parkplatz folgen. Rückweg wie Hinweg zum Bahnhof.

EXTRA INFOS:

In der Nebensaison lohnt sich definitiv ein Absacker in ● **Der Schafstall**. Am besten kommt man unter der Woche, dann kann man den wunderschön historisch reetgedeckten Schafstall auf sich wirken lassen und die leckeren nachhaltigen und regionalen Produkte schmecken gleich doppelt gut. (der-schafstall.de)

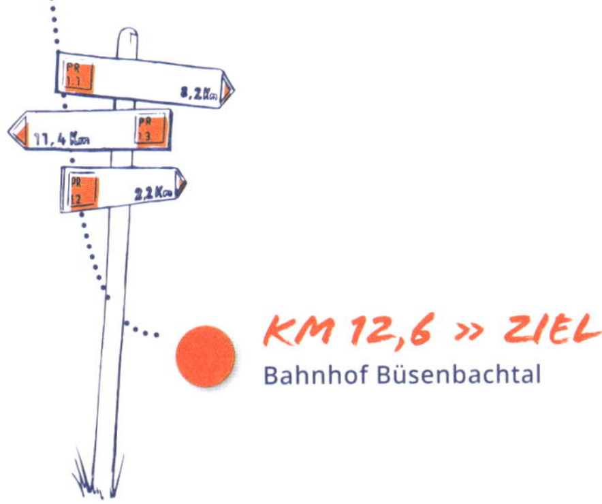

KM 12,6 » ZIEL

Bahnhof Büsenbachtal

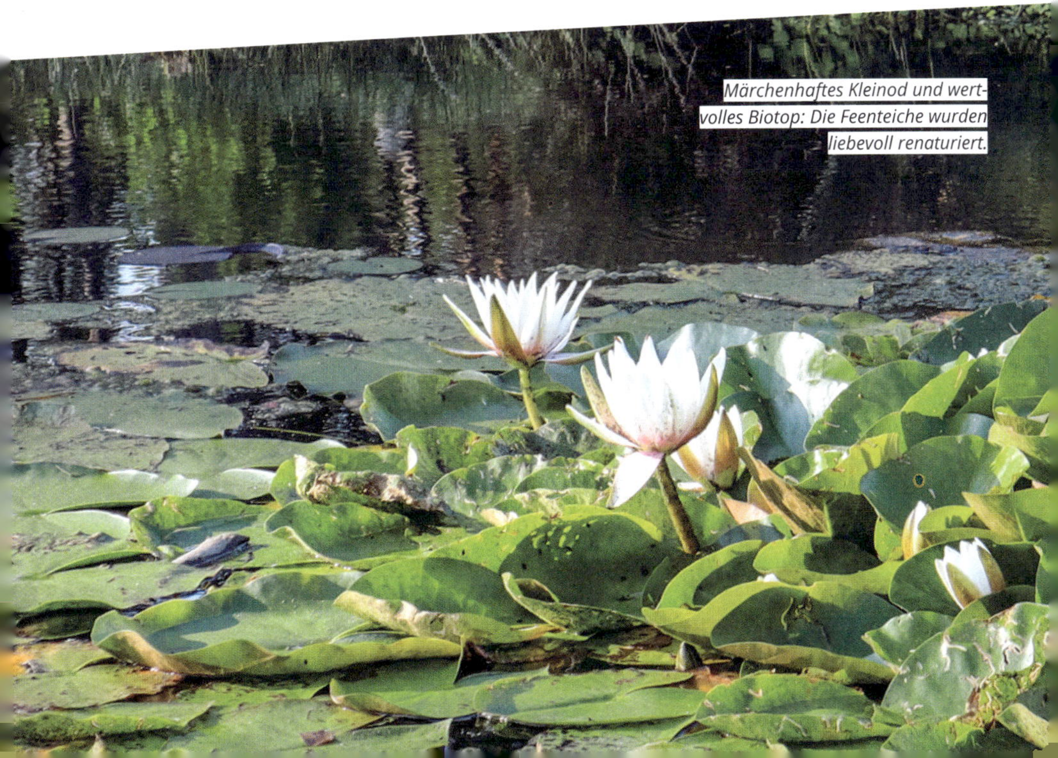

Märchenhaftes Kleinod und wertvolles Biotop: Die Feenteiche wurden liebevoll renaturiert.

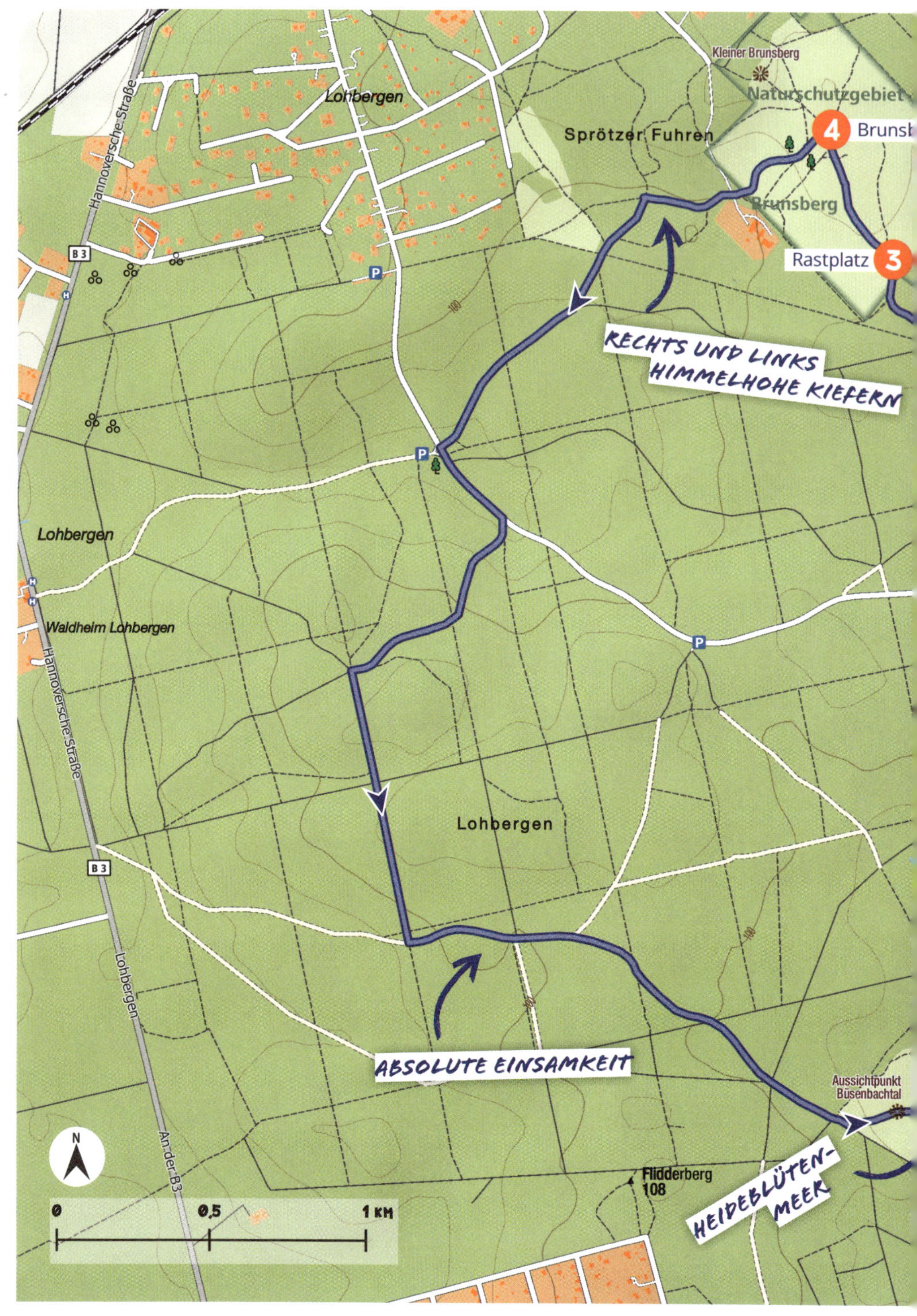

Kleiner Brunsberg
Naturschutzgebiet
Lohbergen
Sprötzer Fuhren
4
Brunsb
Brunsberg
Rastplatz
3
Hannoversche Straße
B 3
P
100
RECHTS UND LINKS HIMMELHOHE KIEFERN
Lohbergen
Waldheim Lohbergen
Hannoversche Straße
Lohbergen
B 3
Lohbergen
ABSOLUTE EINSAMKEIT
Aussichtpunkt Büsenbachtal
Fidderberg 108
HEIDEBLÜTEN-MEER
An der B3
N
0
0,5
1 KM

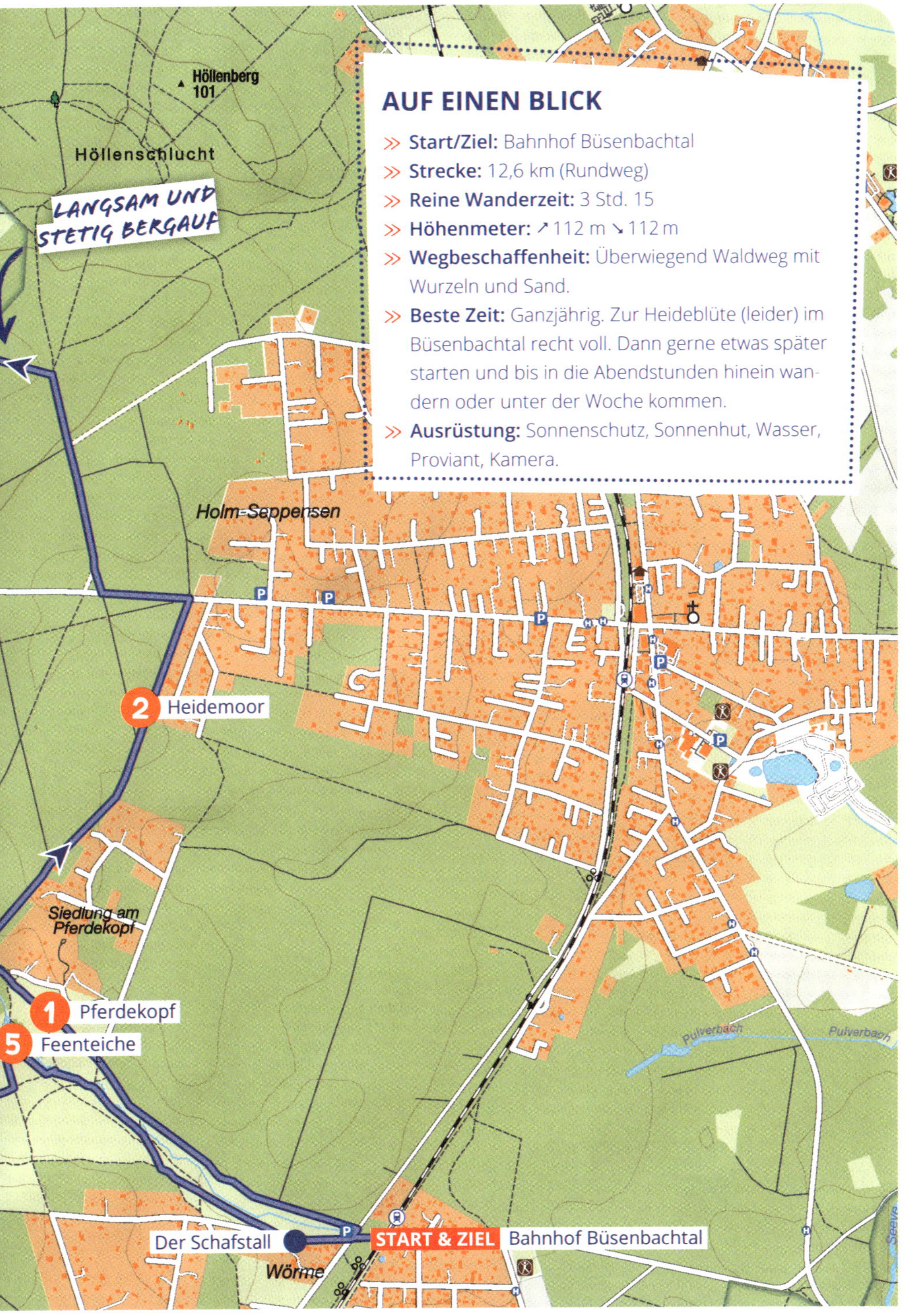

AUF EINEN BLICK

- **Start/Ziel:** Bahnhof Büsenbachtal
- **Strecke:** 12,6 km (Rundweg)
- **Reine Wanderzeit:** 3 Std. 15
- **Höhenmeter:** ↗ 112 m ↘ 112 m
- **Wegbeschaffenheit:** Überwiegend Waldweg mit Wurzeln und Sand.
- **Beste Zeit:** Ganzjährig. Zur Heideblüte (leider) im Büsenbachtal recht voll. Dann gerne etwas später starten und bis in die Abendstunden hinein wandern oder unter der Woche kommen.
- **Ausrüstung:** Sonnenschutz, Sonnenhut, Wasser, Proviant, Kamera.

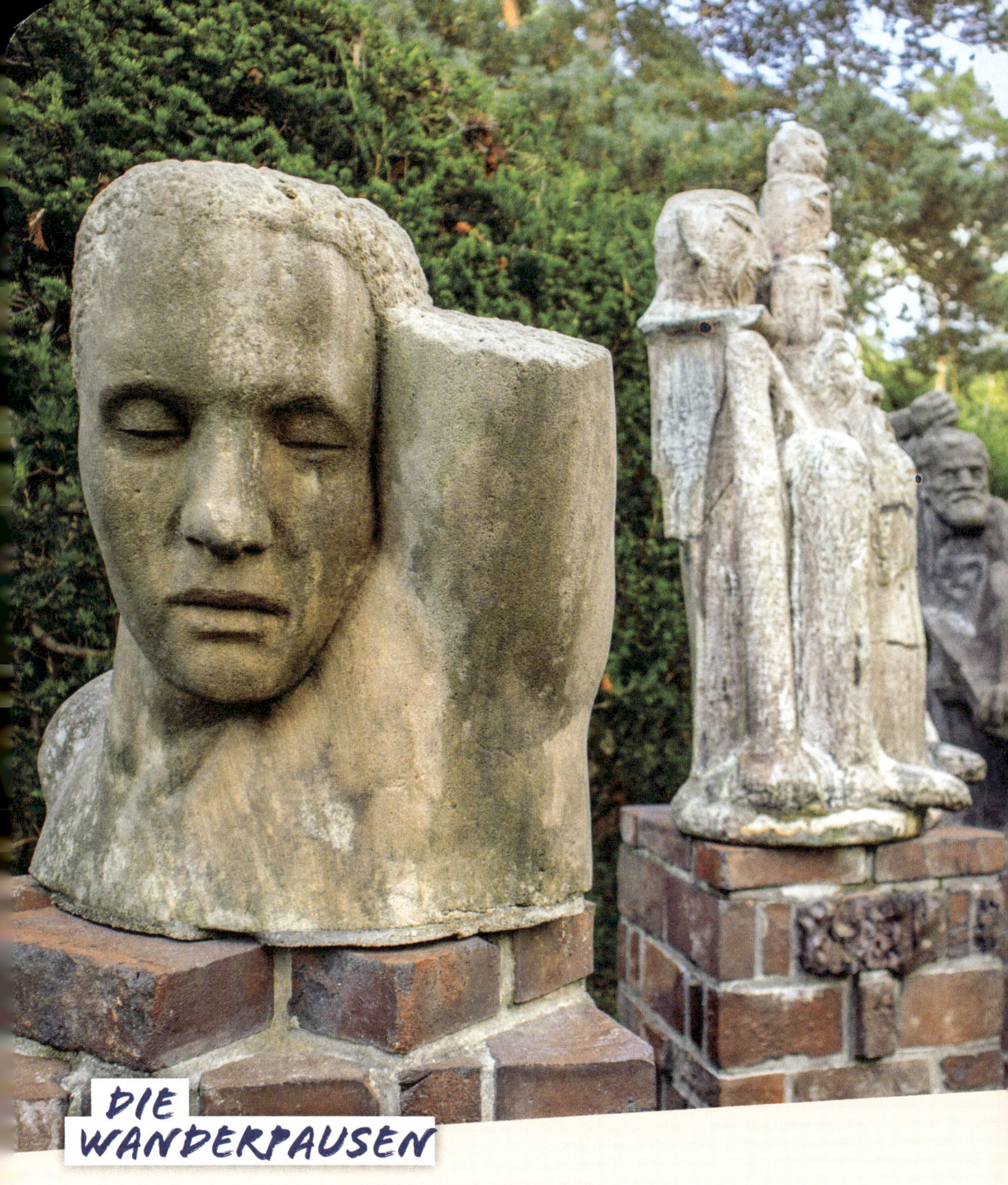

DIE WANDERPAUSEN

» START
Bushaltestelle
Am Ilksberg

KM 0,1
1 Dorfkern Jesteburg
Lebendige Dorfidylle

KM 3
2 Naturschutzgebiet Brettbachtal
Mußestunde am Fischteich

KM 4,5
3 Kunststätte Bossard
Kunsttempel im Wald

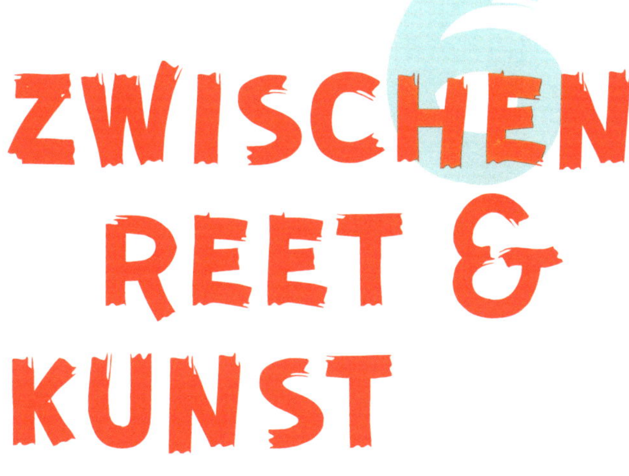

Rund um Jesteburg

Das Dorf in der Nordheide ist regional bekannt für seine kleine, aber feine Kulturszene. Mal traditionell, mal exzentrisch, aber immer spannend und heiß diskutiert. Wer hier Kunst sucht, findet mitunter etwas anderes. Für Neugierige ist diese Tour perfekt!

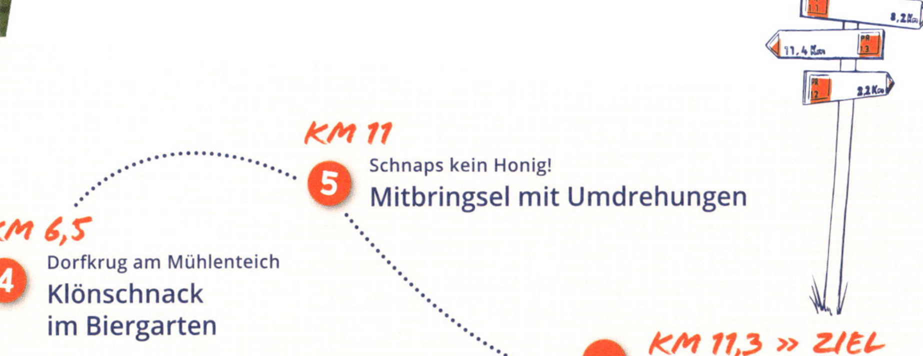

STEHT EINEM DER SINN NACH ...

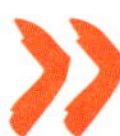

... Natur und besondere Einblicke, dann lohnt ein Ausflug nach Jesteburg.

Der **Niedersachsenplatz** mit Heimathaus, Altem und Neuem Rathaus und Zehntscheune spiegelt den romantischen Charakter eines Heideorts wider. In einem der gemütlichen Cafés und hübschen Läden stößt man schnell auf das lebendige Kulturprogramm. Spielt heute Abend eine Liveband oder gibt es eine Lesung?

Vom Dorfkern führt der Weg ein Stück am Bachlauf der Seeve entlang. Der kälteste Fluss Norddeutschlands beschert an heißen Sommertagen eine erfrischende Brise und speist Schatten spendende Bäume.

DURCH EINE WOLKENDECKE FÄLLT GOLDENES LICHT AUF FLUSS, WIESEN UND SCHÄFCHEN

Vom Wohngebiet rein ins **Naturschutzgebiet Brettbachtal** mit Wald und Auen. Die Wegführung immer geradeaus wirkt mitunter monoton, doch ein wachsamer Blick nach oben, rechts und links offenbart eventuell Kunstwerke. So zumindest die Hoffnung beim Blick auf den Flyer der Tourist-Info mit dem markierten »Natur- und Kunstpfad«. Ob die Maske am Baumstamm Kunst sein soll?

Die zweieinhalb Menschen hohe Betonskulptur des Bildhauers Timm Ulrichs ist es ganz sicherlich. Das Gedankenkarussell kreist – wie passen Beton und Baum zusammen?

Ein Stück weiter die berühmte und umstrittene **Kunststätte Bossard.** Nach dem Rundgang durch das Gesamtensemble aus Malerei, Architektur, Skulpturen und Gartenkunst ist der Horizont weiter.

Vom Nadelwald hinab zur Seeve mit Wiesen und Weiden. Eben war's noch eng und dunkel, nun ist's offen und hell. Der **Dorfkrug** lockt mit Speis, Trank und Geselligkeit.

Gut gestärkt und mit allerhand Eindrücken fällt der lang gezogene Rückweg auf dem Seeve-Radweg nicht sonderlich ins Gewicht. Auf einer Holzbrücke stehen zwei Angler, starrer Blick auf Rute und Fluss. Ein bunter Zaun mit Open-Air-Galerie mit von Hand bemalten Steinen, Anhängern und Girlanden. Zurück in Jesteburg, bleibt Zeit, in inhabergeführten Geschäften zu stöbern. «

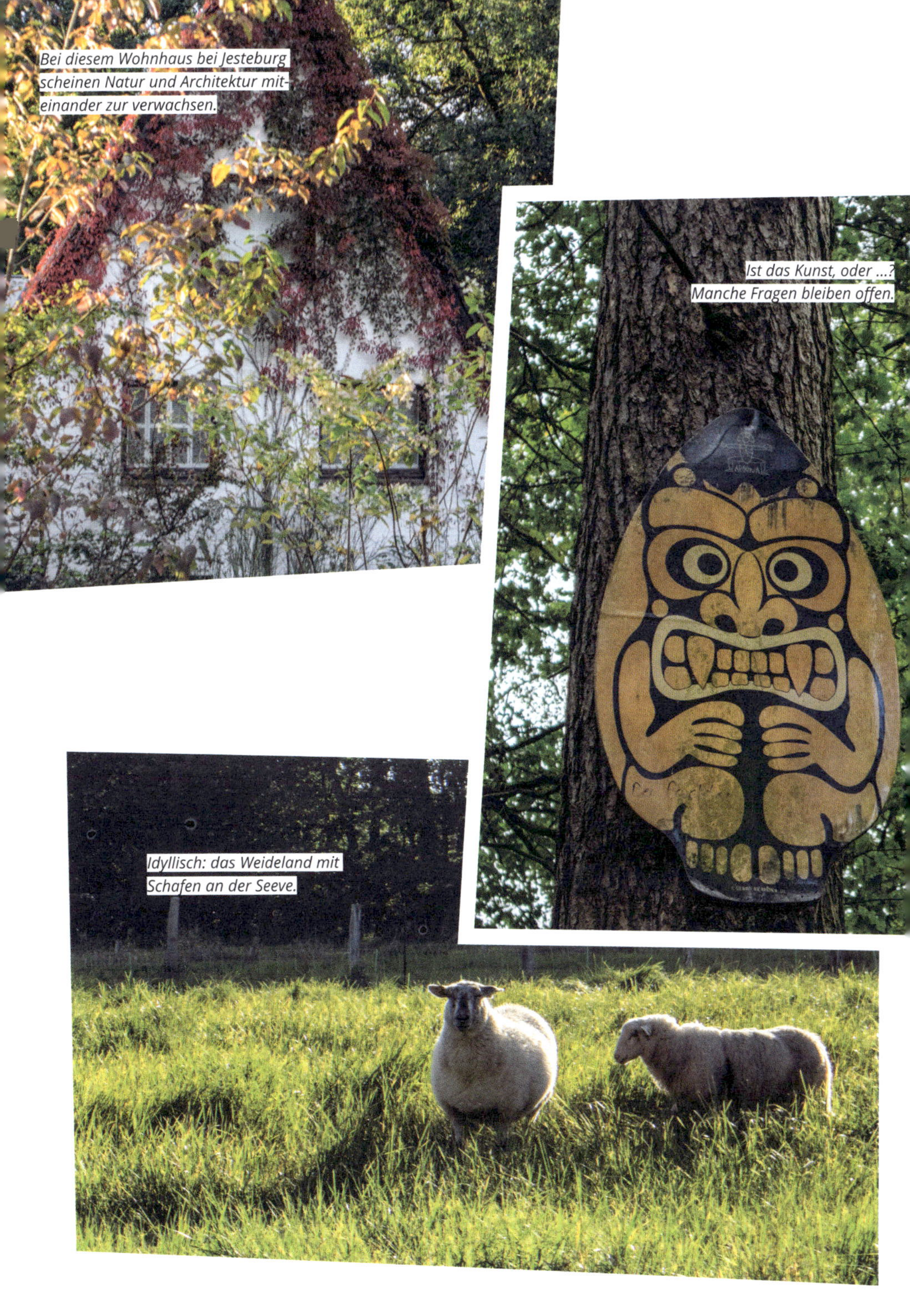

Bei diesem Wohnhaus bei Jesteburg scheinen Natur und Architektur miteinander zur verwachsen.

Ist das Kunst, oder ...? Manche Fragen bleiben offen.

Idyllisch: das Weideland mit Schafen an der Seeve.

WANDERN & GENIESSEN

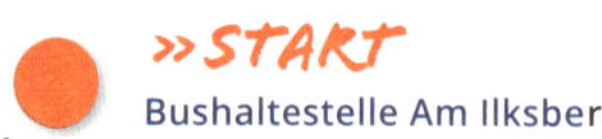

Bushaltestelle Am Ilksberg

Los geht's an der Bushaltestelle Am Ilksberg mit einem gemütlichen Dorfbummel zwischen Hauptstraße, Kirchweg und Brückenstraße. Über Kirchweg, Emil-Bartz-Weg und Am Stubbenhof zur Kreuzung Brückenstraße/Schützenstraße. Links Schützenstraße folgen, dann rechts auf Schierhorner Weg und wieder rechts auf Kamerunstraße. Dem Verlauf der Straße durch das Wohngebiet immer geradeaus in den Wald folgen.

KM 0,1

1 Dorfkern Jesteburg

Lebendige Dorfidylle

Rund um den Niedersachsenplatz stehen Reetdachhäuser und alte Eichen. Wer die Lauscher spitzt, hört die älteste Kirchenglocke der Lüneburger Heide aus dem Jahr 1190 läuten. Sie hängt im hölzernen Glockenturm neben der Kirche. Überraschungen entlang der Hauptstraße: ein Kunstverein mit modernen Ausstellungen, eine Chocolaterie mit sündigen Petit Fours, ein Antiquitätenladen mit Krimskrams. In der ehemaligen Werkstatt befindet sich ein Literaturcafé. Ein Stück durchs dichte Grün entlang der Seeve. Die wohl kleinste Galerie der Region, eine Kunsthalle *en miniature*, ist in einer ehemaligen Telefonzelle zu Hause.

Brückenstraße und Schützenstraße folgen, dann rechts auf Schierhorner Weg und wieder rechts auf Kamerunweg. Dem Verlauf der Straße durch das Wohngebiet immer geradeaus in den Wald folgen.

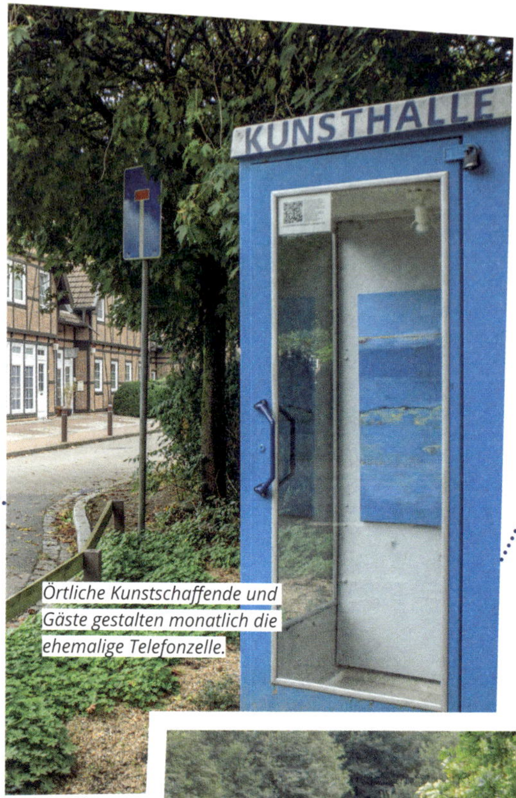

Örtliche Kunstschaffende und Gäste gestalten monatlich die ehemalige Telefonzelle.

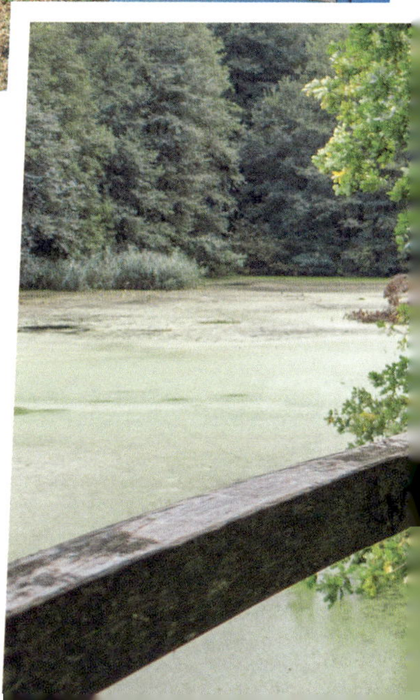

KM 3

2 Naturschutzgebiet Brettbachtal
Mußestunde am Fischteich

Grünland, Teiche, Gebüsche, Erlen-Bruchwald, naturnaher Bach und sumpfiger Erlen-Eschen-Auwald – erstaunlich, wie divers die Vegetationszonen einer Bachaue sind. Während einer Rast am Fischteich, auf der Plattform mit Bank, wirkt das Naturensemble erst so richtig. Unter Wasser schwimmen Karpfen, Forelle und Schiele. Ein grünes Kleid aus Schwimmblattpflanzen bedeckt die Wasseroberfläche. Am sumpfigen Ufer sitzen und quaken gut getarnte Kröten. Wer ein Skizzenbuch bei sich trägt, probiert, Licht und Schatten einzufangen, Details im dichten Blätterwerk zu erkennen und den Moment mit losen Strichen festzuhalten. Genug von Waldansichten? Dann auf zum nächsten Stopp.

Kamerunweg weiter geradeaus bis zur Weggabelung folgen, dann rechts abbiegen und Schildern zur Kunststätte Bossard folgen.

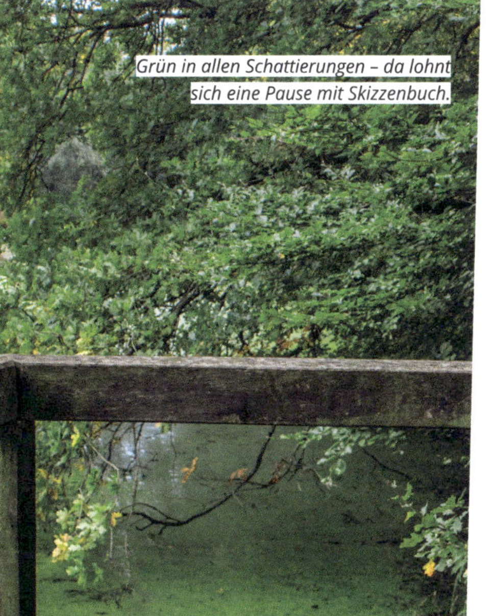

Grün in allen Schattierungen – da lohnt sich eine Pause mit Skizzenbuch.

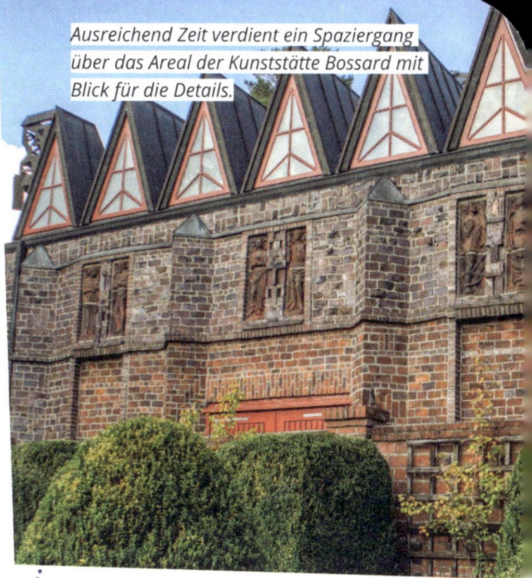

Ausreichend Zeit verdient ein Spaziergang über das Areal der Kunststätte Bossard mit Blick für die Details.

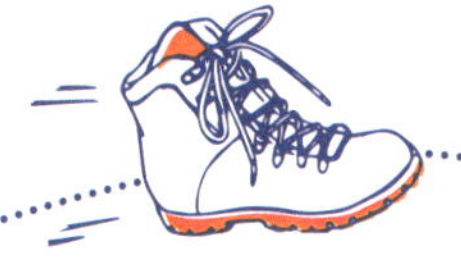

KM 4,5

3 Kunststätte Bossard
Kunsttempel im Wald

Backsteinklinker, Keramikfratzen, bemalte Giebel- und Bodenfenster, seltsame Symbole an den Wänden. Der Kunsttempel ist zentraler Bestandteil eines expressionistischen Gesamtkunstwerks. Johann Michael Bossard und Jutta Bossard-Krull schufen zwischen 1911 und 1950 ein ca. 3 Hektar großes Areal, das einmalig in der Lüneburger Heide und in Europa ist. Das Refugium des Künstlerpaars scheidet Geister und Geschmack. Aktuelle Forschungen beleuchten das Verhältnis des Paars zum Nationalsozialismus. Das Museum eröffnet mit Ausstellungen, Führungen und Workshops den Dialog. (bossard.de)

Kunststätte rechts herum verlassen, Geh- und Radweg folgen, rechts abbiegen auf Hasseler Weg. Schierhorner Weg (Autoverkehr) überqueren und links dem Waldweg folgen. An der Schierhorner Straße rechts über die Seeve und der Lüllauer Dorfstraße folgen.

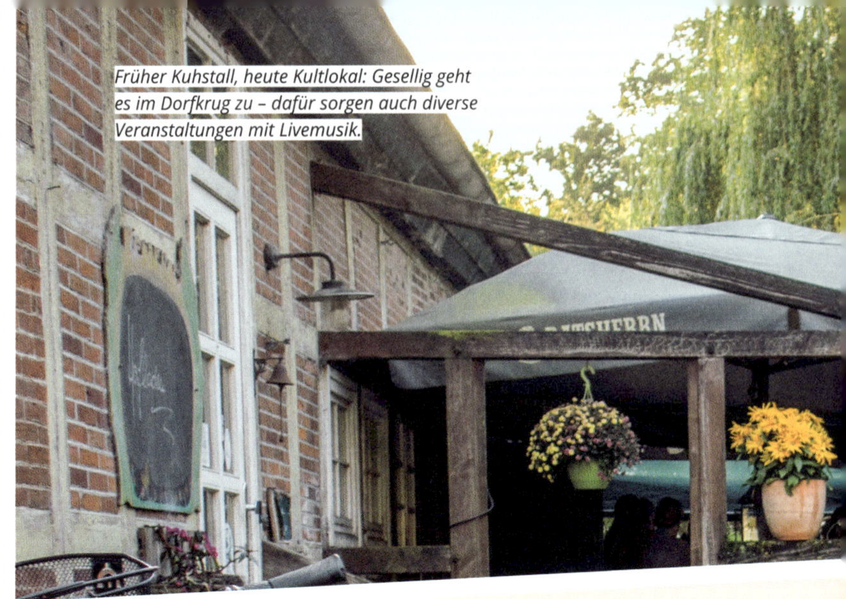

Früher Kuhstall, heute Kultlokal: Gesellig geht es im Dorfkrug zu – dafür sorgen auch diverse Veranstaltungen mit Livemusik.

KM 6,5

4 Dorfkrug am Mühlenteich

Klönschnack im Biergarten

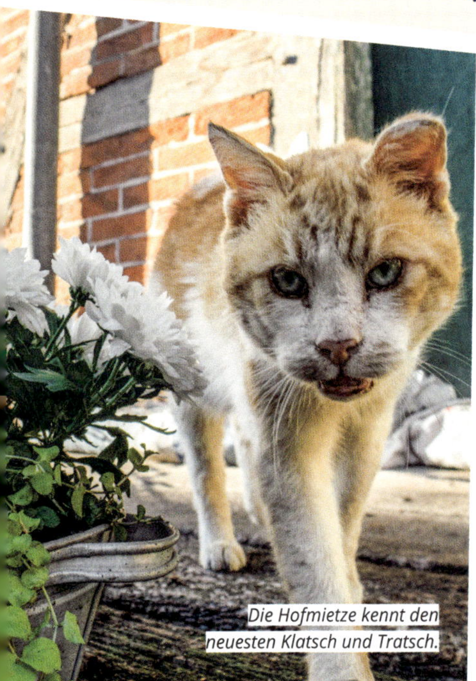

Die Hofmietze kennt den neuesten Klatsch und Tratsch.

Auf Bier, Wein oder Sprudelwasser, Kaffee und Kuchen oder Frikadelle im Biergarten Dorfkrug vorbeischauen. Wer zum ersten Mal herkommt, wird vom Chef persönlich auch schon mal auf einen Kurzen zum Tresen in der Gaststube gebeten und herzlich willkommen geheißen. Die Kunst der Gastfreundschaft beherrschen sie hier! Die Zapfsäule im Jugendstil ist über 100 Jahre alt – eine Rarität in der Lüneburger Heide. Im Winter gemütlich vorm knisternden Kamin aufwärmen, im Sommer am Teich mit Enten unterm Sonnenschirm sitzen. Geselliges Beisammensein, perfekt zum Verweilen. (brookhoff.de)

Links Lüllauer Dorfstraße folgen, gen Nordosten weiter, dann auf Hasseler Weg rechts abbiegen, Holzbrücke über Seeve überqueren. Auf Seevekamp, Geh- und Radweg (Autoverkehr) immer geradeaus bis Jesteburg.

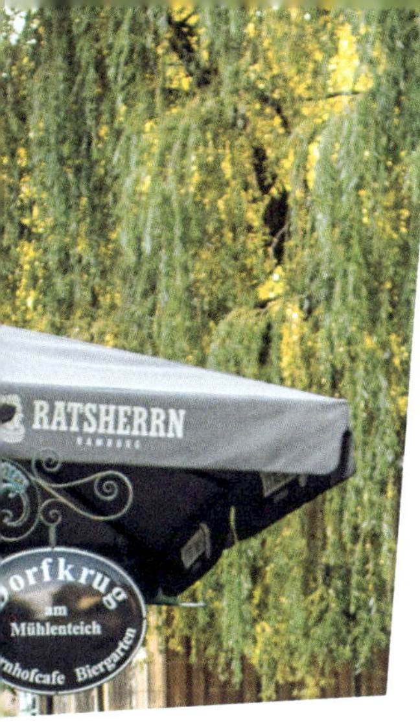

EXTRA INFOS:

Wer mag, startet die Tour mit einem leckeren Frühstück (Reservierung empfohlen) im Garten des ● **Cafés Mokkasin** in der Lindenstraße (mokkasin-cafe.de) und shoppt nebenbei Schönes und Schuhe. Zum Abschluss der Tour geht's zu Tapas und Tinto in die ● **Destino Tapas Bar** an der Brückenstraße (destino-jesteburg.de) und/oder auf eine bunte Eistüte zu ● **Hank's Eis Cream** an der Lüllauer Straße (hankseiscream.com).

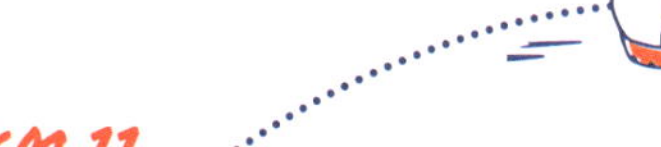

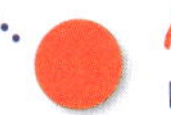

KM 11

5 Schnaps kein Honig!

Mitbringsel mit Umdrehungen

Zum Abschluss dieser Tour lohnt sich ein Blick in das Spirituosengeschäft in der Lindenstraße, denn hier wird fündig, wer Whiskey, Wein und anderes Hochprozentiges schätzt. Beim Stöbern durch den hellen und modernen Laden fällt Gin aus Hamburg und der Heide auf. Und die tropische Sammlung an Rumsorten aus Venezuela, Costa Rica, Guatemala, Trinidad und Tobago. Seit 1878 wird Rum in der Familie gebraut und verfeinerte auch den ein oder anderen Kuchen aus Kindheitstagen. Ganz ohne Umdrehungen kommen Kaffeeraritäten, Olivenöle und Salzkreationen aus – kulinarische Kunstwerke zum Mitnehmen und Genießen. (schnaps-kein-honig.de; So geschlossen)

Zurück zur Bushaltestelle Am Ilksberg wie auf dem Hinweg.

KM 11,3 » ZIEL

Bushaltestelle Am Ilksberg

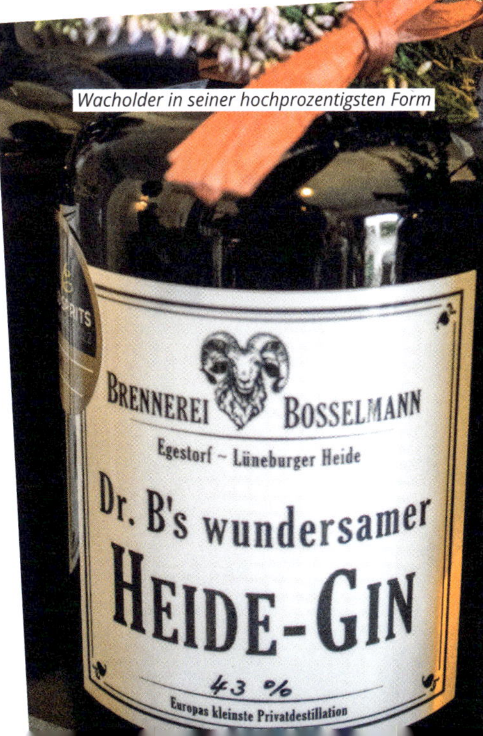

Wacholder in seiner hochprozentigsten Form

AUF EINEN BLICK

- **Start/Ziel:** Bushaltestelle Jesteburg, Am Ilksberg
- **Strecke:** 11,3 km (Rundweg)
- **Reine Wanderzeit:** 3 Std.
- **Höhenmeter:** ↗ 39 m ↘ 39 m
- **Wegbeschaffenheit:** Asphalt, Naturweg.
- **Beste Zeit:** Mai bis September.
- **Ausrüstung:** Sonnenschutz, Wasser, Sketchbuch und Lieblingsmaterial zum Zeichnen und Aquarellieren.

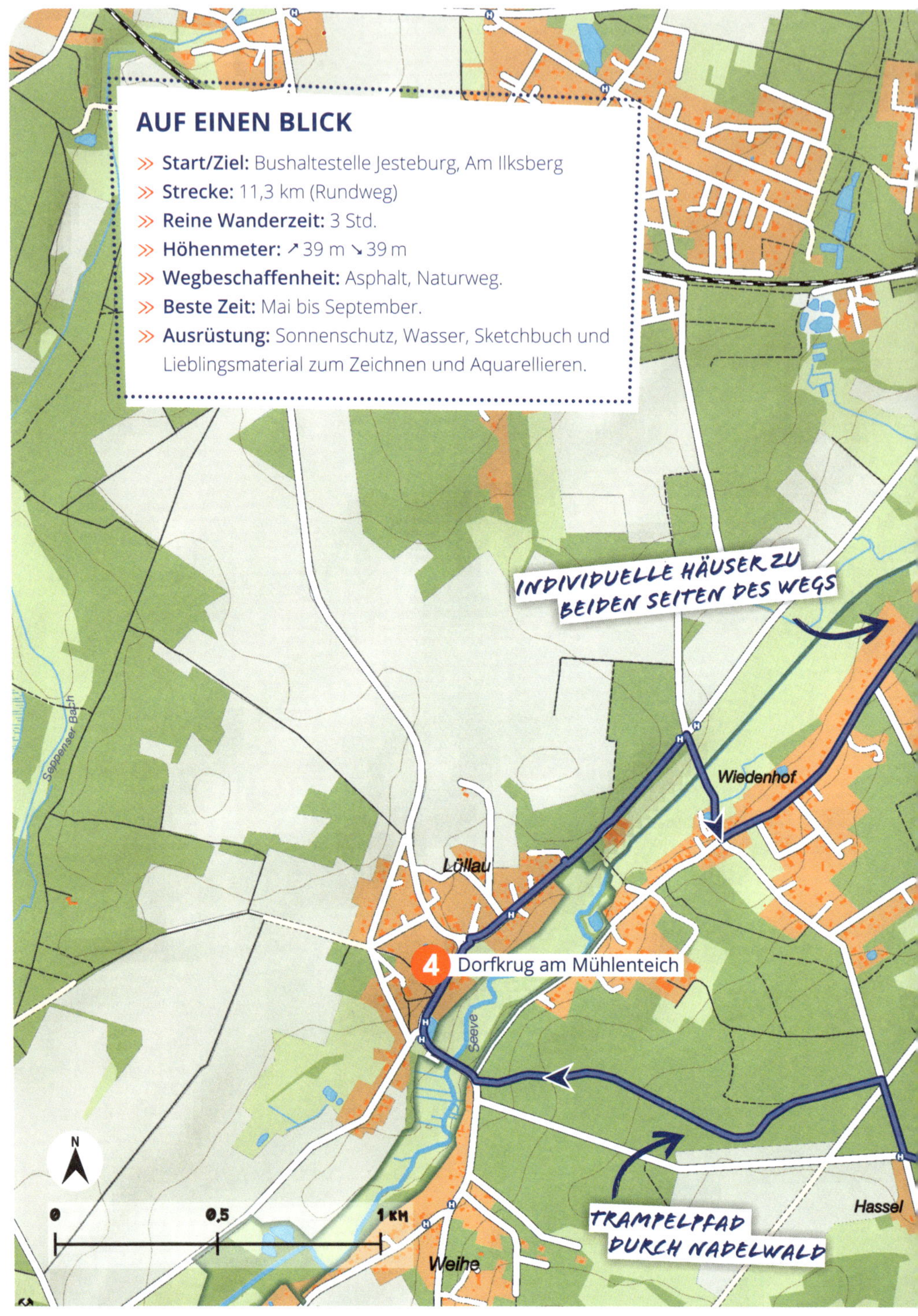

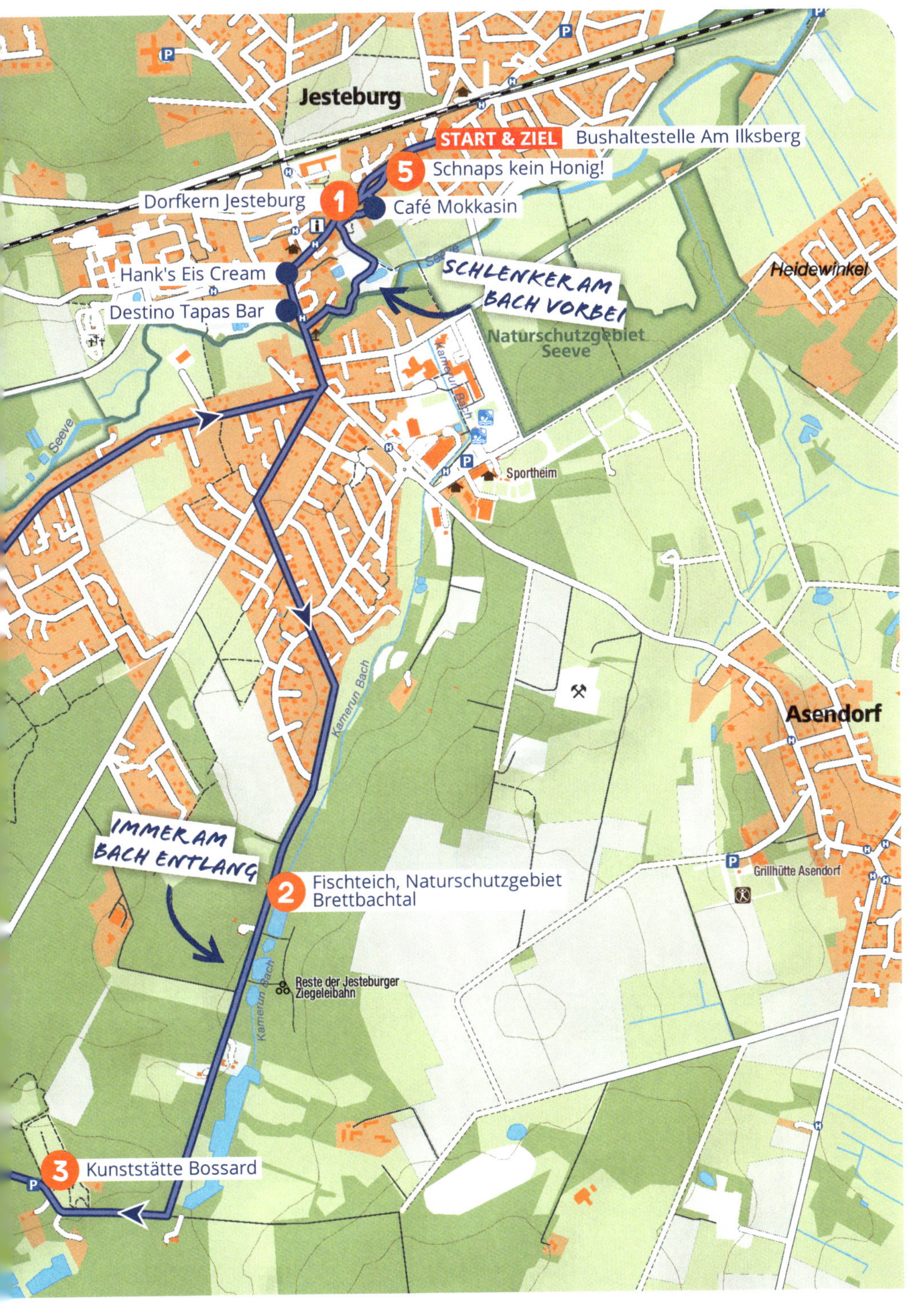
Jesteburg
START & ZIEL
Bushaltestelle Am Ilksberg
5
Schnaps kein Honig!
1
Dorfkern Jesteburg
Café Mokkasin
Hank's Eis Cream
Destino Tapas Bar
SCHLENKER AM BACH VORBEI
Heidewinkel
Naturschutzgebiet Seeve
Seeve
Kamerun Bach
Sportheim
Asendorf
IMMER AM BACH ENTLANG
2
Fischteich, Naturschutzgebiet Brettbachtal
Grillhütte Asendorf
Reste der Jesteburger Ziegeleibahn
3
Kunststätte Bossard

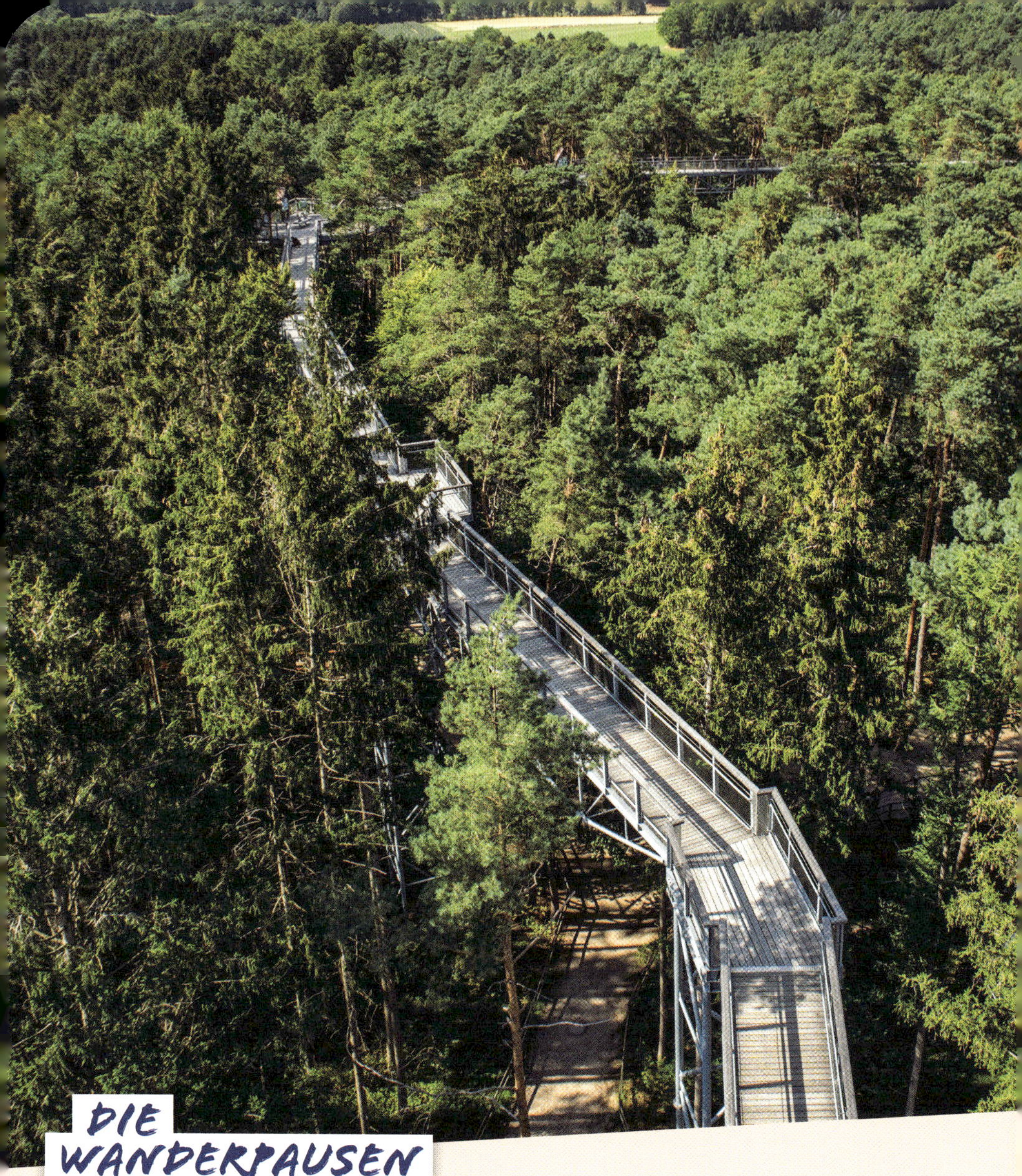

DIE WANDERPAUSEN

» START
Bushaltestelle Nindorf, Wildpark Lüneburger Heide

KM 1,5
1 Nindorf am Walde
Durchs Kleinod schlendern

KM 2,5
2 Schmale Aue
Barfuß am Fluss

KM 3,5
3 Astrid's Fernsicht
Hütteneintrag

7

UNTER & ÜBER WIPFELN

Rund um Nindorf am Walde

Wer sich schon immer fragte, wie die Lüneburger Heide von oben aussieht, möge sich auf diese Tour begeben. Die rund 200 Höhenmeter sind mit ein bisschen Schummeln bequem zu meistern. Unterwegs: Wellness mit Klangwelten und Fernsicht mit Überraschungen.

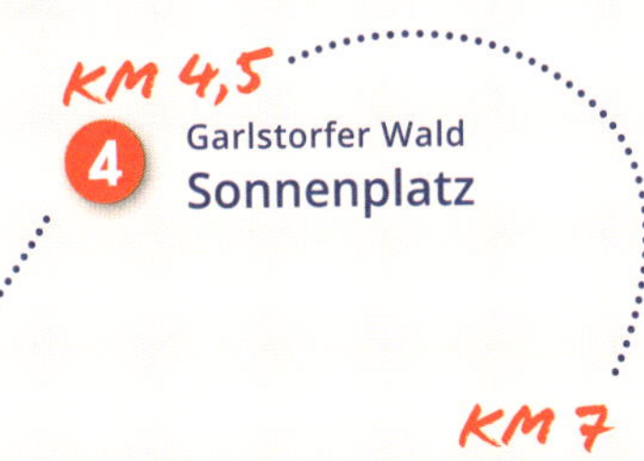

KM 4,5

4 Garlstorfer Wald
Sonnenplatz

KM 7

5 Baumwipfelpfad Heide Himmel
Hoch hinaus

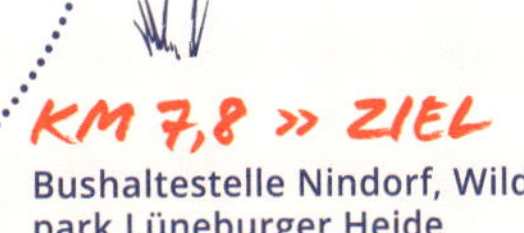

KM 7,8 » ZIEL

Bushaltestelle Nindorf, Wildpark Lüneburger Heide

IM WILDPARK DER LÜNEBURGER HEIDE …

… war fast jeder schon einmal, der in der Gegend aufgewachsen ist oder lebt. Dabei verdient auch die nahe idyllische Flusslandschaft mit Wiesen und hügeliger Landschaft, dem Tor zum Naturpark, unbedingt einen Besuch. Denn schon beim Eintreffen in **Nindorf am Walde** stellt sich automatisch der Entspannungsmodus ein. Die Landesstraße mit Autoverkehr ist schnell vergessen. In dem Kleinod leben 370 Menschen, darunter viele junge Familien. Die Bauernhöfe sind so schön rausgeputzt. Der Himmel scheint hier blauer, die Rosen kräftiger.

Vom Dorfkern führt der Wanderweg hinein in einen Waldabschnitt. Abtauchen zwischen Ästen, Blättern und Gebüsch. Baumwurzeln stehen hier im Nassen. Während kaltes Wasser Zehen umspült, hören die Lauscher dem glitzernden Heidebach **Schmale Aue** beim Rauschen zu. Vogelgezwitscher. Die Klangwelten der Natur ertönen – was für eine Wohltat!

Herzlich empfangen fühlt sich, wer **Astrid's Fernsicht** aufsucht. Die Holzhütte am Wegesrand beherbergt Gaben und Willkommensgrüße. Zudem einen wunderschönen Ausblick auf das tiefe Tal, das die Schmale Aue zwischen Ahrberg und Hanstedter Bergen grub. Im Spätsommer lassen sich Vögel beim Sammeln von Pflanzensamen beobachten. Mit gekonntem Flügelschlag haken sie sich an Sonnenblumenstängeln fest, picken reife Kerne heraus und machen sich wieder vom Acker.

UNVERGESSLICH: DER BLICK VOM AUSSICHTSTURM HINAUS IN DIE WEITE DER REGION

Am Wegesrand hängen zuckersüße Brombeeren an Weidezäunen, die den ganzen Sommer in der Sonne badeten.

Im **Garlstorfer Wald** spielen Licht und Schatten miteinander. War der Weg eben noch frei und weit, so ist er nun heimelig und dicht. Fehlt nur noch ein kleines Hexenhäuschen, um sich wie in einer Märchenkulisse zu fühlen.

Wölfe gibt's auf jeden Fall. Und die sieht, wer hoch hinaus in die Baumkronen des **Baumwipfelpfades Heide Himmel** spaziert. Während unten wilde Tiere in Gehegen für Staunen sorgen, beschert der Ausblick auf die schier endlos scheinende Lüneburger Heide Aha-Momente. «

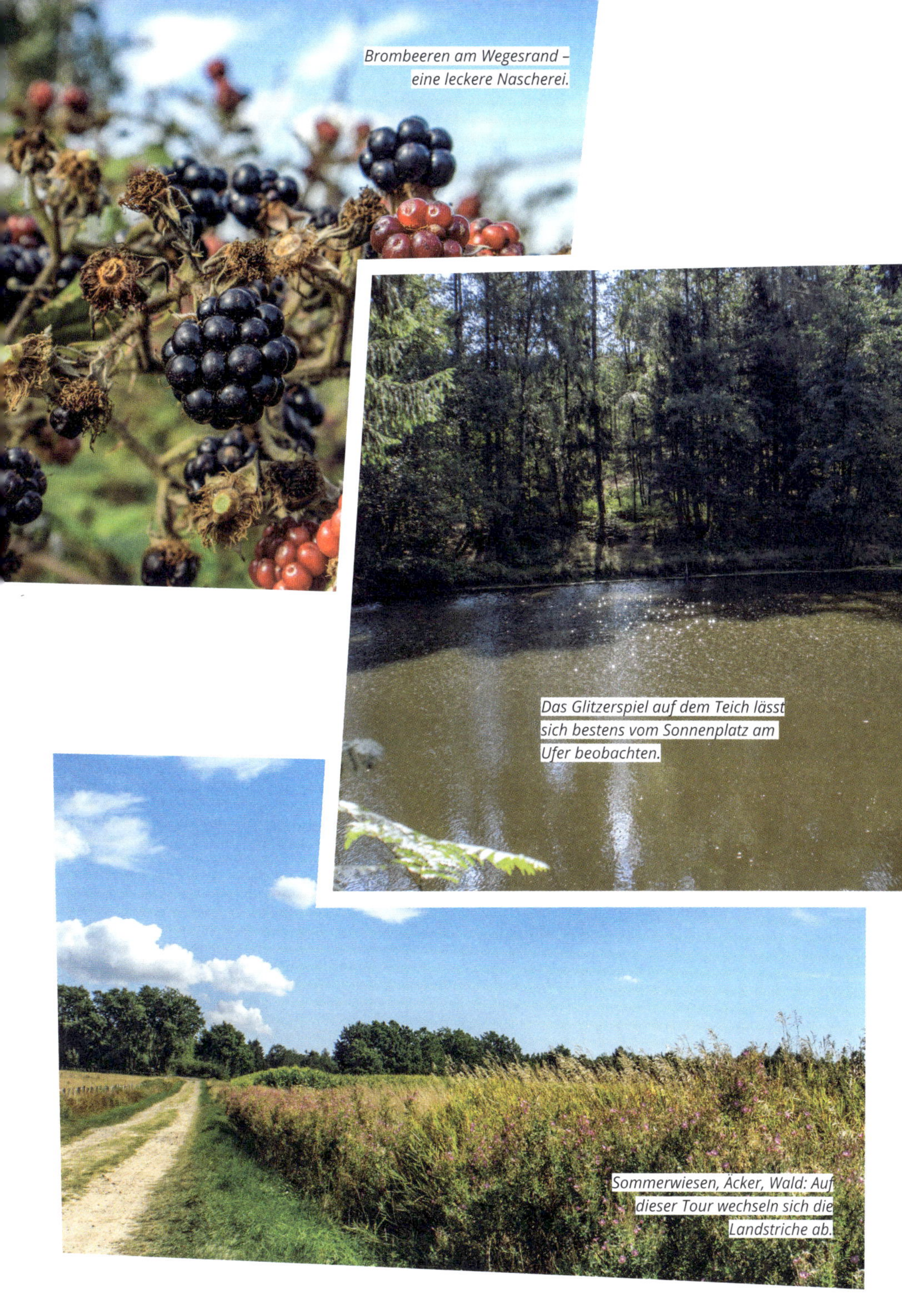

Brombeeren am Wegesrand – eine leckere Nascherei.

Das Glitzerspiel auf dem Teich lässt sich bestens vom Sonnenplatz am Ufer beobachten.

Sommerwiesen, Äcker, Wald: Auf dieser Tour wechseln sich die Landstriche ab.

WANDERN & GENIESSEN

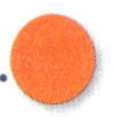

» START

Bushaltestelle Nindorf, Wildpark Lüneburger Heide

Bushaltestelle auf dem Parkplatz des Wildparks rechts verlassen, der Landstraße L216 nach Westen bis zum Ortseingang von Nindorf am Walde folgen.

KM 1,5

1 Nindorf am Walde

Durchs Kleinod schlendern

Das Nindorfer Wahrzeichen ist ein »Ehepaar« aus Stieleiche und Rottanne. Am Dorfeingang steht ein Plagiat, das 100-jährige Original zeigt sich später auf dem Weg. Einfach die Augen nach Wahrzeichen und Naturdenkmal offenhalten. Nindorf, eines der kleinsten Dörfer der Nordheide, prägen Bauernhöfe mit Reetdach, Fachwerk, Rosen am Zaun. Hof Isernhagen bietet im Hofladen mit Selbstbedienung Eier, Milch, Honig, Mehl und Kartoffeln an. Islandpferde sind auf dem Lührshoff zwischen Weiden und Auetal an den Ausläufern der Hanstedter Berge zu Hause. Vom Kleinod zur idyllischen Flusslandschaft ist es nur ein kurzer Weg auf schmalem Waldweg hinab unter dichtem Blätterdach.

Von Rotdornstraße rechts auf Im Auetal abbiegen und dann dem Wanderweg Heideschleife (h) am Fluss entlang folgen bis zur Holzbrücke mit Rastplatz unter Bäumen am Fluss.

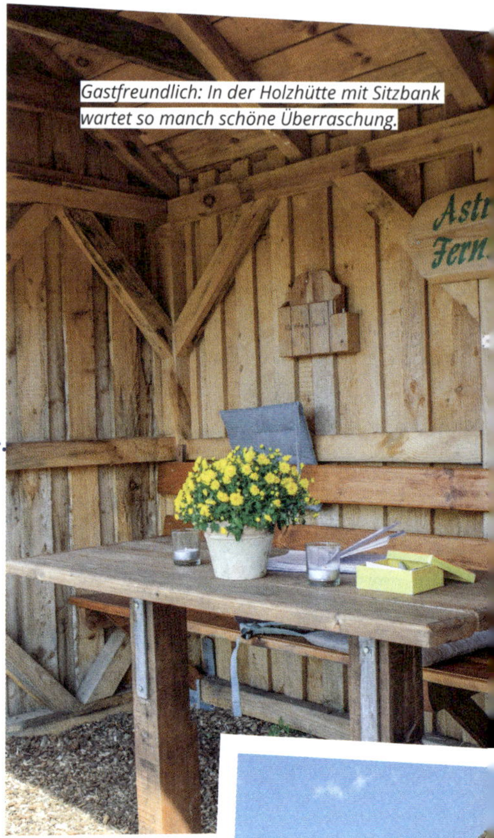

Gastfreundlich: In der Holzhütte mit Sitzbank wartet so manch schöne Überraschung.

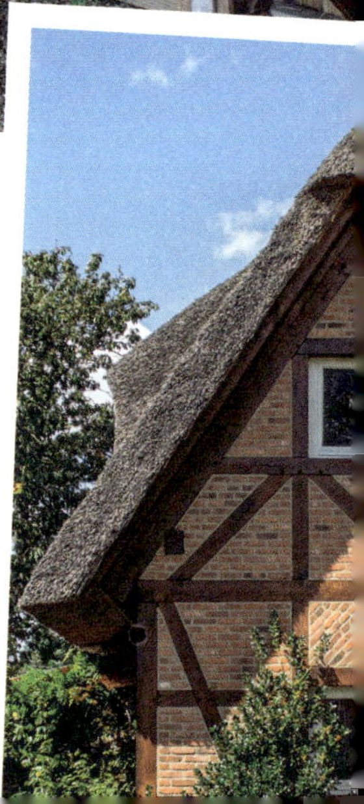

KM 2,5

2 Schmale Aue
Barfuß am Fluss

Licht tänzelt auf dem rauschenden Fließgewässer, glitzert in der Sonne. Wasser umspült dunkle Steine. Das Flussbett mit grünen Wasserpflanzen und hellem Sand ist deutlich zu erkennen und schlängelt sich als helles Band durch die Landschaft. Auf der einen Seite dichter Wald, auf der anderen Seite leuchten hellgrüne Wiesen und weißstämmige Birken in der Sonne. Licht und Schatten. Zeit für eine Pause. Schuhe und Socken aus. Auf Zehenspitzen über Holzstöckchen und spitze Steine ins kalte Nass. Herrlich, wie frisch und vital man sich nach dieser Abkühlung fühlt.

Holzbrücke im Rücken, geradeaus Weg parallel zum Hummingenbach erst bergauf, dann links parallel zur Landstraße/Rotdornstraße bis kurz vor den ersten Häusern folgen. Straße überqueren und zwischen den Feldern dem Naturweg folgen. Die Rasthütte ist bereits gut zu erkennen und liegt auf der rechten Seite.

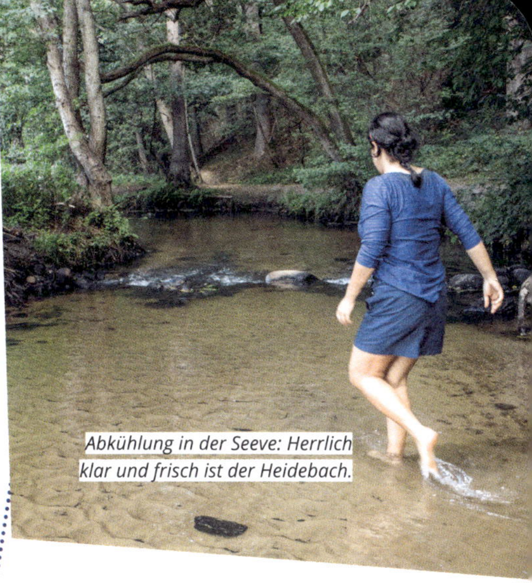

Abkühlung in der Seeve: Herrlich klar und frisch ist der Heidebach.

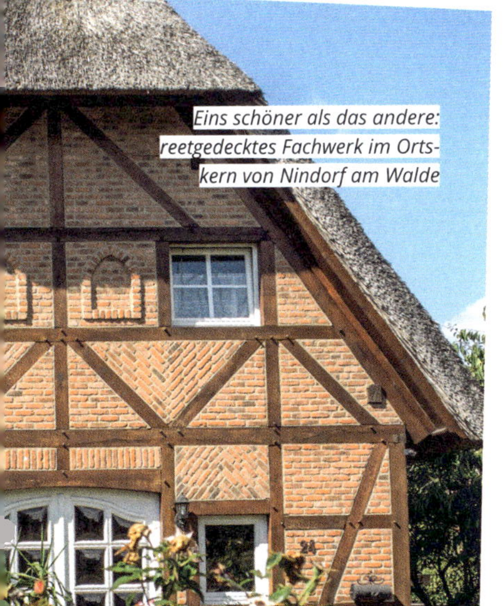

Eins schöner als das andere: reetgedecktes Fachwerk im Ortskern von Nindorf am Walde

KM 3,5

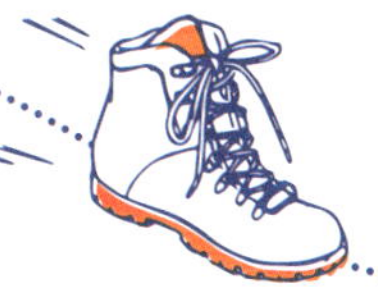

3 Astrid's Fernsicht
Hütteneintrag

Diese Hütte macht einfach gute Laune und lädt zum Platznehmen ein. Gäbe es einen Wettbewerb der schönsten Rastplätze, dieser hier würde es sicherlich in die Top 3 schaffen. Vor allem die liebevollen Kleinigkeiten machen die Holzhütte zu einem Wohlfühlort. Sitzkissen, Blechdosen mit Schnäpschen und Kartenspiel, handschriftlicher Willkommensgruß. Wer Gästen einen so schönen Platz mit Fernsicht auf Wiesen und Wald bietet, der verdient ebenfalls ein paar herzliche Worte. Dafür ist das Gästebuch da. Darin blättern, mehr über all jene erfahren, die bereits hier waren, und einfach die Zeit verbummeln – gerne bei mitgebrachtem Proviant.

Zurück auf den Hauptweg. Landstraße und Hütte liegen im Rücken. Geradeaus in den Wald hinein, vorbei an Brombeersträuchern und Pflaumenbäumen.

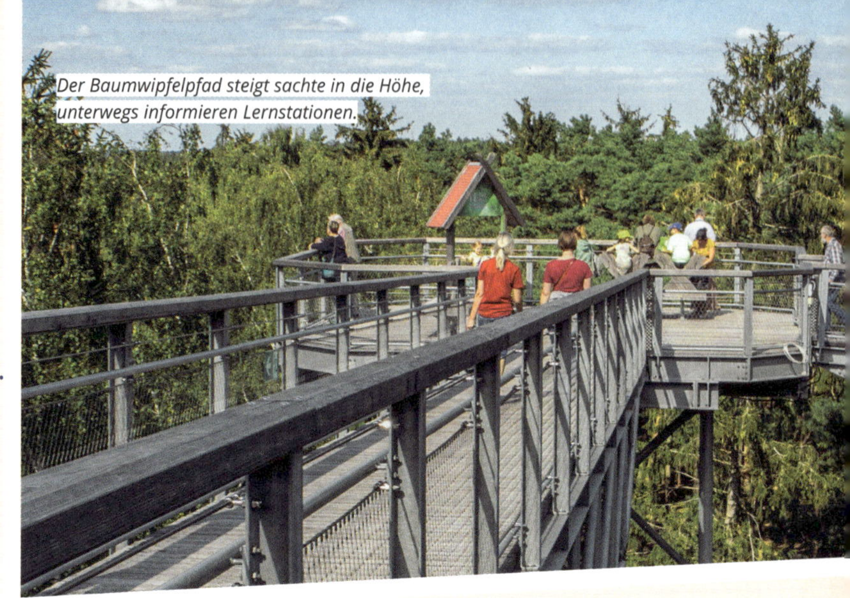

Der Baumwipfelpfad steigt sachte in die Höhe, unterwegs informieren Lernstationen.

KM 4,5

4 Garlstorfer Wald

Sonnenplatz

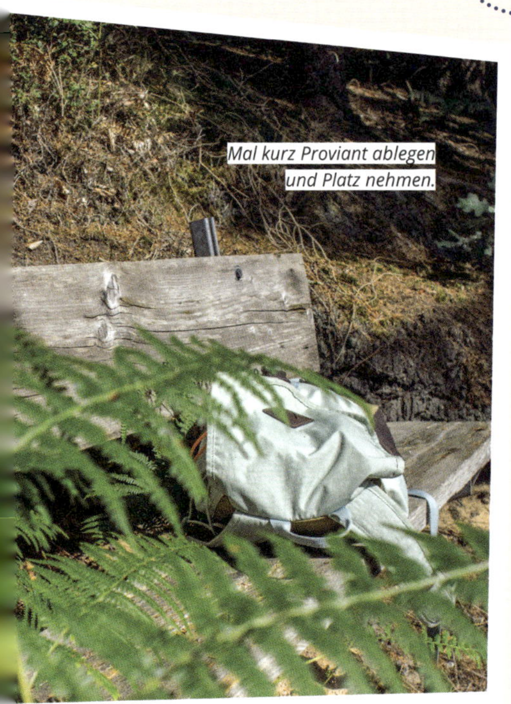

Mal kurz Proviant ablegen und Platz nehmen.

Von der offenen Fläche hinein in den kühlen Wald. Der fluffige Waldboden mit Nadelteppich fängt jeden Schritt auf und drosselt das Tempo. Vereinzelt ragen Wurzeln aus dem Erdboden empor, bitte Füße hoch. Das ist schwer, denn der Blick schweift immer wieder durch Baumstämme hindurch, sucht den Weg und findet dann einen Sonnenplatz am Fischteich. Zwischen Farn und immergrünen Bäumen den Moment nutzen und sich noch einmal eine Sonnenpause gönnen, bevor es durch das Landschaftsschutzgebiet Garlstorfer Wald mit Hainbuchen, Eichen und Erlen hoch hinaus geht.

Der Waldweg ist nicht beschildert, aber gut erkennbar und führt immer geradeaus. Mitunter können Äste und umgefallene Bäume nach trockenen Sommern den Weg blockieren. Dann ist eventuell eine kleine Kletterpartie nötig. Der Waldpfad endet an einem breiten Forstweg. Links herum bis zur Hanstedter Landstraße, Straße überqueren, der Baumwipfelpfad ist bereits zu sehen.

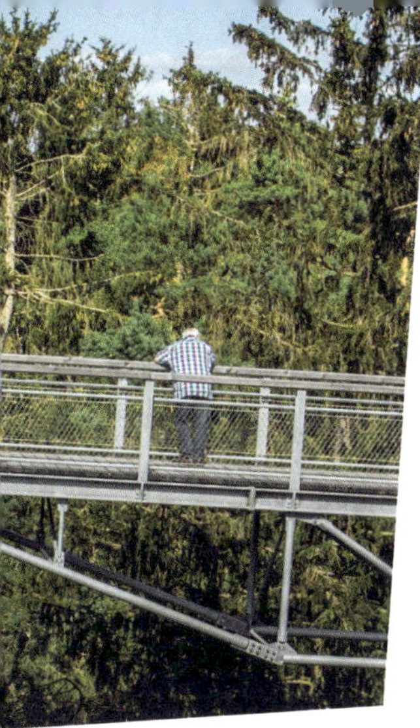

EXTRA INFOS:

Ob kuschelig im Schäferwagen mit Doppel- und Hochbett oder auf zwei Etagen im Appartment mit Platz für die ganze Familie: Im ● **Schäferdorf** mit direktem Zugang zum Wildpark können Gäste mit Wolfsgeheul aufwachen und Bärenbrummen einschlafen (schaeferdorf.de). Am Grillplatz treffen sich Gäste zum Klönschnack und mit dem E-Bike lassen sich die umliegenden Wälder und Heidehügel bequem erkunden. Egestorf (Tour 12) und Undeloh (Tour 11) sind auf zwei Rädern nur einen Katzensprung entfernt.

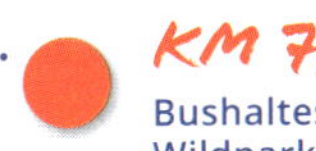

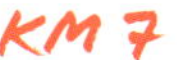

KM 7

5 Baumwipfelpfad Heide Himmel

Hoch hinaus

Oben auf dem 45 Meter hohen Turm angekommen, bleibt einem entweder erst einmal die Sprache weg oder ein »Wow« mit lang gezogenem O entweicht. Ein grünes, im Herbst gelb-oranges Blättermeer breitet sich zu Füßen aus. 360-Grad-Panorama. Mit Adleraugen reicht der Blick bis zu den Hafenkränen Hamburgs und zum Wilseder Berg. Wer sich satt gesehen hat, fährt mit dem Aufzug wieder hinunter, nimmt sich Zeit für die 20 Lernstationen auf dem barrierefreien Holzweg. Aus was besteht eigentlich ein Lüneburger Stülper? Und warum wird die Heide als Pflegemaßnahme abgebrannt? Wenn nicht gerade Wölfe, Waschbären und frei laufende Rehe im Wildpark unten ablenken, finden sich Antworten zu diesen und anderen Fragen nach insgesamt 700 Metern. (heide-himmel.de; ganzjährig geöffnet mit Restaurant)

Baumwipfelpfad verlassen und über Parkplätze zur Bushaltestelle, dem Start der Tour.

KM 7,8 » ZIEL

Bushaltestelle Nindorf, Wildpark Lüneburger Heide

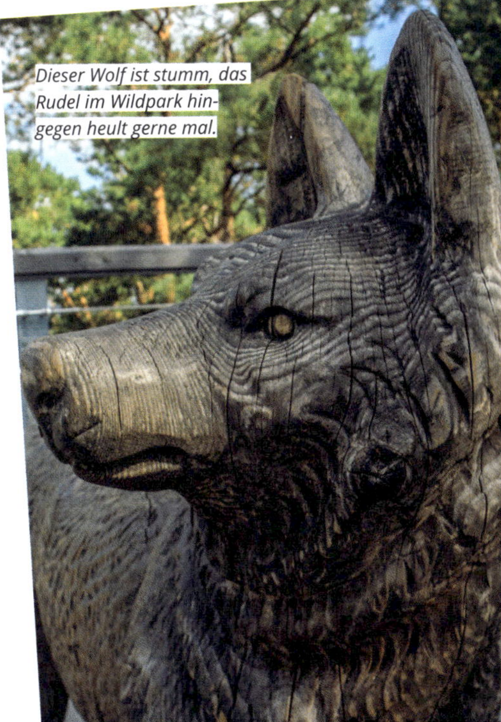

Dieser Wolf ist stumm, das Rudel im Wildpark hingegen heult gerne mal.

AUF EINEN BLICK

- **Start/Ziel:** Bushaltestelle Nindorf, Wildpark Lüneburger Heide
- **Strecke:** 7,8 km (Rundweg)
- **Reine Wanderzeit:** 2 Std. 30
- **Höhenmeter:** ↗ 213 m (mit Aufstieg zum Aussichtsturm) ↘ 213 m
- **Wegbeschaffenheit:** Asphalt, Natur-und Waldweg.
- **Beste Zeit:** Mai bis September, gerne bei Barfußwetter.
- **Ausrüstung:** Sonnenschutz, Wasser, kleines Handtuch, Proviant für die Rast in der Hütte.

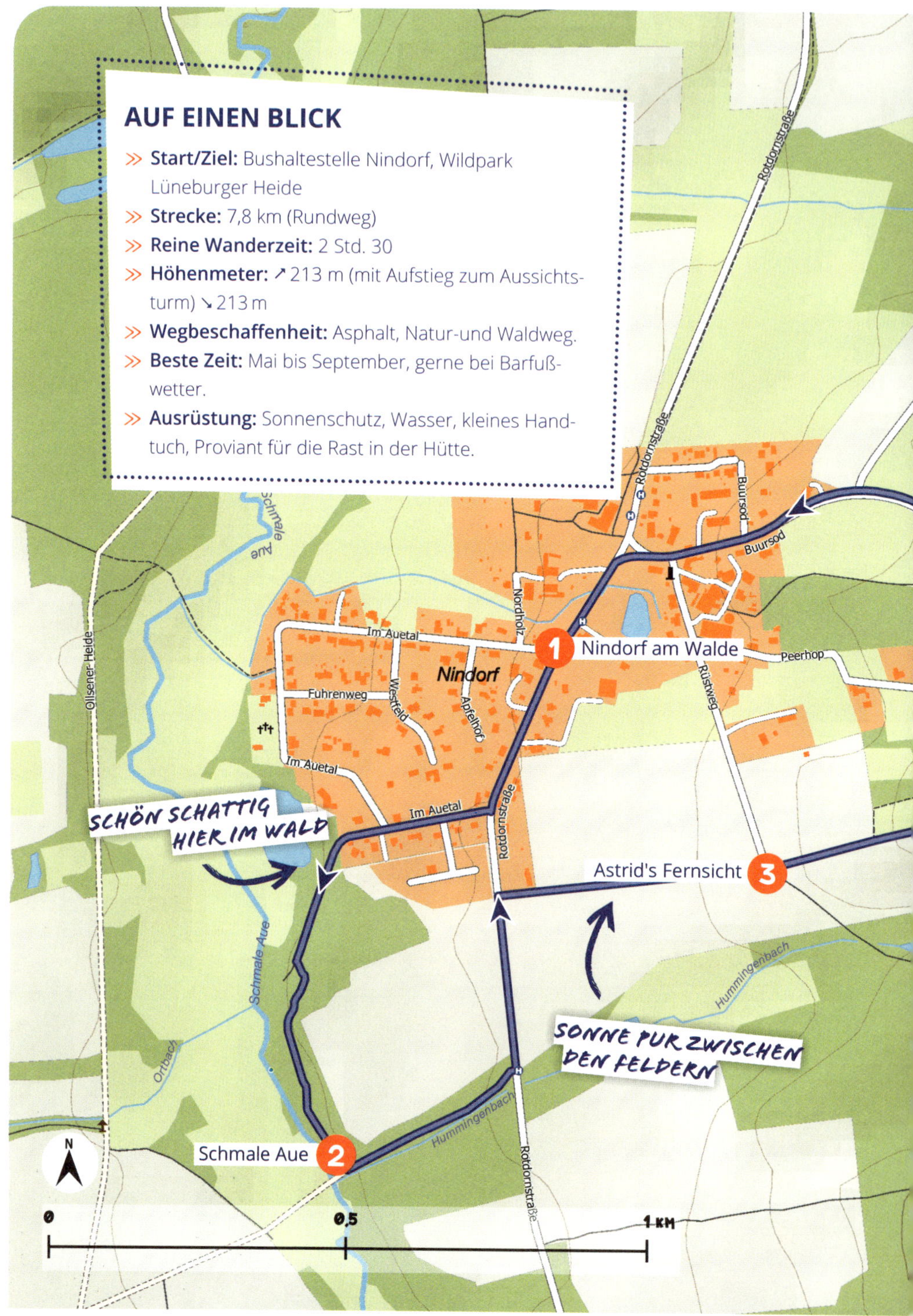

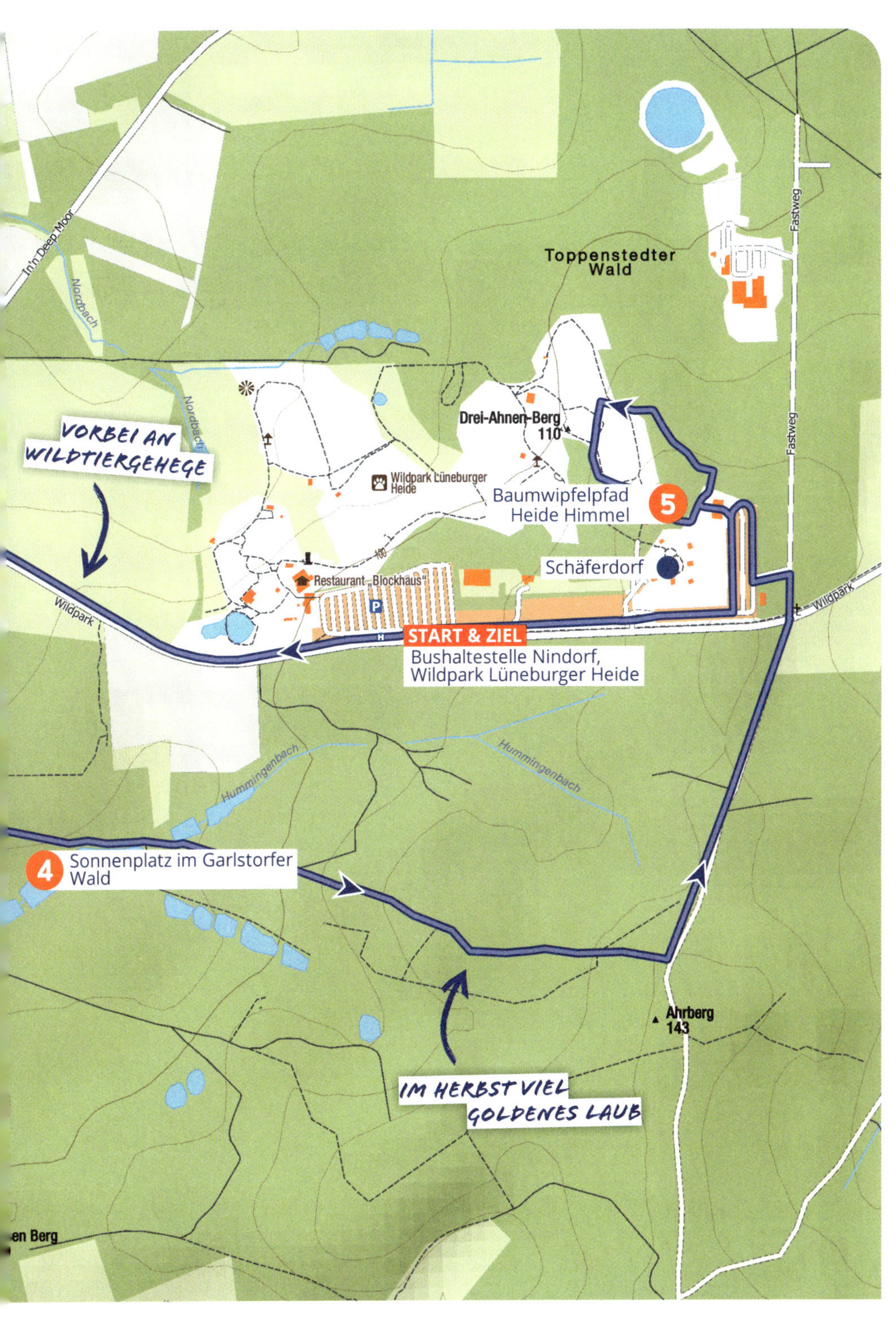
Toppenstedter Wald
Fastweg
In'n Deep Moor
Nordbach
Drei-Ahnen-Berg
110
VORBEI AN WILDTIERGEHEGE
Wildpark Lüneburger Heide
Baumwipfelpfad Heide Himmel
5
Schäferdorf
Restaurant „Blockhaus"
Wildpark
START & ZIEL
Bushaltestelle Nindorf, Wildpark Lüneburger Heide
Hummingenbach
4
Sonnenplatz im Garlstorfer Wald
Ahrberg
143
IM HERBST VIEL GOLDENES LAUB
en Berg

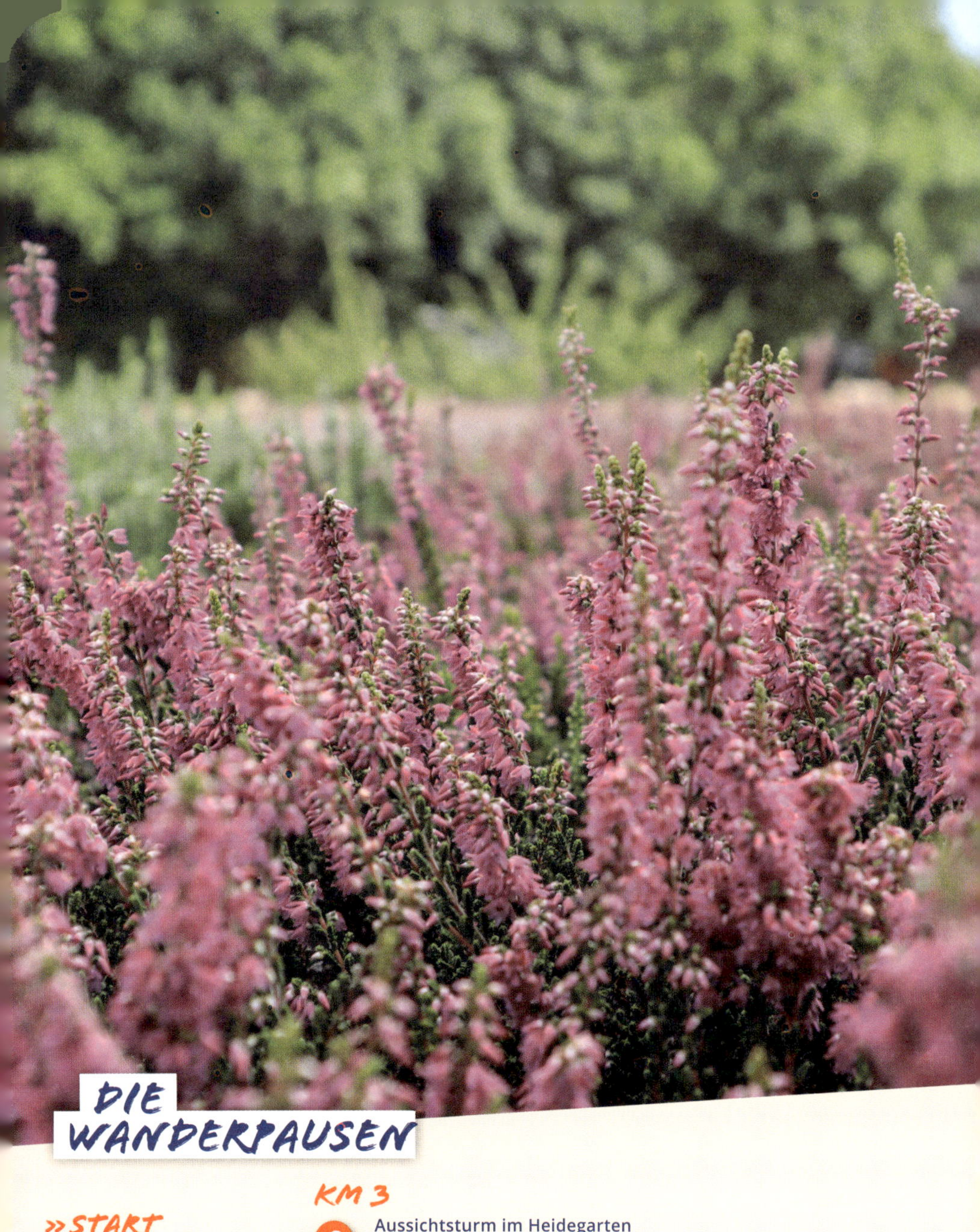

DIE WANDERPAUSEN

» START
Bahnhof Schneverdingen

KM 1,5
1 Stadtbrunnen
Sagenhafte Heidjer:innen

KM 3
2 Aussichtsturm im Heidegarten
Blütenrausch

KM 3,2
3 Café & Imbiss Schafstall
Rast ohne Schnickschnack

8

IM FARB-RAUSCH

Schneverdingen und Reinsehlen

Sagenhafte Legenden? Ganzjährig blühende Heide? Magerrasen als Eldorado? Treffen Fantasie, Menschen und Naturschönheiten aufeinander, entsteht eine spannende Komposition, die man auf dieser Tour erleben kann.

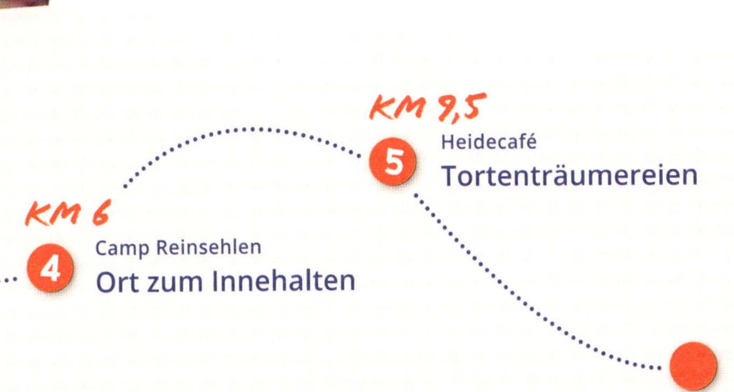

ES WAREN EINMAL ...

... drei Riesen, die mit Steinen schmissen. Heidjer:innen fürchteten sie. Nur Bienen boten Paroli. David gegen Goliath.

Am **Stadtbrunnen in Schneverdingen** lohnt es sich, auf Spurensuche nach Sagen und Legenden aus der Region zu gehen. Weiter geht es zum Stadtrand und hinauf zum **Heidegarten** – ja, die Lüneburger Heide ist hügelig –, um im Blütenmeer abzutauchen. Nach der Rast ruft der Höpen. Ein breiter Weg führt auf der eiszeitlichen Endmoräne zunächst durch Wald. Klack, klack – Staubwolken. Das Pferdegespann scheint die Gäste im Planwagen mühelos hinter sich herzuziehen.

Heller Sand unter den Füßen. Heideflächen übernehmen. Kiefern zwirbeln ihre Äste in alle Himmelsrichtungen. Bestimmt tanzen sie bei jeder Krönung der Heidekönigin ausgelassen mit. Eine Menschengruppe stapft in die entgegengesetzte Richtung. Hat etwas von Karawane in der Wüste.

BEEINDRUCKEND: DAS NATURWUNDER SANDMAGERRASEN MIT ALL SEINEN LEBENSKÜNSTLERN

Guck, guck! Der **Schafstall** ist leer, die Schnuckis bereits ausgeflogen. Vielleicht begegnen sie uns später? Erst einmal unter der Landesstraße hindurch, beginnt der schönste Teil der Tour. Der Horizont steht tief. Strahlender Sonnenschein. Ein paar Wolken wandern im Schneckentempo mit. »Verweile im Hier und Jetzt«, flüstert eine Bank am Wegesrand.

Blick ins weite Tal auf **Camp Reinsehlen.** Dort unten lagen einst die Quelle des Bächleins Fintau, Heideflächen mit Eichen, Kiefern und Mini-Moore. Der Landstrich hat eine bewegte Geschichte hinter sich.

Gerade noch Birken, Bienenkörbe und Wacholder, nun Betonstraße, Hotel und Kunstparcours. Dahinter erstreckt sich die Prärie, wie es scheint. Doch es ist Sandmagerrasen. Trotz Trockenheit ist die größte Fläche Norddeutschlands ein Eldorado für Insekten und Vögel. Statt Büffel weiden Schnucken.

Ein Verbindungsweg führt vom Camp Reinsehlen zurück zum Heidegarten. Über den Höpenberg zurück nach Snevern. Die Riesen in uns besänftigen köstliche Tortenstücke.

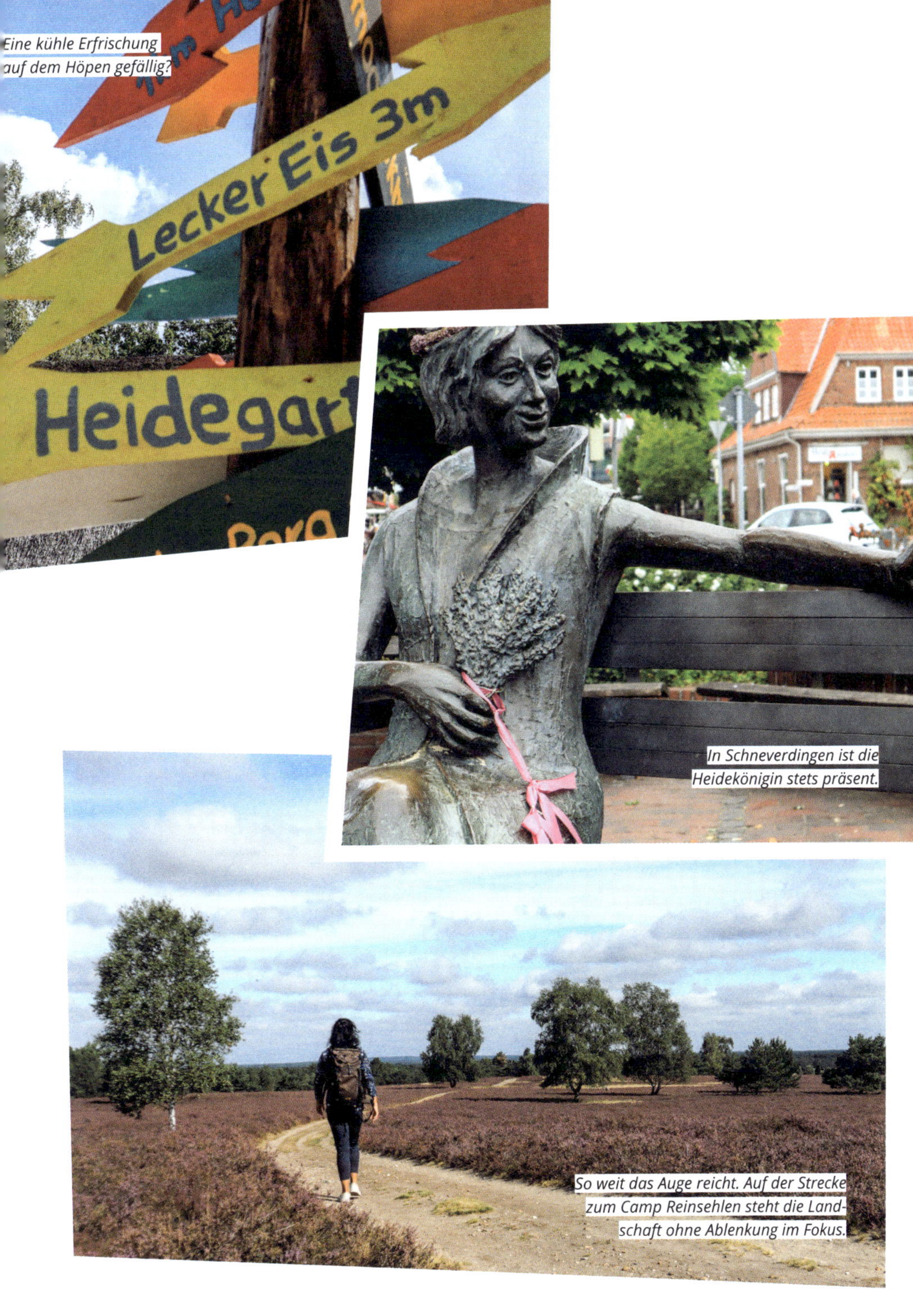

Eine kühle Erfrischung auf dem Höpen gefällig?

In Schneverdingen ist die Heidekönigin stets präsent.

So weit das Auge reicht. Auf der Strecke zum Camp Reinsehlen steht die Landschaft ohne Ablenkung im Fokus.

WANDERN & GENIESSEN

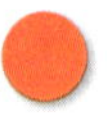

»START

Bahnhof Schneverdingen

Bahnhof nach Westen verlassen. Bahnhofstraße folgen, rechts abbiegen auf Verdener Straße, Harburger Straße überqueren, weiter auf Schulstraße. Die erste Entdeckung liegt auf der linken Straßenseite.

KM 1,5

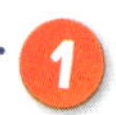

Stadtbrunnen

Sagenhafte Heidjer:innen

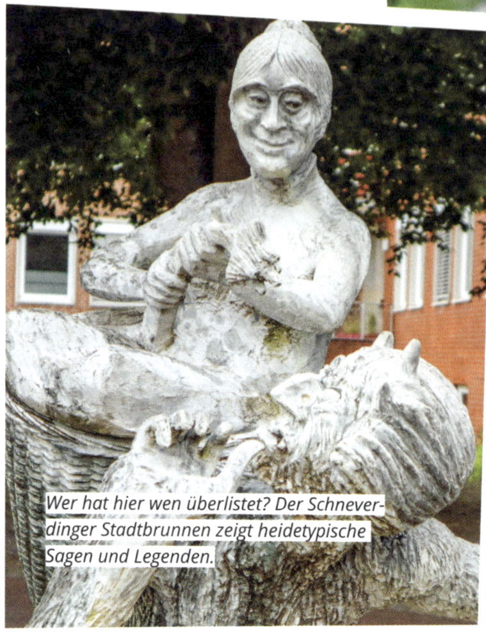

Wer hat hier wen überlistet? Der Schneverdinger Stadtbrunnen zeigt heidetypische Sagen und Legenden.

Im Zentrum von Snevern, wie der Luftkurort auf Plattdeutsch heißt, sprudelt vor dem Rathaus Wasser aus einem Bronzebaum. Riesen bewerfen sich mit Steinen. Sleefmakersche, eine Holzlöffelherstellerin, kämpft mit dem Teufel. In der Lüneburger Heide, wie überall auf der Welt, erzählen Menschen Mythen und lauschen Geschichten. Sie handeln von Gut und Böse. Geistern, Hexen und Dämonen. Mal der Fantasie freien Lauf lassen, Baumgeister finden und mit Menschen vor Ort ins Gespräch kommen. Wie geht das Märchen aus? Wer befreit das Mädchen mit dem Mehl? Infos zu Künstler und zum Brunnen hält die Touristen-Information gegenüber parat. (heidenlust.de)

Schulstraße und Beschilderung »Höpen-Heidegarten« folgen. Weg links der Sonnenuhr einschlagen und bergauf, vorbei an Apfelbäumen und Pferdeweide.

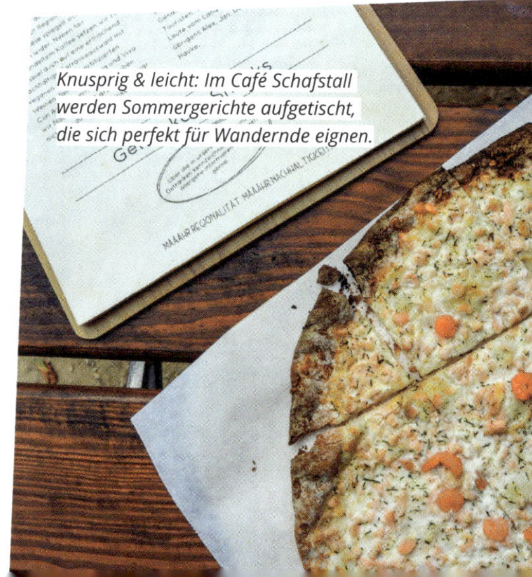

Knusprig & leicht: Im Café Schafstall werden Sommergerichte aufgetischt, die sich perfekt für Wandernde eignen.

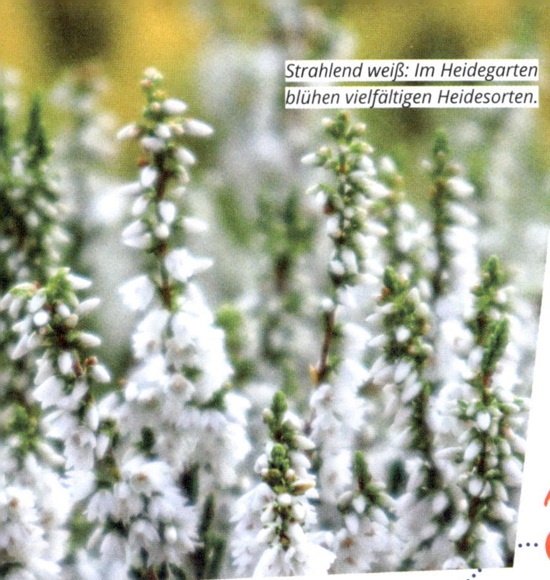
Strahlend weiß: Im Heidegarten blühen vielfältigen Heidesorten.

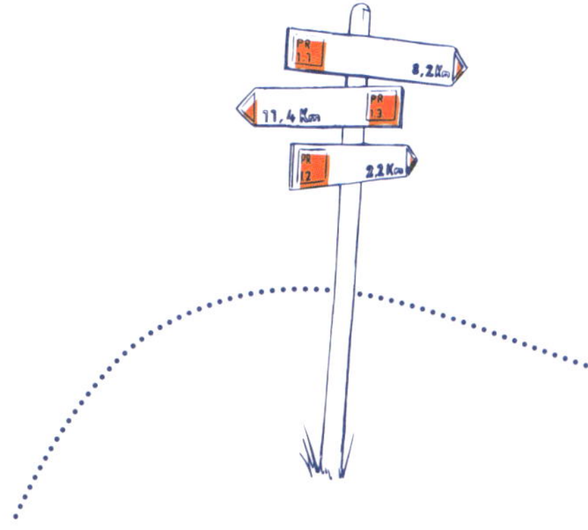

KM 3

2 Aussichtsturm im Heidegarten
Blütenrausch

Im Heidegarten erstmal rauf auf den Aussichtsturm. Aus der Vogelperspektive zeigt sich das farbenfrohe Mosaik vor Laubwald in seiner ganzen Schönheit. Rund 200 verschiedene Heidesorten bilden einen weiß-rosa-lila Kompass mit Stadtwappen. Deutschlandweit ist diese Gartenanlage mit über 200 000 Pflanzen einzigartig. Irgendeine Sorte blüht immer. Calluna sonnt, Erika lässt sich den Wind um die Zweige wehen, Schneewittchen strahlt. Nur Glockenheide hofft auf Regen und sehnt sich nach einem Wellness-Trip ins Moor. Bänke laden zum Verweilen ein. Barrierefreie Wege machen Spazieren leicht. Schilder informieren über Art, Sorte, Farbe und Blütezeit.

Der nächste Stopp ist wenige Schritte entfernt und bereits zu sehen.

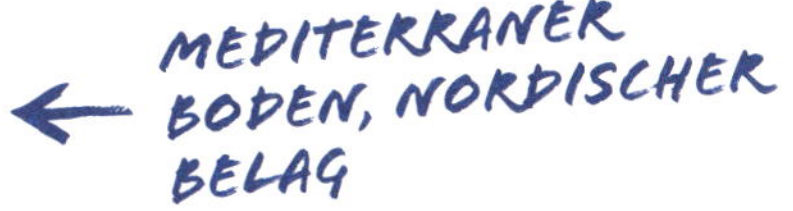

KM 3,2

3 Café & Imbiss Schafstall
Rast ohne Schnickschnack

Bis zum Boden reicht das Reetdach. Bunte Wegweiser verraten, wie weit es bis zum Freibad, Pietzmoor und Wilseder Berg (Tour 9) ist. Das nächste Eis ist nur drei Meter entfernt – Glück gehabt! Pause im modernen Biergarten. Mit erfrischenden Getränken und leckeren Snacks aus nachhaltigen Produkten inklusive Veggie und Vegan. Der Pager bimmelt. Flammkuchen ist fertig, frisch aus dem Ofen. Der Kuchen kommt von der Stadtbäckerei, die Erbsensuppe vom Heideschlachter. Mitbegründer Hauke Hübscher stammt aus Schneverdingen, kehrte aus Hamburg zurück in die Heide und bietet Gästen und Locals eine schöne Auszeit im Naherholungsgebiet. Hufgetrappel ertönt, eine Pferdekutsche rollt vorbei. Weiter geht's! (schafstall-heidegarten.de; April-Okt.)

Geh-, Rad- und Kutschenweg geradeaus folgen. Am Ende teilt sich der Weg in zwei Pfade. Auf dem linken weiter, vorbei an der Freiluftbühne und dem Atelier »De Bruycker« bis zum Alten Schafstall. Rechts halten, durch den Tunnel, links weiter bis zur nächsten Weggabelung und dann wieder rechts.

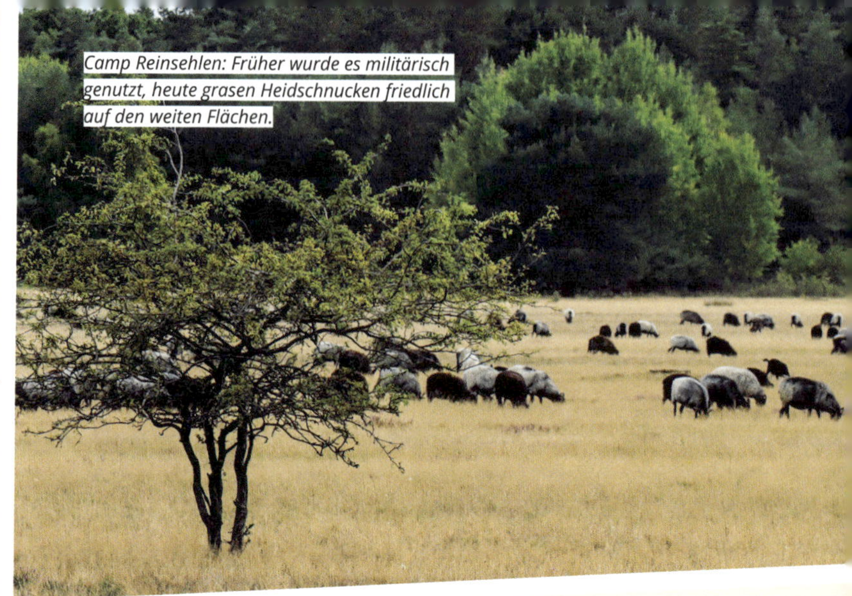

Camp Reinsehlen: Früher wurde es militärisch genutzt, heute grasen Heidschnucken friedlich auf den weiten Flächen.

KM 6

4

Camp Reinsehlen
Ort zum Innehalten

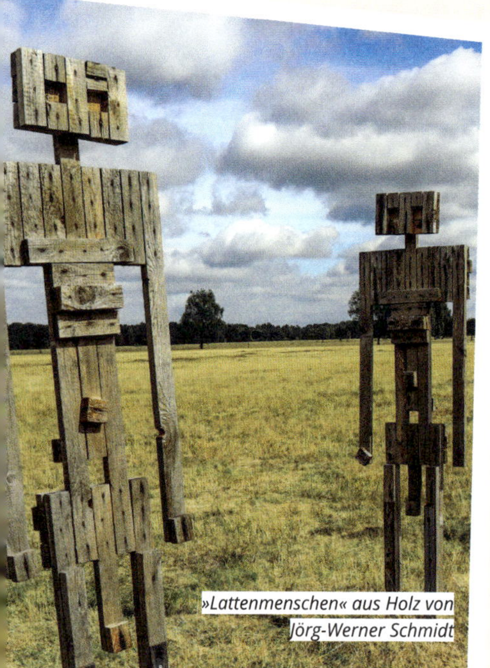

»Lattenmenschen« aus Holz von Jörg-Werner Schmidt

Blühende Kräuter, Moose und Flechten. Wilder Thymian duftet. Insekten schwirren umher. Mittendrin schnökern etwa 200 (wer schafft es schon, alle zu zählen) Schnucken und Ziegen. Magerrasen zählt ebenso wie die Heide zu den schützenswerten Biotopen in der Lüneburger Heide. Früher prägten Panzer, Militärflugzeuge und Flüchtlingslager das Bild, heute findet man hier Pflanzen und Tiere, die mit nährstoffarmen Böden und trockenen Lebensbedingungen klarkommen. Die Feldlerche etwa. Mit seinen Flugkünsten bietet der bodenbrütende Vogel eine sehenswerte Show – da lohnt sich das Fernglas. Mit bloßem Auge lassen sich Installationen des Kunst-Parcours am Wegesrand begutachten.

Rechts auf Verbindungs- und Radweg, vorbei an »Panzerwaschanlange« und Kletterpark. Schildern zurück zum Heidegarten folgen. Auf Overbeckstraße am Parkplatz vorbei, rechts abbiegen auf Schaftrift und geradeaus bis zum Café Am Dorfteich auf der rechten Seite.

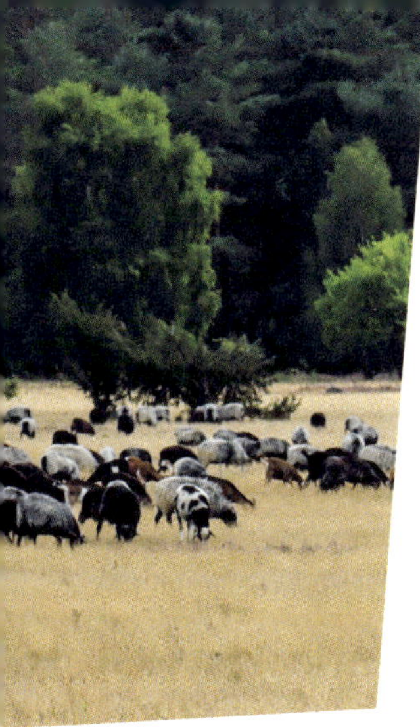

EXTRA INFOS:

Gegen ein zusätzlich stärkendes Frühstück ist nichts einzuwenden, oder? Unweit des Stadtbrunnens in der Schulstraße 10 liegt das ● **Café Schnittchen** (Do–Mo 10–15 Uhr, Reservierung empfohlen).

Souvenir gesucht? Mit ein paar Heidschnuckenfellen in den 1960er-Jahren fing es an, heute bietet das ● **Fellhaus von Fintel** (fellhaus-von-fintel.de) Felle und Lederwaren aus der ganzen Welt an. Es gibt einen Online-Shop, noch schöner ist es allerdings, selbst im Familienhaus aka Warenlager an der Harburger Straße zu stöbern.

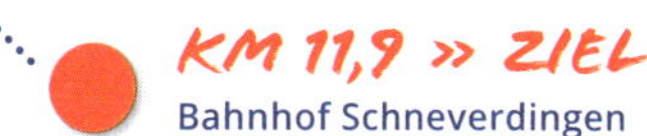

KM 9,5

5 Heidecafé

Tortenträumereien

KM 11,9 » ZIEL

Bahnhof Schneverdingen

Zwetschgenkuchen und Sahnetorte buhlen mit Streuseln und Rosetten um die Gunst des Gaumens. Welche hausgemachte Kreation von Gastgeberin Silvia Heinecker krönt die heutige Tour? Von Langeweile keine Spur, denn es gibt über 50 Torten und Kuchen abwechselnd im Sortiment. Im Sommer draußen auf der Terrasse, im Winter unterm Glasdach. Wer es majestätisch mag, nimmt in der Galerie Platz. Alle bisher ernannten Heideköniginnen lächeln aus Bilderrahmen von rosa tapezierten Wänden. Souvenirs aus der Region stehen zum Verkauf. Darunter die Original-Mehlrezeptur des Cafés für den nussigen Klassiker schlechthin, Heidetorte zum Nachbacken für zuhause und zum Angeben beim Sonntagsbrunch. (heidecafe.de)

Am Dorfteich links auf Feldstraße bis zum Ende, dann links auf Marktstraße weiter. Noch ein Foto mit der bronzenen Heidekönigin an der Kreuzung. Weg zum Bahnhof wie Hinweg.

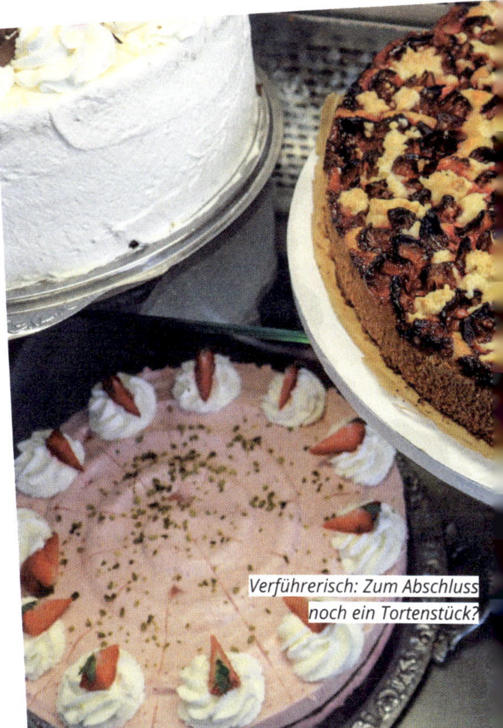

Verführerisch: Zum Abschluss noch ein Tortenstück?

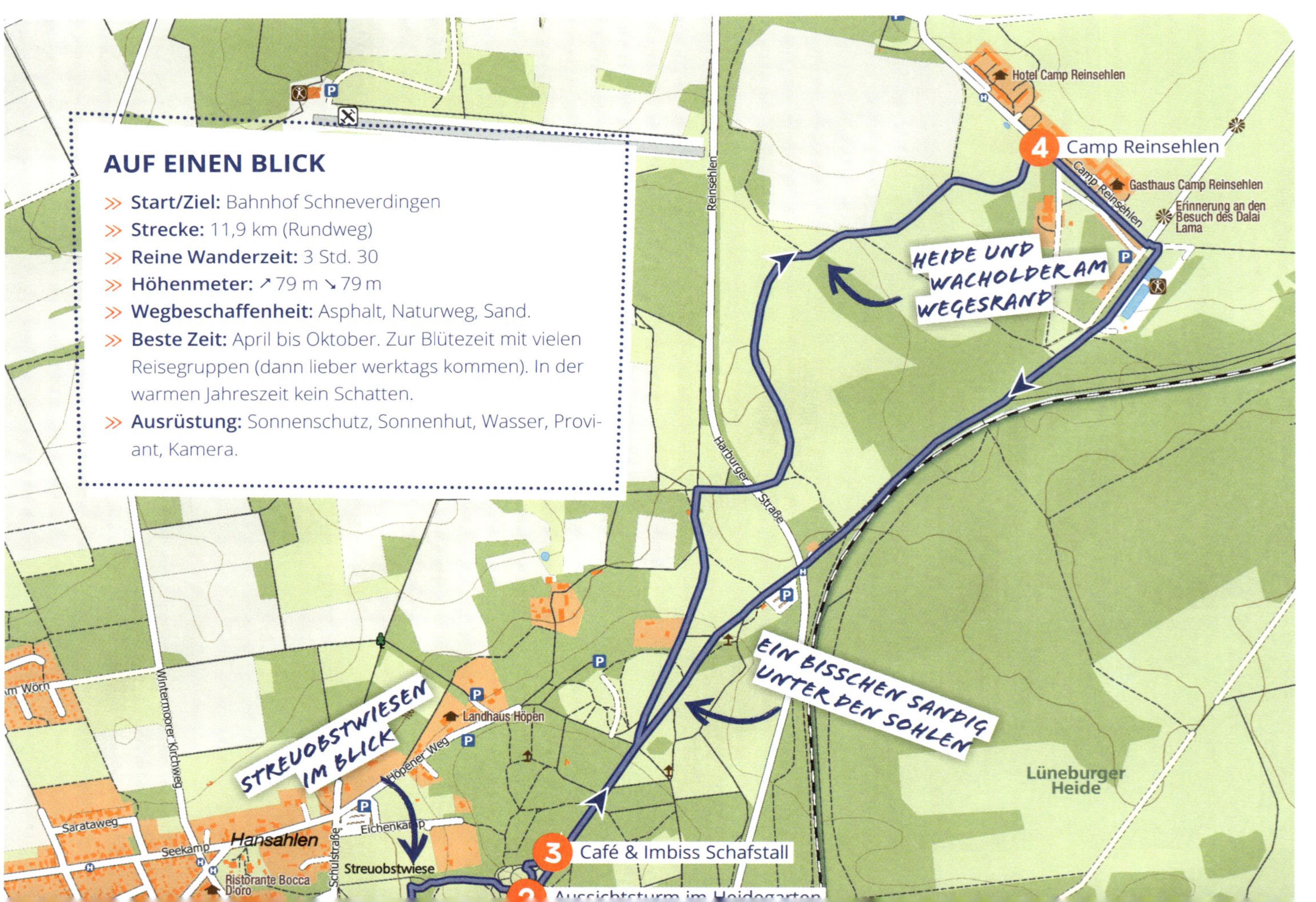
AUF EINEN BLICK
» Start/Ziel: Bahnhof Schneverdingen
» Strecke: 11,9 km (Rundweg)
» Reine Wanderzeit: 3 Std. 30
» Höhenmeter: ↗79 m ↘79 m
» Wegbeschaffenheit: Asphalt, Naturweg, Sand.
» Beste Zeit: April bis Oktober. Zur Blütezeit mit vielen Reisegruppen (dann lieber werktags kommen). In der warmen Jahreszeit kein Schatten.
» Ausrüstung: Sonnenschutz, Sonnenhut, Wasser, Proviant, Kamera.
4 Camp Reinsehlen
Hotel Camp Reinsehlen
Gasthaus Camp Reinsehlen
Camp Reinsehlen
Erinnerung an den Besuch des Dalai Lama
HEIDE UND WACHOLDER AM WEGESRAND
Reinsehlen
Harburger Straße
EIN BISSCHEN SANDIG UNTER DEN SOHLEN
Lüneburger Heide
Landhaus Höpen
Höpener Weg
STREUOBSTWIESEN IM BLICK
Wintermoorer Kirchweg
Am Wörn
Saratawег
Seekamp
Hansahlen
Eichenkamp
Schulstraße
Streuobstwiese
Ristorante Bocca D'oro
3 Café & Imbiss Schafstall

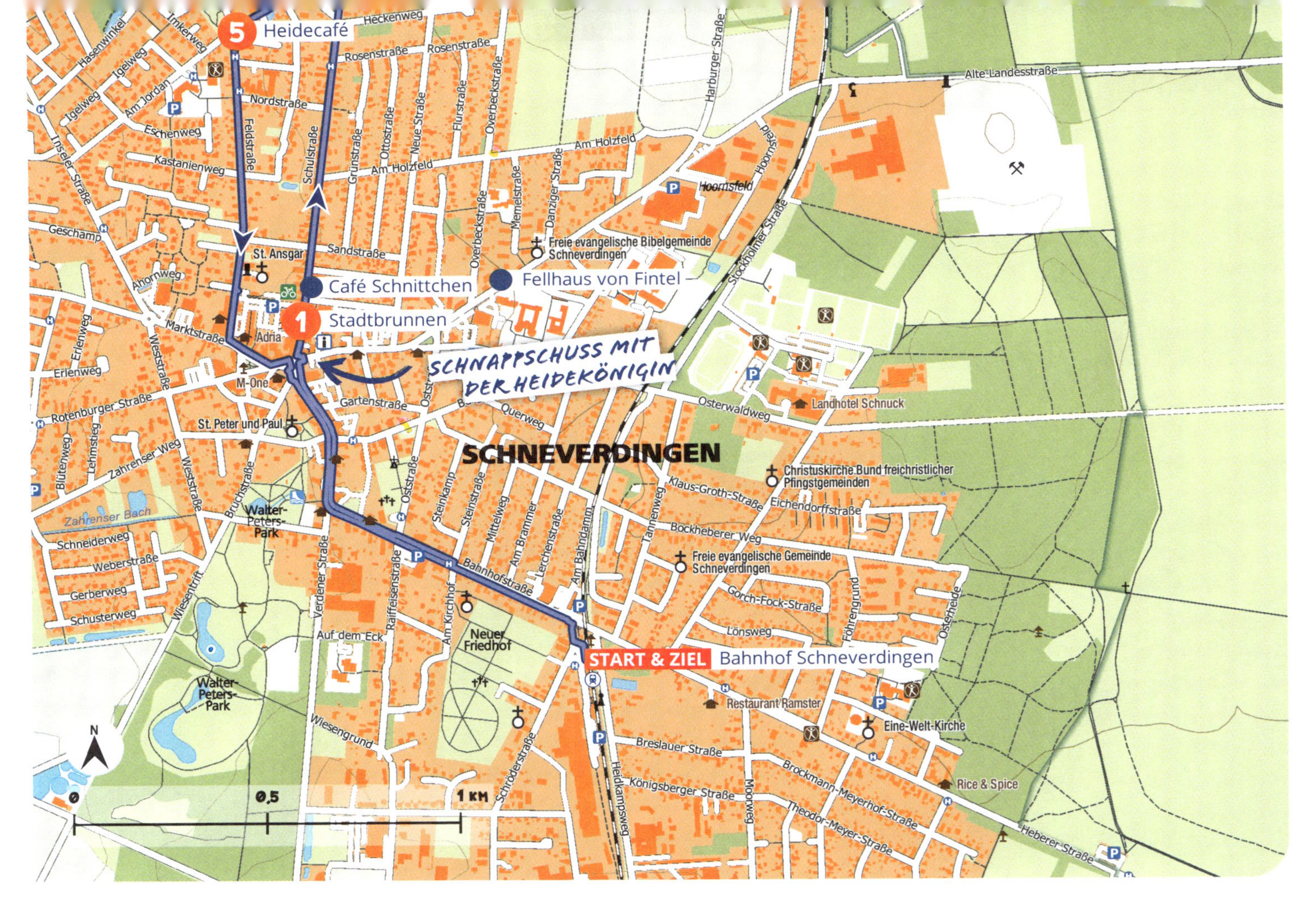

5 Heidecafé
1 Stadtbrunnen
Café Schnittchen
Fellhaus von Fintel
SCHNAPPSCHUSS MIT DER HEIDEKÖNIGIN
SCHNEVERDINGEN
START & ZIEL Bahnhof Schneverdingen
St. Ansgar
Adria
M-One
St. Peter und Paul
Walter-Peters-Park
Neuer Friedhof
Freie evangelische Bibelgemeinde Schneverdingen
Christuskirche Bund freichristlicher Pfingstgemeinden
Freie evangelische Gemeinde Schneverdingen
Landhotel Schnuck
Restaurant Ramster
Eine-Welt-Kirche
Rice & Spice
Heckenweg
Rosenstraße
Hasenwinkel
Imkerweg
Igelweg
Am Jordan
Nordstraße
Eschenweg
Kastanienweg
Inseler Straße
Feldstraße
Schulstraße
Grünstraße
Ottostraße
Neue Straße
Flurstraße
Overbeckstraße
Am Holzfeld
Memelstraße
Danziger Straße
Harburger Straße
Hoornsfeld
Alte Landesstraße
Stockholmer Straße
Geschamp
Sandstraße
Ahornweg
Marktstraße
Erlenweg
Weststraße
Rotenburger Straße
Lehmstieg
Blütenweg
Zahrensen Weg
Gartenstraße
Oststraße
Querweg
Osterwaldweg
Bruchstraße
Zahrenser Bach
Schneiderweg
Weberstraße
Gerberweg
Schusterweg
Wiesentrift
Verdener Straße
Raiffeisenstraße
Am Kirchhof
Steinkamp
Steinstraße
Mittelweg
Am Brammer
Lerchenstraße
Am Bahndamm
Bahnhofstraße
Tannenweg
Klaus-Groth-Straße
Eichendorffstraße
Bockheberer Weg
Gorch-Fock-Straße
Lönsweg
Föhrengrund
Osterheide
Auf dem Eck
Wiesengrund
Schröderstraße
Heidkampsweg
Breslauer Straße
Königsberger Straße
Moorweg
Brockmann-Meyerhof-Straße
Theodor-Meyer-Straße
Heberer Straße
N
0
0,5
1 KM

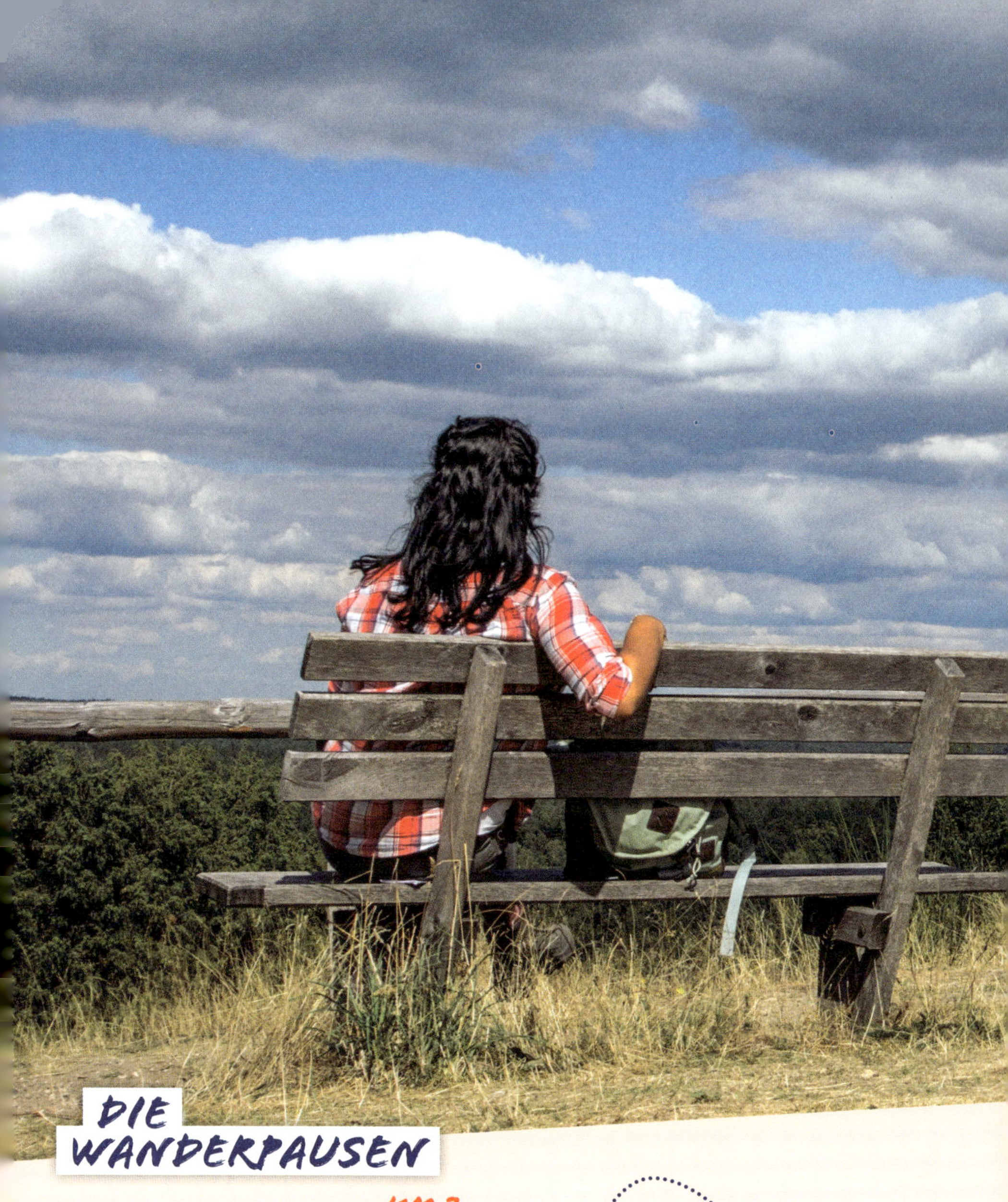

DIE WANDERPAUSEN

» START
Heide-Shuttle-Stopp Niederhaverbeck Ortsmitte

KM 2
1 Aussichtsturm
Bergmassiv im Blick

KM 3
2 Schlangenquiz
Aufklappen & antworten

KM 4
3 Aussichtspunkt Wilseder Berg
Top of Lüneburger Heide

9

ZUM GIPFEL

Zwischen Niederhaverbeck und Wilseder Berg

Auf sandigen Pfaden, vorbei an weiten Heideflächen und kuriosen Entdeckungen, hinauf zum höchsten Punkt und Herz der Lüneburger Heide. Diese Tour hinterlässt intensive Eindrücke und ist perfekt für alle, die die Sonne lieben.

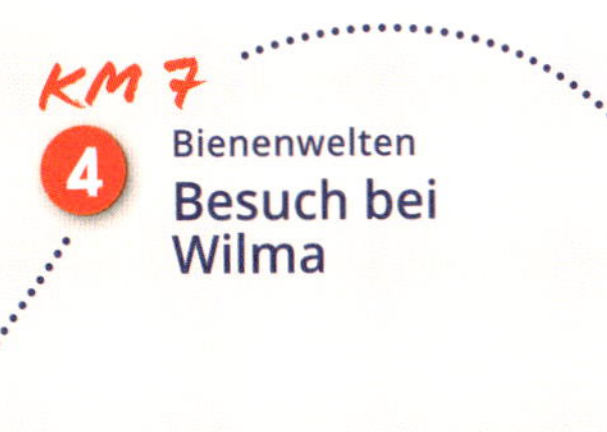

KM 7

4 Bienenwelten
Besuch bei Wilma

KM 7,2

5 Landhaus Haverbeckhof
Zeit zum süßen Nichtstun

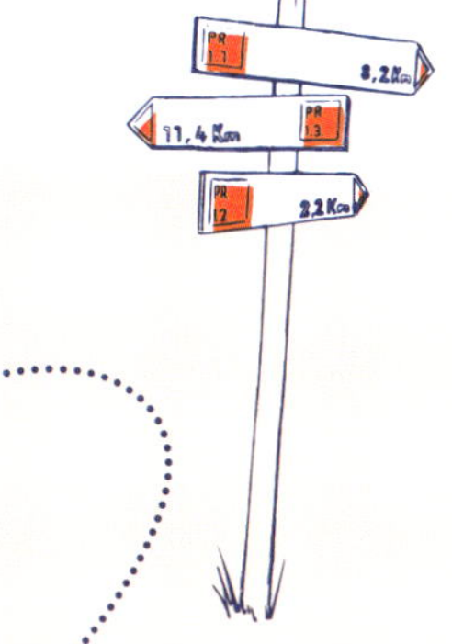

KM 7,3 » ZIEL

Heide-Shuttle-Stopp Niederhaverbeck Ortsmitte

NUR SIEBENEINHALB KILO-METER?

Ja, aber die haben es in sich! Wer denkt, von der Streckenlänge auf den Erlebnischarakter schließen zu können, irrt. Durchgehend rutscht Sand unter den Sohlen weg. Findlinge weisen rechts nach Wilsede und zum Totengrund (Tour 10), zum Wilseder Berg geradeaus. Schönwetterwolken, flirrende Hitze. Etwas struppig wirken die Heidesträucher am Wegesrand.

Vom **Aussichtsturm** zeigt sich erstmals die Zugspitze des Nordens. Zum **Wilseder Berg** gesellen sich zwei weitere Gipfel: Bolterberg und Stattberg. Bäume dekorieren das Spitzentrio.

Umringt von beigefarbenen Gräsern stehen zehn, zwanzig, nein dreißig Hutebäume auf einem Feld und bilden gemeinsam mit ihrem Blätterkleid eine überwältigende Komposition. Im Kopf ploppt die Erde als Scheibe mit Atmosphäre auf. Die beiden Menschlein daneben wirken winzig wie Feldmäuse.

EIN BAUM-KUNSTWERK ALLEIN AUF WEITER FLUR, DER MENSCH SPIELT NUR EINE NEBENROLLE

Halme tanzen im Sommerwind. Dunkelgrün und Sandfarben dominieren. Hin und wieder rosa und gelbe Tupfen. Die Sonne brennt auf den Kopf, ein Strohhut schützt. Kreuzotter mögen trockene Hitze. Ein kühnes Exemplar scheint zum **Quizmaster** berufen, wartet am Wegesrand und lädt zum Rätselraten ein.

Wer ist zuerst oben? Fuß oder Rad? Auf dem Plateau angekommen, Lieblingsplatz finden. Weitblick, Wolkenspiele und Sommerrauschen genießen. Knobeln, wie der Vermessungspunkt zu lesen ist und, was die ganzen Steintürme hier bedeuten.

Rückweg. Immer noch auf Sand – von weich zu fest. Die Trinkflasche ist nahezu leer, vor den Augen glimmt die Heide. Farn, Sträucher, Bäume. Endlich wieder Wasser. Der Bach Haverbeeke entspringt irgendwo unter dem Bergmassiv und verwandelt den Landstrich in ein grünes Tal. Schatten kühlt glühende Köpfe. Glücklich wirken die Frösche im Matsch.

Philosophieren über **Wilma** und ihren Job. Bestäuben und Nektar sammeln. Können alle Bienen Waben bauen? Die Limo fließt im Nu die Kehle herunter, das riesige Stück Sahnetorte mit Nüssen und Preiselbeeren schmeckt. «

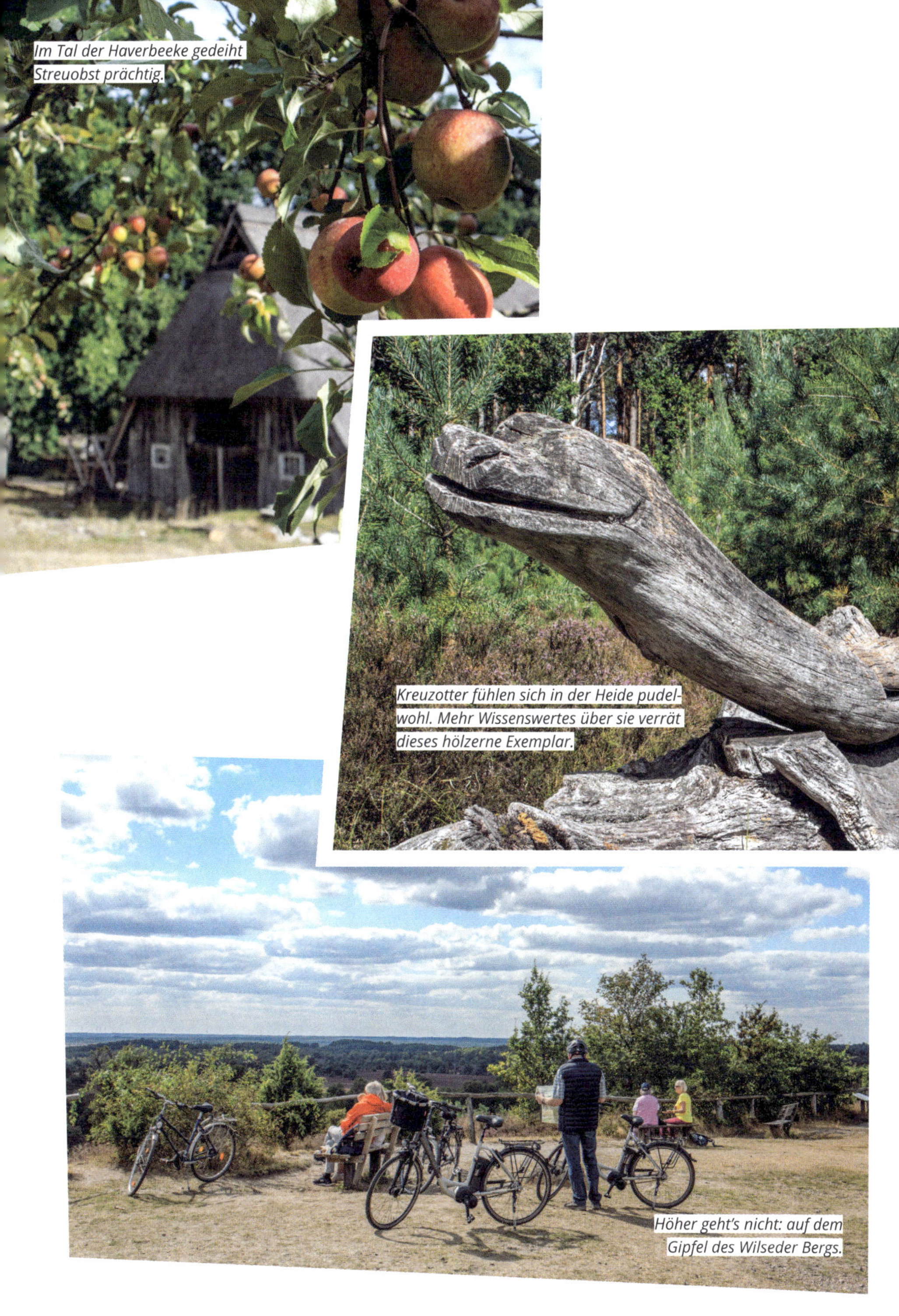

Im Tal der Haverbeeke gedeiht Streuobst prächtig.

Kreuzotter fühlen sich in der Heide pudelwohl. Mehr Wissenswertes über sie verrät dieses hölzerne Exemplar.

Höher geht's nicht: auf dem Gipfel des Wilseder Bergs.

WANDERN & GENIESSEN

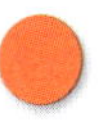

» START

Heide-Shuttle-Stopp Niederhaverbeck Ortsmitte

Der Heide-Shuttle fährt nur Mitte Juli bis Mitte Oktober. Alternativ mit dem Auto anreisen, gebührenpflichtiger Parkplatz wenige Meter von der Haltestelle entfernt.

Vom Heide-Shuttle-Stopp zum Landhaus Hotel Eickhof rechts einbiegen. Pfad geradeaus bis zum Fürstengrab folgen.

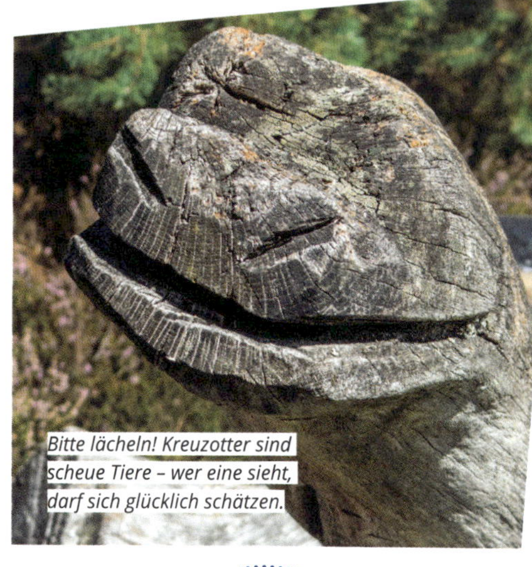

Bitte lächeln! Kreuzotter sind scheue Tiere – wer eine sieht, darf sich glücklich schätzen.

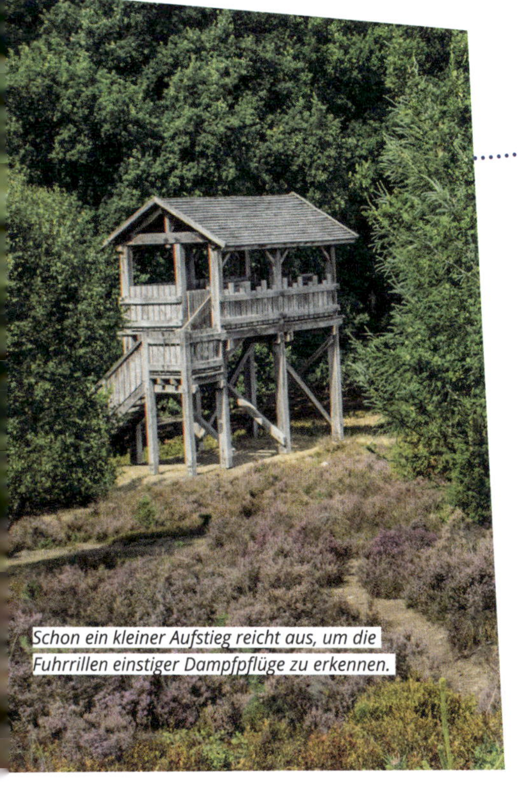

Schon ein kleiner Aufstieg reicht aus, um die Fuhrrillen einstiger Dampfpflüge zu erkennen.

KM 2

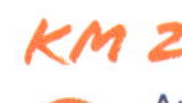

1 Aussichtsturm

Bergmassiv im Blick

Im Rücken liegt ein Wald, vor Kopf Heide, in der junge Kiefern und Machandel sprießen. Eichen in der Ferne. Dahinter erhebt sich das landschaftliche Highlight Wilseder Berg auf einem Endmoränenzug. Menschen wuseln über die Berginsel, genießen Weite und Wolkenspiele. Was sie von der Kuppe nicht sehen? Furchen, die sich längs durch den steinigen und trockenen Boden ziehen. Sie zeugen von den schweren Dampfpflügen, die nötig waren, um Heide mit Bäumen aufzuforsten. Doch hier wächst die Besenheide weiter. Als Teil einer der größten zusammenhängenden Heideflächen Westeuropas betört sie ihr Publikum bis heute – ein schönes Fotomotiv.

Rundwanderweg N2, dann O3 in Richtung Wilseder Berg folgen.

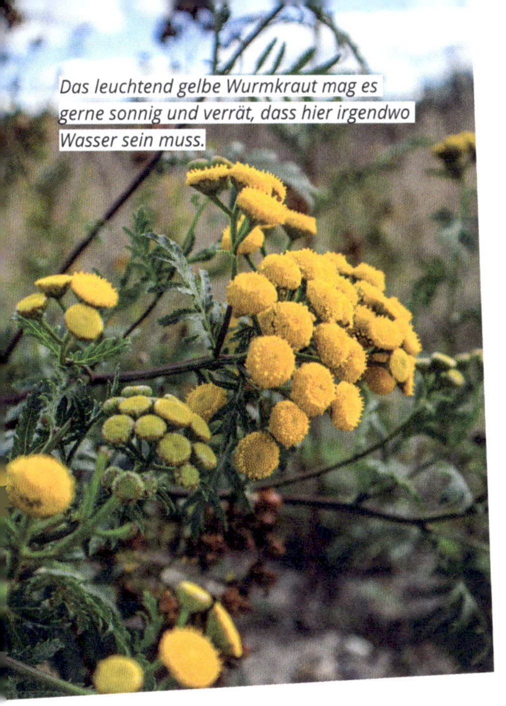

Das leuchtend gelbe Wurmkraut mag es gerne sonnig und verrät, dass hier irgendwo Wasser sein muss.

KM 4

3 Aussichtspunkt Wilseder Berg

Top of Lüneburger Heide

Immer wieder überraschen die kurzen, aber steilen Anstiege in der Heide. Oben angekommen, auf 169 Metern über dem Meer, rauscht der Wind durch Wipfel, fegt über Sträucher und pustet Schweißperlen weg. Zu allen Seiten fällt Heide ins Tal hinab. Dahinter dominiert Waldgrün. Windräder kreisen am Horizont. Vereinzelt ragen Bänke empor. Die Wege dorthin liegen versteckt und so scheint es, als liefen Menschen über ein lila Blütenmeer. Fahrräder parken. Die Landkarte verrät den Standpunkt. Brotdose auspacken. Auf der Kuppe ist ausreichend Platz. Zu trubelig? Dann den Gipfel in alle Himmelsrichtungen erkunden, verwundert auf Türme aus Findlingen blicken und das schöne Leben bei herrlicher Fernsicht auf seiner Lieblingsbank genießen.

Gipfel wie Hinweg verlassen. An der ersten Wegkreuzung geradeaus weiter nach Niederhaverbeck.

KM 3

2 Schlangenquiz

Aufklappen & antworten

Bei 30–33 Grad Celsius zieht die Sonnenanbeterin mit dunklem Zickzackband auf dem Rücken ihre Linien durch hellen Sand. Menschen mag sie nicht so gerne und flüchtet schnell zurück ins Heidekraut. Auf ihrem Speiseplan stehen Frösche und Eidechsen. Der Blick sucht nach Spuren. Fehlanzeige, hier ringelt keine Natter unterm Baumstamm. Dafür sorgt ein an Kaa aus dem »Dschungelbuch« erinnerndes Exemplar aus Holz für heitere Abwechslung am Wegesrand. Statt sich um Hälse zu schlingen, lässt sich diese Haselotter handzahm aufklappen. Unter jedem Glied wartet ein Frage- & Antwortspiel. Kurzweilig und informativ für Groß und Klein.

Weiter Richtung Wilseder Berg.

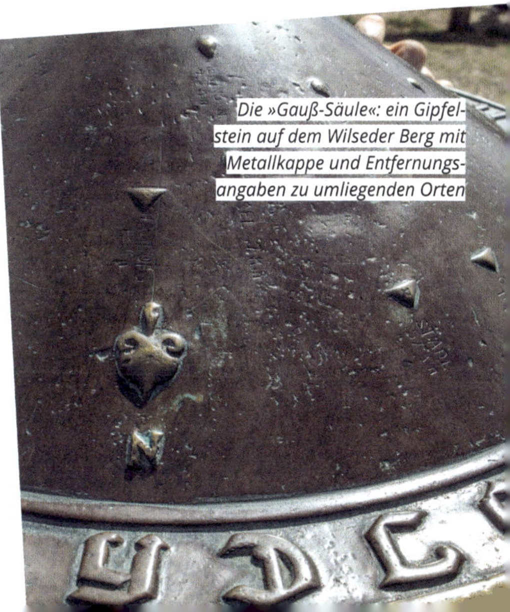

Die »Gauß-Säule«: ein Gipfelstein auf dem Wilseder Berg mit Metallkappe und Entfernungsangaben zu umliegenden Orten

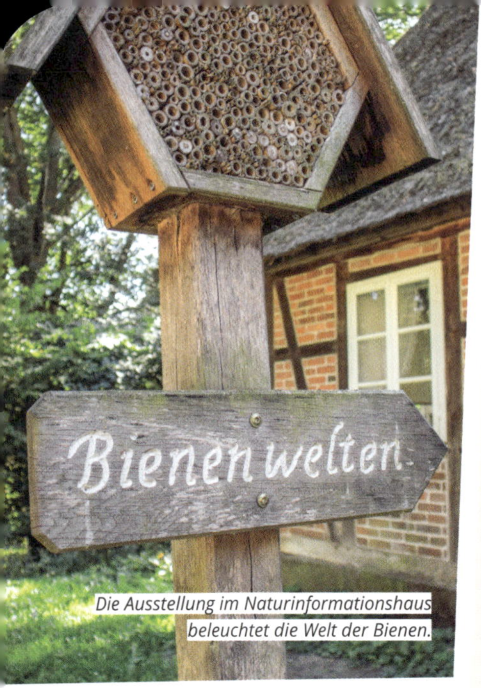

Die Ausstellung im Naturinformationshaus beleuchtet die Welt der Bienen.

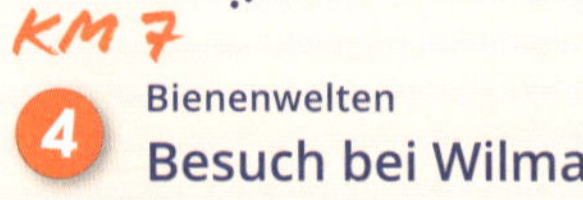

4 Bienenwelten

Besuch bei Wilma

Bienenkörbe, ob aus Stroh oder als mobile Kästen, fallen bei Wanderungen durch die Region immer wieder ins Auge. Von der Bedeutung der Biene für die Lüneburger Heide handelt die Ausstellung »Bienenwelten«. Beim Betreten des Hauptgebäudes denkt man gleich an das Innere eines Bienenstocks. Großformatige Fotografien im dunklen Raum zeigen das behaarte Insekt in allen Lebenslagen. Augen, Flügel, Fühler. Historische Einblicke ergänzen das faszinierende Porträt. Schon gewusst, dass Heideimker:innen auch Wanderimker:innen waren? Wer die Tour verlängern möchte, folgt Wildbiene Wilma auf dem Erlebnispfad (plus 2,5 Kilometer). (verein-naturschutzpark.de/naturinformationshaus)

Der letzte Stopp liegt auf der gegenüberliegenden Straßenseite.

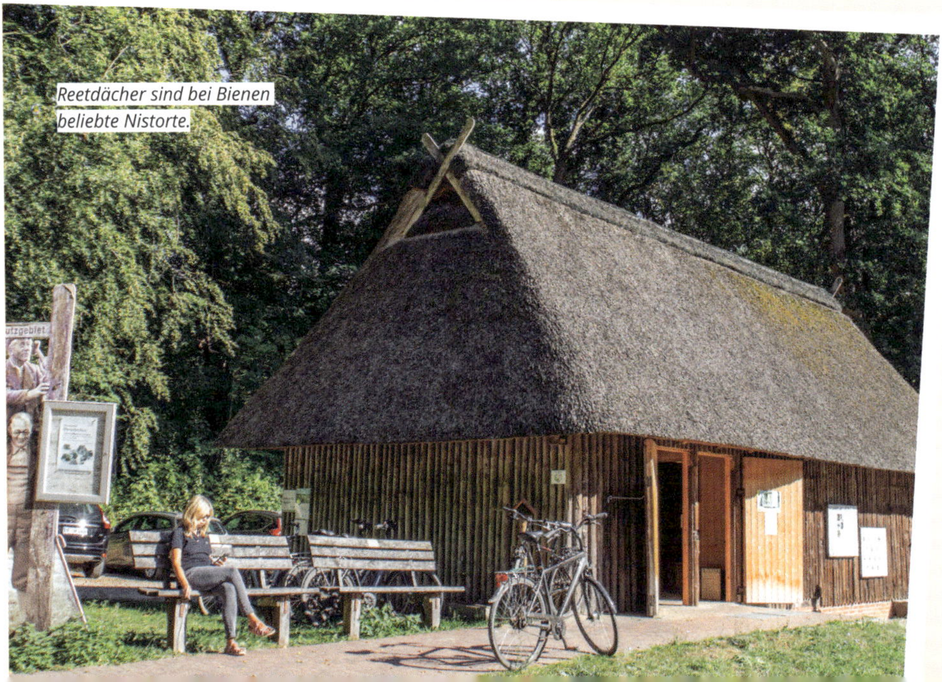

Reetdächer sind bei Bienen beliebte Nistorte.

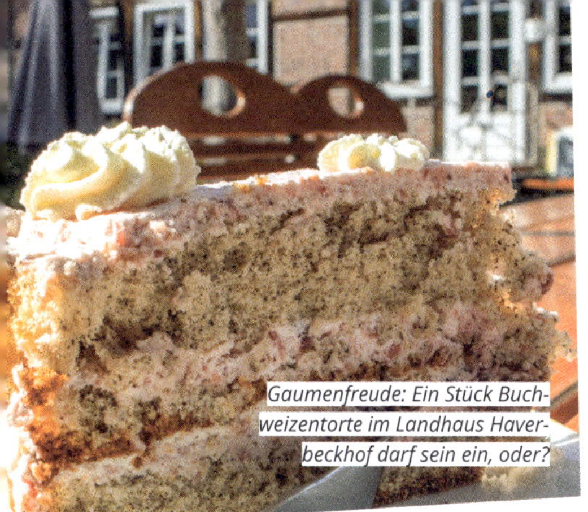

Gaumenfreude: Ein Stück Buchweizentorte im Landhaus Haverbeckhof darf sein ein, oder?

EXTRA INFOS:

Dieses besondere Nachtlager liegt zwar nicht direkt entlang der Route, aber die Extra-Meile in das knapp zwei Kilometer südöstlich von Niederhaverbeck gelegene Oberhaverbeck lohnt. Hin geht es entweder auf dem Geh- und Radweg parallel zur Landstraße oder über einen »Schleichweg« rechts an den Bienenwelten vorbei. Der ● **Stimbekhof** (stimbekhof.de) ist seit Sommer 2020 in neuer Hand – drei junge Unternehmer:innen kehrten der Großstadt den Rücken und erfüllen sich ihren Lebenstraum. Apfelwaffeln, Yoga, Wellness unterm Reetdach. Ein schöner und zeitgemäßer Rückzugsort mit viel Liebe zum Detail.

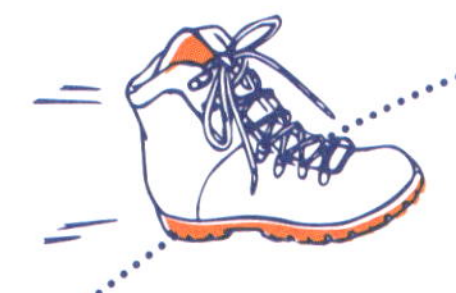

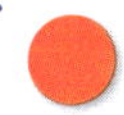

KM 7,3 » ZIEL

Heide-Shuttle-Stopp Niederhaverbeck Ortsmitte

KM 7,2

5 **Landhaus Haverbeckhof**

Zeit zum süßen Nichtstun

Ein letztes Mal in die Sonne, aber nur fürs Foto. Von der Seeterrasse hat man einen schönen Blick auf den Haverbecker Dorfteich und das Tal der Haverbeeke. Doch ein Schattenplatz unter Haselnuss und Buchenhecke ruft. Rosen recken ihre Köpfe am Fachwerk hinauf, bezirzen und schwupps stecken die Nasenflügel zwischen Blütenblättern. Tief einatmen. Auf der Speisekarte stehen heidetypische Gerichte. Die Heidschnucke für den Braten lief vor Kurzem auch noch auf Sandwegen im Naturschutzpark, der Buchweizen kommt vom Tütsberg um die Ecke – regionaler geht's nicht. (haverbeckhof.de; Tischreservierung empfohlen))

Die Bushaltestelle liegt nur wenige Schritte vom Hof entfernt.

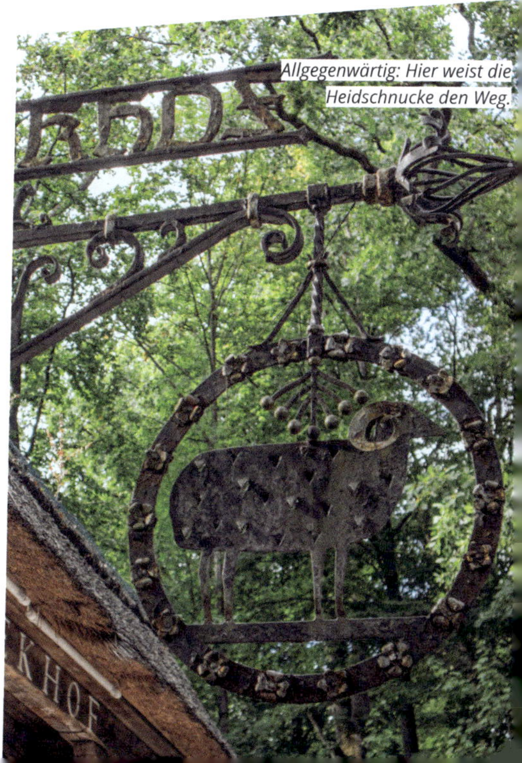

Allgegenwärtig: Hier weist die Heidschnucke den Weg.

AUF EINEN BLICK

- **Start/Ziel:** Heide-Shuttle-Stopp Niederhaverbeck-Ortsmitte
- **Strecke:** 7,3 km (Rundweg)
- **Reine Wanderzeit:** 2 Std. 15
- **Höhenmeter:** ↗ 72 m ↘ 72 m
- **Wegbeschaffenheit:** Naturweg und vor allem Sand – von fest bis weich.
- **Beste Zeit:** April bis Oktober. Im Sommer heiß. Während der Heideblüte lieber wochentags kommen oder sich auf Busgruppen einstellen.
- **Ausrüstung:** Sonnenschutz, Sonnenhut, Wasser, Proviant, Kamera.

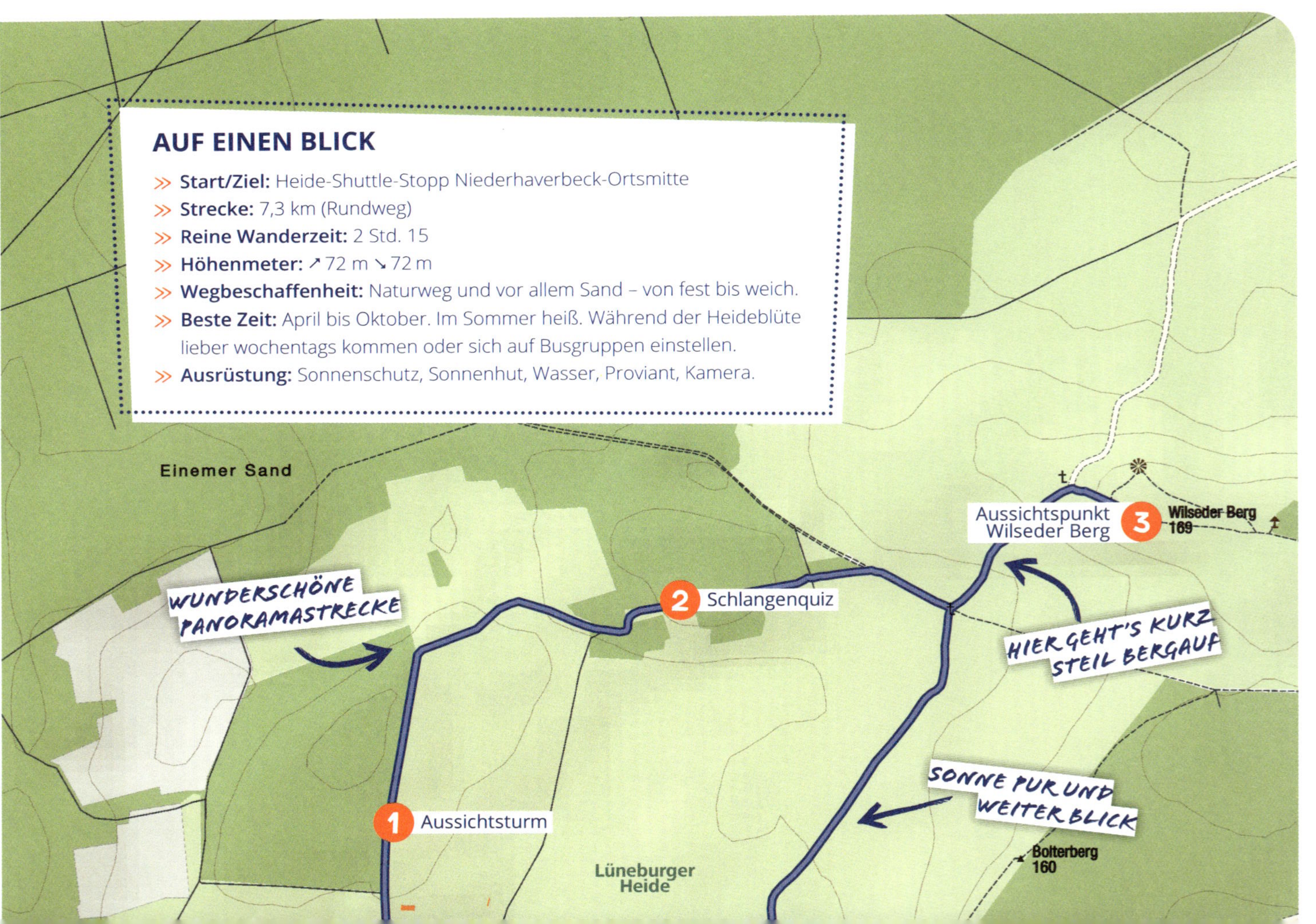

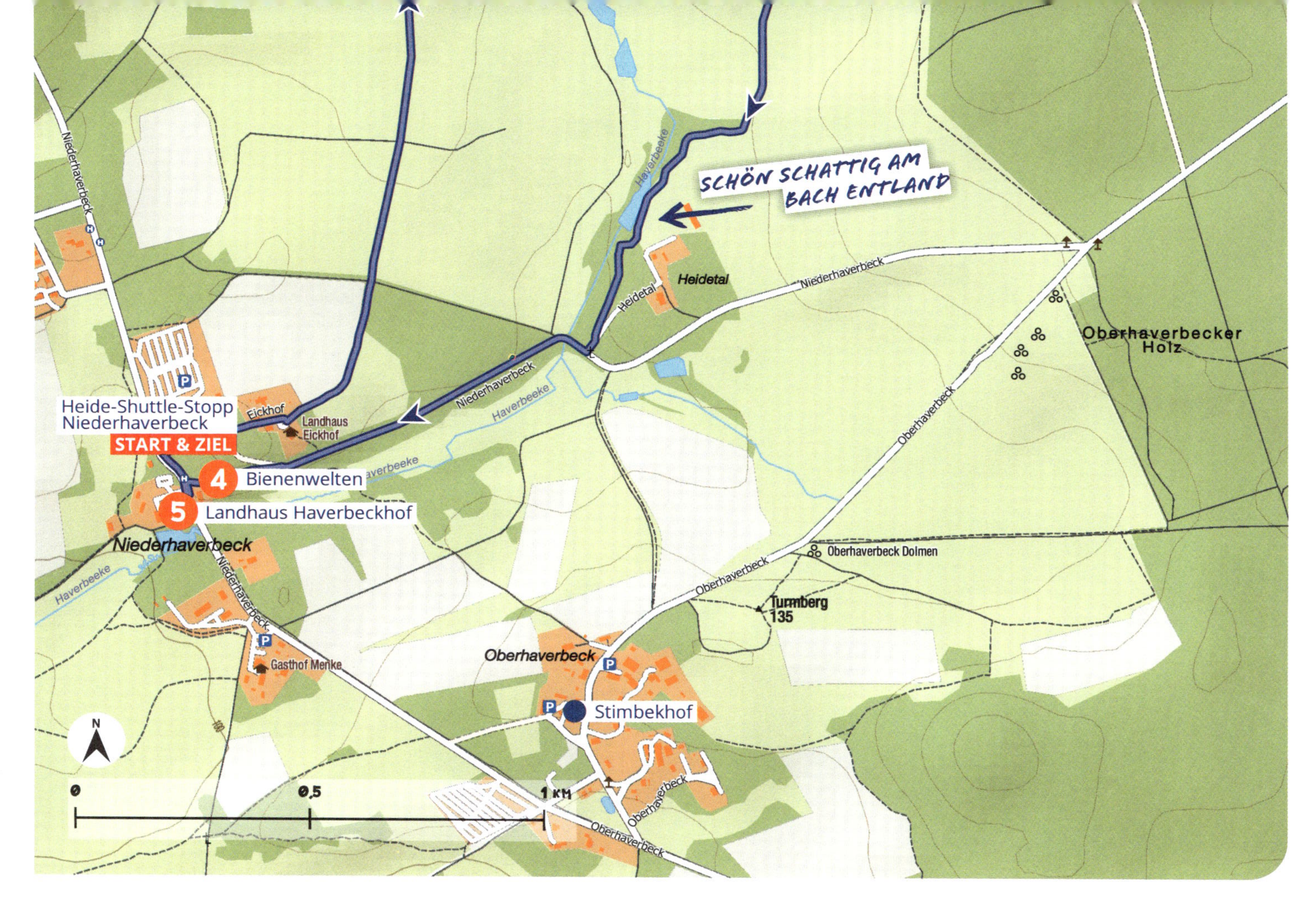
SCHÖN SCHATTIG AM BACH ENTLAND
Heide-Shuttle-Stopp
Niederhaverbeck
START & ZIEL
4 Bienenwelten
5 Landhaus Haverbeckhof
Niederhaverbeck
Eickhof
Landhaus Eickhof
Heidetal
Oberhaverbecker Holz
Oberhaverbeck Dolmen
Turmberg 135
Oberhaverbeck
Stimbekhof
Gasthof Menke
Haverbeeke
N
0
0,5
1 KM

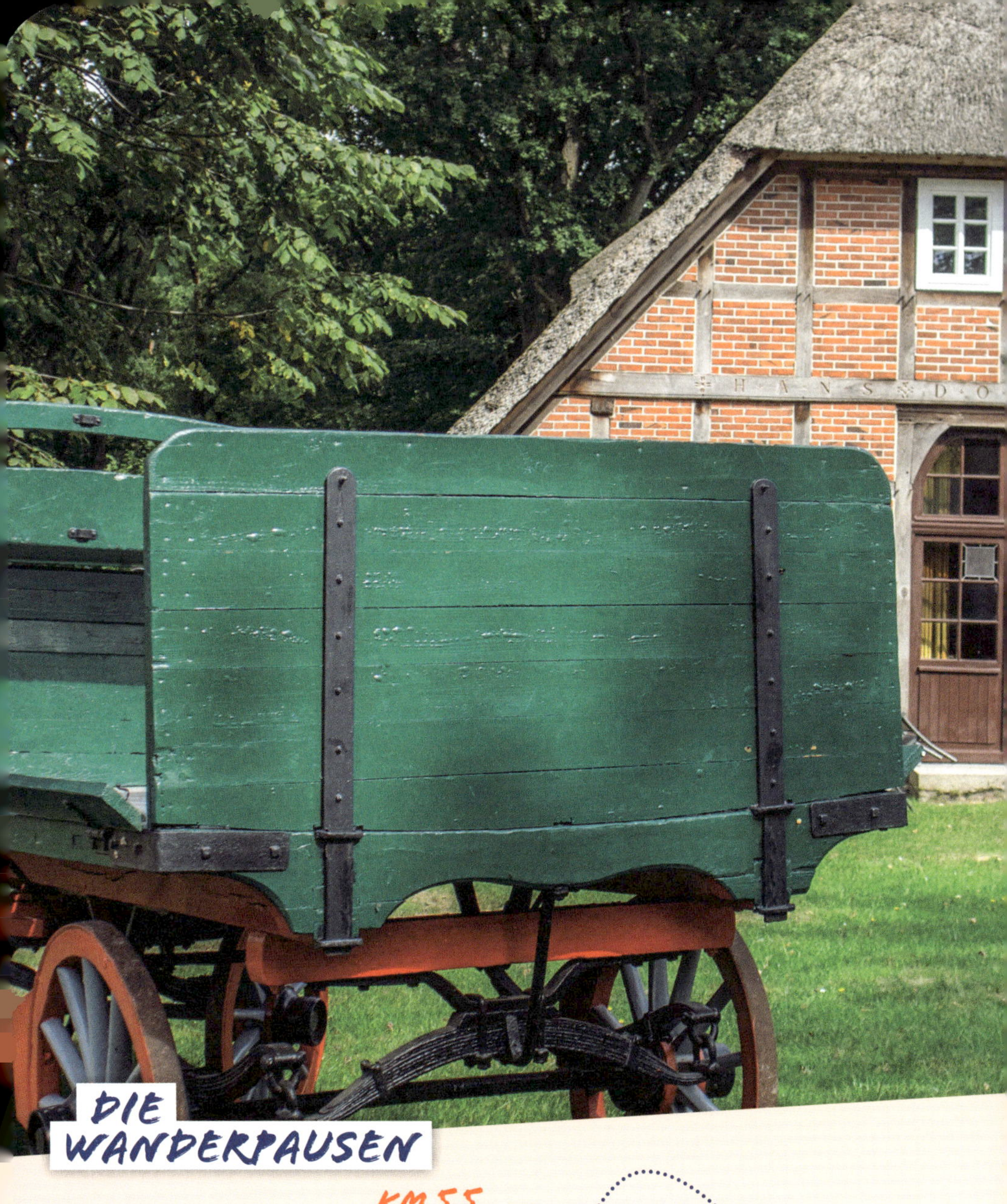

DIE WANDERPAUSEN

» START
Bushaltestelle Volkwardingen

KM 3,5
1 Aussichtspunkt Totengrund
Tanz um den Talkessel

KM 5,5
2 Wilsede
Ein bisschen Weltflucht

KM 6
3 Heidemuseum Dat Ole Huus
Zurück ins Jahr 1850

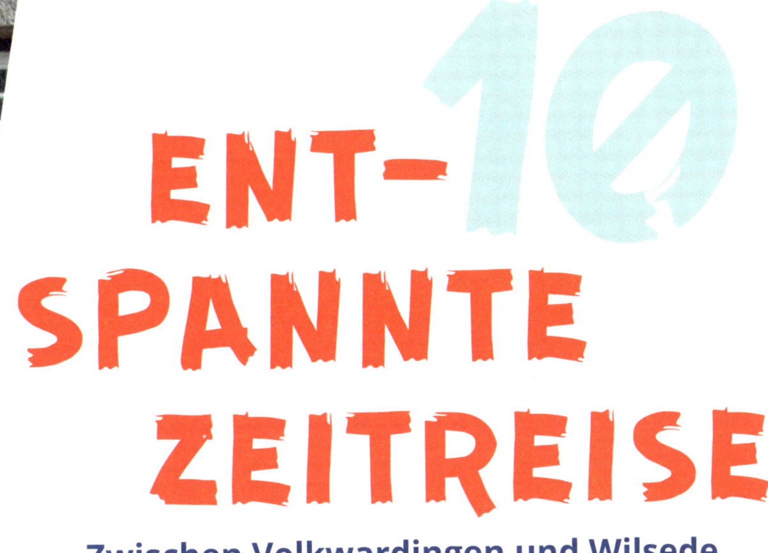

10 ENT-SPANNTE ZEITREISE

Zwischen Volkwardingen und Wilsede

Ein Ort, den man nur mit Muskelkraft erreicht? Ja, den gibt es. Und als sei dies nicht schon genug Anreiz, die Wanderschuhe zu schnüren: Auf dieser Tour kommen die Kunst der Entschleunigung, das Leben um 1850 und ein außergewöhnliches Naturwunder zusammen. Lust?

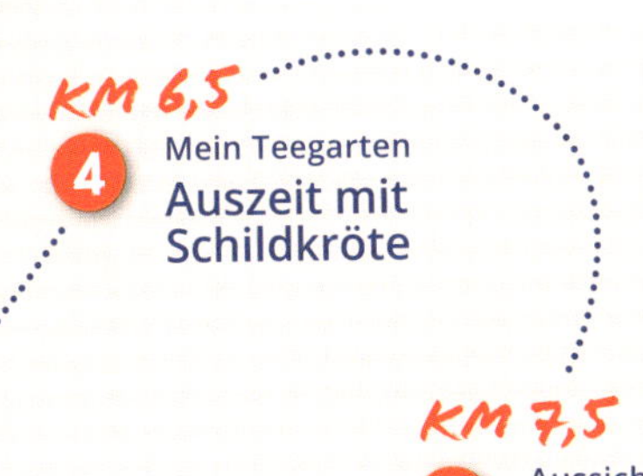

KM 7,5

5 Aussichtsplattform Totengrund

Noch mal innehalten

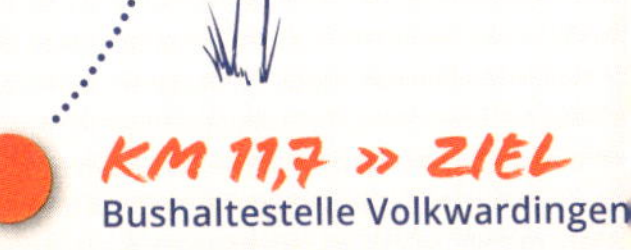

MANCHE BESONDEREN ORTE ...

... sind am Anfang etwas sperrig und trumpfen erst später mit Wow-Momenten auf. Schnurgerade verläuft die Asphaltstraße zwei Kilometer zum Forstamt Sellhorn. Der Autobahnlärm dröhnt in den Ohren. Warum hier starten? Freie Parkplätze für die, die nicht den Bus nehmen, sind häufiger als in Niederhaverbeck und Oberhaverbeck. Freunde sind spät dran? Warten und Minigolf spielen.

Abtauchen zwischen Sumpf und Bäumen. Die Welt bleibt draußen. Birken balancieren im feuchten Erdreich. Ein Specht hämmert. Der Holzsteg führt durch sattes Grün. Bergauf. Wurzeln unter den Sohlen. Jeder Schritt ist wohlbedacht. Am höchsten Punkt öffnet sich ein Fenster und gibt den Blick frei auf ein Naturwunder, das trotz Wassermangel alles andere als tot wirkt.

E-Biker mit High-Tech-Equipment irren umher, fluchen über Sand, Wurzeln und Heidelbeeren. Da hilft auch das neueste Navi nicht. Wer sein Rad liebt, der schiebt. Zu Fuß läuft es entspannter. Der Pfad führt in Schlangenlinien vom Wald im Osten über den Norden am **Kraterrand** entlang, an Heideflächen und Wacholder vorbei. Der Wind weht durch Haare und Gesicht. Eichen mit ausladenden Ästen gesellen sich zum Landschaftsbild. Wandernde kreuzen einander und schwärmen in alle Himmelsrichtungen aus. Ein Schafstall. Pflastersteine. **Wilsede** grüßt mit Heidschnucken-Grützwurst, Apfelmus und Bratkartoffeln, Blaubeeren mit Sahne und dem Bier des Monats. Nicht nur kulinarisch hat das Heidedorf einiges zu bieten. Wer schon mal hier ist, begibt sich auf Zeitreise und taucht in das Leben um 1850 ein. Entspannungsprogramm in einem geheimen **Garten.** Einer dieser Orte, in die man sich auf Anhieb verliebt und den man insgeheim gar nicht mit so vielen anderen teilen mag.

DUFTENDER WACHOLDER, BLÜHENDE HEIDE UND ZARTES ZWITSCHERN EINES GEFIEDERTEN FREUNDES

Fast vergessen: Die Sonne legt sich zu dieser Jahreszeit früher schlafen. Auf der Aussichtsplattform den wunderbaren Blick über den **Totengrund** im Gedächtnis verankern, bevor die Schatten länger werden und der Forst die letzten Sonnenstrahlen schluckt. Dank Taschenlampe ist der Rückweg selbst in der Dämmerung gut machbar. «

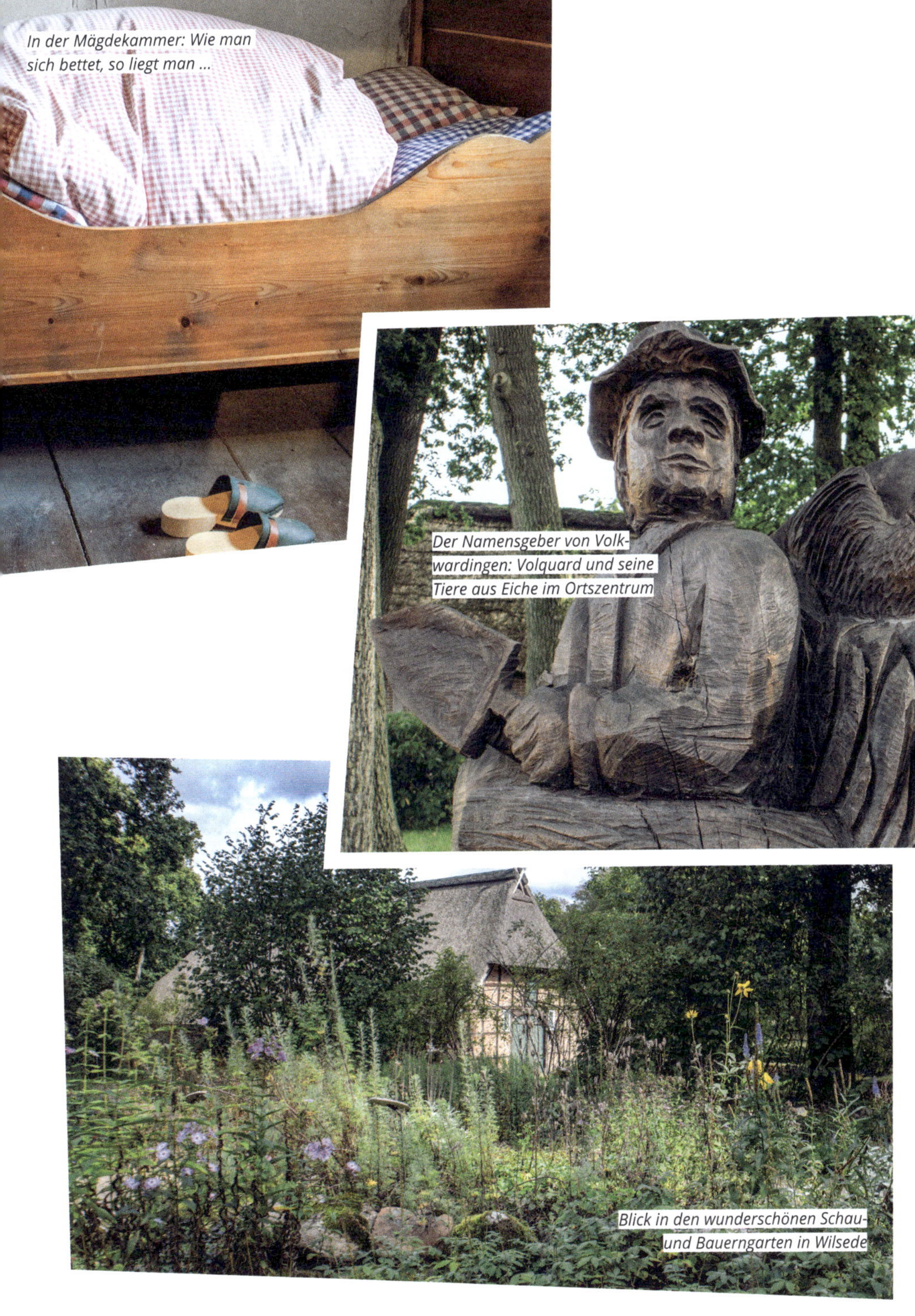

In der Mägdekammer: Wie man sich bettet, so liegt man ...

Der Namensgeber von Volkwardingen: Volquard und seine Tiere aus Eiche im Ortszentrum

Blick in den wunderschönen Schau- und Bauerngarten in Wilsede

WANDERN & GENIESSEN

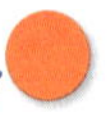

» START

Bushaltestelle Volkwardingen

Wilseder Straße folgen, unter Autobahn hindurch. Schildern nach Wilsede/Totengrund folgen. Rundweg rechts über Holzsteg starten.

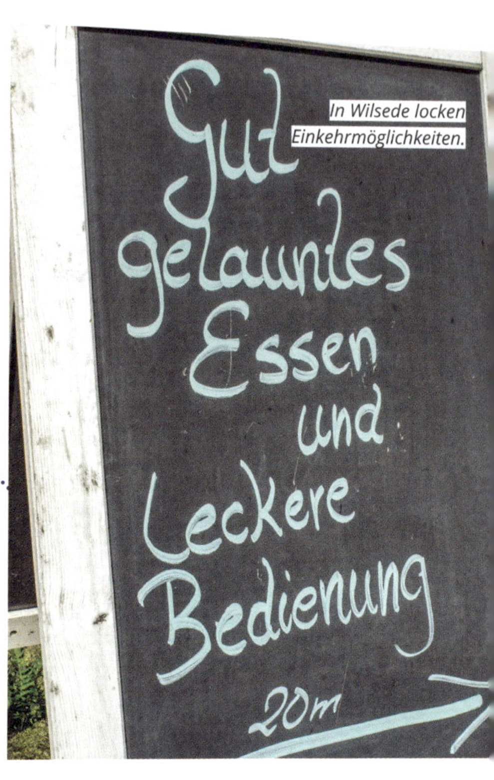

In Wilsede locken Einkehrmöglichkeiten.

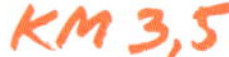

KM 3,5

1 Aussichtspunkt Totengrund

Tanz um den Talkessel

Man blickt in den Totengrund, eine Senke überzogen mit Heide und dunklem Wacholder. Wer stiehlt hier wem die Show? Kiefer und Birke spielen Nebenrollen. Drüben auf der anderen Seite: Menschen, winzig klein. Da vorne eine Bank direkt am Abgrund. Erst einmal Platz genommen, kommt man aus dem Staunen gar nicht raus. Meteoriteneinschlag? Toteisblock? Leichenzug? Warum heißt dieser außerirdische Ort denn nun, wie er heißt? Die Fantasie spinnt einen eigenen Film. Zu Füßen weicher Sand und knorriges Wurzelwerk. Überm Kopf hängen Regenwolken. Heidelbeersträucher überziehen den Bergrücken. Ein umgewehter Baum mit gedrehten Ästen sieht aus wie ein riesiges Hirschgeweih. Wald und Heide wechseln sich ab.

Wanderweg nach Wilsede folgen.

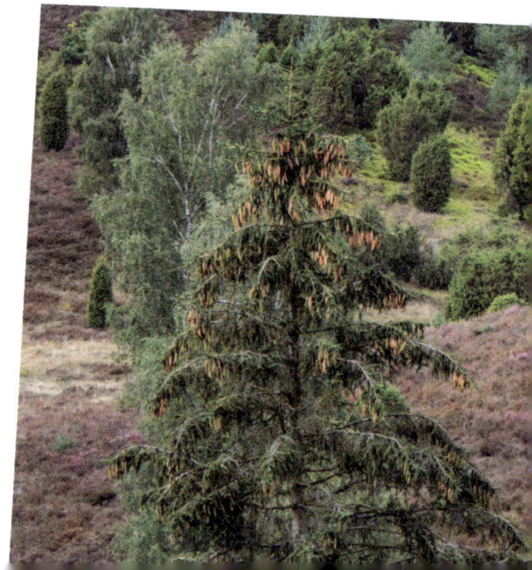

KM 5,5

Wilsede

Ein bisschen Weltflucht

Wils (plattdeutsch für Wilsede) wirkt ein bisschen wie aus der Zeit gefallen. Reetdachhäuser, Hufgetrappel, Findlingsmauern und Kopfsteinpflaster. Zwei Straßennamen. Doch ein Museumsdorf, wie in Hösseringen (Tour 18) oder auf dem Kiekeberg (Tour 2) ist es nicht. Hier gehen Menschen ihrem Alltag nach. Dieses Kleinod mitten im Naturschutzpark erreichen Gäste nur per pedes, mit dem Rad oder einer Kutsche. Eine Auszeit unter mächtigen Eichen lockt, dazu eine deftige Erbsensuppe und Heidschnuckenfrikadellen. Ein Schmetterling saugt Blütennektar. Den Bauerngarten bestücken alte Gemüsesorten, Kräuter und Heilpflanzen. Auf dem »Emhoff« finden Wechselausstellungen statt. Treiben lassen, beobachten und staunen.

Der nächste Stopp liegt an der Ecke Dorfstraße/Wilsede gegenüber der Milchhalle. Einfach die Straße überqueren und dem kleinen Weg zum Scheunentor folgen.

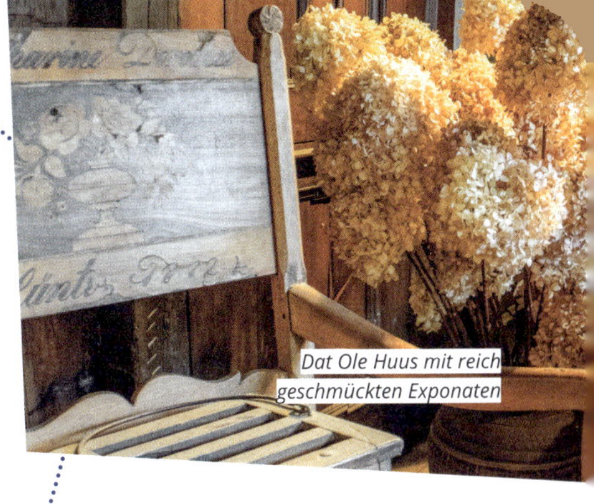

Dat Ole Huus mit reich geschmückten Exponaten

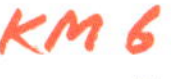

Heidemuseum Dat Ole Huus

Zurück ins Jahr 1850

Durch die *Grotdör,* die Dielentür, hindurch und schon beginnt die Zeitreise. Kochen, schlafen, wohnen – Mensch und Tier unter einem Dach. Mägdekammer und Knechtsbutze. Alles für die Feldarbeit. Kunstvolle Intarsien in der Stube. Blick aus dem Fenster, ein Windhauch streift das Gesicht. Pferde trotten vorbei, ziehen eine Kutsche hinterher. Erstaunte Gesichter, ein Fotoapparat knipst. Wer ist hier die Attraktion? Mit Gästeführerin und Kutscherin Wiebke Schwandt unterwegs zu sein, lohnt. (verein-naturschutzpark.de/heidemuseum-wilsede)

Am Emhoff vorbei, Dorfstraße folgen, rechts abbiegen und nach einer Teekanne aus Holz Ausschau halten.

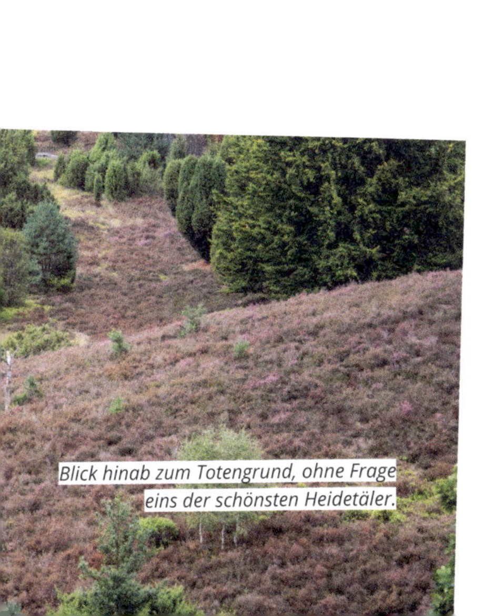

Blick hinab zum Totengrund, ohne Frage eins der schönsten Heidetäler.

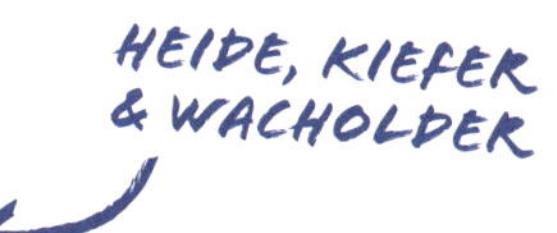

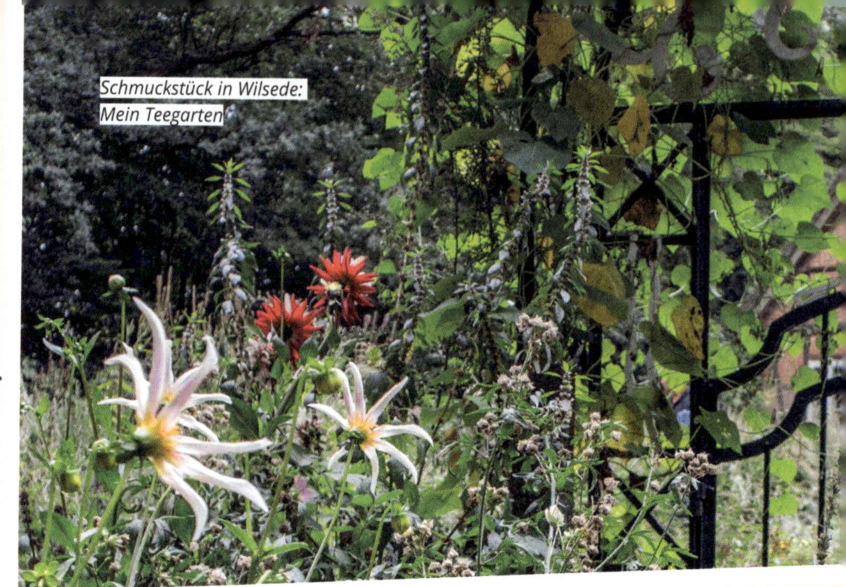

Schmuckstück in Wilsede: Mein Teegarten

KM 6,5

4

Mein Teegarten
Auszeit mit Schildkröte

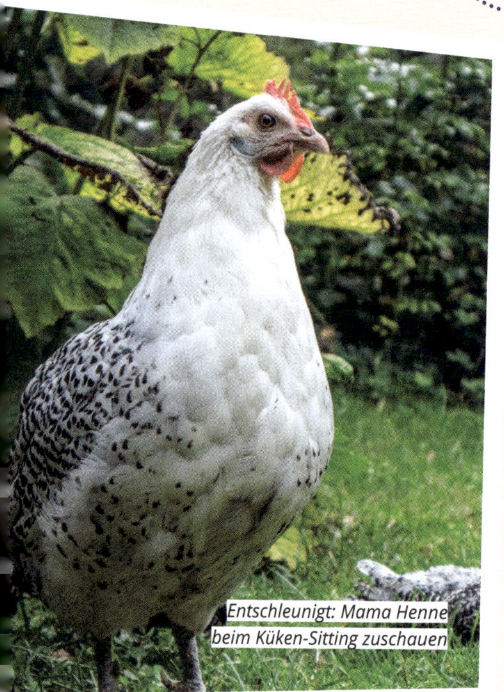

Entschleunigt: Mama Henne beim Küken-Sitting zuschauen

Der herzlichen, doch bestimmten Einladung von Claudia Mertens folgt man gerne. Sitzkissen schnappen, Lieblingsplatz aussuchen, ankommen. Beim Gartenspaziergang wird aus der Platzsuche eine Kunst für sich. Im Bauwagen oder neben den Schildkröten? Im Holzsessel am Teich oder mittendrin zwischen Gräsern und Phlox? Bei diesen vielfältigen Pflanzen(t)räumen werden Tee, Süßes und Vollwertiges in der Kuchenscheune fast zur Nebensache. Mama-Huhn zeigt stolz ihren piepsenden Nachwuchs. Hufe klappern in der Ferne. Buchseiten schlagen um. Entspannen unter Gleichgesinnten. Aus diesem Zaubergarten möchte man gar nicht mehr weg. (meinteegarten.de)

Teegarten links herum verlassen, rechts auf Wilsede abbiegen und zurück zum Dorfkern. Stippvisite im Museumsladen, dann Schildern zum Totengrund folgen, also hinter der Milchhalle links ab.

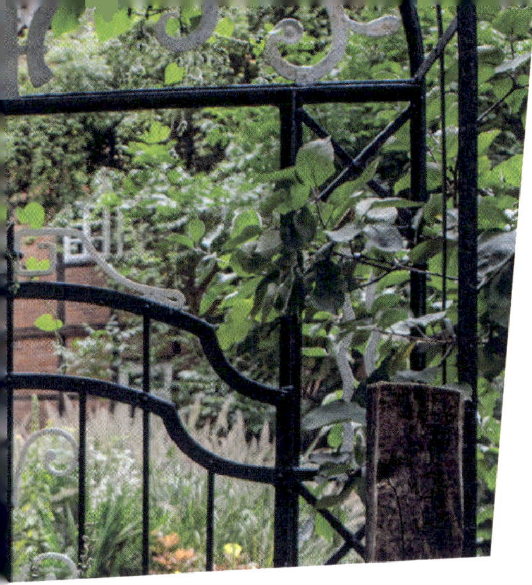

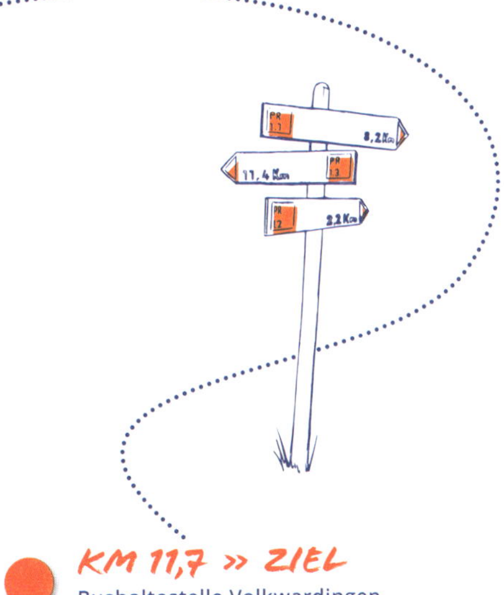

KM 11,7 » ZIEL

Bushaltestelle Volkwardingen

KM 7,5

5 Aussichtsplattform Totengrund

Noch mal innehalten

Ein Paar umarmt sich, blickt über den Krater zum Horizont. Zwei Frauen schießen Fotos. Wacholder, Heideteppich und das tiefe Tal aus der Vogelperspektive. Ein letzter Blick auf dieses fantastische Panorama, bevor es durch die Mitte des Kraters zurück in den Wald geht. Der Pfad, ein weisser Streifen, ist bereits zu sehen, der Abstieg dorthin fordert noch einmal die Knie. Die Sonne versteckt sich hinter einer grauen Decke. Für einen Moment scheint es, dieser wundersame Ort gehöre einem alleine. Vogelzwitschern. Wie ist es hier am frühen Morgen, wenn der Nebel aufsteigt oder Sonnenstrahlen zu später Stunde den Totengrund in goldenes Licht tauchen?

Pfad rechts hinab zum Tal nehmen, Tal durchqueren und – wie Hinweg –nach Volkwardingen durch den Forst folgen.

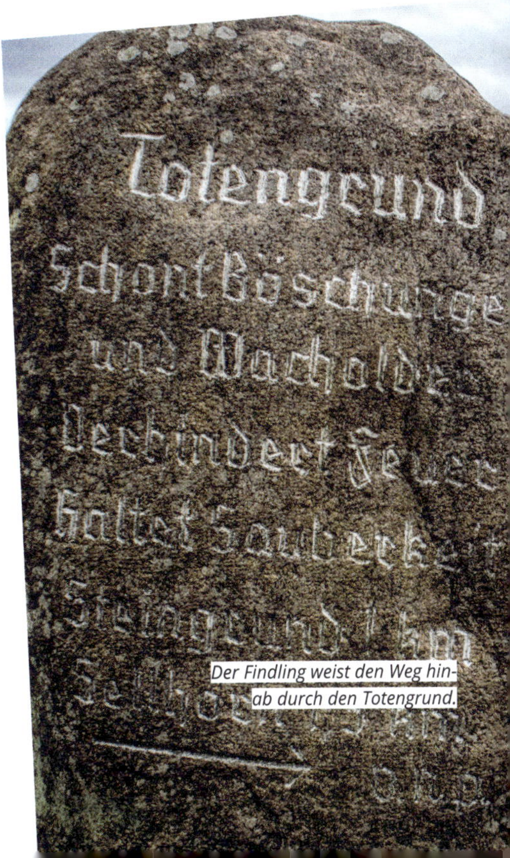

Der Findling weist den Weg hinab durch den Totengrund.

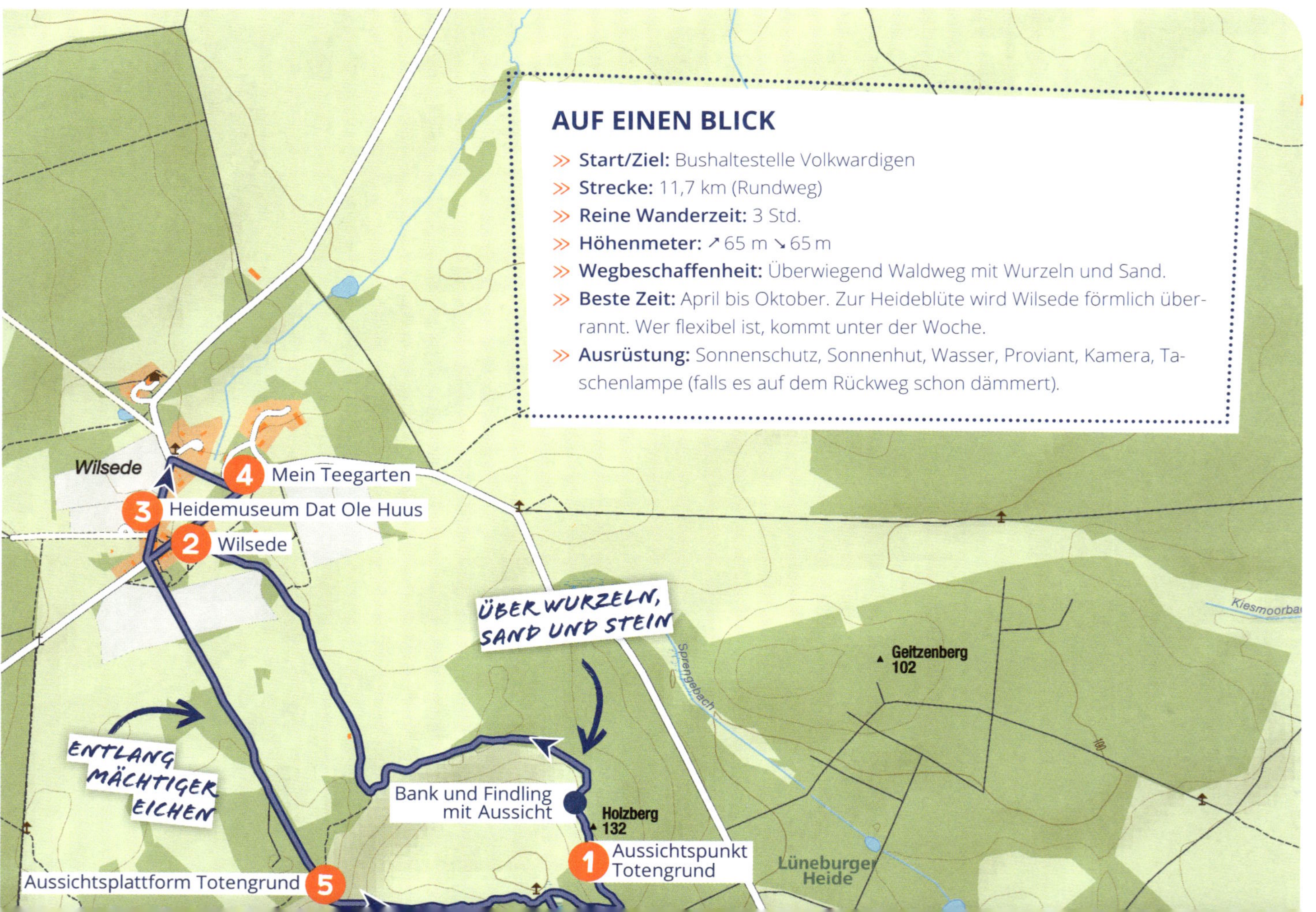

AUF EINEN BLICK

- **Start/Ziel:** Bushaltestelle Volkwardigen
- **Strecke:** 11,7 km (Rundweg)
- **Reine Wanderzeit:** 3 Std.
- **Höhenmeter:** ↗ 65 m ↘ 65 m
- **Wegbeschaffenheit:** Überwiegend Waldweg mit Wurzeln und Sand.
- **Beste Zeit:** April bis Oktober. Zur Heideblüte wird Wilsede förmlich überrannt. Wer flexibel ist, kommt unter der Woche.
- **Ausrüstung:** Sonnenschutz, Sonnenhut, Wasser, Proviant, Kamera, Taschenlampe (falls es auf dem Rückweg schon dämmert).

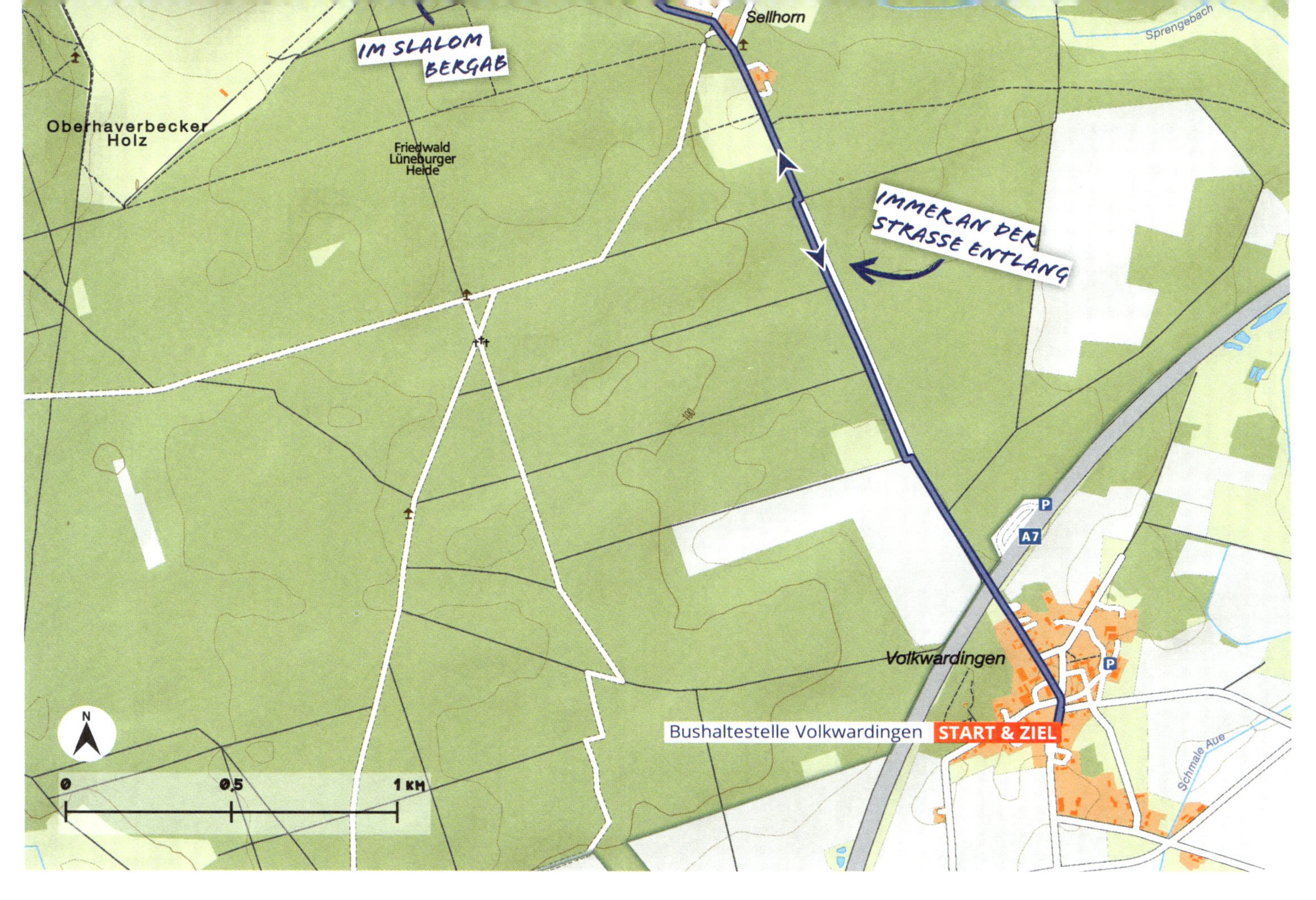
Sellhorn
Sprengebach
IM SLALOM BERGAB
Oberhaverbecker Holz
Friedwald Lüneburger Heide
IMMER AN DER STRASSE ENTLANG
100
P
A7
Volkwardingen
P
Bushaltestelle Volkwardingen
START & ZIEL
Schmale Aue
N
0
0,5
1 KM

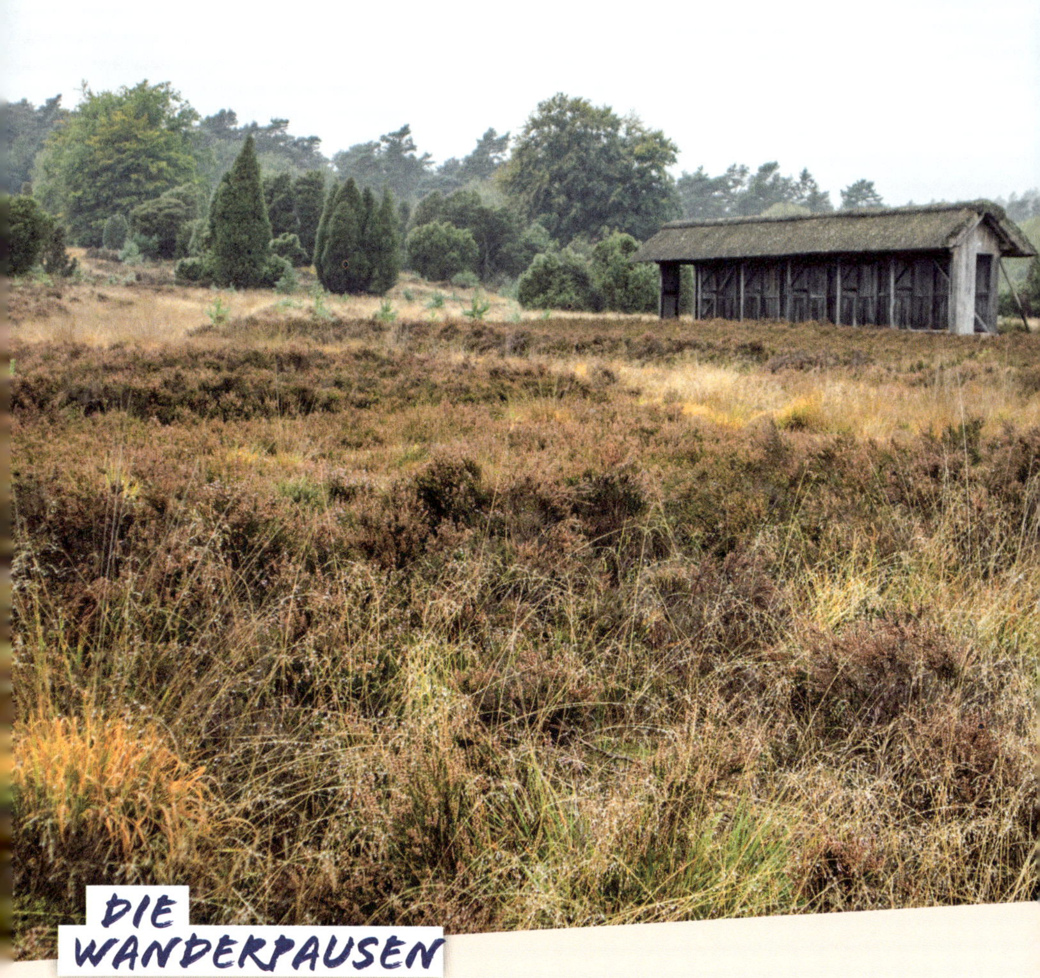

DIE WANDERPAUSEN

»START
Bushaltestelle Osterdiecksfeld

KM 0,1
1 Teestube
Aufwärmen unterm Reetdach

KM 0,5
2 Heide-ErlebnisZentrum
Zurück in die Eiszeit

KM 4
3 Radenbachtal
Wassertropfen zählen

11

HERBST-ROMANTIK IM NEBEL

Rund um Undeloh

In der kühlen Jahreszeit verwandeln sich die Heideflächen am Ortsrand von Undeloh in einen mystisch-märchenhaften Landstrich. Gletscher, Nebel, Wolken, Wind, Sand und Steine – hier spinnt die Fantasie neue Geschichten.

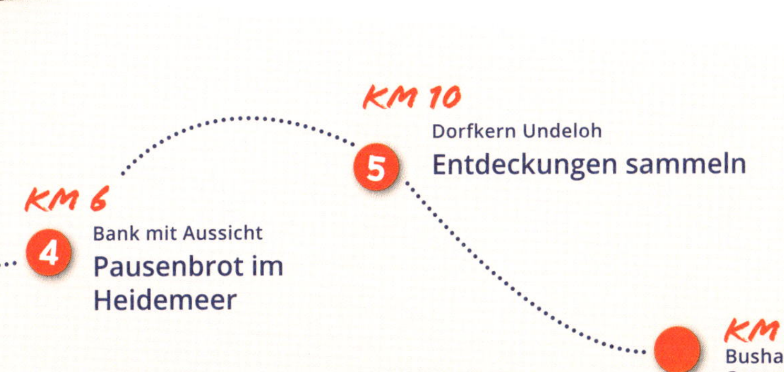

DIE FEUCHTIGKEIT KRABBELT …

… durch die Hosenbeine hinauf und macht es sich unterm Pulli gemütlich. Kutschenzieher mit Mähne blicken bedröppelt drein, sie wären lieber im Strohbett geblieben.

Spontane Planänderung. Statt am Ende der Tour erfolgt die Einkehr in die **Teestube** gleich zu Beginn. Draußen umwölkt Nebel das Örtchen Unnel (plattdeutsch für Undeloh), drinnen ist es muckelig. Das Stövchen wärmt Teeblätter, die Porzellantasse Finger.

Krachende Eiswände, talwärts schiebende Gletscher und Geröll. Drei Eiszeiten prägten Norddeutschland, Wasser und Wind formen bis heute die Landschaft.

Der Nieselregen macht Pause. Raus aus dem **Heide-ErlebnisZentrum,** rein ins **Radenbachtal.** Schmaler Sandpfad. Weiße Birken. Schüchtern zeigt sich der Namensgeber im Quellgebiet. Die feuchten Wiesen wirken quietschfidel. Nach bleierner Hitze tut kühles Nass gut.

ERHELLEND: DER AUGENBLICK, WENN DER HIMMEL ERWACHT

Offener Blick auf das Callunameer, das nach der Blütezeit gerne einen rotbraunen Mantel überwirft. Luftlinie 11 Uhr – dort liegt Egestorf (Tour 12). Zwischen 14 und 15 Uhr liegen Wilsede (Tour 10) und der Wilseder Berg (Tour 9). Wie all die Steine in die Lüneburger Heide kommen? Wenn nicht durch Gletscher, dann durch wütende Riesen. Andere behaupten scherzhaft, Findlinge wachsen aus dem Boden wie Pilze. Letztere fallen mit einer beachtlichen Hutkollektion auf. Fliegenpilz trägt einen Ascot-Hut in Rot-Weiß, Birkenpilz einen Cowboyhut und Schopf-Tintling schmückt eine Cloche in Beige.

Hufeisen, Räder, Pfoten und Wanderschuhe hinterlassen Spuren im aschgrauen Sand.

Bisher lief der Weg mit Fuhrrillen vor allem geradeaus, nun schwingt ein Pfad im Auf und Ab durch das Tal. Heide und Wacholder an den Hängen. Darunter bleicher Sand. Etwas verschlafen wacht am Firmament nun Himmelblau auf, blinzelt und schiebt die flauschige Wolkendecke ganz zur Seite.

Bemalte Stromkästen, Fachwerkhöfe und dicke Eiche. Schmökern im Souvenirshop und Bücherhäuschen. Findlingsmauern als Zäune gibt es viele, doch eine Kirche? Zeit für Entdeckungen im Ortszentrum von **Undeloh,** bevor es zurück nach Hause geht. «

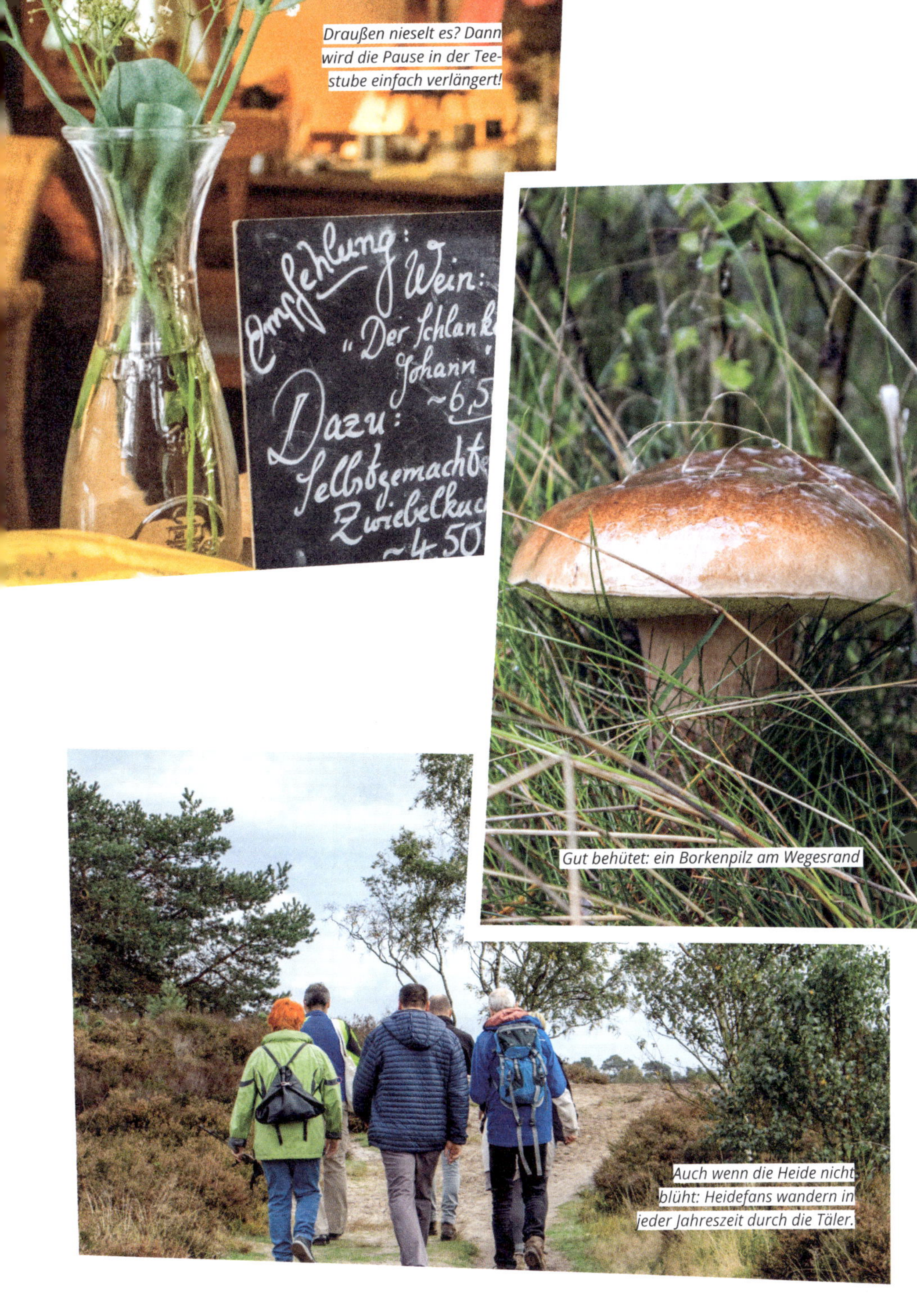

Draußen nieselt es? Dann wird die Pause in der Teestube einfach verlängert!

Gut behütet: ein Borkenpilz am Wegesrand

Auch wenn die Heide nicht blüht: Heidefans wandern in jeder Jahreszeit durch die Täler.

WANDERN & GENIESSEN

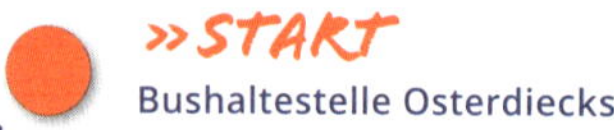

» START

Bushaltestelle Osterdiecksfeld

Der erste Stopp liegt wenige Schritte von der Bushaltestelle entfernt gegenüber der Touristen-Information.

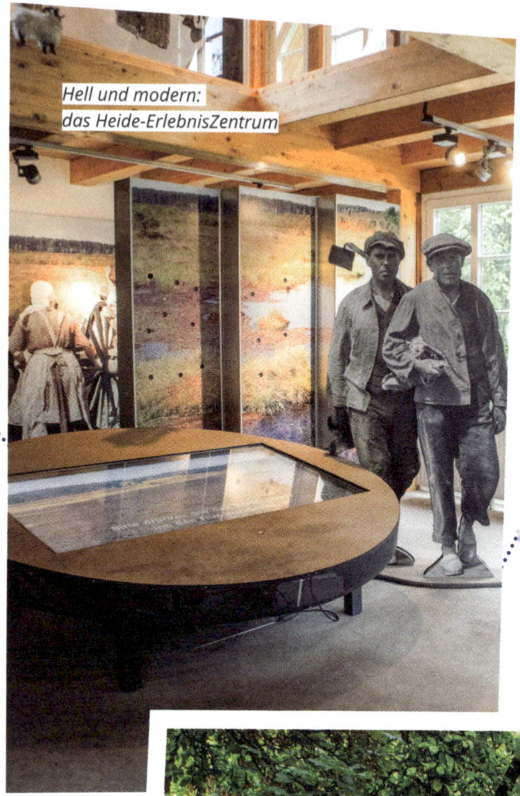

Hell und modern: das Heide-ErlebnisZentrum

KM 0,1

1 Teestube

Aufwärmen unterm Reetdach

Goldene Lettern und eine Teekanne schmücken das Fachwerkhaus. Beim Betreten der Teestube weht einem ein warmer, buttriger Duft entgegen. Das Treiben im Ausflugsort muss vor der Tür warten. Rattanstühle mit Lehnen, Holztische, Bänke mit Sitzkissen. Eine Treppe führt nach oben. Unterm Spitzgiebel ist es besonders gemütlich. Freier Blick aufs Gebälk mit Schilfrohr, den Hauptraum mit Kuchentheke und Teeregal. Bienenstich und veganer Schokokuchen für den süßen Zahn und Zwiebelkuchen für die, die's herzhaft mögen. Dazu passt Wein. Diese kleine Oase überrascht mit vielen Details und Gastgeberin Katy Lechtenfeld schafft es, Gäste zu umsorgen. (teestube-undeloh.de; Fr–So)

Teestube rechter Hand verlassen, Straßenseite wechseln, links abbiegen auf Wilseder Straße und weiter geradeaus. Stopp 2 ist das letzte Gebäude auf der linken Straßenseite.

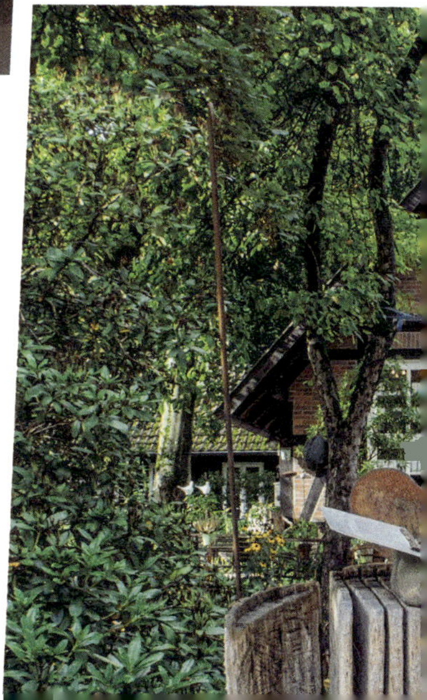

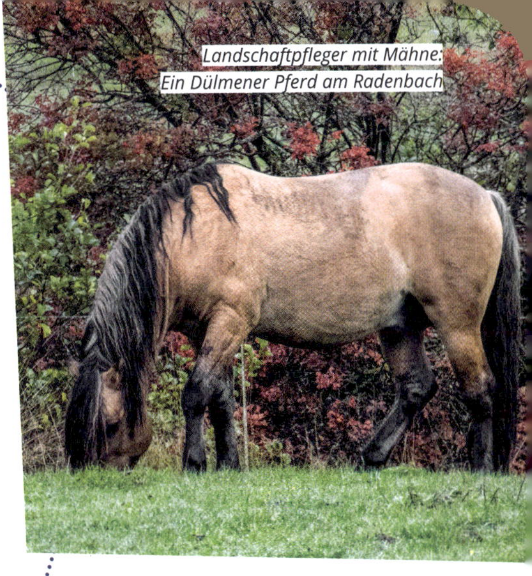
Landschaftpfleger mit Mähne: Ein Dülmener Pferd am Radenbach

KM 0,5

Heide-ErlebnisZentrum

Zurück in die Eiszeit

Hell, freundlich, multimedial – so macht lernen Spaß! Das Heide-ErlebnisZentrum vermittelt auf drei Etagen Erd- und Kulturgeschichte, von der Eiszeit bis zur Heidepflege. Die kostenfreie Ausstellung erzählt vom Leben in und mit der Heide, benennt geologische und klimatische Hürden für Mensch und Tier. Bilder, Filme und Guckfenster präsentieren Protagonisten, darunter Besenheide und Bienenwolf. Reiseberichte dokumentieren, welchen kümmerlichen Eindruck die Lüneburger Heide lange vor der rosaroten Schwärmerei bei Gästen hinterließ. Bestens eingestimmt stapft man danach ins autofreie Naturschutzgebiet. (verein-naturschutzpark.de/heide-erlebniszentrum)

Heidelehrpfad hinter dem Gebäude rechts ins Radenbachtal folgen. An der ersten Kreuzung rechts über die Obere Radenbachbrücke, hügelan, dann links ab und geradeaus.

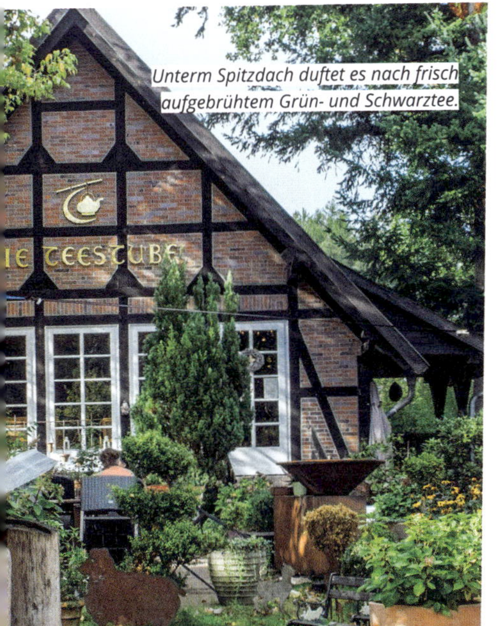
Unterm Spitzdach duftet es nach frisch aufgebrühtem Grün- und Schwarztee.

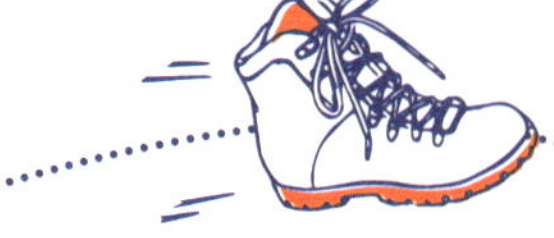

KM 4

3 Radenbachtal

Wassertropfen zählen

Wassertropfen hängen an beigen Grashalmen, Kiefernnadel und Spinnennetzen. Darunter liegen Findlinge. Moose und Flechten wohnen mietfrei auf den glatten Steinbrocken. Gemächlich geben die Perlen der Schwerkraft nach. Es riecht nach feuchter Erde, die Wanderstiefel sinken tiefer in den Matsch. Der Kopf dreht sich, der Blick wechselt zur anderen Seite. Dülmener Pferde winken mit ihren Schweifen und lassen sich bei der Arbeit über die Schulter schauen. Kleine Erinnerung: Mehr Infos zu den tierischen Landschaftspflegern gibt's im Stopp 2.

An der Weggabelung links halten, Radenbach überqueren, aus dem Tal hangaufwärts, links abbiegen auf den Wanderweg Heideschleife (h).

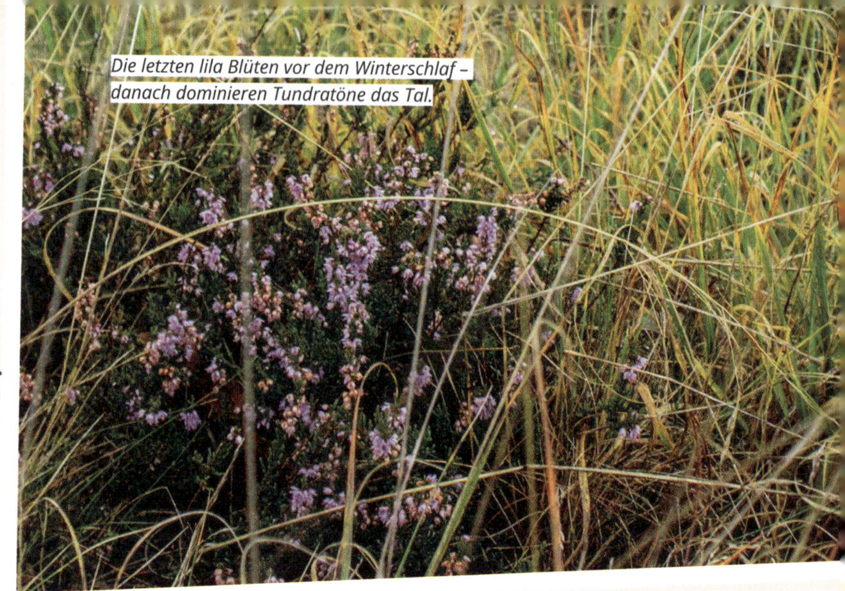
Die letzten lila Blüten vor dem Winterschlaf – danach dominieren Tundratöne das Tal.

KM 6

4 Bank mit Aussicht

Pausenbrot im Heidemeer

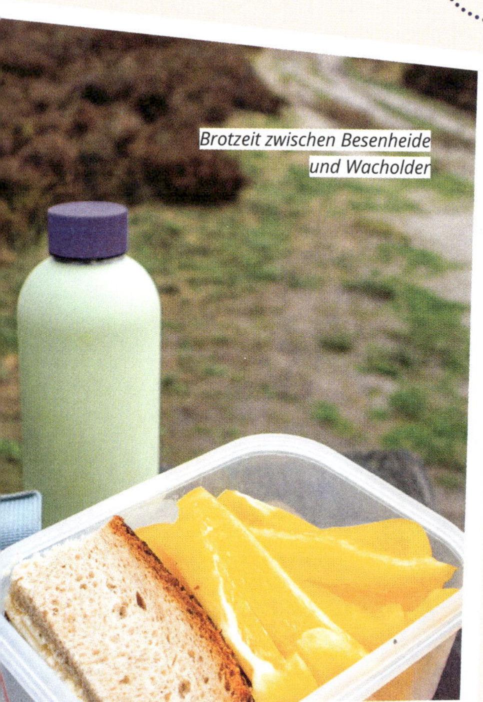
Brotzeit zwischen Besenheide und Wacholder

Windschiefe Kiefer, aufrechte Wacholder. Dazwischen bodendeckende Besenheide. Vorne und hinten, rechts und links. In ihrer kurzen Blütezeit von vier bis sechs Wochen muss es ein farbenfroher Anblick sein, wenn sich Hügel und Tal rosa und violett färben. Jetzt trägt sie Herbsttöne und tankt Kraft fürs nächste Jahr. Wolken in Grauschattierungen. Der Wind streift durch die Haare. Vögel schwingen durch die Lüfte, zwitschern und piepsen. Und sammeln erntereife Früchte wie tiefblaue Wacholderbeeren. Ein Pausenbrot lang auf einer Bank am Wegesrand verweilen. Staunen und beobachten. Wandernde grüßen und schmunzeln, wenn Radfahrende ihr Gefährt Hügel um Hügel durch tiefen Sand schieben.

Bis zur nächsten Gabelung, dann rechts auf breiten Wander- und Kutschenweg abbiegen. Am höchsten Punkt links. Beschilderung nach Handeloh folgen.

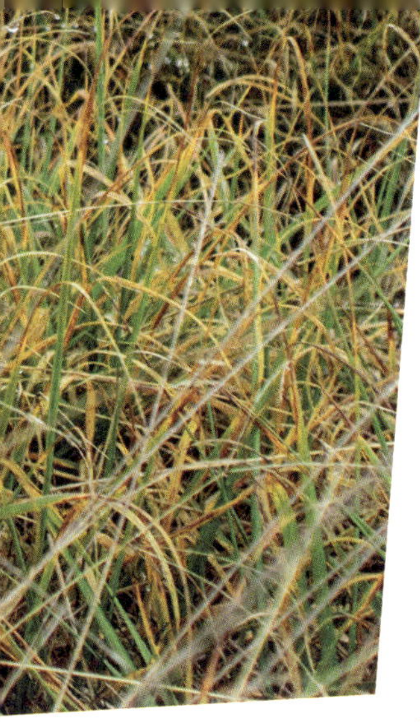

EXTRA INFOS:

Frisch Gezapftes, coole Drinks und kleine Speisen bietet der ● **Schnucken-Stop** in seinem Hofcafé im historischen Schafstall aus dem Jahr 1712. Er gehört zum Alten Schmiedehof an der Wilseder Straße. Darin lässt es sich leger am Fass oder an der Bar stehen oder gemütlich auf Biergartenstühlen unterm Sonnenschirm sitzen.
Wer es Gediegener mag: Gemütliche Polstermöbel und leckere Speisen von regionalen Zulieferern bietet nebenan die Gaststube ● **Alter Schmiedehof** (alterschmiedehof.com).

KM 10

5 Dorfkern Undeloh

Entdeckungen sammeln

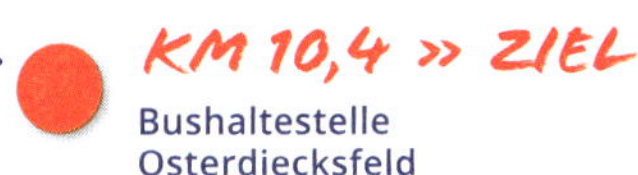

KM 10,4 » ZIEL

Bushaltestelle Osterdiecksfeld

Zurück in Undeloh. Am Dorfteich berichtet ein Freilandbuch über ein unerklärliches Naturphänomen. Der Hungerpohl (so der Name des Teichs) wurde als Wunder angesehen und lockte im Mittelalter und in der Hansezeit Börsianer. Honig, Wurst und Schnaps am Stand von Tante Käthes Landwurst. Kramen und Stöbern in Heidmanns Hökerladen. Erinnerungen an die Lüneburger Heide für zu Hause. Ein frei stehender Glockenturm aus Holz, eine Kirche aus Findlingssteinen mit Fachwerkanbau. Auch ein Blick ins Innere der Magdalenenkirche lohnt.

Die einzige Bushaltestelle im Ort liegt an der Hauptstraße Zur Dorfeiche nahe der Touristen-Information.

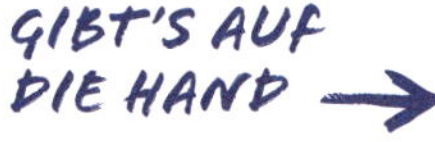

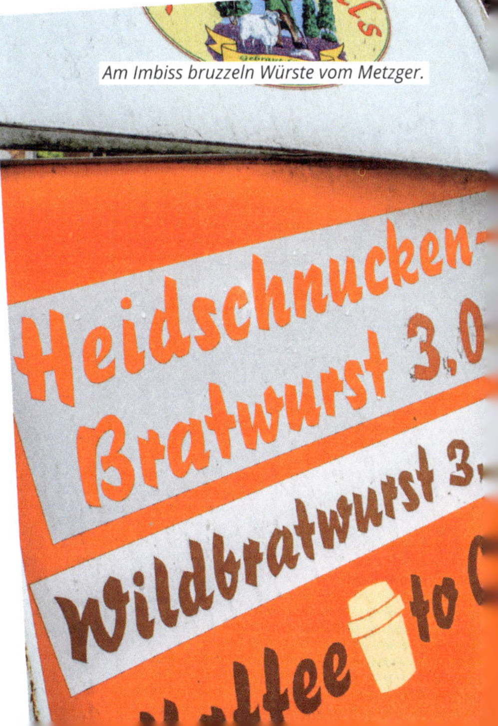

Am Imbiss bruzzeln Würste vom Metzger.

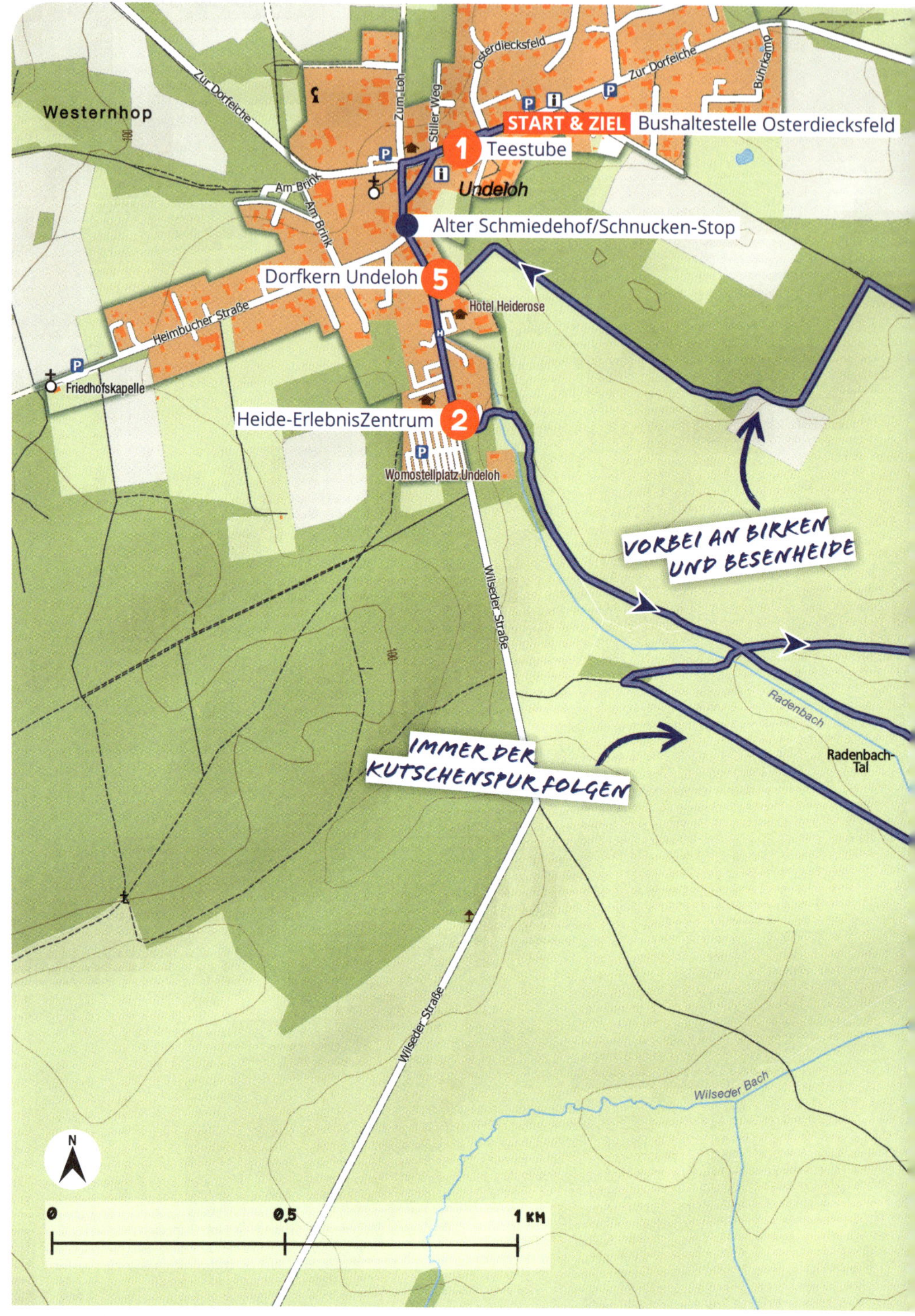
Westernhop
Zur Dorfeiche
Osterdiecksfeld
Zur Dorfeiche
Buhrkamp
Zum Loh
Stiller Weg
START & ZIEL
Bushaltestelle Osterdiecksfeld
1
Teestube
Am Brink
Am Brink
Undeloh
Alter Schmiedehof/Schnucken-Stop
Dorfkern Undeloh
5
Hotel Heiderose
Heimbucher Straße
Friedhofskapelle
Heide-ErlebnisZentrum
2
Womostellplatz Undeloh
VORBEI AN BIRKEN
UND BESENHEIDE
Wilseder Straße
Radenbach
Radenbach-
Tal
IMMER DER
KUTSCHENSPUR FOLGEN
Wilseder Straße
Wilseder Bach
N
0
0,5
1 KM

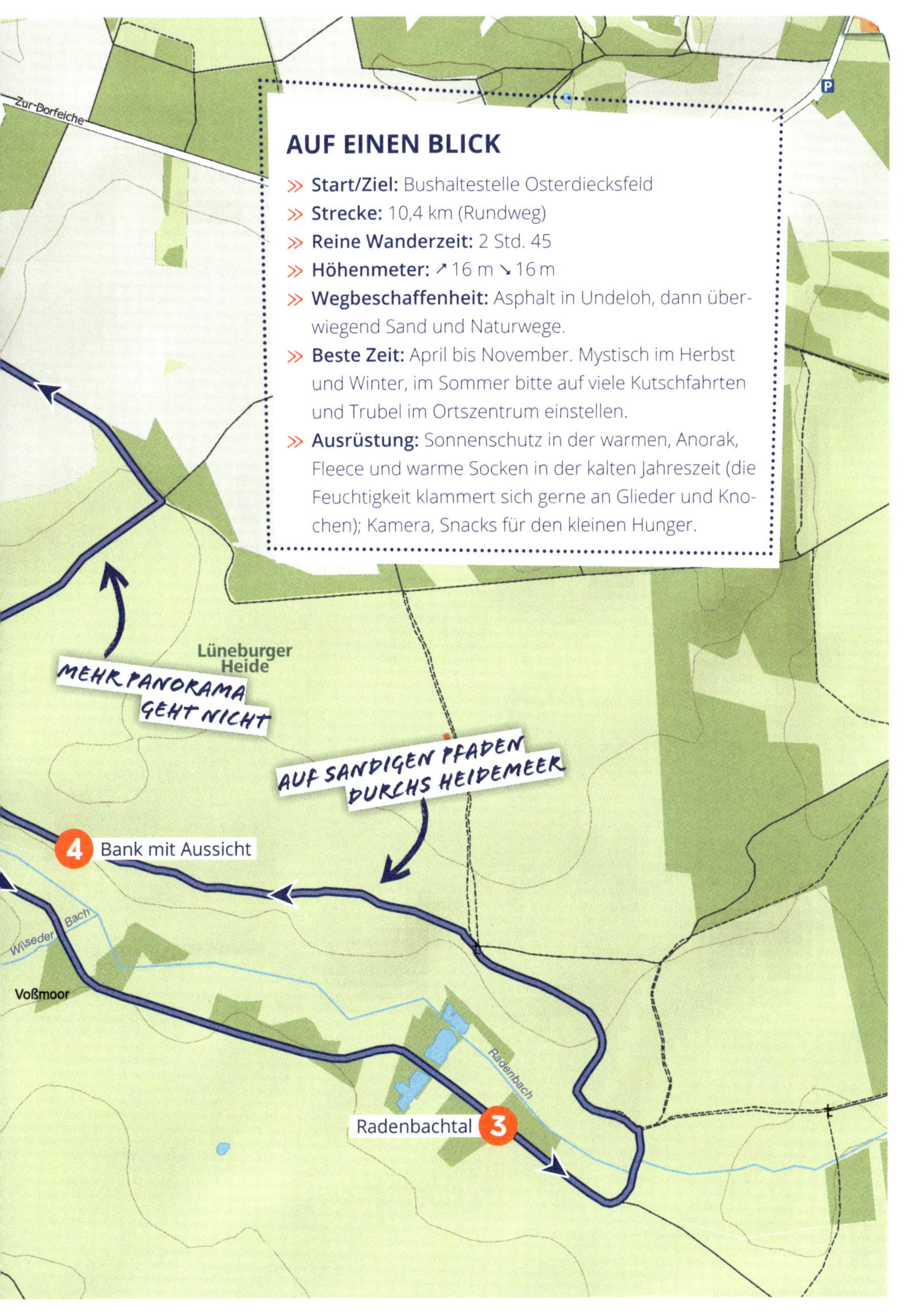

AUF EINEN BLICK

- **Start/Ziel:** Bushaltestelle Osterdiecksfeld
- **Strecke:** 10,4 km (Rundweg)
- **Reine Wanderzeit:** 2 Std. 45
- **Höhenmeter:** ↗ 16 m ↘ 16 m
- **Wegbeschaffenheit:** Asphalt in Undeloh, dann überwiegend Sand und Naturwege.
- **Beste Zeit:** April bis November. Mystisch im Herbst und Winter, im Sommer bitte auf viele Kutschfahrten und Trubel im Ortszentrum einstellen.
- **Ausrüstung:** Sonnenschutz in der warmen, Anorak, Fleece und warme Socken in der kalten Jahreszeit (die Feuchtigkeit klammert sich gerne an Glieder und Knochen); Kamera, Snacks für den kleinen Hunger.

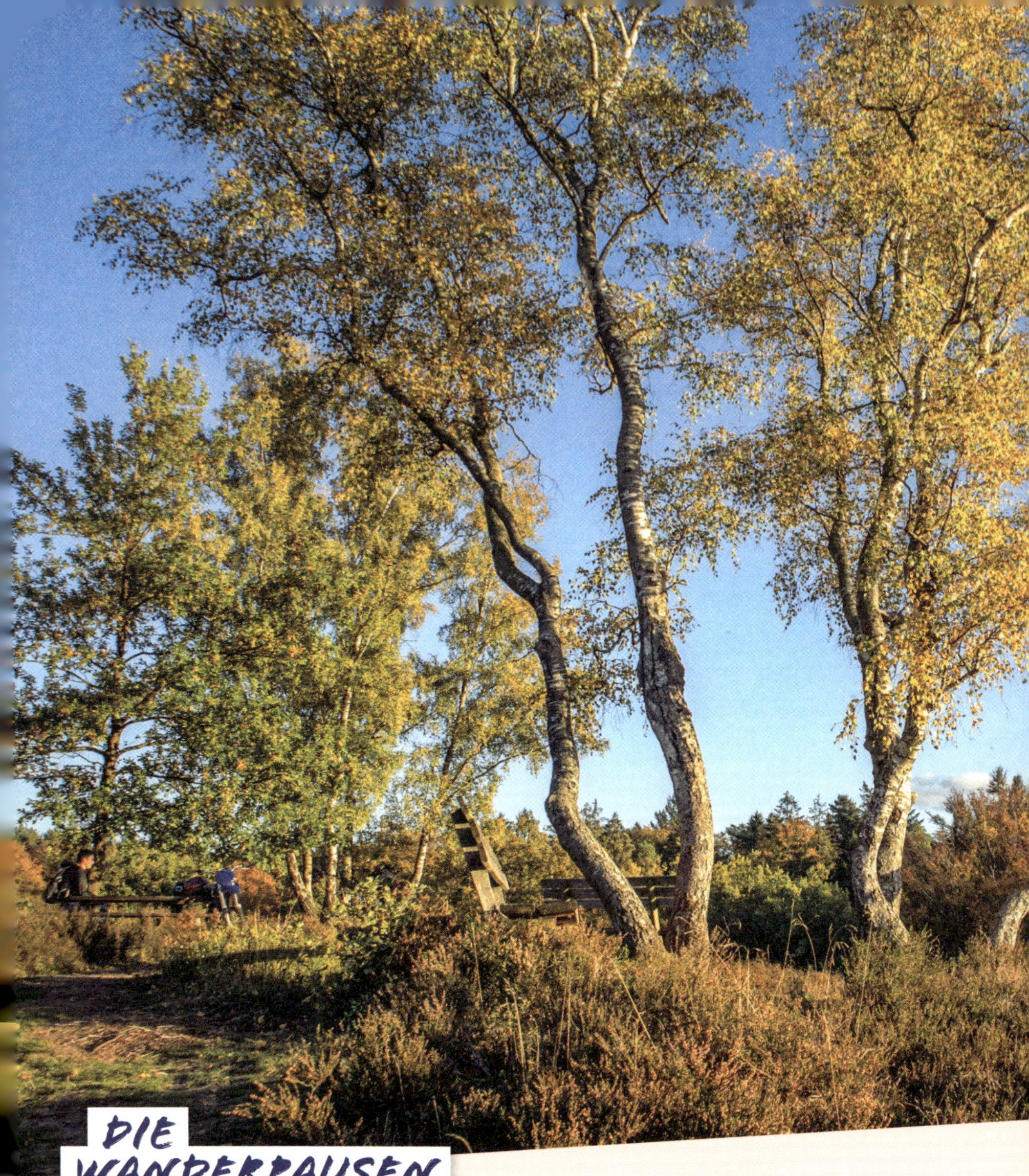

DIE WANDERPAUSEN

» START
Bushaltestelle Egestorf, Kirche

KM 0,2
1 Kirche St. Stephanus
Wunschzettel schreiben

KM 0,5
2 Philosophischer Steingarten
Fotomotive entdecken

KM 5,5
3 Hof Sudermühlen
Zwischendurch-Pause

12

BIRKEN & SONNENSTERNE

Zwischen Egestorf und Sudermühlen

Zwischen dem Flusstal der Schmalen Aue und dem Naturwunder Birkenbank auf einer Endmoräne ist allerhand Platz, um Gedanken fliegen zu lassen. Wer ein Stück auf den Spuren Wilhelm Bodes wandeln möchte, wird auf dieser Tour fündig.

KM 6,5

4 Naturwunder Birkenbank
Blätterrauschen unterm Sonnenstern

KM 7

5 Bank mit Buch
Im Gästebuch verewigen

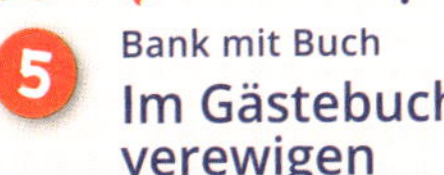

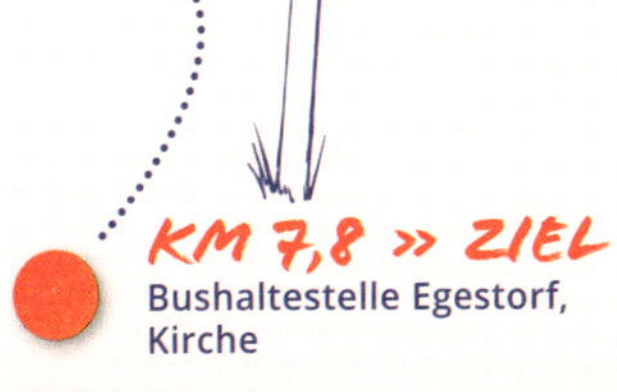

KM 7,8 » ZIEL
Bushaltestelle Egestorf, Kirche

WER ANFANG 1900 ...

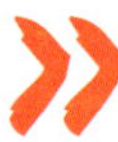

... bereits von geschützten Landschaften träumte, galt damals wohl als »etwas neben der Spur« oder war ein Träumer. Heute werden solche Menschen mutige Visionäre genannt. Ein solcher war Pastor Wilhelm Bode. Vom Mann, der maßgeblich zum Erhalt des Totengrunds beitrug und den Grundstein für das spätere Naturschutzgebiet legte, finden sich in **Egestorf** Spuren.

Dank zahlreicher Fotomotive zwischen Kirche und Dresslers Hus (Touristen-Information) verwandelt sich der Dorfbummel kurzerhand in einen Fotowalk. In diesem idyllischen Ambiente fällt es leicht, in den Slow-Travel-Modus zu schalten.

Oben lacht der Himmel azurblau, unten dösen Moos, Heidelbeersträucher und Pilze, dazwischen stehen Kiefern. Egestorf und Döhle verbindet ein Alter Postweg, der zweispurig am Flusslauf der Schmalen Aue nach Norden führt. Ob gleich eine Kutsche um die Kurve biegt? Aus Westen fließt der Radenbach heran, nur ein paar Kilometer Luftlinie sind es nach Undeloh (Tour 11) und Wilsede (Tour 10).

Mit Schwung auf den Sattel, klackernde Hufeisen ertönen vom **Hof Sudermühlen.** Während Hotelgäste im Schwimmbad planschen, genießen Fuß- und Radgäste eine kleine Stärkung und lauschen dem Plätschern des Flusses.

Vom Fluss steigt die Straße mit parallel verlaufendem Pfad nach Osten an. Ein Findling mit weißer Schrift zeigt an: Zur **Birkenbank** geht's links hinauf. Auf Sand und über Wurzeln. Eine Sitzbank mit 360-Grad-Blick. Herrlich, wie der Wind die Baumblätter zum Klingen bringt.

WIE GEMALT: SONNENSTRAHLEN FALLEN DURCH BAUMWIPFEL UND BRINGEN BIRKEN ZUM LEUCHTEN

Das letzte Stück durch das Naturwunder Birkenbank bietet tolle Ausblicke mit wechselnden Licht- und Schattenspielen. Wer eine Kamera dabei hat, kommt gar nicht mehr aus dem Knipsmodus raus. Und so kann es gut passieren, dass man zwischen Heidekraut und buntem Laub ganz leicht die Zeit vergisst. «

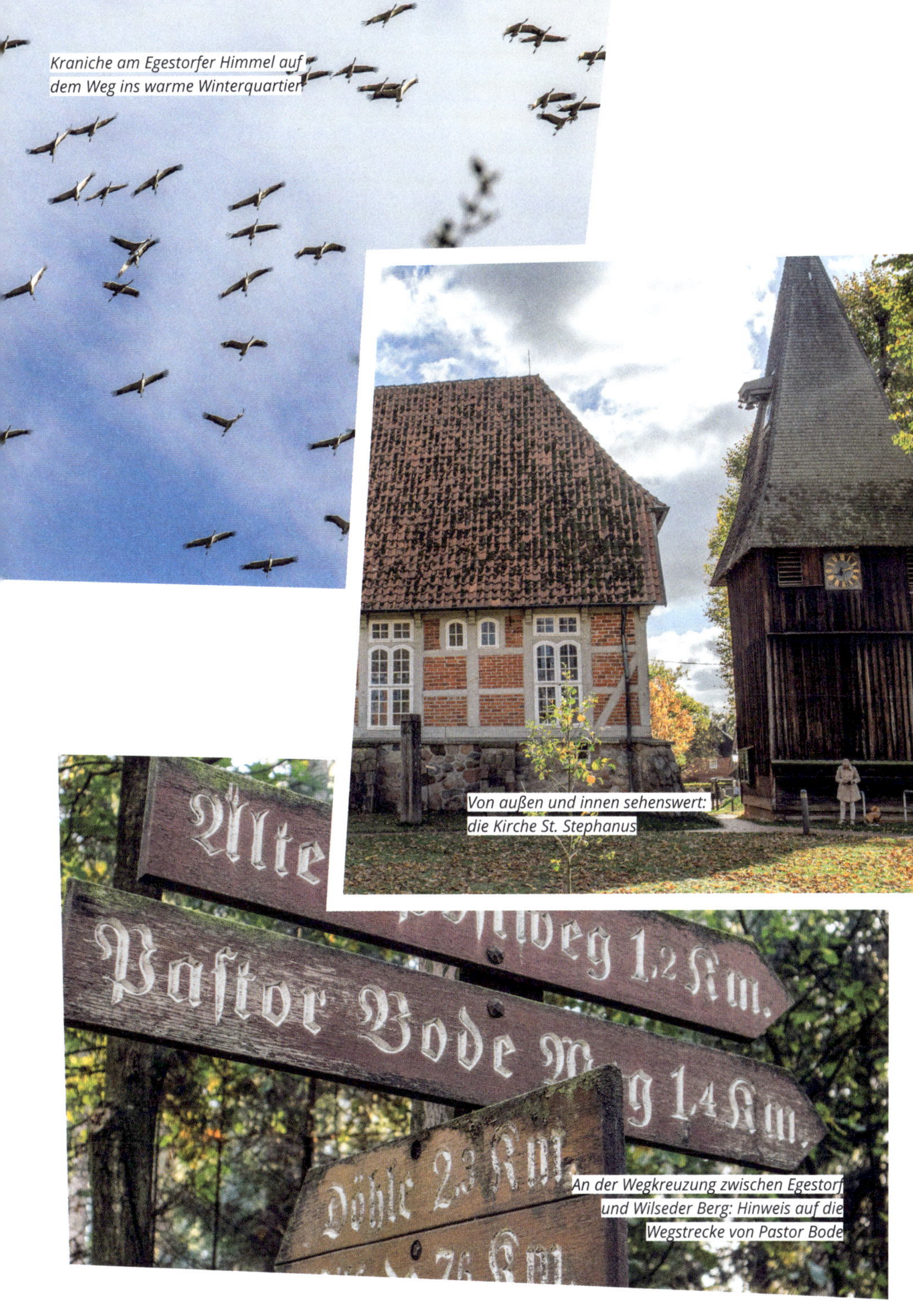

Kraniche am Egestorfer Himmel auf dem Weg ins warme Winterquartier

Von außen und innen sehenswert: die Kirche St. Stephanus

An der Wegkreuzung zwischen Egestorf und Wilseder Berg: Hinweis auf die Wegstrecke von Pastor Bode

WANDERN & GENIESSEN

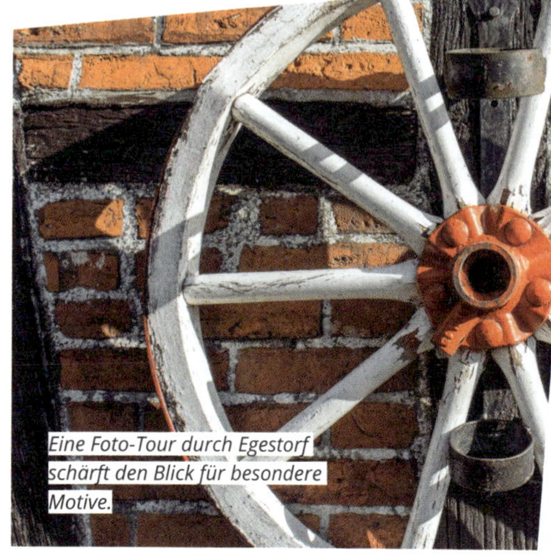

Eine Foto-Tour durch Egestorf schärft den Blick für besondere Motive.

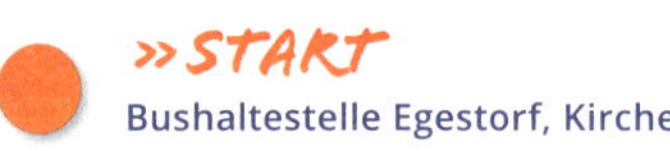

»START

Bushaltestelle Egestorf, Kirche

Der erste Stopp liegt direkt an der Alten Dorfstraße zwischen den beiden Bushaltestellen.

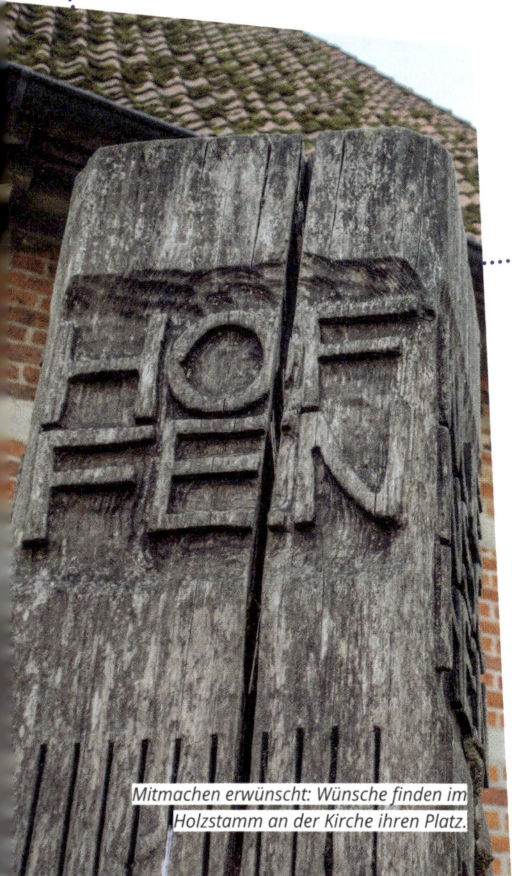

Mitmachen erwünscht: Wünsche finden im Holzstamm an der Kirche ihren Platz.

KM 0,2

1 Kirche St. Stephanus

Wunschzettel schreiben

Malerisch unter Lindenbäumen steht eine Fachwerkkirche aus dem Jahr 1645 mit weißen Balken und frei stehendem Glockenturm. An der Nordseite befindet sich ein verwitterter Holzpfahl. Darin stecken in Rillen zusammengefaltete Zettel – Botschaften ins Jenseits. Das Innere der Kirche zieren ein spätbarockes doppelstöckiges Altarretabel und Gemälde mit Figuren aus dem Alten Testament. Hier wirkte Pastor Wilhelm Bode, er hatte Mut zu träumen und kaufte im Jahr 1910 (mit finanzieller Hilfe) den Totengrund. Der Grundstein für den Naturschutzpark Lüneburger Heide war gelegt. Wer weiß, was aus Wilsede und den Heideflächen ringsum sonst geworden wäre.

Auf eigene Faust Rundgang im Dorfkern zwischen Lübberstedter Straße und Alter Dorfstraße unternehmen.

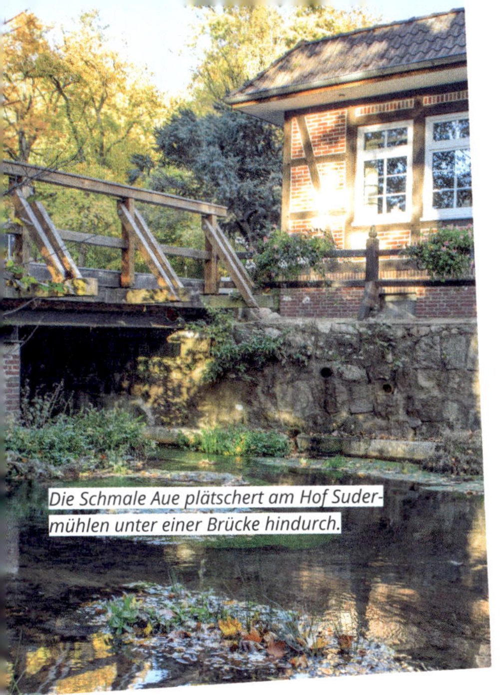
Die Schmale Aue plätschert am Hof Sudermühlen unter einer Brücke hindurch.

KM 5,5

3 Hof Sudermühlen

Zwischendurch-Pause

Der Alte Postweg führt parallel zur Schmalen Aue durch Kiefernwald und endet an den Pferdeboxen von Hof Sudermühlen. Bereits im 14. Jahrhundert wurde hier an der Wassermühle Getreide gemahlen. Der Fluss ist berentet und dient nicht weiter als Arbeitskraft, sondern schenkt Bachforelle, Elritze und Groppe mit seinem besonders sauberen Wasser Lebensraum und Plätze zum Laichen. Auf der großen Sonnenterrasse unter der alten Eiche sitzt man herrlich. Wem es zu schattig ist, der erhält gleich eine Decke. Norddeutsche Vesperplatte, Strammer Max und Heidschnuckenbraten besänftigen knurrende Mägen. (hotel-sudermuehlen.de)

Straße zwischen Hof und Wanderparkplatz nach rechts verlassen und Findlingen zur Birkenbank folgen.

KM 0,5

2 Philosophischer Steingarten

Fotomotive entdecken

Alte Fachwerkhäuser, Strohdächer, Steinmauern – Egestorf schreit förmlich danach, den fotografischen Blick zu schulen. Der schöne Heideort überrascht mit pfiffigen Motiven: Federn schmücken einen alten Briefkasten, das bunte Laub an der Hausfassade wirkt wie ein Kunstwerk. Im Frühling und Herbst tröten oben Kraniche in Scharen, während unten Blausterne und buntes Laub den **Philosophischen Steingarten** in ein Blüten- und Blättermeer verwandeln. Wer das passende Objektiv im Wanderrucksack mitführt, ist klar im Vorteil!

Beim Philosophischen Steingarten zweigt von der Alten Dorfstraße der Döhler Kirchweg ab. Diesem für knapp 1 km geradeaus in den Wald folgen, dann weiter Richtung Alter Postweg und Sudermühlen.

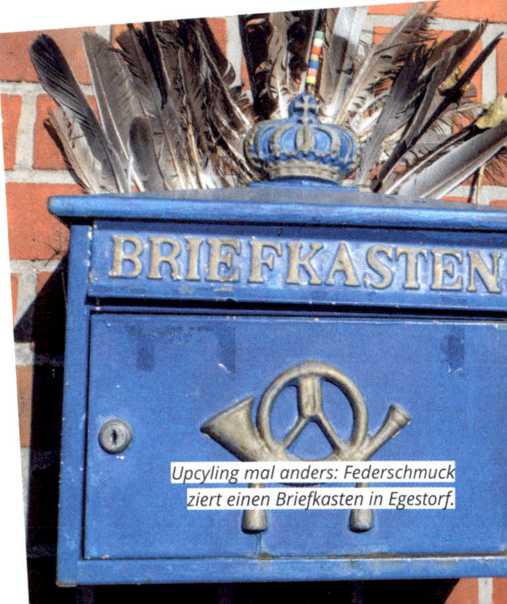

Upcyling mal anders: Federschmuck ziert einen Briefkasten in Egestorf.

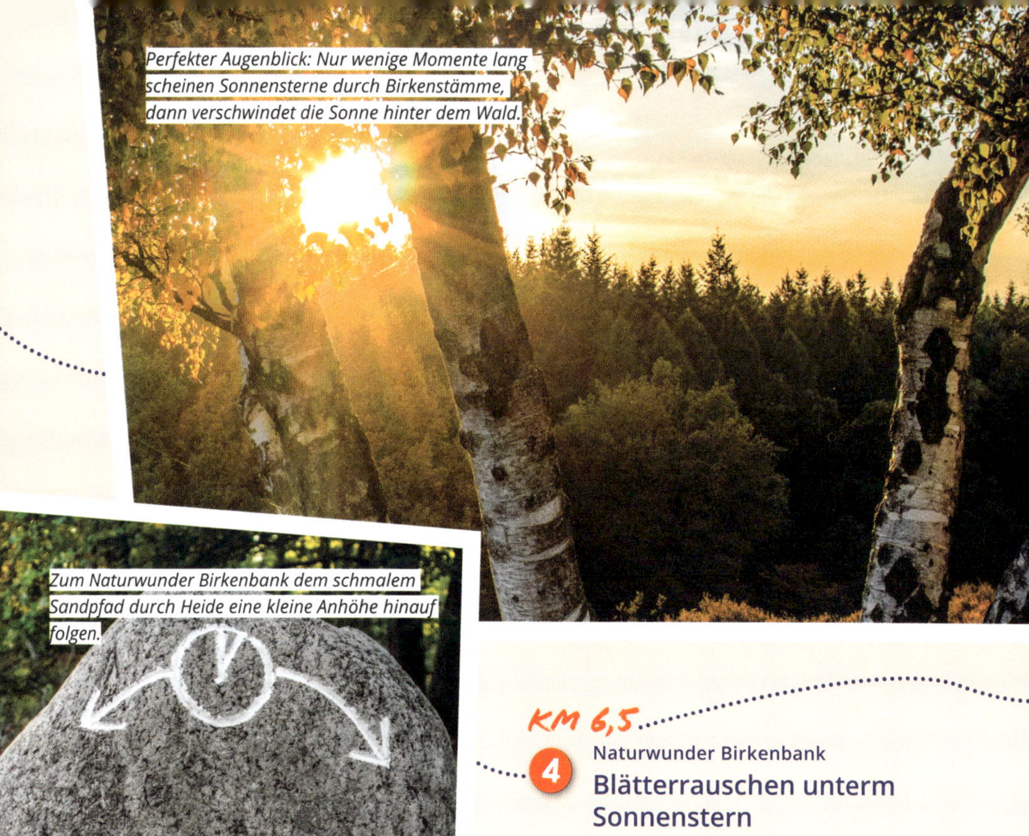

Perfekter Augenblick: Nur wenige Momente lang scheinen Sonnensterne durch Birkenstämme, dann verschwindet die Sonne hinter dem Wald.

Zum Naturwunder Birkenbank dem schmalem Sandpfad durch Heide eine kleine Anhöhe hinauf folgen.

BITTE ABBIEGEN!

KM 6,5

4 Naturwunder Birkenbank

Blätterrauschen unterm Sonnenstern

In allerschönstem Licht leuchtet die Baumgruppe aus Birken. Äste wedeln im Wind, Blätter flattern im Sonnenschein. Darunter steht eine Bank – der perfekte Platz, um sich einen Pause zu gönnen und die Rundumsicht vom Endmoränenrücken auf den umliegenden dichten Wald, Heide und Bienenkörbe zu genießen. Birken lieben die Sonne und breiten sich gerne in offenen Flächen aus. Doch damit rauben sie der Besenheide das Licht und werden mit der Hand oder dem Spaten entfernt. Diese wunderschönen alten Birken blieben vom Entkusseln verschont und bescheren mit ihrem Antlitz pure Freude. Sonnensterne leuchten durch Baumwipfel hindurch. Dies könnte das perfekte Heidegemälde sein.

Wanderweg über Anhöhe folgen.

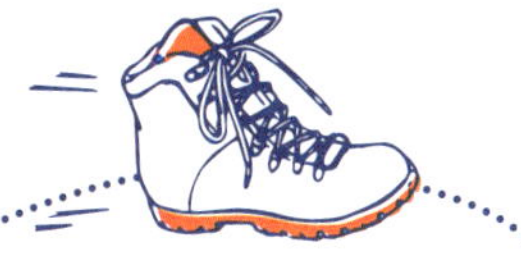

KM 7

Bank mit Buch

Im Gästebuch verewigen

Buntes Laub, schlafendes Heidekraut, frische Luft, goldenes Abendlicht. Immer wieder laden Holzbänke am Wegesrand zum Verweilen ein. Doch diese letzte Bank hier auf der rechten Seite ist mit einem kleinen Kasten mit Vogel bestückt. Deckel anheben, reinschauen und ein Gästebuch in Händen halten. Darin stehen all die schönen Erinnerungen von Gästen aus nah und fern. Was war der schönste Moment auf der Strecke? Wie hat sich die Landschaft verändert? Wie riechen Wald und Heide? Aus welchen Teilen der Welt kommen die Grüße? Wer mag, reiht sich ein und schreibt Eindrücke und Tipps für andere nieder.

Sudermühler Weg nach Egestorf bis zur Kirche mit Bushaltestellen folgen.

EXTRA INFOS:

In der Sommersaison und bei passender Witterung lockt das Waldfreibad im Norden von Egestorf. Ein wachsamer Blick am Ende des letzten Stopps (auf einem Findling markiert) lotst Freischwimmer:innen zum knapp 2 Kilometer entfernten Badespaß unter freiem Himmel, dem ● **Naturerlebnisbad Aquadies** (aquadies.de). Gleich nebenan lädt der beliebte ● **Barfußpark** mit 60 Stationen und unterschiedlichen Bodenbelägen zur Wellnesskur für die Füßlein ein. (barfusspark-egestorf.de)

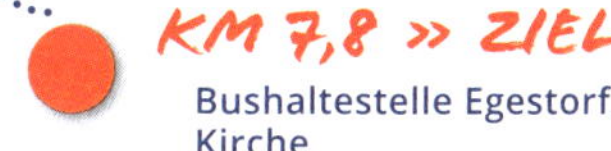

Bushaltestelle Egestorf, Kirche

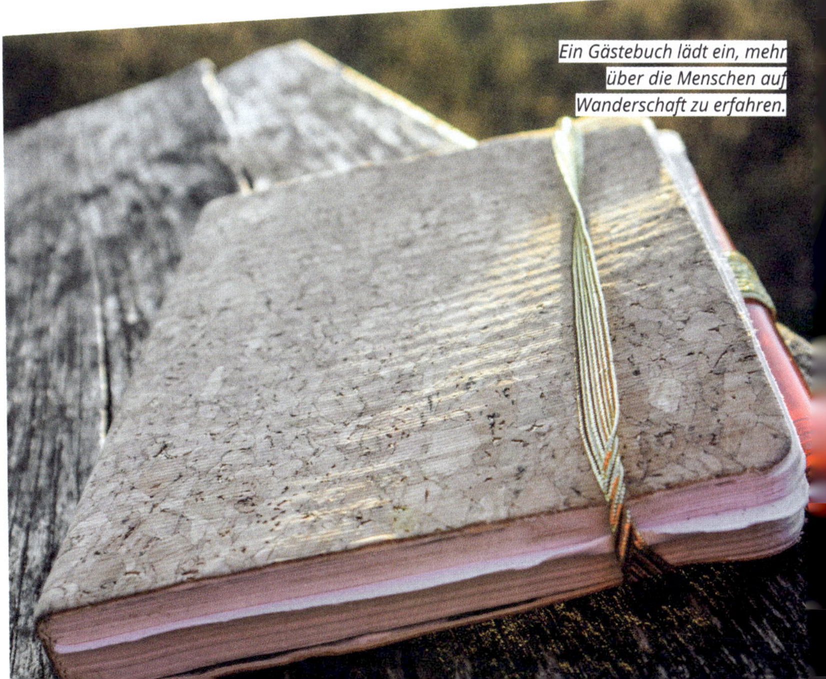

Ein Gästebuch lädt ein, mehr über die Menschen auf Wanderschaft zu erfahren.

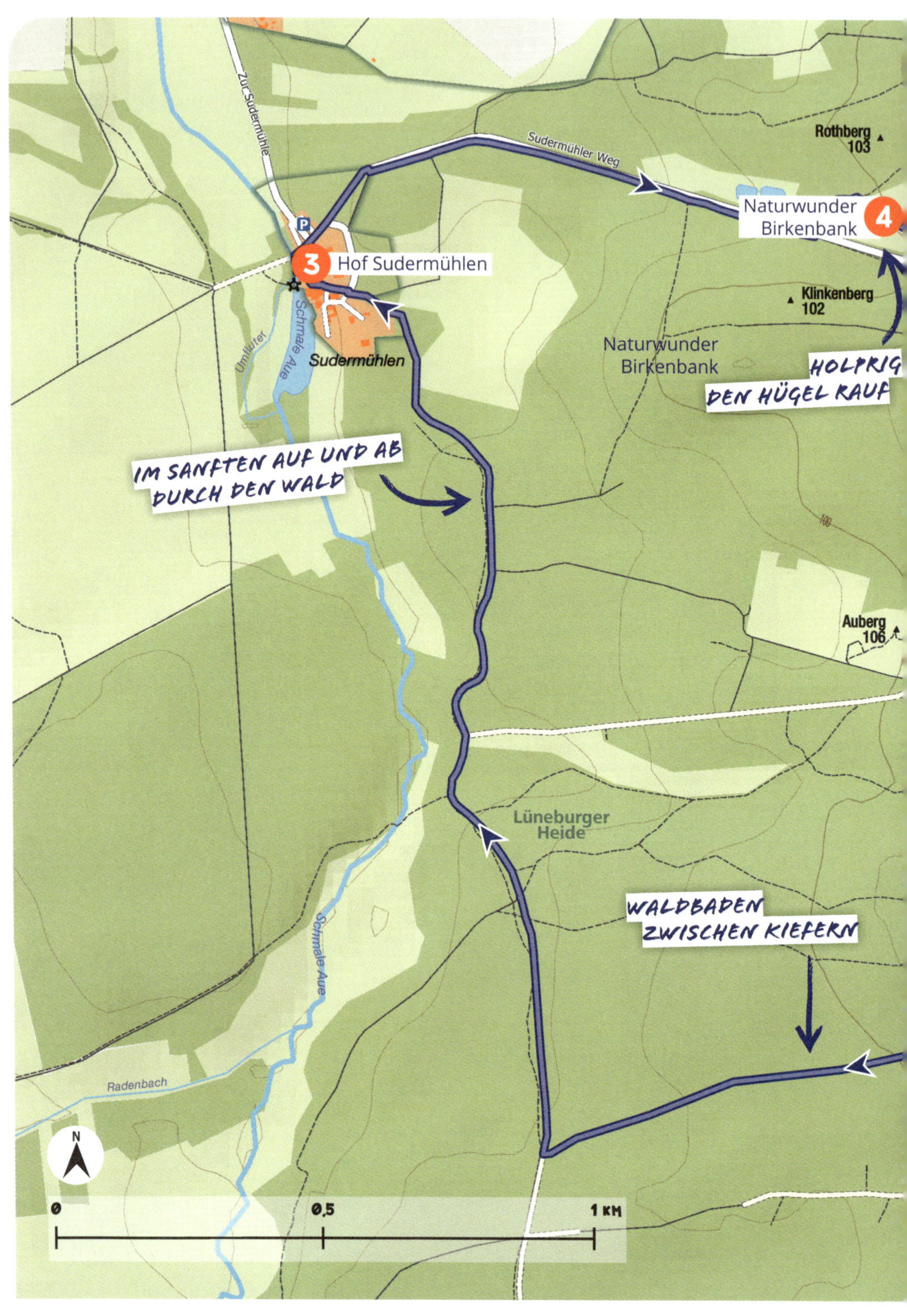

Zur Sudermühle
Sudermühler Weg
Rothberg 103
Naturwunder Birkenbank
4
3
Hof Sudermühlen
Klinkenberg 102
Umfluter
Schmale Aue
Sudermühlen
Naturwunder Birkenbank
HOLPRIG DEN HÜGEL RAUF
IM SANFTEN AUF UND AB DURCH DEN WALD
100
Auberg 106
Lüneburger Heide
WALDBADEN ZWISCHEN KIEFERN
Schmale Aue
Radenbach
N
0
0,5
1 KM

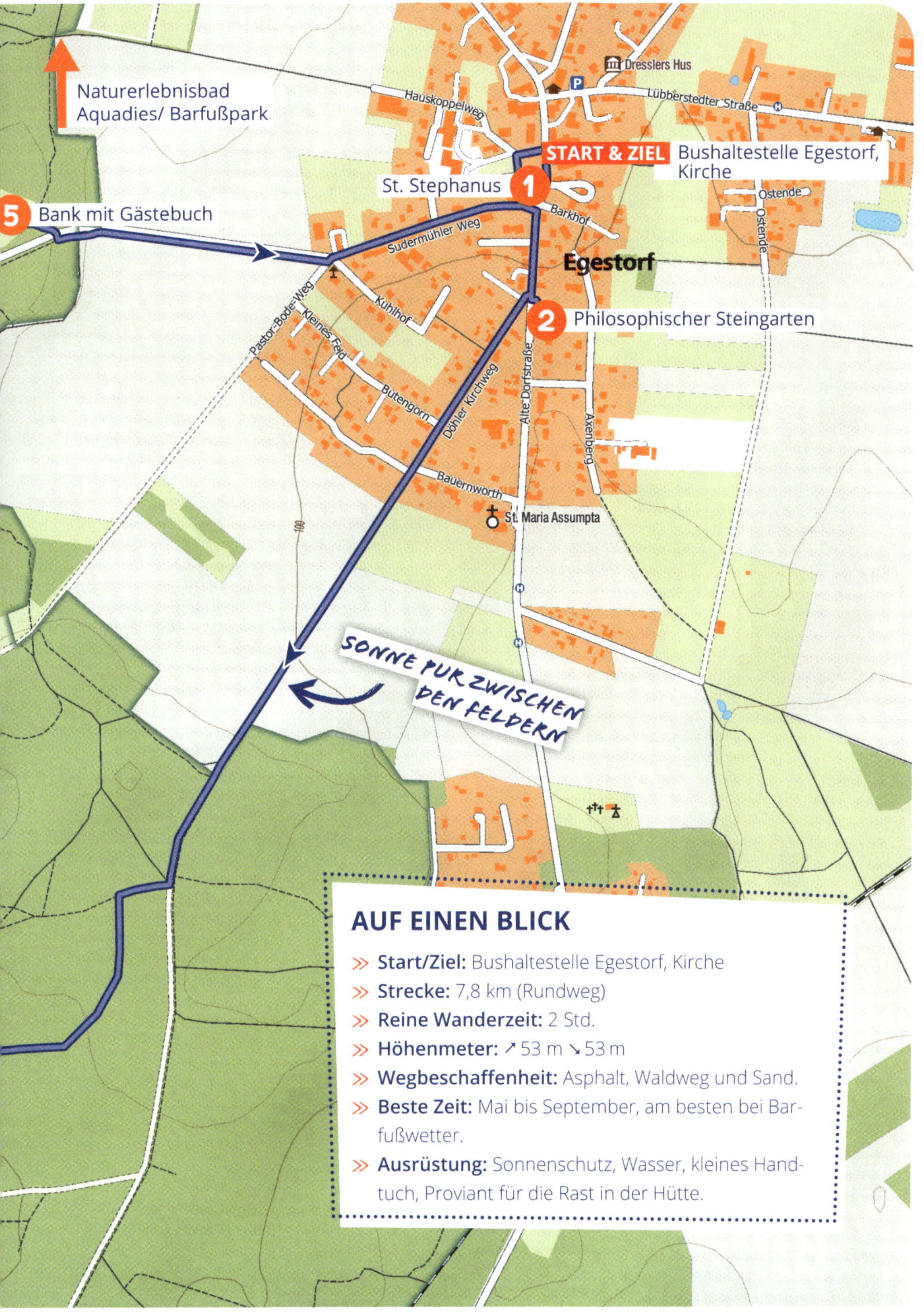

AUF EINEN BLICK

- **Start/Ziel:** Bushaltestelle Egestorf, Kirche
- **Strecke:** 7,8 km (Rundweg)
- **Reine Wanderzeit:** 2 Std.
- **Höhenmeter:** ↗ 53 m ↘ 53 m
- **Wegbeschaffenheit:** Asphalt, Waldweg und Sand.
- **Beste Zeit:** Mai bis September, am besten bei Barfußwetter.
- **Ausrüstung:** Sonnenschutz, Wasser, kleines Handtuch, Proviant für die Rast in der Hütte.

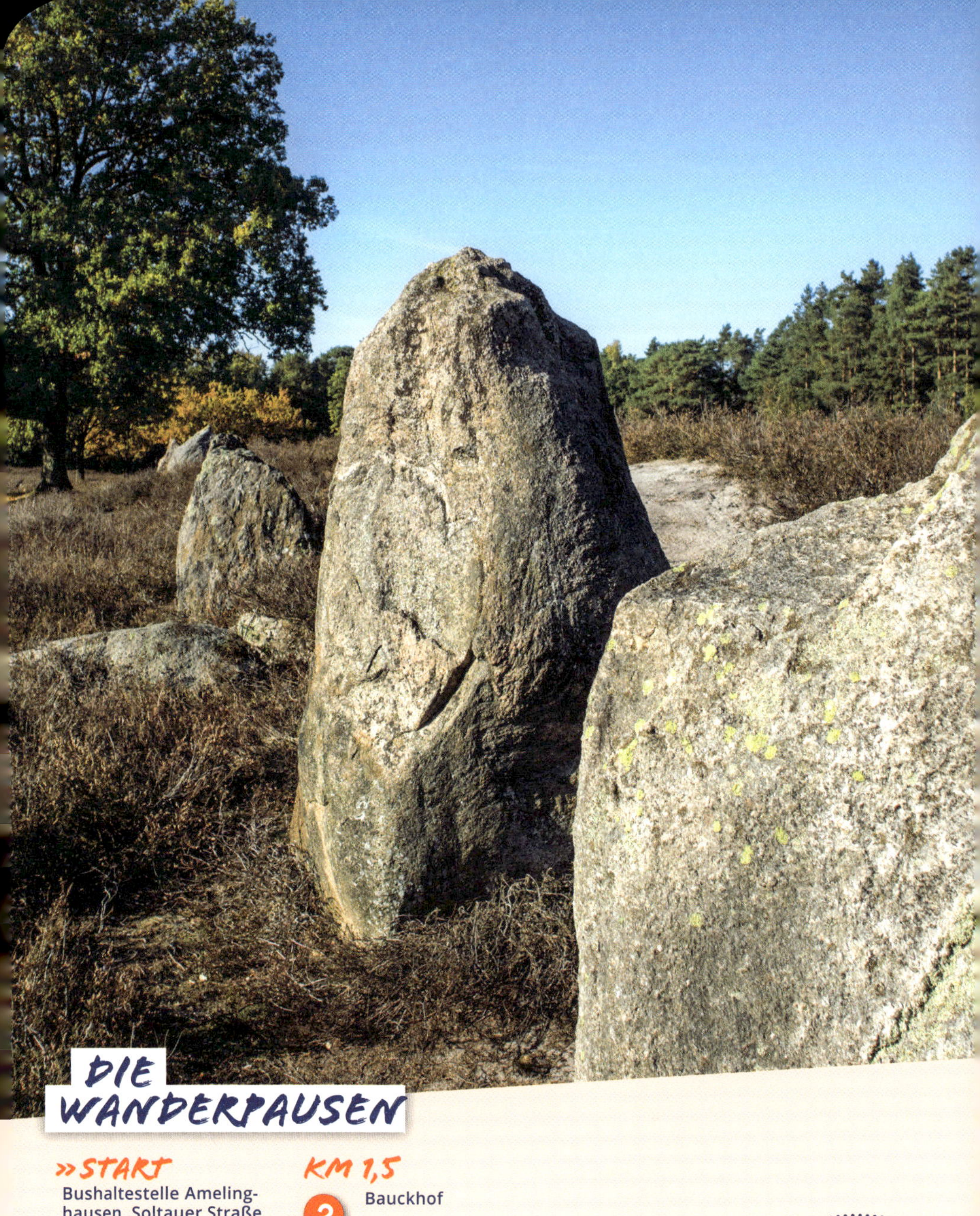

DIE WANDERPAUSEN

» START
Bushaltestelle Ameling-hausen, Soltauer Straße

KM 0,5
1 Heide-Glaskunst
Entdeckungen am Wegesrand

KM 1,5
2 Bauckhof
Proviant aus dem Hofladen

KM 3,5
3 Picknickplatz Oldendorfer Totenstatt
Pause zwischen Eichen und Steingräbern

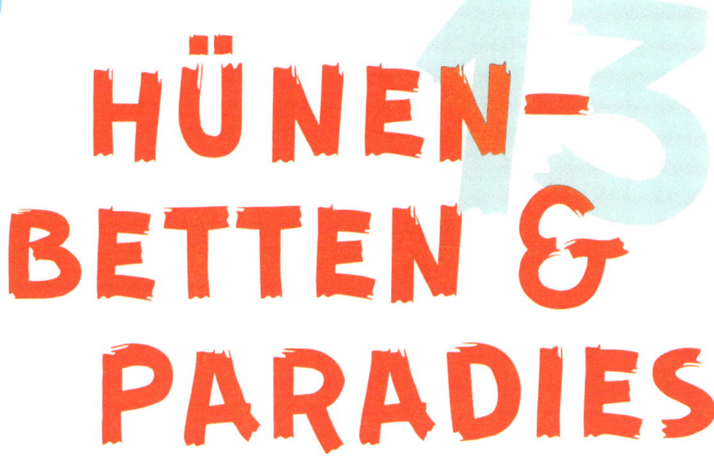

Diesseits und jenseits der Lopau in Amelinghausen

Wer Amelinghausen erst einmal in Richtung Natur verlässt, kommt aus dem Staunen nicht mehr raus. Menschheitsgeschichte zwischen Heidebüschen, Naturwunder am Moorteich: Diese Tour lädt zum Fantasieren und Sonnenbaden ein.

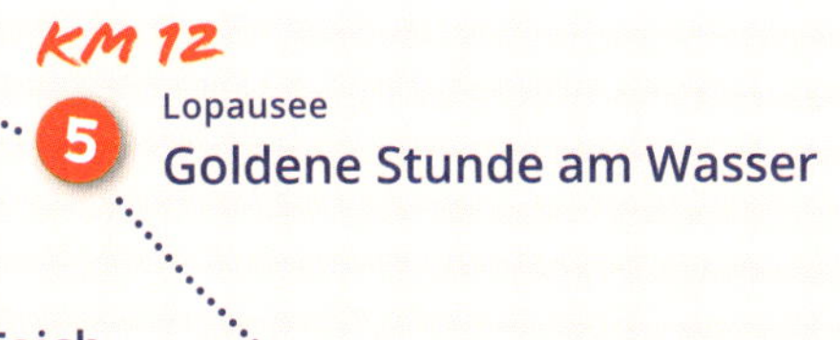

KM 7,5

4 Marxener Paradies
Sonnenbaden am Teich

KM 12

5 Lopausee
Goldene Stunde am Wasser

KM 13,1 » ZIEL

Bushaltestelle Amelinghausen, Bahnhof

DIE VERKEHRSADER ZWISCHEN LÜNEBURG …

… und Soltau führt mitten durch das Königreich von Heideköniginnen und Heideböcken. **Amelinghausen** ist ein Dorf der Neuzeit.

Mit jedem Schritt weg vom Ortszentrum wird der Straßenlärm leiser. Es geht durch ein Wohngebiet, an einer Backsteinkirche und Gärten vorbei. Rosenköpfe sonnen sich, duften unwiderstehlich. Beim Anblick der 200-jährigen Stieleiche bleibt der Mund offen stehen. Ihr Stamm ragt schnurgerade himmelwärts, Äste tanzen in der Luft.

PARADIESISCH SCHÖN: VERSTECKTE KLEINODE ÜBERRASCHEN JENE, DIE ZU FUSS AUFBRECHEN

Der Rucksack ist prall gefüllt mit Proviant. Vom Hofladen trabt es sich nach dem Einkauf schwerer, doch der Rastplatz in der **Oldendorfer Totenstatt** ist nicht weit. Geradeaus, vorbei an der Käserei des **Bauckhofs** und zum Ortsausgang. Wäsche trocknet im Sommerwind, Bienen summen zwischen bunten Blüten. Streuobstwiesen hängen voller reifer Früchte. Rechts ab in den Wald, an einer Stempelstelle vorbei. Eine Holzbrücke führt über die rauschende **Lopau,** sie eilt nach Nordwesten zur Flusshochzeit mit der Luhe.

Gerade noch von Erlen und Buchen umgeben, öffnet sich die Landschaft und schwupps Heide, Eichen und Kiefern vor der Nase. Zunächst mag es bizarr erscheinen. Doch eine Rast zwischen Diesseits und Jenseits nährt spannende Gedankengänge.

Vom Lopautal mit Hünengräbern steigt der Weg nach Nordosten an. Führt an staubtrockenen Äckern und Forstwald vorbei, Windräder drehen Pirouetten auf dem Plateau. Achtgeben, um die Abzweigung nach rechts zurück in den Wald nicht zu verpassen. Wo gerade noch Nadelbäume dicht nebeneinander standen, zeigt sich das **Marxener Paradies** von einer gänzlich anderen Seite. Eine Idylle zwischen Laubbäumen und Wacholder, mit Heide und Moorteich. Überraschung gelungen.

Zurück auf dem Wanderweg. Tannenzapfen knacken, Steinchen hüpfen bei jedem Schritt. Fehlt nur noch, dass Hans Eiding – selbst ernannter Wildschütze und Robin Hood der Heide – auf einem Ross durchs Unterholz flitzt.

Am Ende der Tour beruhigt sich die Fantasie. Der **Lopausee** liegt einem friedlich zu Füßen, im Rücken rauschen PKW und LKW dem Feierabend entgegen. «

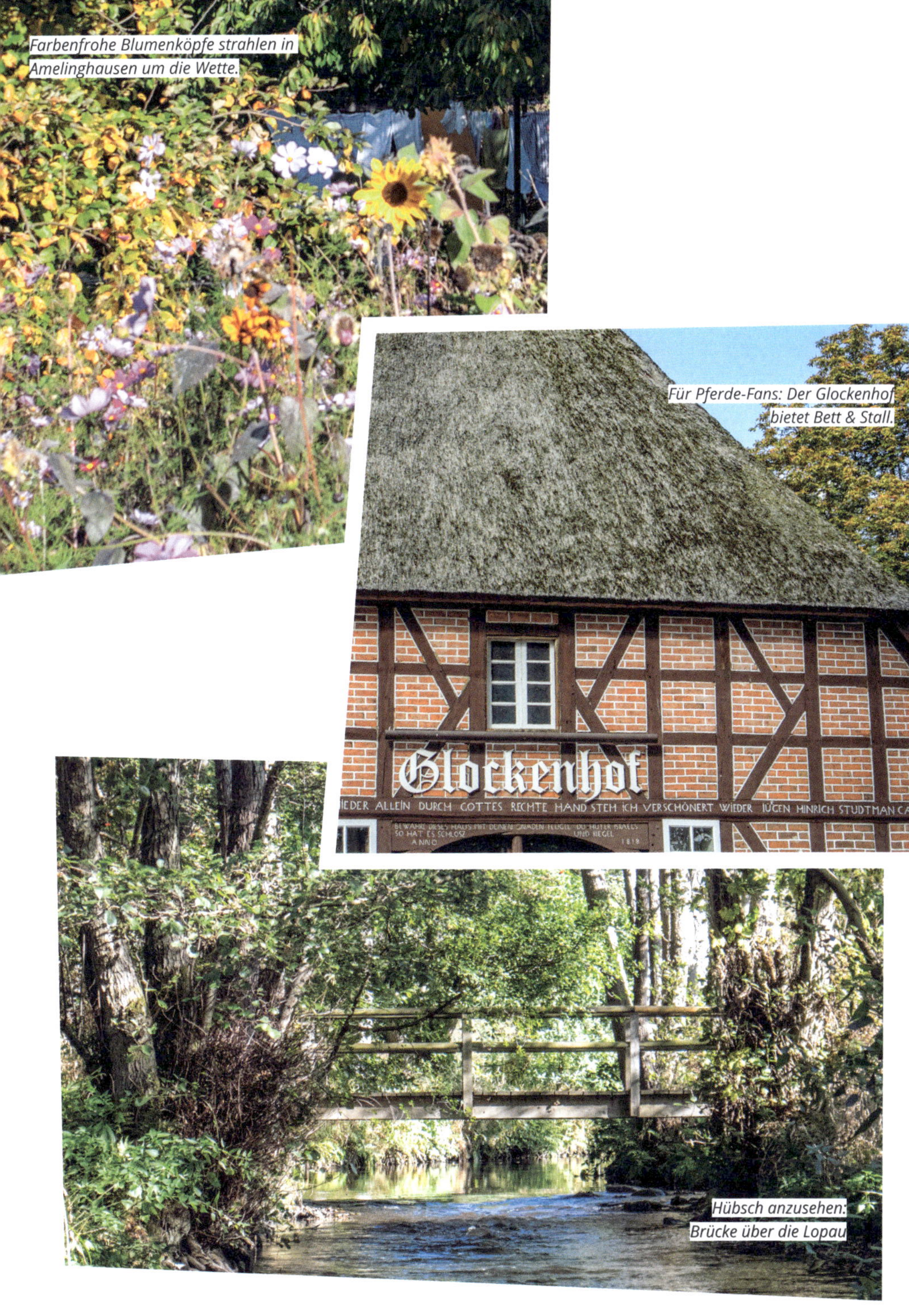

Farbenfrohe Blumenköpfe strahlen in Amelinghausen um die Wette.

Für Pferde-Fans: Der Glockenhof bietet Bett & Stall.

Hübsch anzusehen: Brücke über die Lopau

WANDERN & GENIESSEN

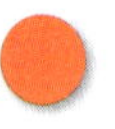

» START

Bushaltestelle Amelinghausen, Soltauer Straße

Bushaltestelle nach Osten verlassen und Soltauer Straße in Richtung Dorfzentrum folgen.

KM 0,5

Heide-Glaskunst

Entdeckungen am Wegesrand

Mit der Bundesstraße, die durch Amelinghausen rauscht, fällt es zunächst schwer, in den Genießermodus zu schalten. Vorbei am Alten Friedhof und am Glockenhof mit Reitbetrieb zur imposanten Backsteinkirche Hippolit, benannt nach dem gleichnamigen Märtyrer und Schutzpatron der Reiter. Die Heide blüht rosa und weiß, nagelneue Sitzbänke mit Tisch. Gegenüber hat sich das kleine reetgedeckte Häuschen für Gäste herausgeputzt. Drinnen liegen Urlaubsinfos aus, eine 185-jährige Baumscheibe aus Eichenholz wird präsentiert. Ein paar Häuser weiter zeigt Egon Schmidt bei **Heide-Glaskunst** seine Fingerfertigkeit in der Glasbläserei. Faszinierend, wie er unter lodernder Flamme Kolibris, Eulen und Orchideenblüten dreht. Schöne Souvenirs, handmade in Amelinghausen. (heide-glaskunst.de)

Lüneburger Straße folgen, dann links in Oldendorfer Straße abbiegen und am Busbahnhof vorbei. An der Kirche (Pella-Gemeinde) rechts abbiegen und auf dem Pfad weiter. Der nächste Stopp liegt am Ende des Wegs auf der rechten Seite.

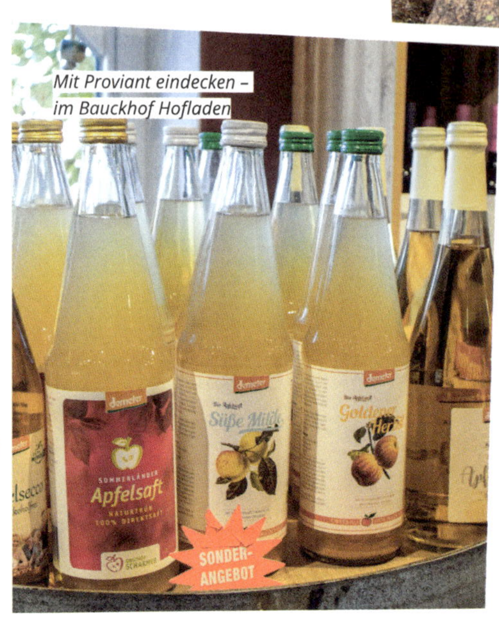

Mit Proviant eindecken – im Bauckhof Hofladen

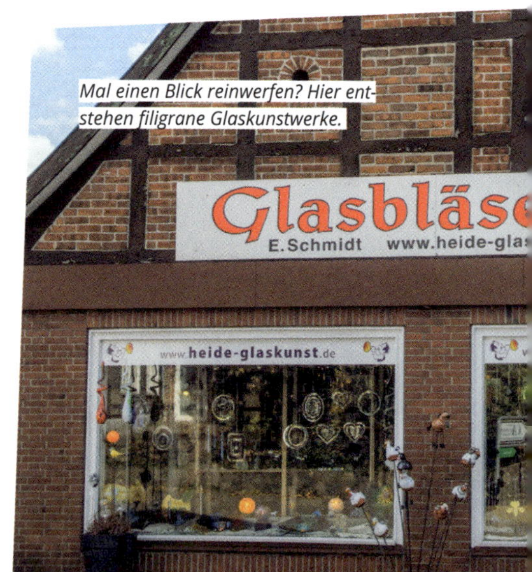

Mal einen Blick reinwerfen? Hier entstehen filigrane Glaskunstwerke.

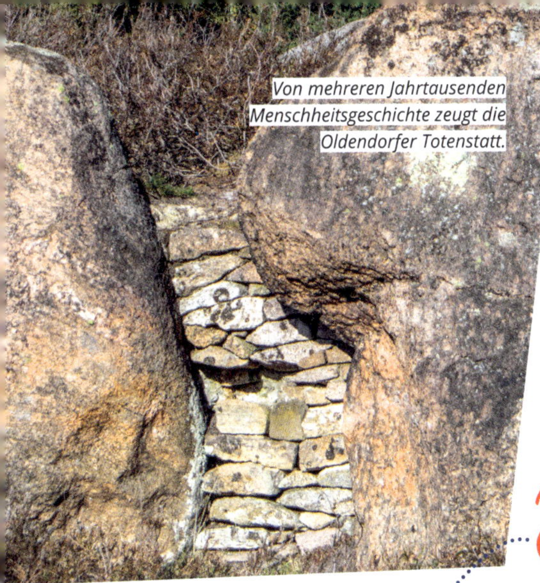

Von mehreren Jahrtausenden Menschheitsgeschichte zeugt die Oldendorfer Totenstatt.

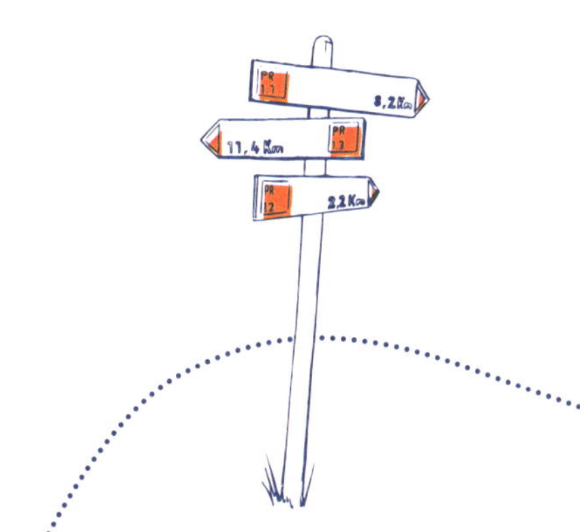

KM 1,5

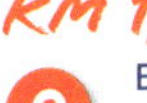

Bauckhof

Proviant aus dem Hofladen

Fenchel, Porree und Steckrüben füllen grüne Kisten vor dem Hofladen. Drinnen bestücken Getreide, Schokolade, Eier, Milch, Wurst und Präsente die Regale. Das Bio-Sortiment stammt entweder von den eigenen oder benachbarten Höfen. In der Kühltheke stapeln sich Schnitt-, Hart- und Weichkäse aus der Käserei am Ortsausgang. Mit Bockshornklee, Bärlauch und Möhren. Norddeutsche Sorten neben Klassikern wie Gorgonzola, Charmaux und Cheddar. Für die Rast empfiehlt die Dame hinterm Tresen pikanten Heidjer und schneidet den Käselaib flink in mundgerechte Würfel. Brot, Erfrischungsgetränke und etwas Süßes landen ebenfalls im Rucksack. Kulinarisch gewappnet geht es weiter zum Picknickplatz. (bauckhof.de)

Hofladen nach links verlassen und Triangel und Röthenweg geradeaus folgen. Königinnen-Weg (A) folgen mit Abstecher zur Oldendorfer Totenstatt.

KM 3,5

3

Picknickplatz Oldendorfer Totenstatt

Pause zwischen Eichen und Steingräbern

Kiefern säumen ringsum eine Heidefläche. Zwischen Besenheide ragen Findlinge und Erddämme empor – sie springen sofort ins Auge. Vereinzelt spenden ausladende Eichen Schatten. Ansonsten führt der Sandpfad von Süd nach Nord unter freiem Himmel an Grabhügeln, Hünenbetten und Steingräbern vorbei. Die Grabkammern sind leer, ihre Schätze befinden sich im Archäologischen Museum in Oldendorf/Luhe (+1,5 km pro Strecke). Was die steinernen Zeugen in der Oldendorfer Totenstatt aus 5700 Jahren Menschheitsgeschichte alles gesehen haben? Auf dem Picknickplatz lässt sich prima über das Leben zwischen Luhe und Lopausee sinnieren – viel leichter als in einem geschlossenen Raum mit der Nase über dem Geschichtsbuch. An der frischen Luft fliegen Gedanken frei.

Nach dem Rundgang zurück zum Königinnen-Weg (A) und weiter zum Marxener Paradies.

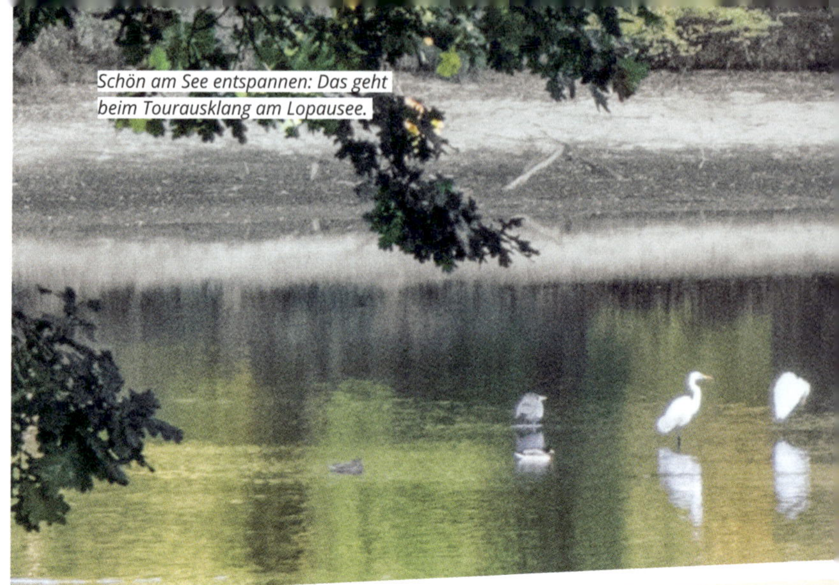

Schön am See entspannen: Das geht beim Tourausklang am Lopausee.

KM 7,5

4

Marxener Paradies

Sonnenbaden am Teich

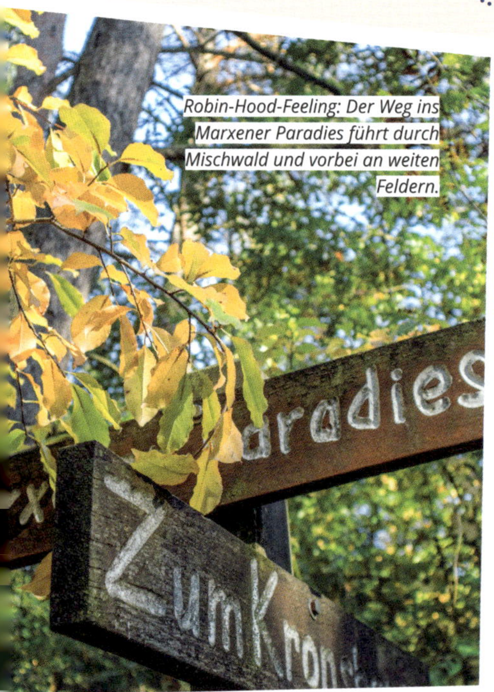

Robin-Hood-Feeling: Der Weg ins Marxener Paradies führt durch Mischwald und vorbei an weiten Feldern.

Es gibt sie also doch noch, diese kleinen, versteckten Orte mitten im Wald, die sich sofort besonders anfühlen. Fernab vom Trubel auf der Bundesstraße liegt eine kleine Talsenke mit Teich mitten im Mischwald. An den Hängen wächst Heidekraut. Ein Wanderpfad führt nahezu unsichtbar zwischen windschiefen Wacholdern im Auf und Ab durch das ruhige Kleinod. Am tiefsten Punkt schlängelt sich ein Rinnsal durch buntblühende Wiesen zum Moorteich in der Mitte. Seerosen, Libellen, Sonnenbank. Der perfekte Ort zum Rasten und Bräunen.

Zurück zur Kreuzung am Hauptweg, dann links weiter und Schildern zum Lopausee folgen.

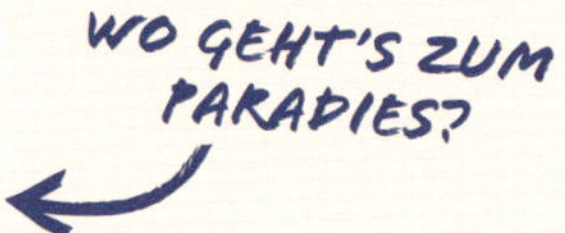

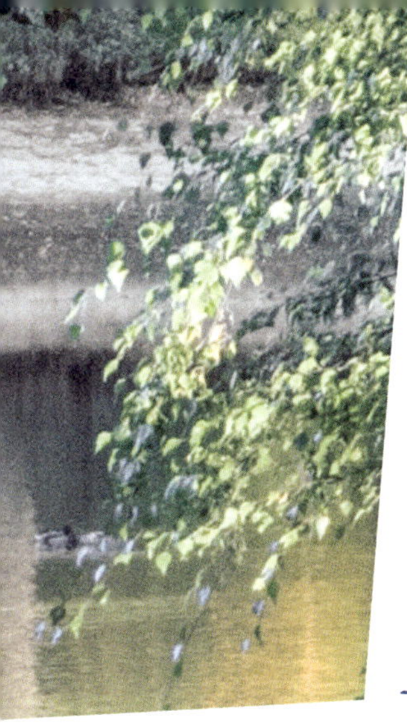

EXTRA INFOS:

Eifrige Wandernde können sich vorab eine Stempelkarte online ausdrucken und erhalten je nach Stempelerfolg und gelaufener Wanderwege ein ● **Heide-Diplom von der Touristen-Information Amelinghausen** (amelinghausen.de/natur/heide-diplom). Diese Tour enthält bereits einige Stempelstellen, doch wiederkommen lohnt sich für alle, die gerne eine Urkunde in Bronze, Silber oder Gold in Händen halten möchten.

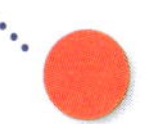

KM 12

5 Lopausee

Goldene Stunde am Wasser

Das Ende der Tour kündigt sich hörbar an. Je weiter das Marxener Paradies zurückliegt, desto näher rückt die Bundesstraße. Statt Waldgeräuschen Autolärm. Der Wald endet und der Weg führt über einen Wanderparkplatz und unter einer Unterführung hindurch. Angekommen am Seeufer neigt sich die Sonne in Richtung Horizont und hüllt See und Bäume in goldenes Licht. Das Timing ist perfekt! Vögel drehen ihre Abendrunde auf dem Wasser, Jogger an Land. Wer noch Kraft und Lust hat, folgt dem Rundweg am Seeufer entlang (+2 km), bevor die Heimreise ansteht.

Geh- und Radweg parallel zur B209 nach Amelinghausen folgen. Straßenseite an der Ampel überqueren. Lüneburger Straße nach rechts in Oldendorfer Straße verlassen, der Busbahnhof liegt auf der linken Seite.

KM 13,1 » ZIEL

Bushaltestelle Amelinghausen, Bahnhof

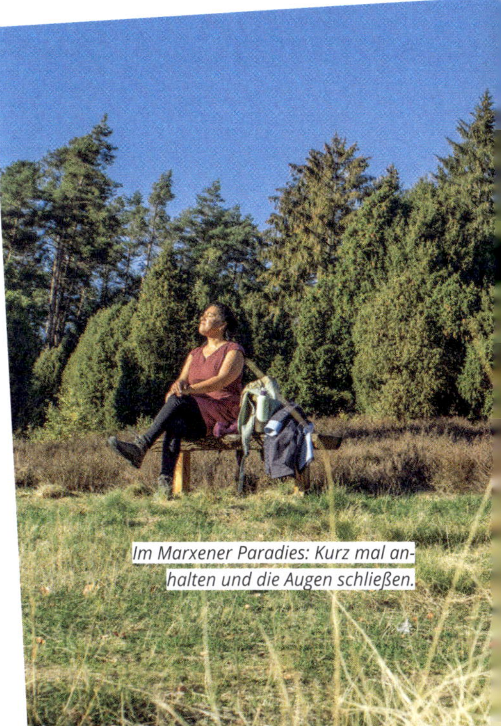

Im Marxener Paradies: Kurz mal anhalten und die Augen schließen.

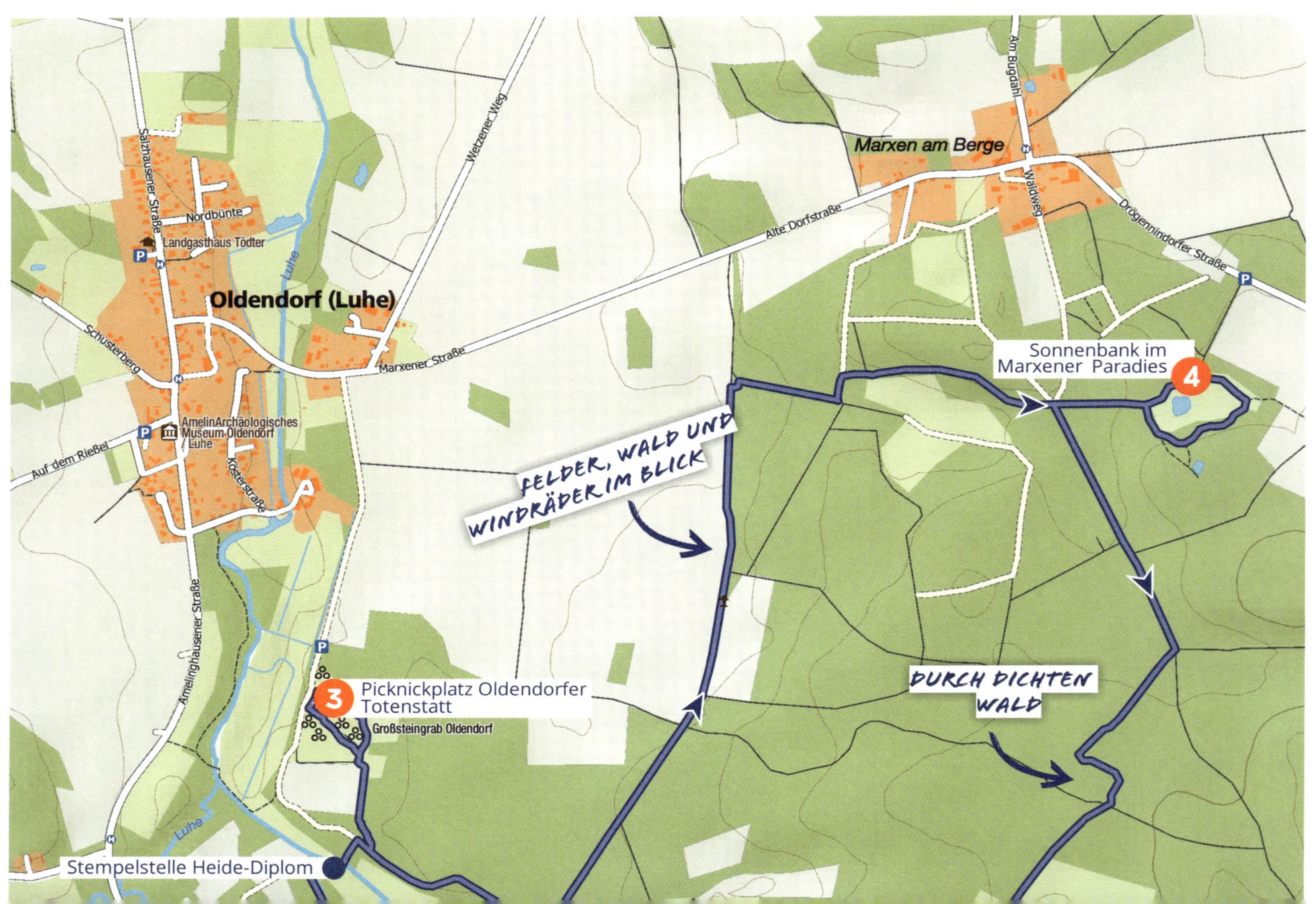

Marxen am Berge
Am Bugdahl
Waldweg
Drögennindorfer Straße
Alte Dorfstraße
Sonnenbank im
Marxener Paradies
4
Oldendorf (Luhe)
Wetzener Weg
Marxener Straße
Salzhausener Straße
Nordbünte
Landgasthaus Tödter
Luhe
Schusterberg
AmelinArchäologisches
Museum Oldendorf
Luhe
Auf dem Rießel
Kösterstraße
FELDER, WALD UND
WINDRÄDER IM BLICK
DURCH DICHTEN
WALD
Amelinghausener Straße
3
Picknickplatz Oldendorfer
Totenstatt
Großsteingrab Oldendorf
Stempelstelle Heide-Diplom

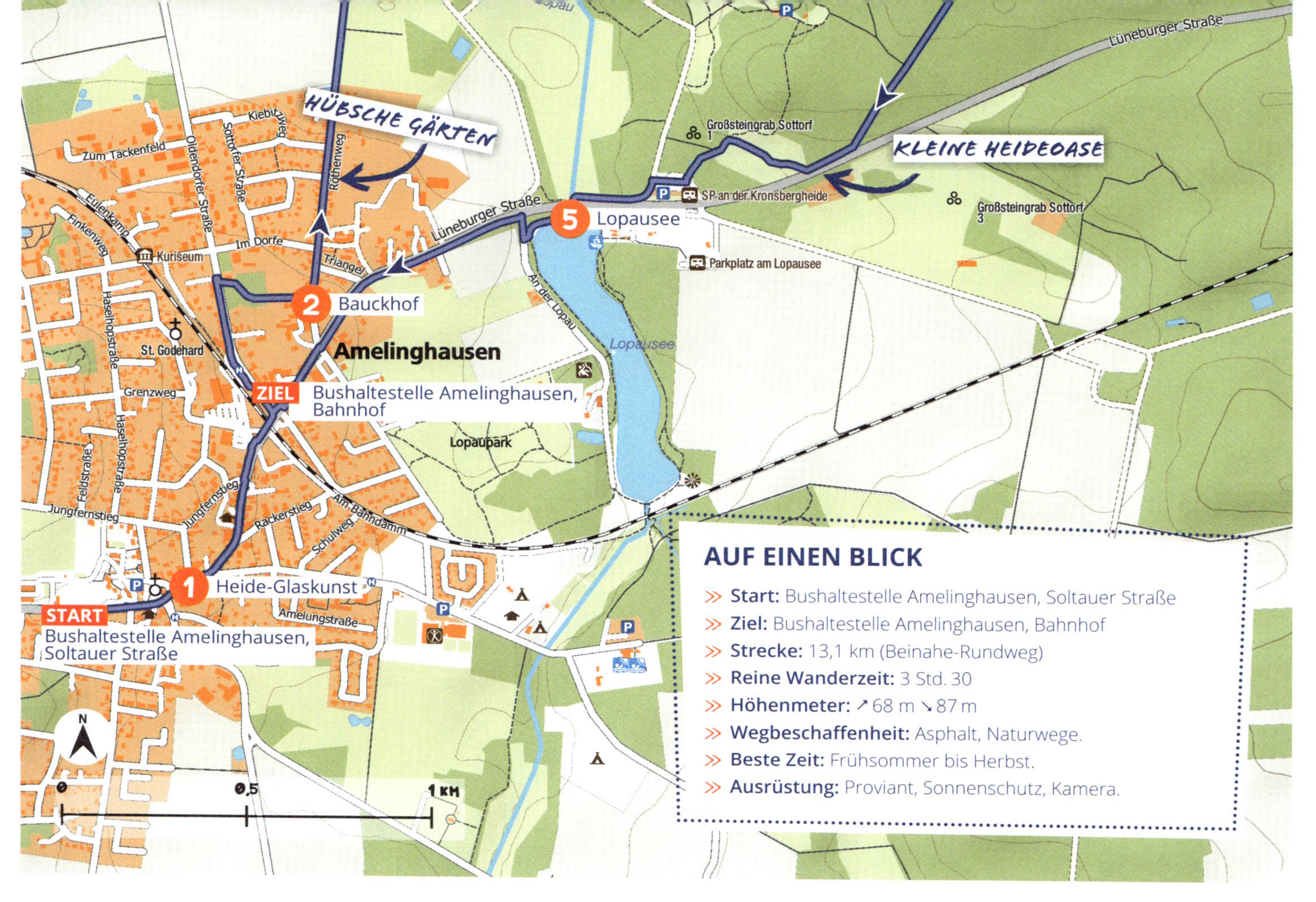

AUF EINEN BLICK

- Start: Bushaltestelle Amelinghausen, Soltauer Straße
- Ziel: Bushaltestelle Amelinghausen, Bahnhof
- Strecke: 13,1 km (Beinahe-Rundweg)
- Reine Wanderzeit: 3 Std. 30
- Höhenmeter: ↗ 68 m ↘ 87 m
- Wegbeschaffenheit: Asphalt, Naturwege.
- Beste Zeit: Frühsommer bis Herbst.
- Ausrüstung: Proviant, Sonnenschutz, Kamera.

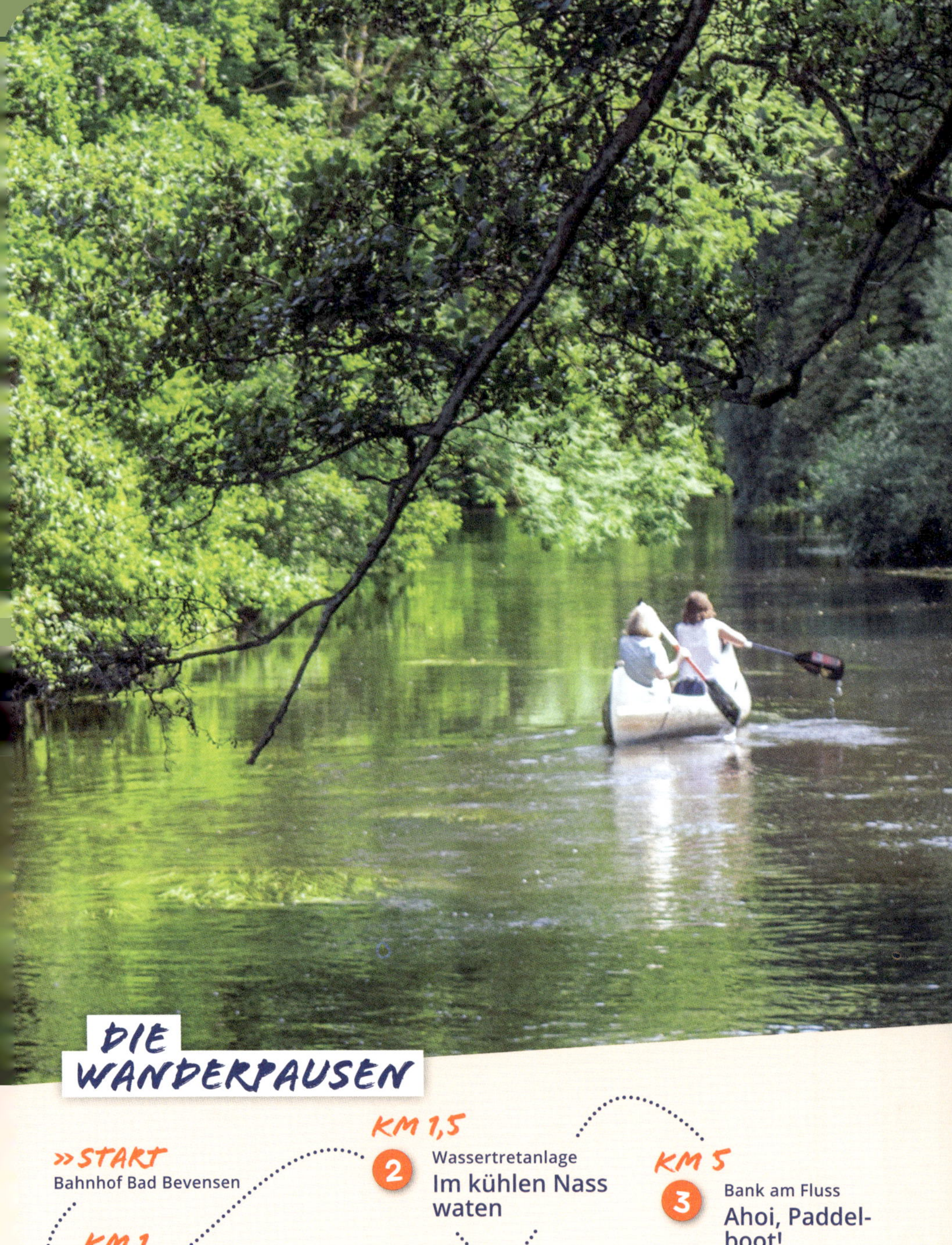

DIE WANDERPAUSEN

» START
Bahnhof Bad Bevensen

KM 1
1 Lehrbienenstand
Sommerwiesen-summen

KM 1,5
2 Wassertretanlage
Im kühlen Nass waten

KM 5
3 Bank am Fluss
Ahoi, Paddel-boot!

14

SOMMER-FRISCHE AM FLUSS

Bad Bevensen und Umgebung

Durchs Grün lacht die Sonne, übers Wasser gleiten Paddel. Summen und Zirpen erfüllen Auen, Wald und Wiesen. Sitzplätze mit Flusswind-Garantie laden zum Faulenzen ein – perfekt für die warme Jahreszeit.

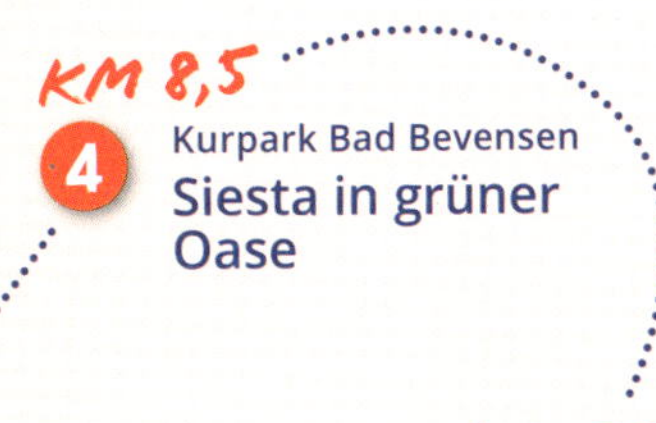

KM 8,5

4 Kurpark Bad Bevensen

Siesta in grüner Oase

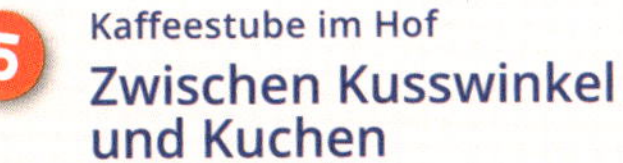

KM 9,5

5 Kaffeestube im Hof

Zwischen Kusswinkel und Kuchen

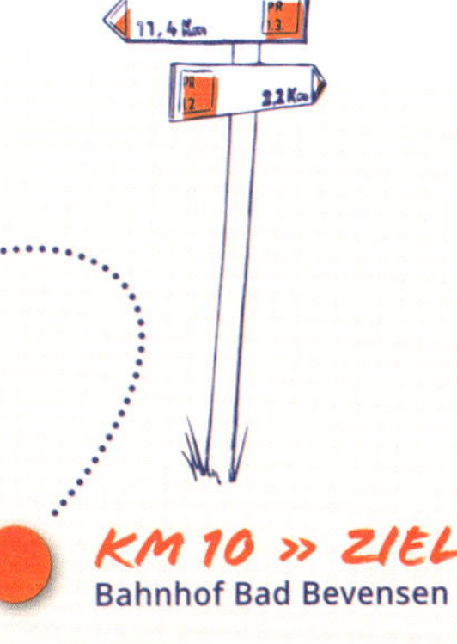

KM 10 » ZIEL

Bahnhof Bad Bevensen

DAS PENDANT ZUR SOMMER-FRISCHE IN DEN ALPEN …

… ist eine Auszeit am Fluss im Norden. Wer die Heide bei Gluthitze kennt, sehnt sich nach Wiesen, Wald und kühlem Nass.

Start im Westen am Bahnhof. Morgenluft und Brötchenduft beleben, Sonnenstrahlen wärmen, Glieder wollen sich bewegen. Der Übergang von der Stadt zum Land ist fließend. Hübsch und stumm ist der gemalte Eisvogel auf dem Stromkasten. Seine lebenden Artgenossen verbreiten mit fröhlichem Gezwitscher beste Laune. Bienen und Käfer gehen ihrer Morgenroutine nach, Freibad und Bootsverleih bereiten sich auf einen betriebsamen Tag bei 32 Grad Celsius vor. Brücke über die Ilmenau. Eine **Wassertretanlage** mitten im Fluss erfrischt. Herrlich!

Raus aus dem Kurpark, nach Norden in einen Laub- und Nadelwald. Eiche, Erle und Eberesche krallen sich rechts am Steilhang fest. Wiesen fallen links zum Flussufer hinab. Die Ilmenau tanzt durch die Landschaft.

Über Kopfsteinpflaster und Asphalt, vorbei an der Alten Wassermühle und dem Kloster in Medingen. Ohne Schatten wirkt die Kraft der Sonne im Zenit doppelt so stark. Wald und Weiden. Pferdemaul stupst Metallschnalle an, doch die Tränke spuckt nichts aus. Kopf in den Nacken. Der Blick richtet sich nach oben zum Laubdach mit glitzerndem Feuerball. Augenlider und Haarlocken trocknen in der Brise. Pause am Fluss.

Tagpfauenauge auf Fetthenne schaukelt im Takt. Wieder eine Flussbrücke – die dritte oder vierte? Venedig-Stimmung kommt auf, doch statt Vaporetti ziehen **Paddelboote** unterm Bogen hindurch. Steinstufen erklimmen, Höhenmeter meistern. Von der »Sängershöh«, Blick über einen Steilhang hinab zur Ilmenau, die sich ein tiefes Flussbett gräbt. Am Nixengrund tanzen Elfen, wenn keiner zuschaut.

PADDELMANÖVERN ZUSCHAUEN UND SICH DABEI DEN WIND UM DIE NASE WEHEN LASSEN

Himmelhohe Kiefern, Tannenzapfen knirschen bei jedem Schritt. Von kühl und feucht, zu warm und trocken. Der Trimm-dich-Pfad wirkt verwaist. Ein Nickerchen im **Kurpark,** dann stehen Bootfahren und Minigolf auf dem Programm. Oder diese Flusspartie lieber mit Shoppen und Eiskaffee ausklingen lassen? «

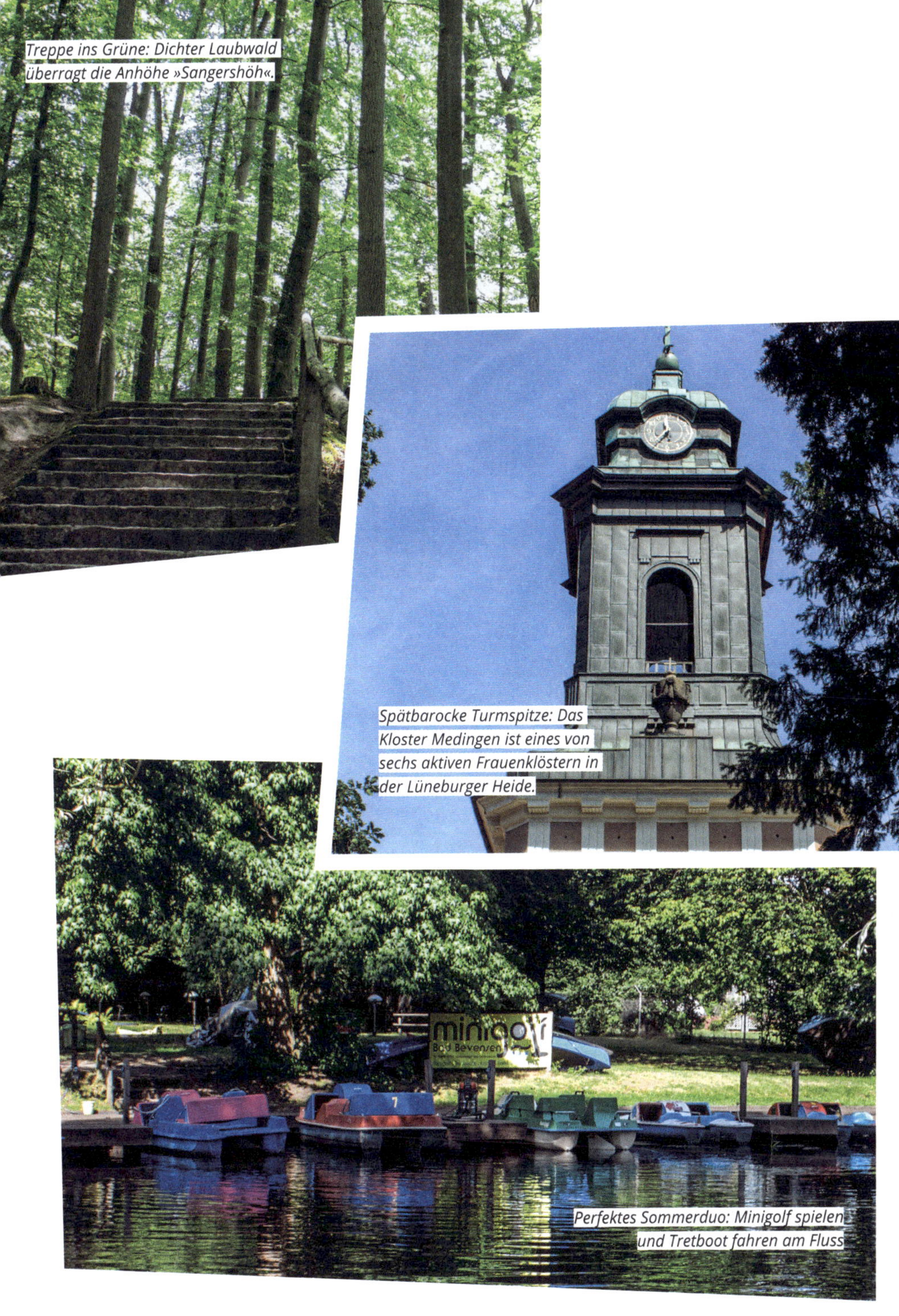

Treppe ins Grüne: Dichter Laubwald überragt die Anhöhe »Sangershöh«.

Spätbarocke Turmspitze: Das Kloster Medingen ist eines von sechs aktiven Frauenklöstern in der Lüneburger Heide.

Perfektes Sommerduo: Minigolf spielen und Tretboot fahren am Fluss

WANDERN & GENIESSEN

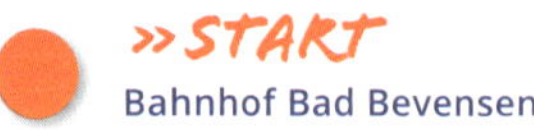

Bahnhof Bad Bevensen

Vom Bahnhof durch den Wilhelmsgarten über die Bahnhofstraße ins Stadtzentrum. Links auf Rathausstraße abbiegen (auf der Ecke liegt eine Bäckerei zum Proviantkaufen oder Frühstücken), dann rechts auf Lüneburger Straße und direkt links auf Im Hagen weiter.

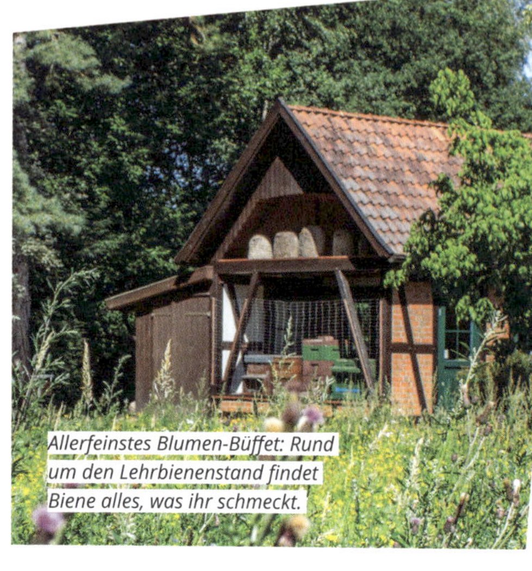

Allerfeinstes Blumen-Büffet: Rund um den Lehrbienenstand findet Biene alles, was ihr schmeckt.

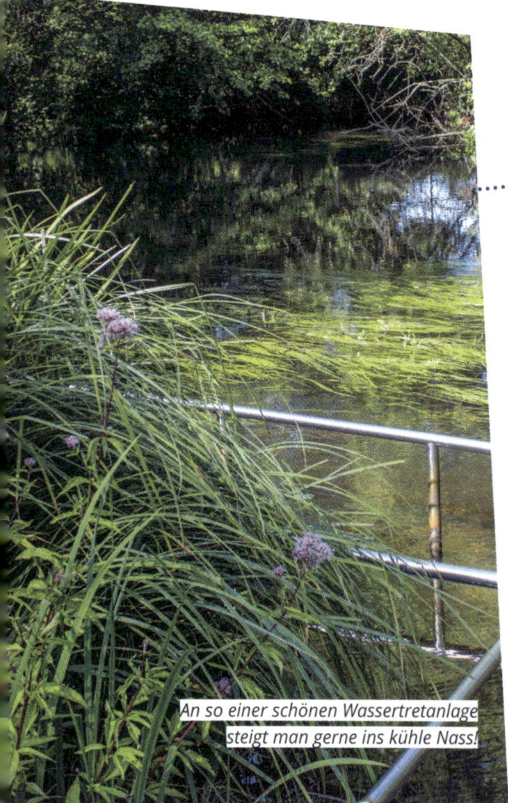

An so einer schönen Wassertretanlage steigt man gerne ins kühle Nass!

KM 1

Lehrbienenstand

Sommerwiesensummen

Lüneburger Heide ohne Bienen? Undenkbar. Es gäbe weder Honig noch reife Früchte auf Streuobstwiesen. Rund um den Lehrbienenstand, ein Fachwerkhaus mit Bienengarten, herrscht reges Treiben. Durch die Lüfte der Hagenwiese schwirren lauter Flugobjekte, so trubelig, eine Aufzeichnung der Flugbahnen kommt einem vorpandemischen Flugradar gleich. Wer einen eigenen Garten besitzt, schaut sich Tipps ab, um die emsigen Insekten mit reichhaltigen Blüten zu versorgen. Alle anderen erfreuen sich an kunterbunten Farbklecksen oder schließen die Augen und lauschen dem Sound eines typischen Altweibersommers.

Im Hagen folgen bis zur nächsten Kreuzung, rechts in Eckermannstraße abbiegen, vorbei an Rosenbad und Minigolfplatz. Brücke überqueren und links am Fluss weiter.

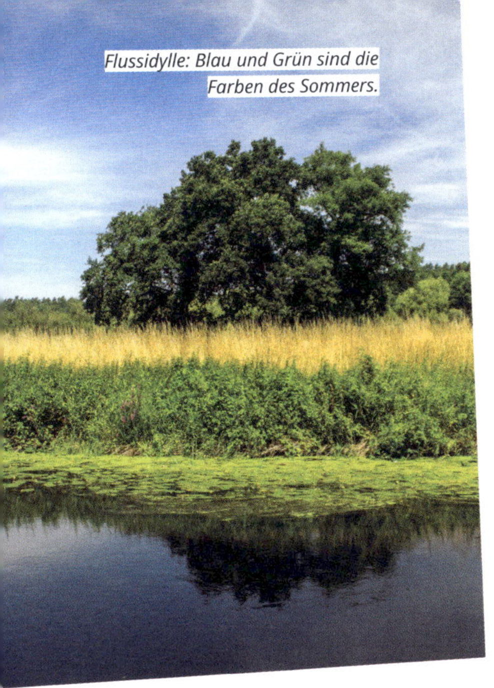
Flussidylle: Blau und Grün sind die Farben des Sommers.

KM 5

3 Bank am Fluss
Ahoi, Paddelboot!

Manche schwingen wie Profis, bei anderen gleitet das Doppelpaddel holprig durchs Wasser. Leicht verteilen sich die Haltungsnoten, wenn man bequem auf einer Bank auf dem Trockenen sitzt. VIP-Platz am Fluss. Aue, Schilf und Flussschleifen im Blick. Bienen und Insekten brummen, Libellen gleiten tonlos über Seerosen. Die Ilmenau hat noch ein Stück bis zur Mündung bei Hoopte in die Elbe vor sich. Ihr Wasser ist so klar, vom Ufer aus lässt sich das Ballett von Unterwasserpflanzen und Bachmuscheln bestens betrachten. Wasserwandern ist auf der sanften Strömung auch für Ungeübte machbar.

Weiter auf Wanderweg, hinter Holzbrücke rechts. Steilufer hinauf zur Hütte Sängershöh, am Nixengrund vorbei durch Laub- und Nadelwald. Trimm-dich-Pfad bei der nächsten Kreuzung rechts verlassen, geradeaus hinab zur Ilmenau und zurück in den Kurpark.

KM 1,5

2 Wassertretanlage
Im kühlen Nass waten

Wassertreten gilt als Gesundbrunnen, kurbelt den Stoffwechsel an und hebt die Laune. Ein in die Jahre gekommenes gefliestes Becken braucht es nicht. Viel schöner stakst es sich wie hier in einer naturbelassenen Anlage mit direktem Flusszugang. Schuhe und Socken aus, Hosenbeine hochkrempeln – Shorts und Wanderkleid sind jetzt praktisch – und in die Ilmenau steigen. Für den maximalen Effekt der Wellnesskur bei jedem Schritt ein Bein aus dem Wasser heben und Fußspitzen nach unten beugen. Im Storchengang so lange Runden drehen, bis das Kältegefühl eintritt. Abtrocknen und vital geht's weiter.

Rosenbadbrücke und Klaubuschbrücke überqueren, Flusslauf folgen. Senso-Wanderweg (5 im roten Kreis) folgen, vorbei an Alter Wassermühle und Kloster Medingen.

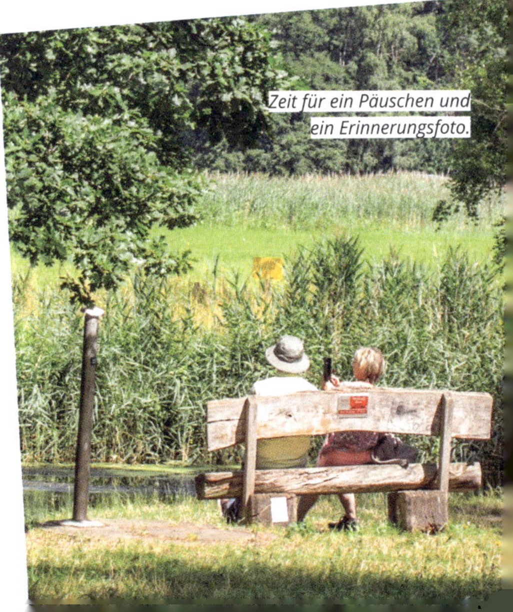
Zeit für ein Päuschen und ein Erinnerungsfoto.

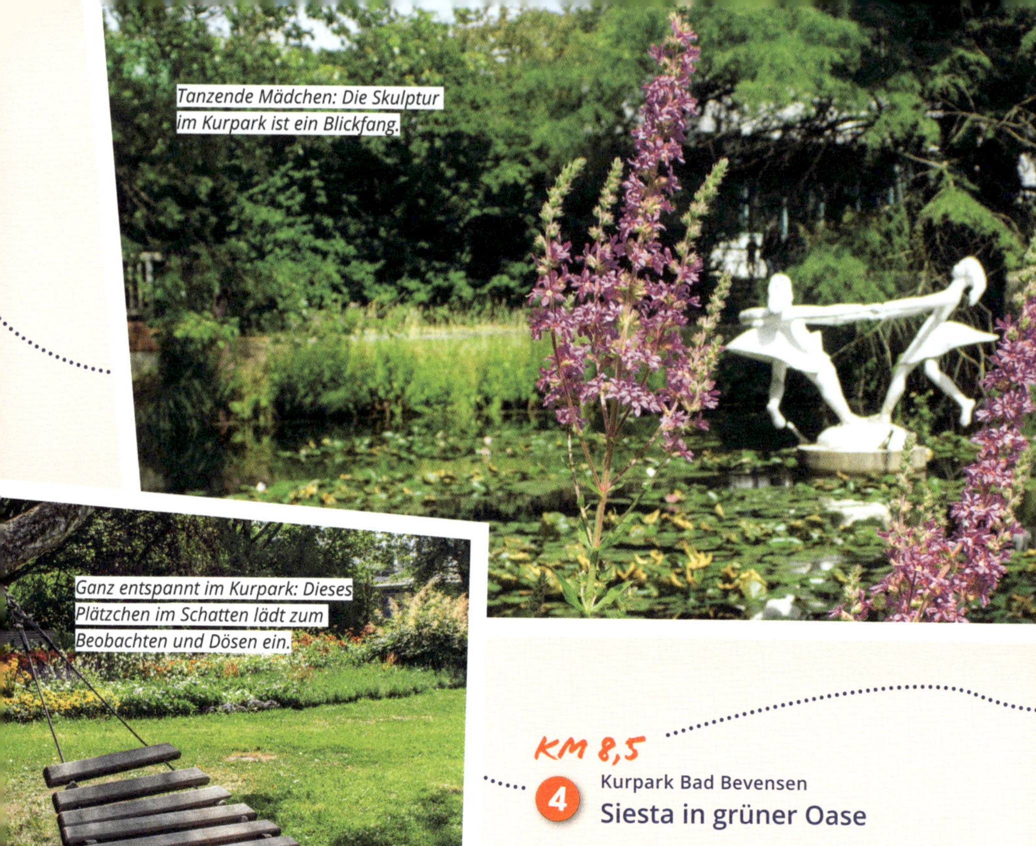

Tanzende Mädchen: Die Skulptur im Kurpark ist ein Blickfang.

Ganz entspannt im Kurpark: Dieses Plätzchen im Schatten lädt zum Beobachten und Dösen ein.

IM SEELE-BAUMEL-MODUS

KM 8,5

4 Kurpark Bad Bevensen

Siesta in grüner Oase

Dem in der Hängematte Dösenden dringen Schmatzen und Kichern ans Ohr. Na sowas! Statt in den Anden ihr Dasein zu fristen, hüpfen knuffige Paarhufer durch die Grünanlage und führen Zweibeiner hinter sich her. Der Anblick der Alpaka-Parade lässt grinsen. Schmetterlinge flattern über Blumenbeete, Wasser plätschert. Terrassen am See, eine Sonnenfalle und mehrere Themengärten bieten Sitzplätze. Lust auf Boule oder Minigolf? Kanadier oder Tretboot fahren? Wellness in der Therme? Schallendes Kichern und Plantschen ertönt aus dem Freibad. Hinter jeder Flusswindung wartet eine neue Überraschung. (Touristen-Information: bad-bevensen.de)

Über die Brückenstraße ins Ortszentrum.

KM 9,5

5 Kaffeestube im Hof
Zwischen Kusswinkel und Kuchen

Läden und Schaufenster schmücken Mode, Tee, Siebenstern (ein gedrechselter Leuchter mit sieben Armen) und Fotos vom Schützenfest. Vor der Dreikönigskirche sitzen Menschen bei Eiskaffee unterm Sonnenschirm. Oma und Enkelin spielen am Springbrunnen. Im brav und bieder wirkenden Fachwerkstädtchen sorgt eine Twiete, der Kusswinkel, für einen Hauch Frivolität. Es heißt, um 1900 flogen in einer unbeleuchteten Gasse, im Bäckergang, Küsse hin und her. Zwischen Gästen und Einheimischen, Verliebten ungleichen Standes. Statt Kurschatten zwinkert einem jetzt die Kuchentheke zu. In der **Kaffeestube im Hof** in der Lüneburger Straße sind Plätze rar. Frisch gemahlener Kaffeeduft liegt in der Luft. Neben hausgebackenen Torten stehen deftige Kleinigkeiten auf der Karte. Ein beliebter Treffpunkt bei Gästen und Locals.

EXTRA INFOS:

Sich vom bezaubernden Kurpark in Bad Bevensen loszueisen, fällt unglaublich schwer. Wem die Flussidylle am Tag nicht ausreicht, der bleibt einfach über Nacht. Aber wo steht das Bett? Na, direkt am Seerosenteich, auf einer Holzterrasse umgeben von Wiesen, Rhododendren und Libellen. ● **Sleeperoo,** ein wetterfester Würfel mit Panoramafenster, Doppelbett, kuscheligen Decken und Kissen sowie Schrank mit abschließbarem Fach, wird zum Nachtquartier und verspricht eine unvergessliche und erlebnisreiche Übernachtung. Infos und Buchung über die Touristen-Information Bad Bevensen. (bad-bevensen.de/sleeperoo-erlebnisuebernachtung)

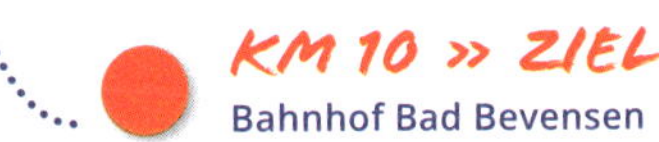

Bahnhof Bad Bevensen

Die Bahnhofstraße führt zum Ziel dieser Tour.

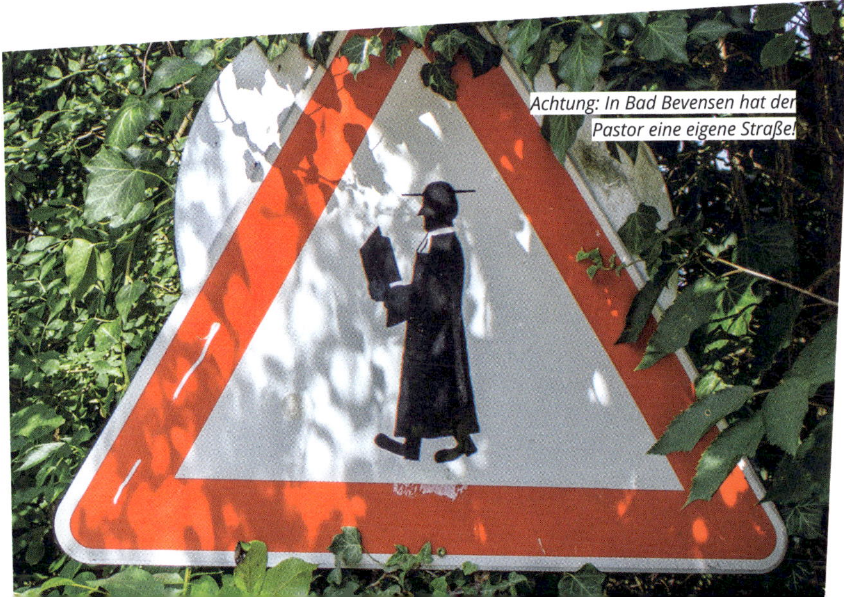

Achtung: In Bad Bevensen hat der Pastor eine eigene Straße!

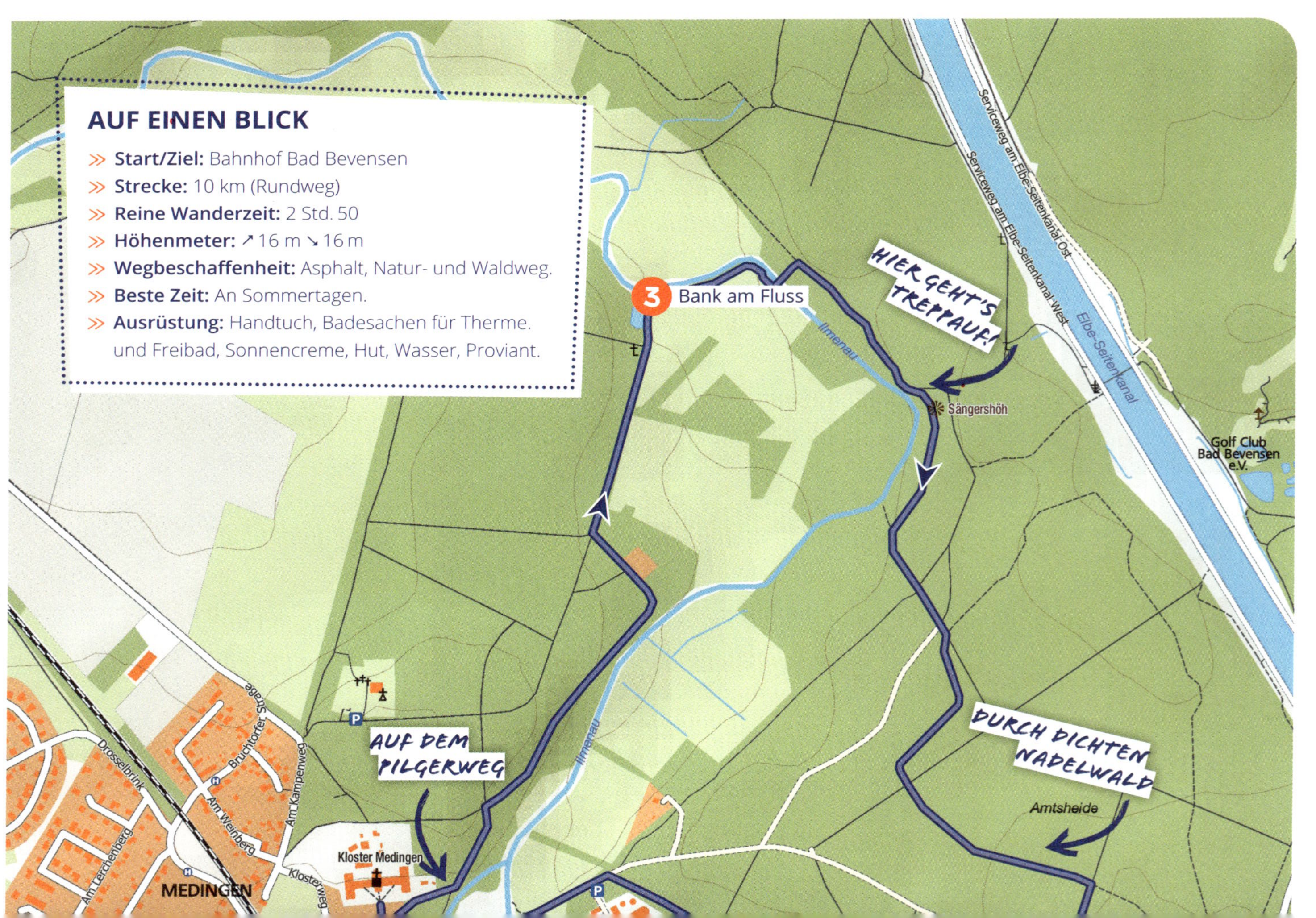

AUF EINEN BLICK

- **Start/Ziel:** Bahnhof Bad Bevensen
- **Strecke:** 10 km (Rundweg)
- **Reine Wanderzeit:** 2 Std. 50
- **Höhenmeter:** ↗ 16 m ↘ 16 m
- **Wegbeschaffenheit:** Asphalt, Natur- und Waldweg.
- **Beste Zeit:** An Sommertagen.
- **Ausrüstung:** Handtuch, Badesachen für Therme. und Freibad, Sonnencreme, Hut, Wasser, Proviant.

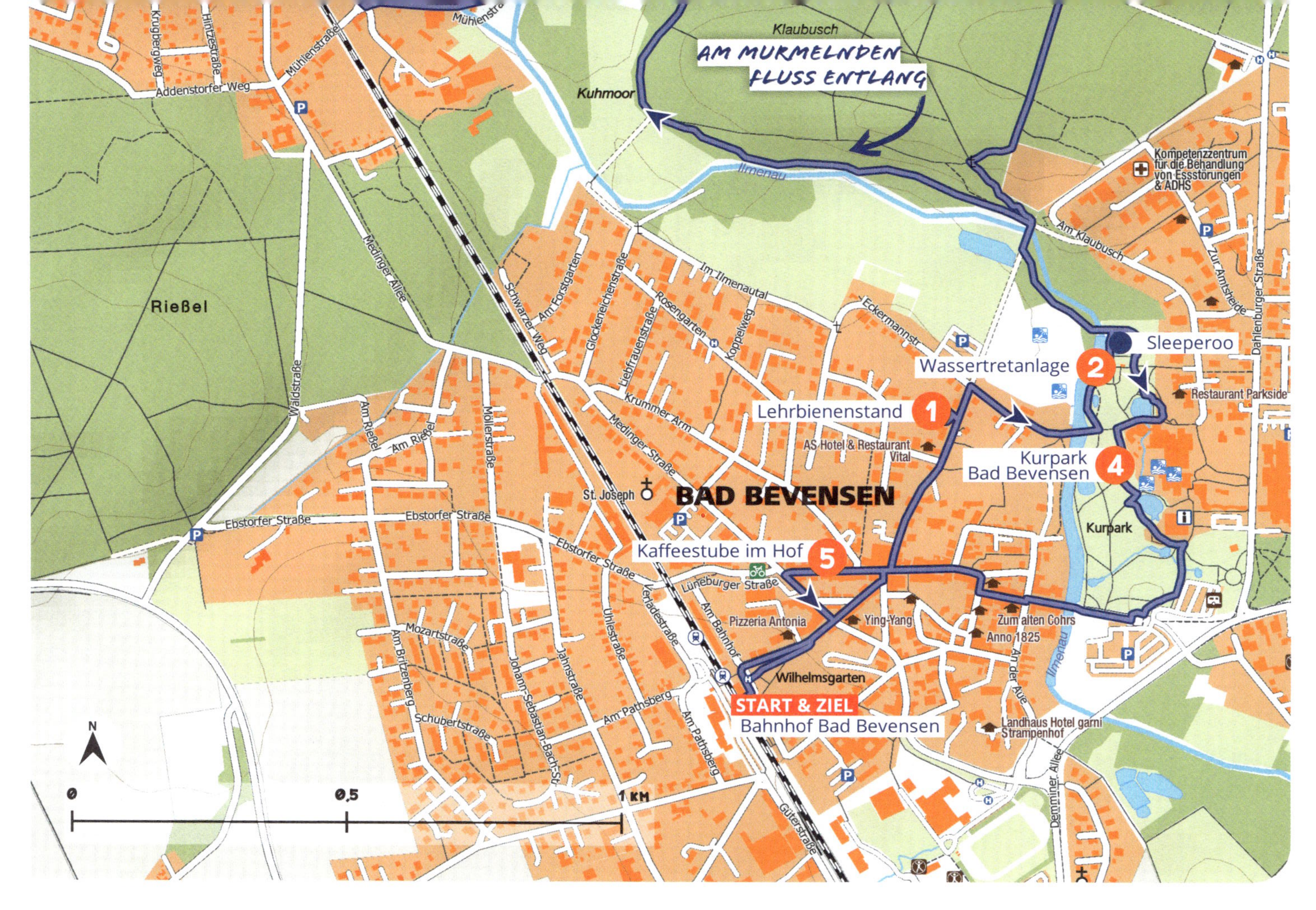

AM MURMELNDEN FLUSS ENTLANG
BAD BEVENSEN
START & ZIEL
Bahnhof Bad Bevensen
1 Lehrbienenstand
2 Wassertretanlage
Sleeperoo
4 Kurpark Bad Bevensen
5 Kaffeestube im Hof
Klaubusch
Kuhmoor
Rießel
Kurpark
Ilmenau
Wilhelmsgarten
St. Joseph
AS Hotel & Restaurant Vital
Restaurant Parkside
Zum alten Cohrs
Anno 1825
Ying-Yang
Pizzeria Antonia
Landhaus Hotel garni Strampenhof
Kompetenzzentrum für die Behandlung von Essstörungen & ADHS
Mühlenstraße
Addenstorfer Weg
Krugbergweg
Hintzestraße
Waldstraße
Medinger Allee
Schwarzer Weg
Am Forstgarten
Glockeneichenstraße
Liebfrauenstraße
Rosengarten
Koppelweg
Im Ilmenautal
Eckermannstr.
Krummer Arm
Medinger Straße
Am Rießel
Möllerstraße
Ebstorfer Straße
Lüneburger Straße
Am Bahnhof
Verladestraße
Uhlestraße
Jahnstraße
Johann-Sebastian-Bach-Str.
Mozartstraße
Am Britzenberg
Schubertstraße
Am Pathsberg
Güterstraße
An der Aue
Demminer Allee
Am Klaubusch
Zur Amtsheide
Dahlenburger Straße
N
0
0,5
1 KM

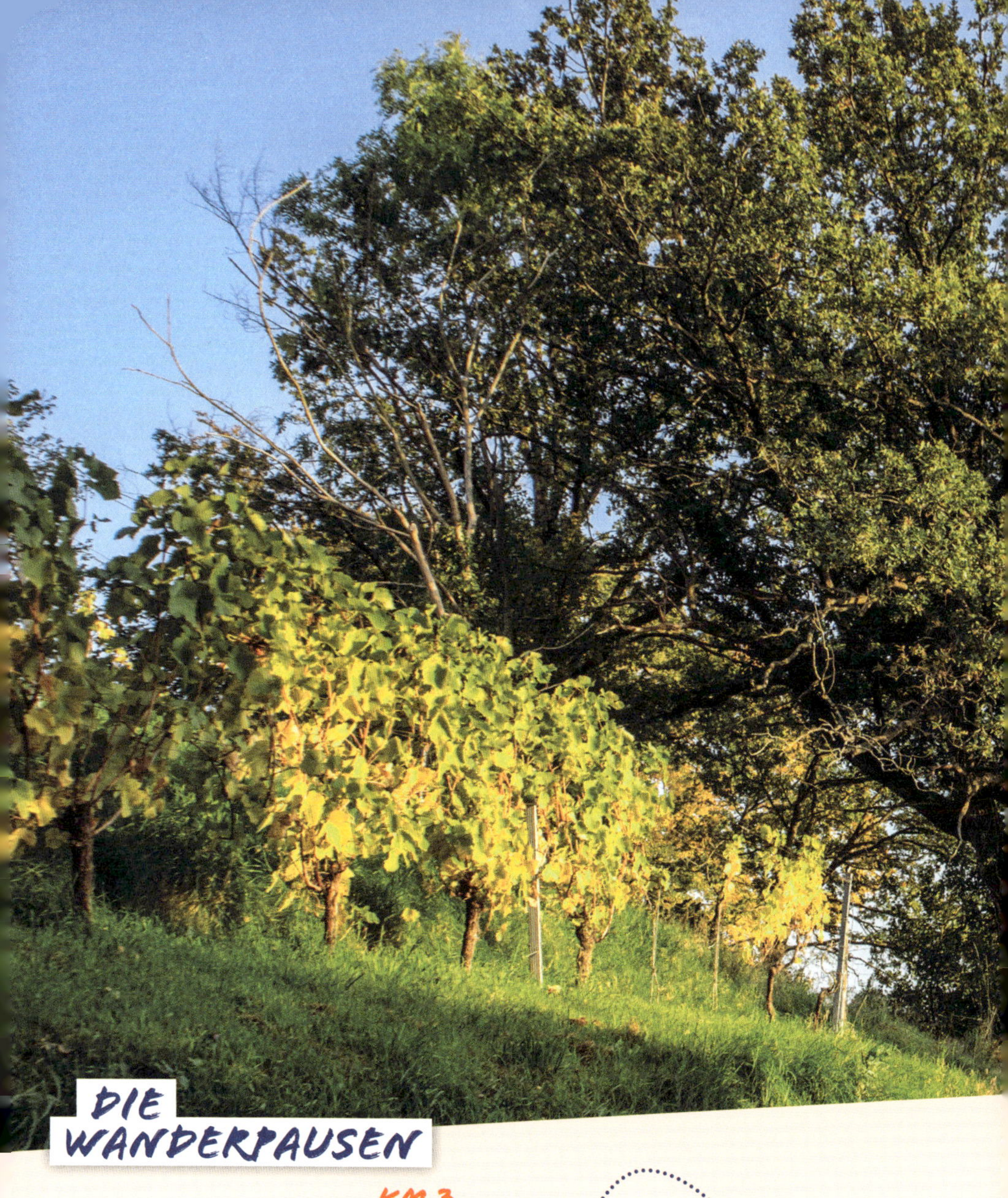

DIE WANDERPAUSEN

» START
Bahnhof Hitzacker

KM 2
1 Altstadt Hitzacker
Bummel durch die schmucke Fachwerkstadt

KM 3
2 Elbstrand & Fähre
Zwischen Elbe und Jeetzel

KM 6,5
3 Bank auf dem Drawehn-Höhenzug
Hoch hinaus

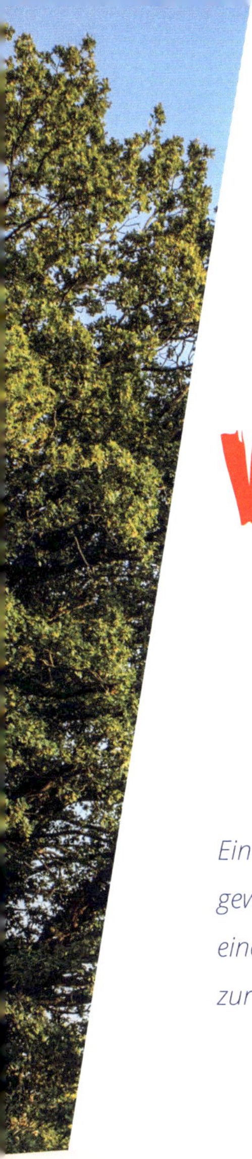

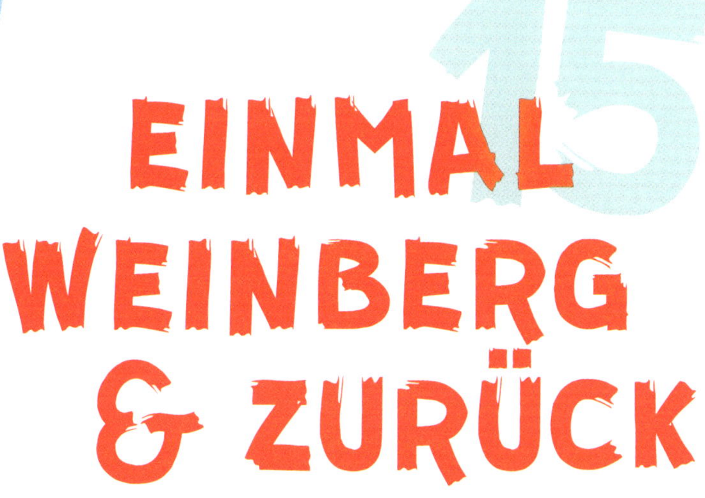

EINMAL WEINBERG & ZURÜCK

15

Rund um Hitzacker an der Elbe

Eine Stadtinsel zwischen zwei Flüssen – die Lage Hitzackers ist außergewöhnlich schön. Diese Tour führt von der Fachwerkstadt durch Auen einen Höhenzug hinauf. Oben verwandelt sich der Pfad am Steilhang zur Flaniermeile mit Ausblicken vom Feinsten.

KM 7,4
4 Weinberg
Im Reich der Zwerge

KM 7,5
5 Fotospot
Stadtinsel im Blick

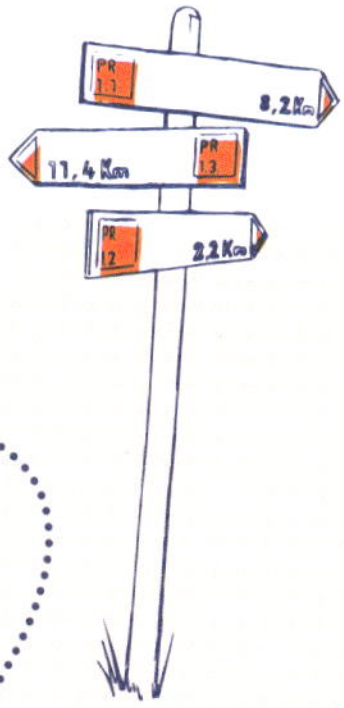

KM 9,6 » ZIEL
Bahnhof Hitzacker

WO URSTROMTAL UND ...

... Endmoräne aufeinandertreffen, liegt Hitzacker – die »Perle des Wendlands«.

Vom Bahnhof im Süden zur Stadtinsel mit den hübschen Fachwerkhäusern in Pastell ist es ein Stück. Um nicht den kompletten Weg an der Straße zurückzulegen, führt eine Rechtskurve über Wiesen nach Osten. Auf dem Hitzacker See dümpeln Enten. Die Baumstammkanus gehören zum Archäologischen Zentrum.

Trauerweiden wehen im Wind, eine Flussbrücke führt in die **Altstadt.** In den Gassen mit Kopfsteinpflaster lässt sich herrlich Zeit verbummeln. Infotafeln an Häusern erzählen Geschichten und verraten, wie Schifffahrt und Hochwasser Leben und Stadtgeschichte prägten. Zwerge mit Zipfelmützen, Schmetterling, Eistüte und Taler fallen auf. Sie scheinen das Stadtleben zu genießen.

Am nördlichen Ende der Hauptstraße zeigt sich erstmals die **Elbe.** Beim Flanieren auf der Promenade stellt sich das Gefühl der weiten Welt ein. 80 Flusskilometer bis Hamburg. Eine **Fähre** setzt in wenigen Minuten zur anderen Seite über. 40 Jahre lang war das undenkbar. Pause am Strand. Sand rieselt zwischen den Zehen, der Flusswind pustet um die Nase.

EINFACH NUR SEIN: AM FLUSS SITZEN UND VON DER WEITEN WELT TRÄUMEN

Zur Rechten fließt die Elbe, zur Linken lösen Steilhang und Wald die Stadtkulisse ab. Statt dem Schotterradweg am Fuße des **Drawehn** zu folgen, führt ein Pfad rechts auf eine vorgelagerte Insel. Bei Hochwasser steht der Landstrich unter Wasser. Vom Auf und Ab des Fließgewässers lebt die Aue und mit ihr Rotmilan, Azurjungfer und Bernsteinschnecke. Schauen und lauschen.

Abtauchen unter Buchen und Eichen, auf schmalem Pfad über Wurzeln und Steine. Nach der letzten Eiszeit sammelten sich einige Höhenmeter Erdreich an. Alle Mühen des Aufstiegs verblassen beim Anblick von der Klötzie hinab zu Fluss und Auen. Sitzbänke und Ausblicke durch Baumkronen machen diesen Teil bis zum **Weinberg** zu einer Flaniermeile. An ihrem Ende löst sich auf, was Zwerge in Hitzacker anstellen. Und als krönender Abschluss wartet der schönste **Fotospot** dieser Tour – wenn nicht sogar des Wendlands.

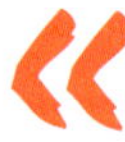

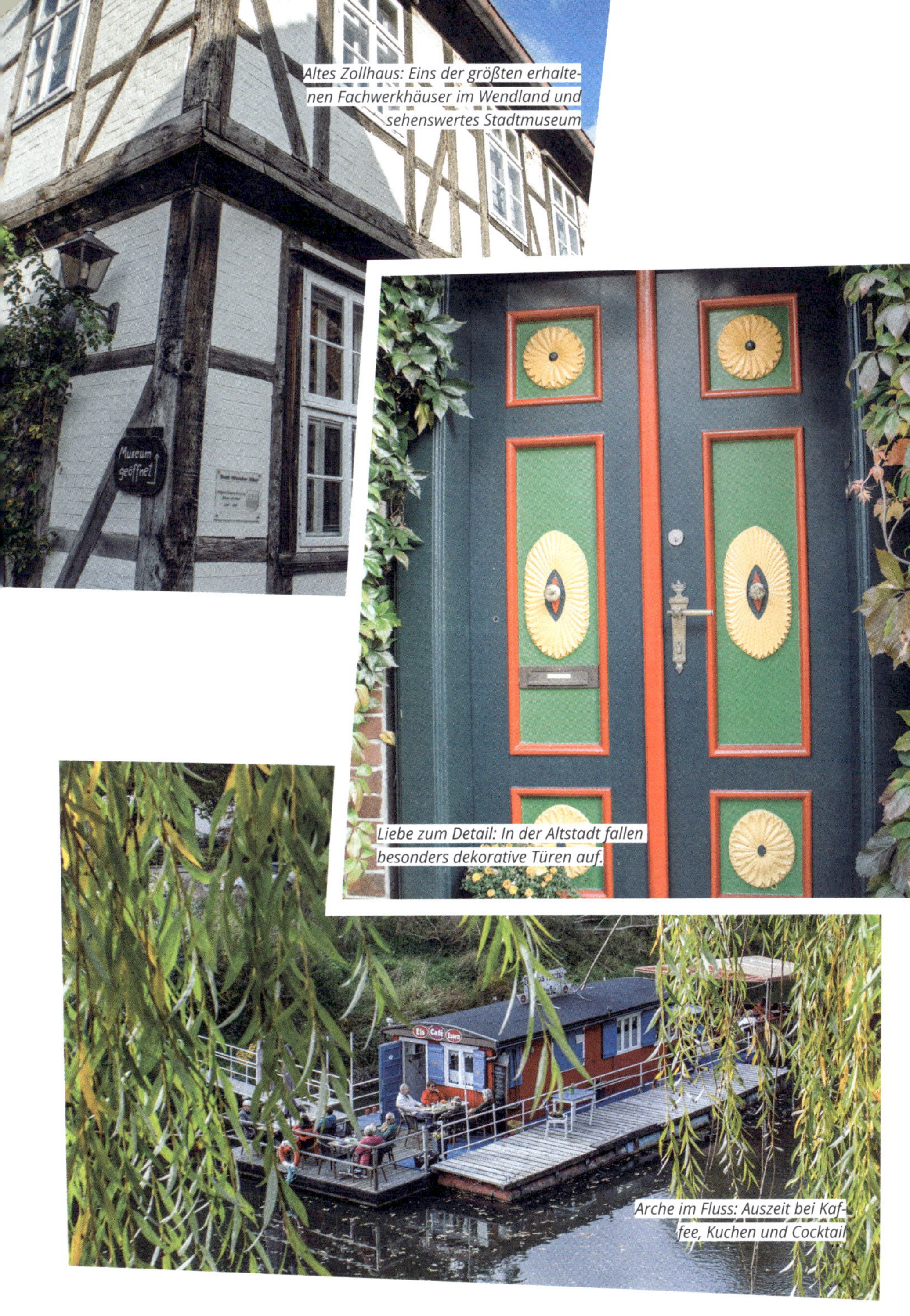

Altes Zollhaus: Eins der größten erhaltenen Fachwerkhäuser im Wendland und sehenswertes Stadtmuseum

Liebe zum Detail: In der Altstadt fallen besonders dekorative Türen auf.

Arche im Fluss: Auszeit bei Kaffee, Kuchen und Cocktail

WANDERN & GENIESSEN

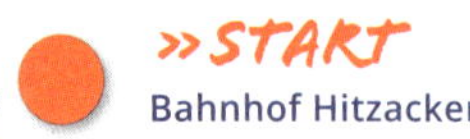

Bahnhof Hitzacker

Bahnhof geradeaus verlassen. Am Ende der Bahnhofstraße nach links abbiegen auf Dannenberger Straße. Schildern zum Archäologischen Zentrum folgen. Elbuferstraße überqueren, links am Skatepark vorbei, zwischen Schrebergärten zur Drawehnertorstraße. Rechts über die Jeetzel in die Altstadt.

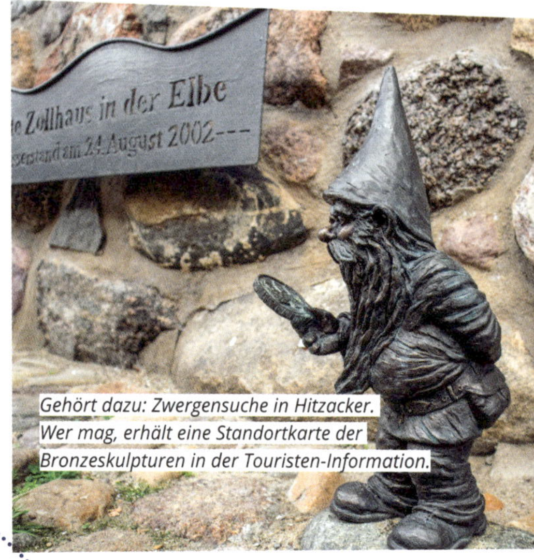

Gehört dazu: Zwergensuche in Hitzacker. Wer mag, erhält eine Standortkarte der Bronzeskulpturen in der Touristen-Information.

KM 2

1 Altstadt Hitzacker

Bummel durch die schmucke Fachwerkstadt

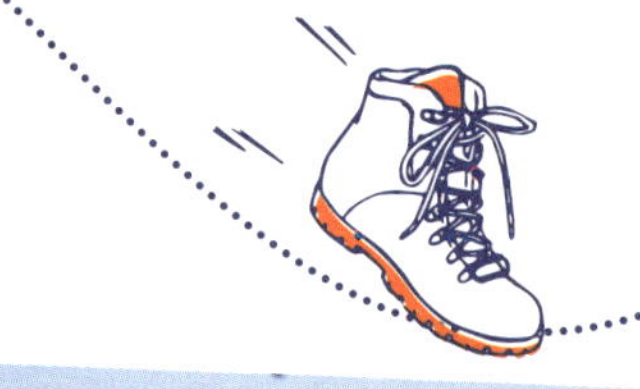

Von der Flussbrücke aus lässt sich beobachten, wie Kaffee und Kuchen auf dem Gastroschiff serviert werden. Eiskugeln landen in der Waffel. Die Bronzeskulptur auf dem Marktplatz gegenüber dem Eiscafé ist ein beliebter Treffpunkt. Kopfsteinpflaster, Gassen, hübsche Backstein- und Fachwerkhäuser, die Geschichten erzählen. Einige der bunten Türrahmen zieren Lebensweisheiten. Kleine Boutiquen laden zum Stöbern ein. Die Töpferei verkauft Fahrradvasen. Im **Alten Zollhaus,** dem ältesten Gebäude Hitzackers aus dem Jahr 1589, ist ein Heimatmuseum untergebracht. (museum-hitzacker.de)

Prinz-Claus-Promenade entlang der Alten Jeetzel zur Mündung in die Elbe folgen.

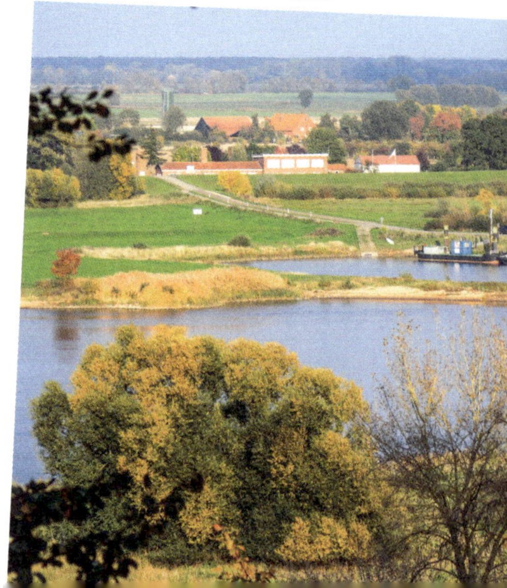

2 Elbstrand & Fähre

Zwischen Elbe und Jeetzel

Grüne Wiesen, beiger Stand. Kinder spielen im Sand und toben im seichten Wasser der Elbe. Wolken ziehen gemächlich gen Osten. Ein Motorboot biegt auf die Jeetzel ab und steuert einen Liegeplatz an. Der Blick auf die weiten Elbtalauen des Biosphärenreservats ist bezaubernd. Fast 40 Jahre trennte die Elbe DDR und BRD, mitten durch den Fluss verlief die innerdeutsche Grenze. Wer mag, überquert mit einer Fähre den mächtigen Elbstrom. Zwar dauert die Minikreuzfahrt zwischen Hitzacker und Bitter nur wenige Minuten, doch maritimes Urlaubsflair ist garantiert und die Aussicht von der anderen Seite auf die Stadtinsel und den Höhenzug des Drawehn lohnt (faehre-hitzacker-elbe.de).

Am Kranplatz rechts über den Hiddosteg und rechts weiter auf Am Weinberg. Pfad durch die Jeetzelaue über Wiesen folgen. Angekommen am Schotterradweg, rechts weiter und bei der nächsten Möglichkeit links in den Wald abbiegen. Wanderweg zur Klötzie folgen.

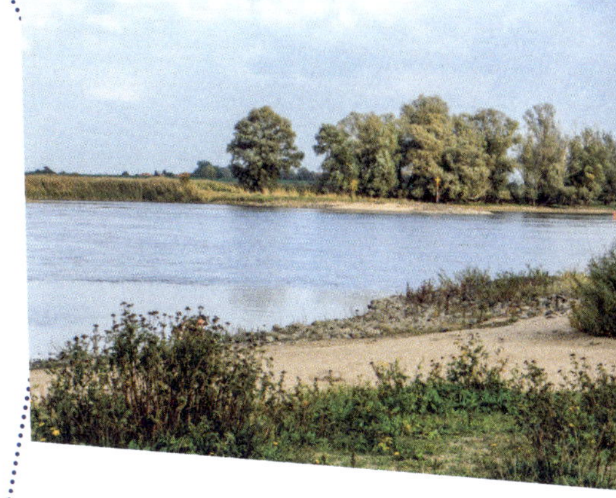

Elbe mit Ministrand: der perfekte Spot zum Fähregucken.

3 Bank auf dem Drawehn-Höhenzug

Hoch hinaus

Von wegen plattes Land! Der Aufstieg von der Elbtalaue, hinein in die Wolfsschlucht mit alten Buchen und Eichen und hinauf zu den Elbhöhen, treibt den Puls hoch. Entlang der Klötzie (so werden der Steilhang und das Ende des Höhenzugs des Drawehns genannt) führt der Weg als Pfad rauf und runter. Sichtachsen geben sagenhafte Ausblicke auf das Urstromtal frei. Felder und Wiesen, Wälder, Weite und das blaue Band der Elbe. »Heinos Rastplatz« schmücken zwei nagelneue Holzbänke. Perfekt für eine Verschnaufpause in luftiger Höhe.

Wanderweg nach Hitzacker folgen. Am Walderlebnispfad und Minigolfplatz vorbei zum Weinberg auf der linken Seite.

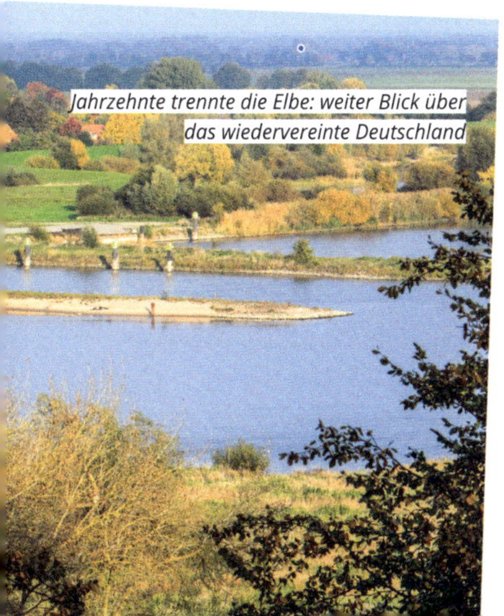

Jahrzehnte trennte die Elbe: weiter Blick über das wiedervereinte Deutschland

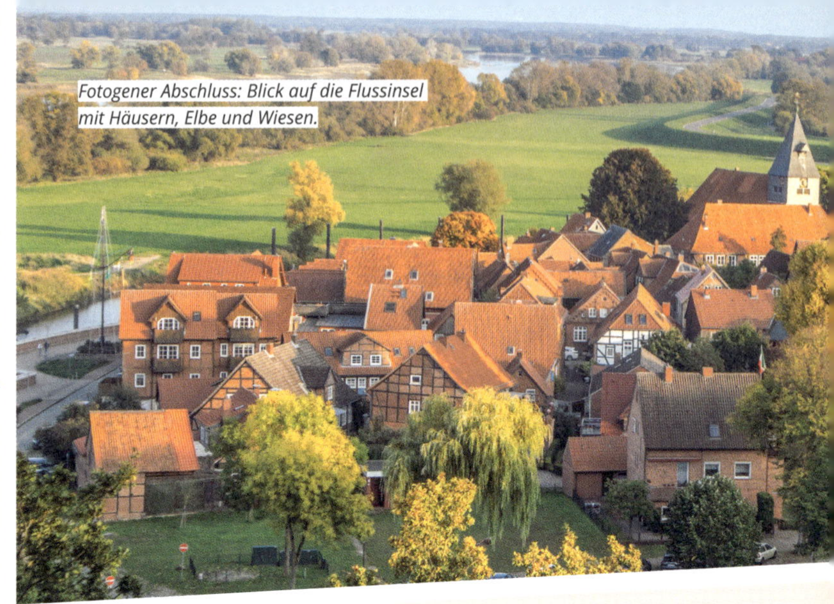

Fotogener Abschluss: Blick auf die Flussinsel mit Häusern, Elbe und Wiesen.

KM 7,4

4 Weinberg

Im Reich der Zwerge

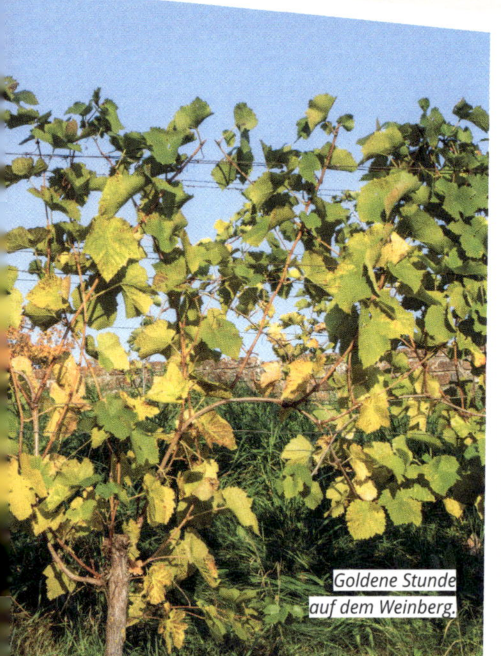

Goldene Stunde auf dem Weinberg.

Pfade führen an Terrassen mit Rebstöcken vorbei und hinauf zu einem Plateau mit Rastplatz. Wer an einem sonnigen Tag hoch über der Elbe steht, wundert sich nicht mehr über den Weinberg in Norddeutschland. 1521 baute man hier erstmals Rebensaft an, die Produktion wurde 1713 nach der Zerstörung der Reben durch Unwetter eingestellt. Seit 1980 landen unverkäufliche Flaschen des »Hidesaker Weinbergströpfchens« in Kehlen auserwählter Persönlichkeiten. Ausnahme: Zur Weinlese im Oktober schenken Hitzackeraner den edlen Tropfen des Vorjahres aus. Möglich machen dies all die Zwerge, die im Morgengrauen Trauben ernten. Wie die Zwerge in den Weinberg kamen, warum sie Hitzacker wütend verließen und zurückkamen – die Auflösung findet sich am Aufgang zum Weinberg.

Pfad über das Plateau mit Ausblick auf die Elbe in Richtung Stadtzentrum folgen.

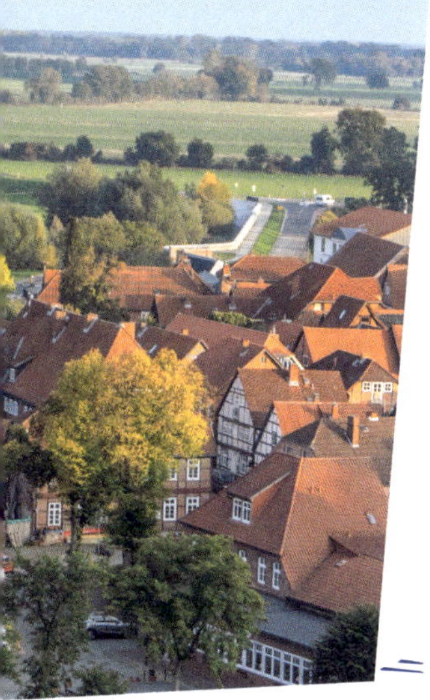

EXTRA INFOS:

20 Tiny Houses, mobile Einzelbetten to go, Outdoor-Wellnessbereich und Bio-Bistro: Direkt ums Eck des Archäologischen Zentrums an der Elbuferstraße liegt das Ressort ● **destinature Dorf Hitzacker.** Alles besteht aus natürlichen und nachhaltigen Materialien, die Idee stammt vom Bad Bodenteicher Familienunternehmen Werkhaus. Der zukunftsfähige Urlaubsort steht für einen respektvollen Umgang mit der Natur, gewann bereits den Deutschen Tourismuspreis und belegte den ersten Platz in der Kategorie »Umweltschutz und Biodiversität« beim fairwärts-Wettbewerb von TourCert und KATE Umwelt. (destinature.de)

KM 7,5

5 Fotospot

Stadtinsel im Blick

Die Elbe glitzert, der Himmel streckt sich in alle Richtungen aus. Grün leuchtet die Marsch. Im warmen Licht der Nachmittagssonne glühen die Dächer der Stadt. Möwen kreisen durch die Luft, Menschen bummeln durch die Gassen. Ein Storchennest. Dies ist mit Sicherheit der schönste Ausblick auf die Elbtalauen auf dieser Tour, oder? Wo früher die Fracht von Jeetzelkähnen aus der Altmark auf Elbkähne verladen wurde, liegen heute Sportboote. Frachtschiffe nutzen den Elbe-Seitenkanal, denn der Fluss ist unvorhersehbar. Bei Hochwasser bedrohlich, nun einfach nur zum Anschmachten schön. Noch ein Foto von dieser einzigartigen Idylle, bevor 164 Stufen hinab zum Stadtkern führen.

Pfad zum Hiddosteg folgen und rechts an Hiddos Arche Café vorbei zur Drawehnertorstraße. Rechts abbiegen und immer geradeaus. Über Bauernstraße und Bahnhofsweg zum Bahnhof.

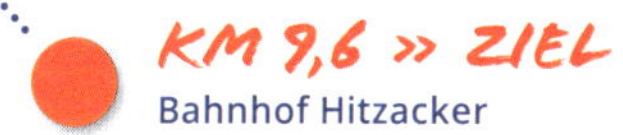

KM 9,6 » ZIEL

Bahnhof Hitzacker

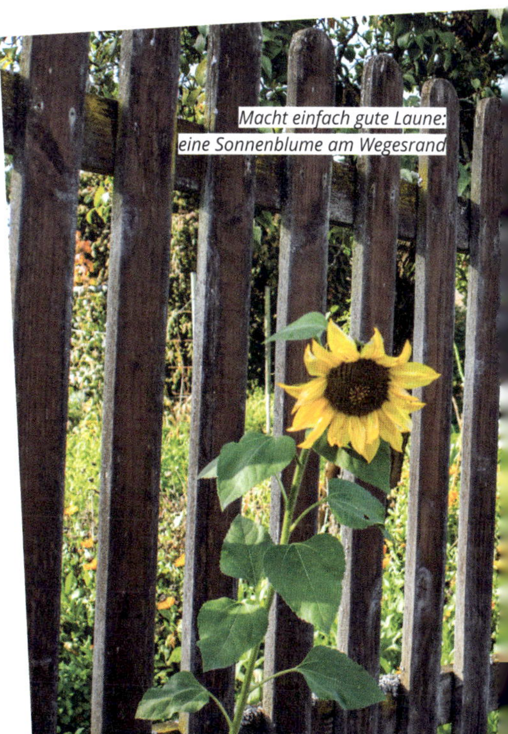

Macht einfach gute Laune: eine Sonnenblume am Wegesrand

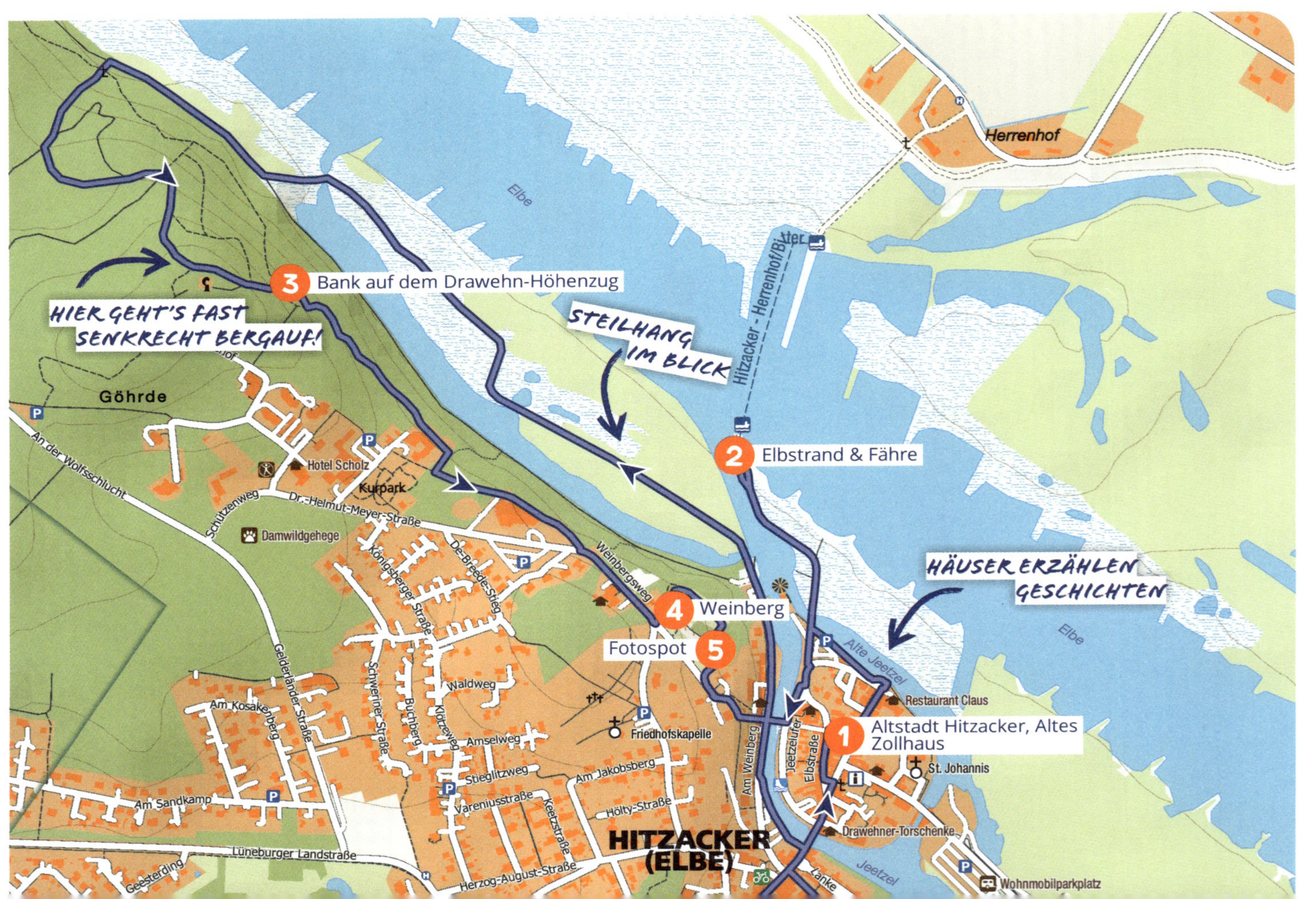

1 Altstadt Hitzacker, Altes Zollhaus
2 Elbstrand & Fähre
3 Bank auf dem Drawehn-Höhenzug
4 Weinberg
5 Fotospot
HIER GEHT'S FAST SENKRECHT BERGAUF!
STEILHANG IM BLICK
HÄUSER ERZÄHLEN GESCHICHTEN
HITZACKER (ELBE)
Herrenhof
Elbe
Alte Jeetzel
Jeetzel
Göhrde
Hitzacker - Herrenhof/Bitter
Hotel Scholz
Kurpark
Damwildgehege
Friedhofskapelle
Restaurant Claus
St. Johannis
Drawehner-Torschenke
Wohnmobilparkplatz
An der Wolfsschlucht
Schützenweg
Dr.-Helmut-Meyer-Straße
De-Breede-Stieg
Königsberger Straße
Weinbergsweg
Waldweg
Amselweg
Klötzeweg
Buchberg
Schweriner Straße
Gelderländer Straße
Am Kosakenberg
Am Sandkamp
Stieglitzweg
Varenriusstraße
Keetzstraße
Am Jakobsberg
Hölty-Straße
Am Weinberg
Jeetzelufer
Elbstraße
Lüneburger Landstraße
Herzog-August-Straße
Geesterding
Lanke

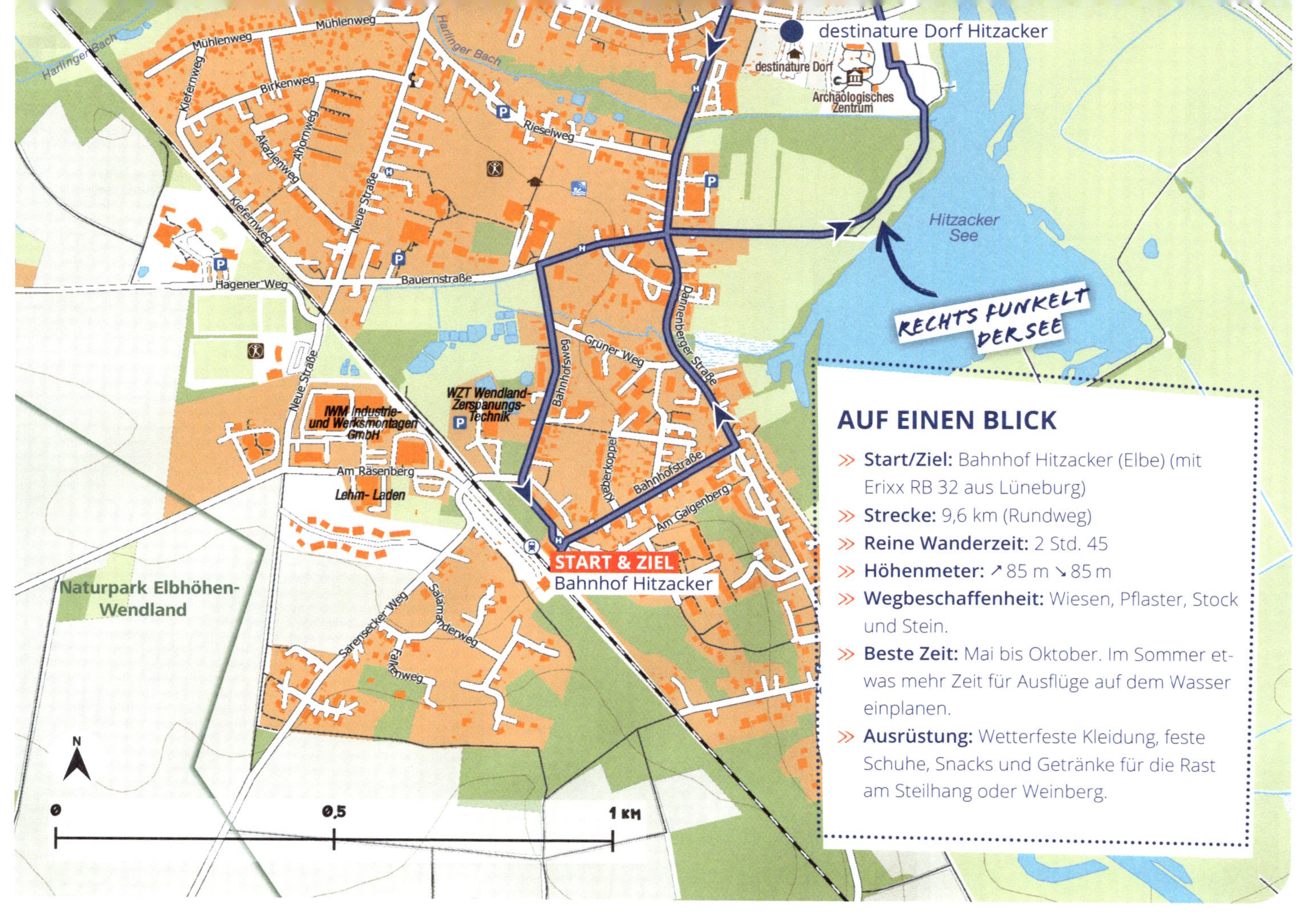

AUF EINEN BLICK

- **Start/Ziel:** Bahnhof Hitzacker (Elbe) (mit Erixx RB 32 aus Lüneburg)
- **Strecke:** 9,6 km (Rundweg)
- **Reine Wanderzeit:** 2 Std. 45
- **Höhenmeter:** ↗ 85 m ↘ 85 m
- **Wegbeschaffenheit:** Wiesen, Pflaster, Stock und Stein.
- **Beste Zeit:** Mai bis Oktober. Im Sommer etwas mehr Zeit für Ausflüge auf dem Wasser einplanen.
- **Ausrüstung:** Wetterfeste Kleidung, feste Schuhe, Snacks und Getränke für die Rast am Steilhang oder Weinberg.

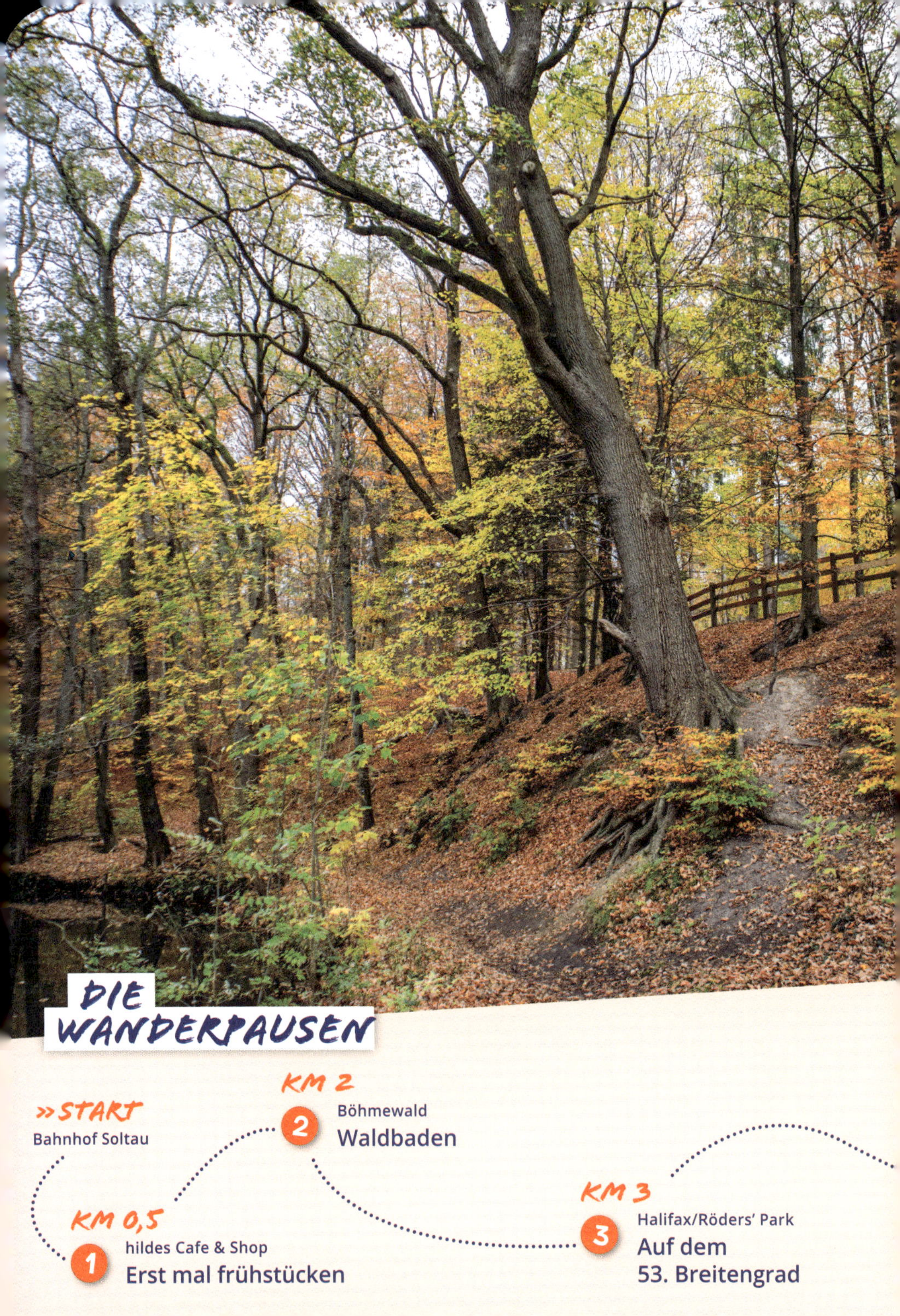

DIE WANDERPAUSEN

»START
Bahnhof Soltau

KM 0,5
1 hildes Cafe & Shop
Erst mal frühstücken

KM 2
2 Böhmewald
Waldbaden

KM 3
3 Halifax/Röders' Park
Auf dem 53. Breitengrad

16

AUSZEIT IN GELB-ORANGE

Zwischen Böhme und Wacholderpark in Soltau

Die charmante Kleinstadt Soltau umgibt Kleinode, die zum Entspannen, Durchatmen und Farbetanken einladen. Fluss, Mischwald, Heide und Wacholder – diese Tour ist ein gelungenes Potpourri aus abwechslungsreichen Naturschauplätzen.

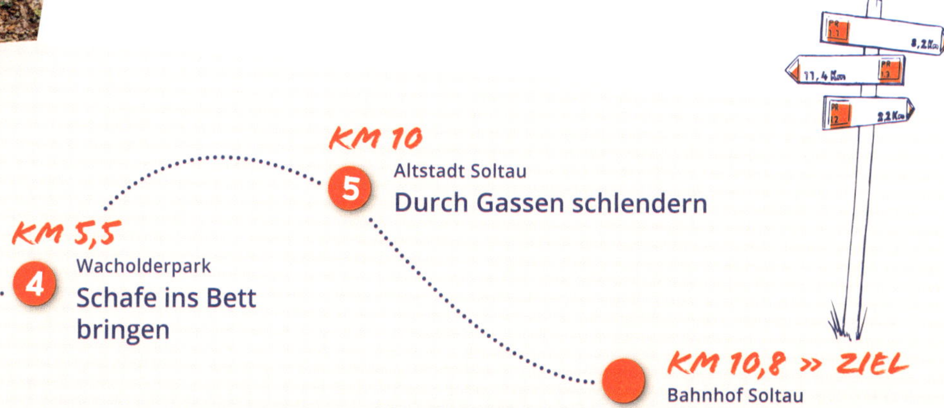

EIN HAUCH SKANDINAVIEN …

… weht durch das schnuckelige Städtchen **Soltau.** Während Backsteinbauten in Braunrot die übrigen Orte in der Lüneburger Heide prägen, strahlen hier die Häuserfassaden in Mint und Hellblau. Erst einmal aus der Fußgängerzone raus, setzt sich das Skandinavien-Feeling im Böhme-Familienpark fort.

Waldgeister mit schielenden Augen, langen Bärten und diabolischem Lachen »bewachen« das Tor zu einer anderen Welt – eine Naturoase mit Grünflächen, Spielplätzen und Teichen. Im Sommer backen die Kleinen am Wasserspielplatz Matschkuchen, im Herbst strahlen Schilf und Ahorn in Quittengelb und Zinnoberrot.

Auf der ersten Hälfte der Tour ist die Böhme stete Begleiterin. Brücken überspannen das Bächlein. Ab der Wassermühle wird der Bach zum Fluss und kurvt wie im Lehrbuch in nahezu 360-Grad-Schleifen durch den Wald. Innehalten und Stille genießen. Wobei – so still ist es nicht. Erst leise, dann lauter ertönt der Sound von Blätterrauschen bei jedem Schritt auf weichem Waldboden. Eicheln, die unter Wanderschuhen knacken. Ruft da ein Falke? Drei Buchen stehen imposant am Hang. Laub wärmt Wurzelwerk. Wald- statt Solebaden.

IM BÖHMEWALD ERTÖNT DIE NATURSOUND-PLAYLIST, WARME FARBEN BETÖREN DEN BLICK

Auf der Brücke in **Röders' Park im Halifax** turtelt ein Paar. Gerade, schief, spiralig – Baumstämme jeglicher Form spiegeln sich im See. Moos am Seeufer federt jeden Schritt.

Wald, Fluss, Heide, Bahnübergang, Bundesstraße. Dann ein Schafstall, reetgedeckt bis zum Boden. Besenheiden blühen in der Verlängerung. Mit ihren zartrosa Blüten wirken sie wie Exoten, denn die meisten ihrer Artgenossen verweilen bereits im Winterschlaf. Meterhoher Wacholder, helle Birken, dunkle Fichten, Nebel und Frost – fertig ist die Kulisse für einen Heide-Krimi. Auf einer Bank verweilen, den **Wacholderpark** auf sich wirken lassen. So viel Lüneburger Heide am Stadtrand? Das ist besonders.

Mit aufgeladenen Akkus geht es zurück ins Soltauer Stadtleben. Durch die Fußgängerzone flanieren, Schaufensterbummeln, Magd und Jüngling beim Flirten zuschauen. Eine wohltuende Auszeit neigt sich dem Ende zu. «

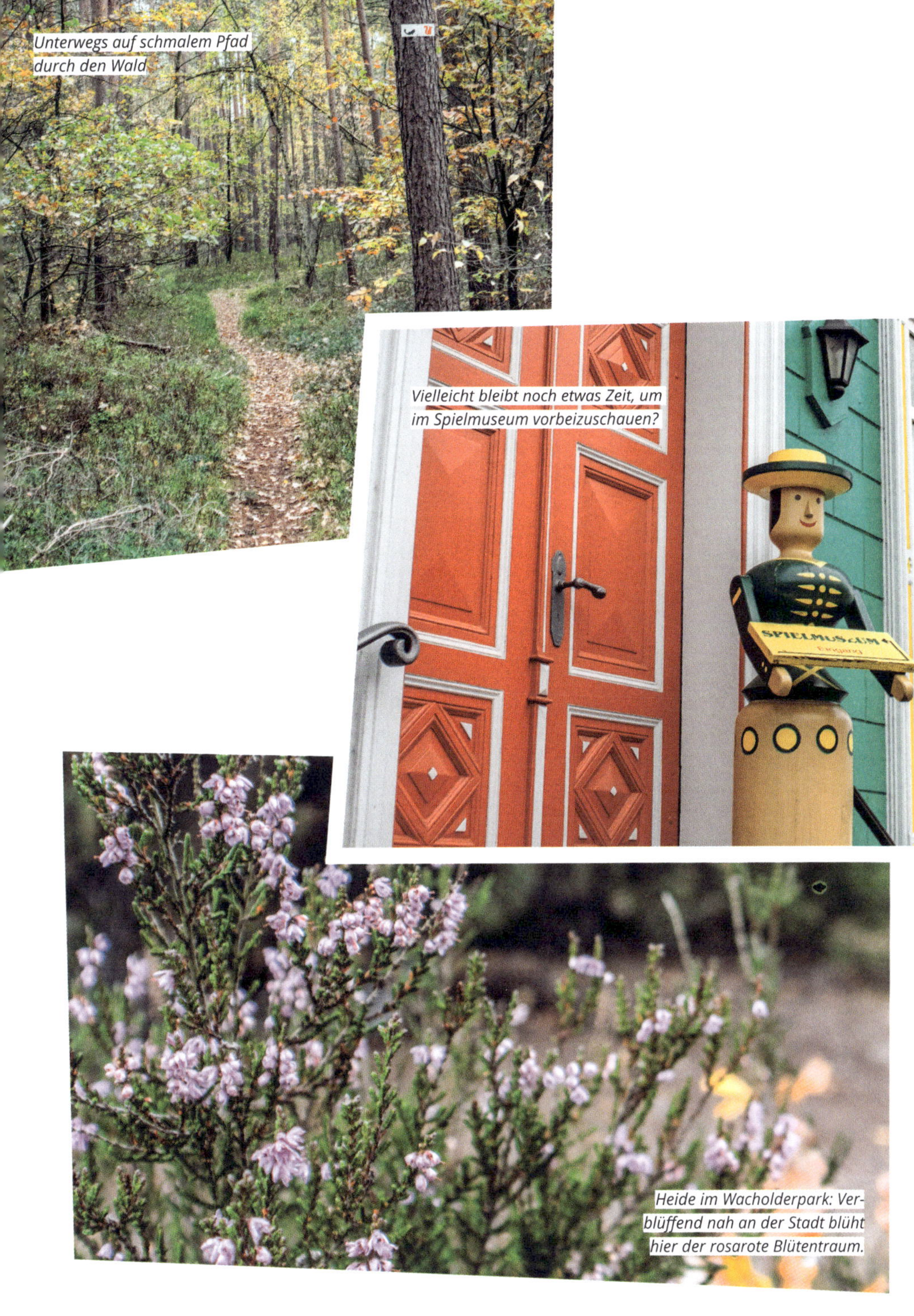

Unterwegs auf schmalem Pfad durch den Wald

Vielleicht bleibt noch etwas Zeit, um im Spielmuseum vorbeizuschauen?

Heide im Wacholderpark: Verblüffend nah an der Stadt blüht hier der rosarote Blütentraum.

WANDERN & GENIESSEN

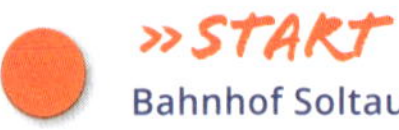

»START
Bahnhof Soltau

Bahnhof rechts herum verlassen, Straßenseite an der Ampel wechseln, links auf Walsroder Straße weiter bis zur Bronzefigur »Die Postfrau von Soltau«. Das Café liegt zwischen Am Alten Stadtgraben und Georges-Lemoine-Platz, kurz vor der Brücke mit der roten Bücher-Telefonzelle.

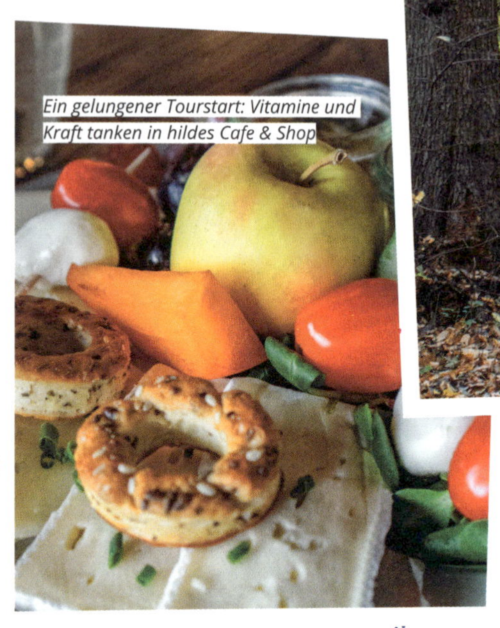

Ein gelungener Tourstart: Vitamine und Kraft tanken in hildes Cafe & Shop

KM 0,5

1 hildes Cafe & Shop

Erst mal frühstücken

Dunkle Wände, warmes Licht. In der Kuchenvitrine stehen Kalter Hund, Mango-Cheesecake und gebrannte Mandeln. Statt Kaffee und Kuchen, wie es typisch für die Lüneburger Heide ist, gibt es zum Auftakt der Tour ein leckeres Frühstück mit Aufschnitt, veganen Aufstrichen und Heißgetränk. Besitzerin Nathalie widmete das Café ihrer Oma Hildegard aus Hamburg. Von der Großstadt in die Heide – die spannende Familiengeschichte liest sich wie ein Groschenroman. Wer gerne schmökert, der findet von Oma Hilde gelesene Romane an der Kasse und kann während der Auszeit zwischen Buchseiten abtauchen. (hildes-cafe.de; Tischreservierung empfohlen)

Auf Am Alten Stadtgraben an der Touristen-Information vorbei bis zum Spielmuseum Soltau. Rechts auf Wilhelmstraße abbiegen und Straße an der Ampel am Ende der Fußgängerzone überqueren. Der Eingang zum Böhme-Familienpark mit den drei Waldgeistern ist gut zu erkennen. Heidschnucken-Wanderweg (weißes H auf schwarzem Hintergrund) folgen, Soltau-Therme passieren, rechts abbiegen und Fluss folgen.

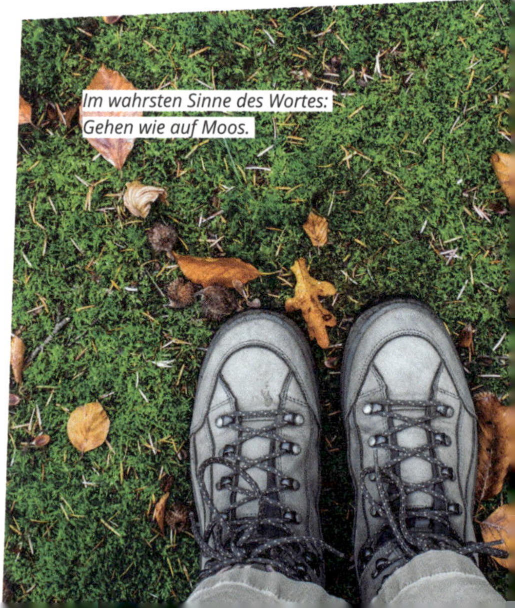

Im wahrsten Sinne des Wortes: Gehen wie auf Moos.

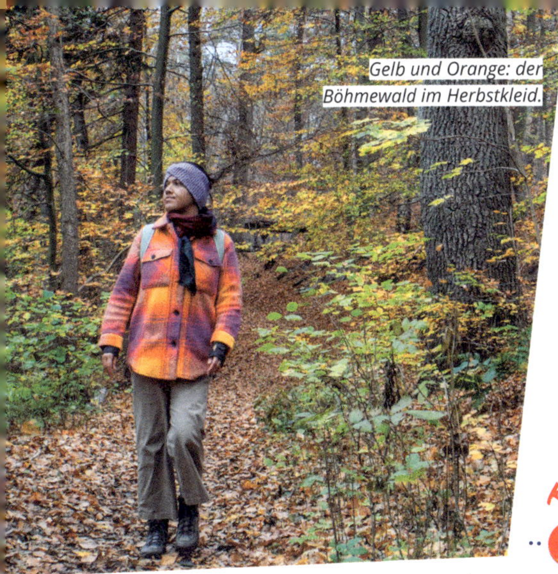
Gelb und Orange: der Böhmewald im Herbstkleid.

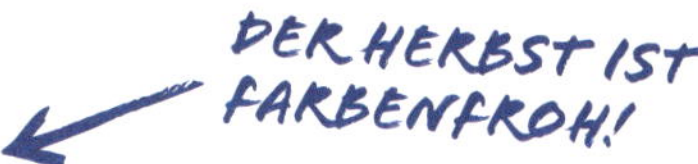

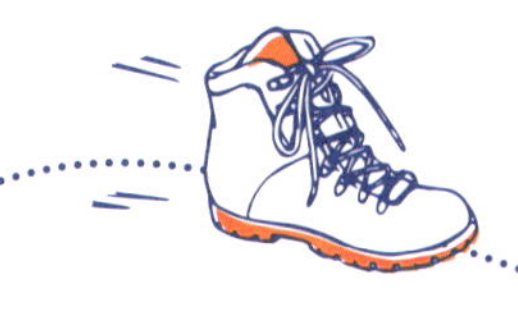

KM 2

Böhmewald

Waldbaden

Waldbaden ist ganz leicht. Und dieser Märchenwald an der Böhme eignet sich bestens dazu. Einfach einen Miniurlaub vom Alltag einlegen. Ohren spitzen und den Tönen aus dem Dickicht lauschen. Blick schärfen, Baumrinden scannen, tasten. Die Rinde von Buchen ist grau und glatt. Erlen tragen in jungen Jahren einen grünbraunen Mantel, mit zunehmendem Alter wird er schwarzbraun und zeigt tiefe Risse. Die Formen von Eichenblättern erinnern an Wolken und die Schalen von Bucheckern an kleine Seesterne.

An der Weggabelung den Heidschnuckenweg verlassen und Wegweisern Blaue Forelle, Gelber Schmetterling und Roter Pilz folgen. Ein Pfad führt durch Schilf und Gräser über eine Holzbrücke zum Halifax/Röders' Park.

KM 3

3 Halifax/Röders' Park

Auf dem 53. Breitengrad

Na gut, 100 Prozent Indian Summer ist das nicht: Kanadische Wälder leuchten im Herbst rot, deutsche Mischwälder gelb-orange. Mit ein bisschen Fantasie klappt der Vergleich aber. Zudem trägt die Parkanlage aus dem 19. Jahrhundert den Beinamen Halifax. Zufall, dass Soltauer Halifax und das kanadische Pendant beide auf dem 53. Breitengrad liegen? Die Soltauer Familie Röders legte die Oase mit Seen einst an und ist in sechster Generation dem Zinn treu geblieben. Es begann mit Zinngeschirr und Figuren mit Heidemotiven für die Soltauer Bürger:innen, später kamen filigrane Abbildungen von Gästen für den Königshof in Hannover dazu. Heute besteht das Unternehmen mit Hochgeschwindigkeitsfräsen auf dem internationalen Weltmarkt.

Der Blauen Forelle folgen. Auf Einfrielinger Weg gen Westen, Kuhweide und Hof Einfrielingen umrunden, Böhme überqueren und durch den Wald bis zur Winsener Straße. Links ab, am Hotel Soltauer Hof und Hotel Park Soltau vorbei, über die Bahngleise der Haltestelle Soltau Nord. Links halten, direkt rechts auf Waldpfad abbiegen. An der nächsten Weggabelung rechts zur Winsener Straße. Auf der anderen Seite liegt der Wacholderpark.

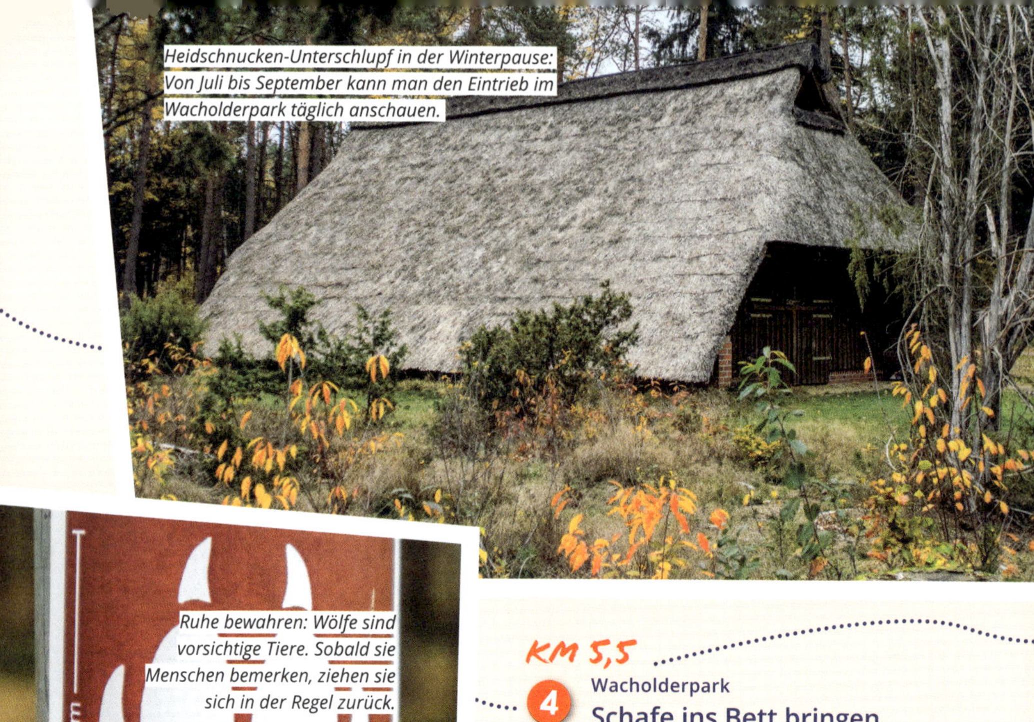

Heidschnucken-Unterschlupf in der Winterpause: Von Juli bis September kann man den Eintrieb im Wacholderpark täglich anschauen.

Ruhe bewahren: Wölfe sind vorsichtige Tiere. Sobald sie Menschen bemerken, ziehen sie sich in der Regel zurück.

SO GROSS IST EINE WOLFSTATZE

KM 5,5

4 Wacholderpark

Schafe ins Bett bringen

Im Sommer schlagen romantische Herzen höher, denn dann trägt der Wacholderpark sein lilafarbenes Kleid. Blöken, rascheln – der Schäfer treibt sechs Wochen lang im Sommer Schnuckis in den Schafstall (tgl. 17 Uhr). Im Herbst und Winter breitet sich wie von Zauberhand Nebel zwischen Besenheide aus und hüllt den Park in eine mystische Stimmung. In dieser Kulisse spielt der »Baum des Lebens« die Hauptrolle. Wacholder hält böse Geister und Hexen fern, belebt und erdet. So mancher in der Heide braut sogar damit und ist international erfolgreich.

Wacholderpark gen Südosten verlassen und Radweg, parallel zur Kutschspur, in Richtung Soltau folgen bis zum Bahnübergang. Auf der anderen Seite links in den Wald hinein, geradeaus, am Löns-Stein links vorbei bis zur Siedlung. Dann rechts weiter auf Löns-Weg und Böningweg bis zum Kreisel. Links durch Böhme-Familienpark. Nur noch ein kleines Stück bis zur Wilhelmstraße und der Fußgängerzone.

KM 10

5 Altstadt Soltau

Durch Gassen schlendern

Wasser ist in Soltau allgegenwärtig. Die Bronzeskulptur »Findling mit Ringern« von Kurt Tassotti ist zugleich Brunnen. Auf dem Marktplatz erinnert der »Heiratsbrunnen« an eine Zeit, in der Wasserholen gleichbedeutend mit Partnervermittlung war. Ein architektonisches Schmuckstück im Stil der Weser-Renaissance ist **Haus 22 in der Marktstraße**. Das älteste Textil der Welt rückt in **felto – Filzwelt Soltau** in einem denkmalgeschützten Filzlager in den Fokus. Vom Aussichtsbalkon hat man einen schönen Blick auf die Dächer der Böhme-Stadt. Filzmarkt und Weltladen im Erdgeschoss laden zum Stöbern ein. (filzwelt-soltau.de)

Am Ende der Fußgängerzone von Marktstraße vorbei an Stopp 1 zur Hauptstraße Am Stadtgraben. Links abbiegen auf Walsroder Straße, weiter zum Bahnhof (wie Hinweg).

EXTRA INFOS:

Ein Schlenker von knappen 5 Gehminuten lohnt, bevor es zum finalen Stopp in die Altstadt zurückgeht. Am Kreisel der Winsener Straße nach Norden folgen. Auf der rechten Straßenseite liegt das ● **Brauhaus Joh. Albrecht** (brauhaus-joh-albrecht.de/soltau/). Auf der Karte stehen hausgebrautes Craft-Bier, vegetarisches Schnitzel, Falafel-Burger sowie klassische Brauhausspezialitäten wie Schweinehaxe, Rippchen und »Knipp« – eine scharf angebratene Wurstspezialität aus der Heide. Lieber Lust auf riesige Tortenstücke oder Eis? Direkt am Böhmepark liegt das ● **Café Chocolat** (Bornemannstr. 7 | Di–So 9–18 Uhr).

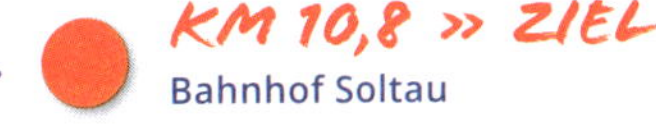

KM 10,8 » ZIEL

Bahnhof Soltau

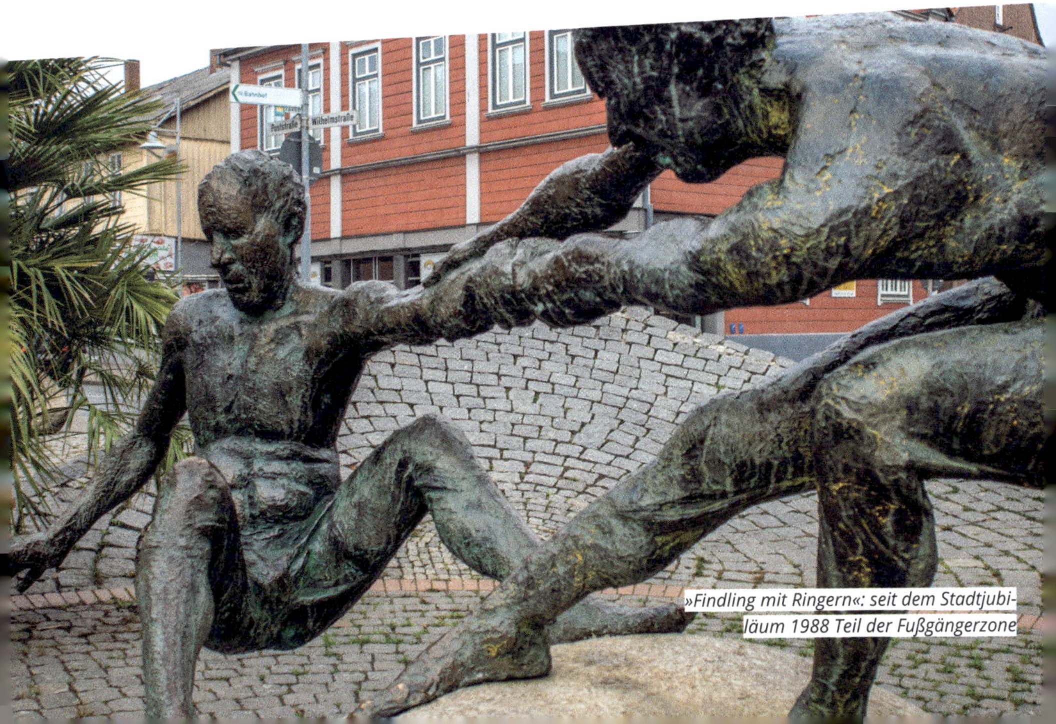

»Findling mit Ringern«: seit dem Stadtjubiläum 1988 Teil der Fußgängerzone

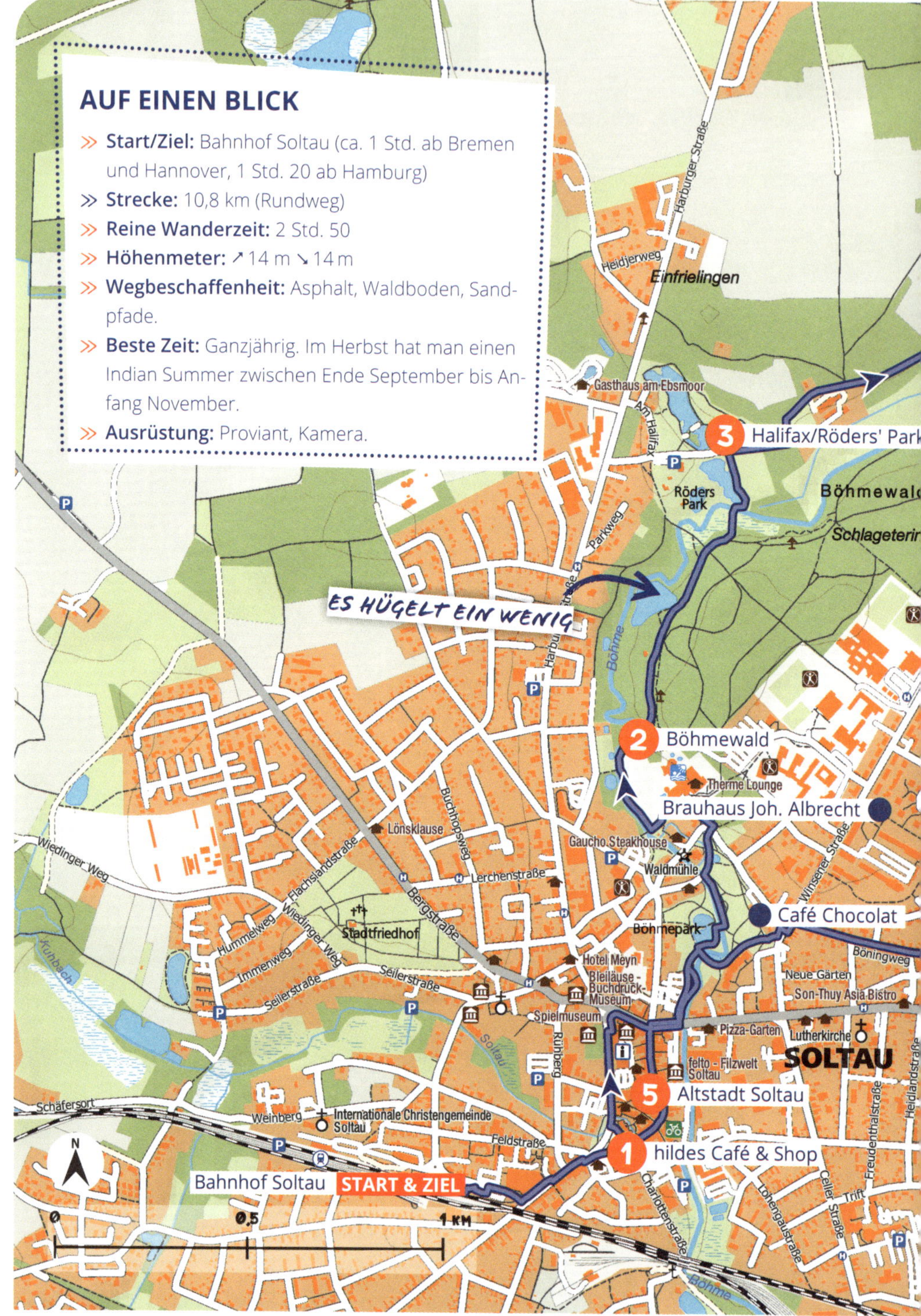

AUF EINEN BLICK
» Start/Ziel: Bahnhof Soltau (ca. 1 Std. ab Bremen und Hannover, 1 Std. 20 ab Hamburg)
» Strecke: 10,8 km (Rundweg)
» Reine Wanderzeit: 2 Std. 50
» Höhenmeter: ↗ 14 m ↘ 14 m
» Wegbeschaffenheit: Asphalt, Waldboden, Sandpfade.
» Beste Zeit: Ganzjährig. Im Herbst hat man einen Indian Summer zwischen Ende September bis Anfang November.
» Ausrüstung: Proviant, Kamera.
ES HÜGELT EIN WENIG
3 Halifax/Röders' Park
2 Böhmewald
5 Altstadt Soltau
1 hildes Café & Shop
Brauhaus Joh. Albrecht
Café Chocolat
Bahnhof Soltau
START & ZIEL
SOLTAU
Einfrielingen
Böhmewald
Schlageterin
Röders Park
Harburger Straße
Heidjerweg
Gasthaus am Ebsmoor
Am Halifax
Parkweg
Böhme
Therme Lounge
Gaucho Steakhouse
Waldmühle
Böhmepark
Hotel Meyn
Bleiläuse-Buchdruck-Museum
Spielmuseum
Pizza-Garten
Lutherkirche
Neue Gärten
Son-Thuy Asia Bistro
Böningweg
Winsener Straße
felto - Filzwelt Soltau
Lönsklause
Buchhopsweg
Lerchenstraße
Bergstraße
Flachslandstraße
Wiedinger Weg
Stadtfriedhof
Hummelweg
Immenweg
Seilerstraße
Soltau
Rühberg
Kuhbach
Schäfersort
Weinberg
Internationale Christengemeinde Soltau
Feldstraße
Charlottenstraße
Lohengausstraße
Celler Straße
Trift
Freudenthalstraße
Heidlandstraße
N
0
0,5
1 KM

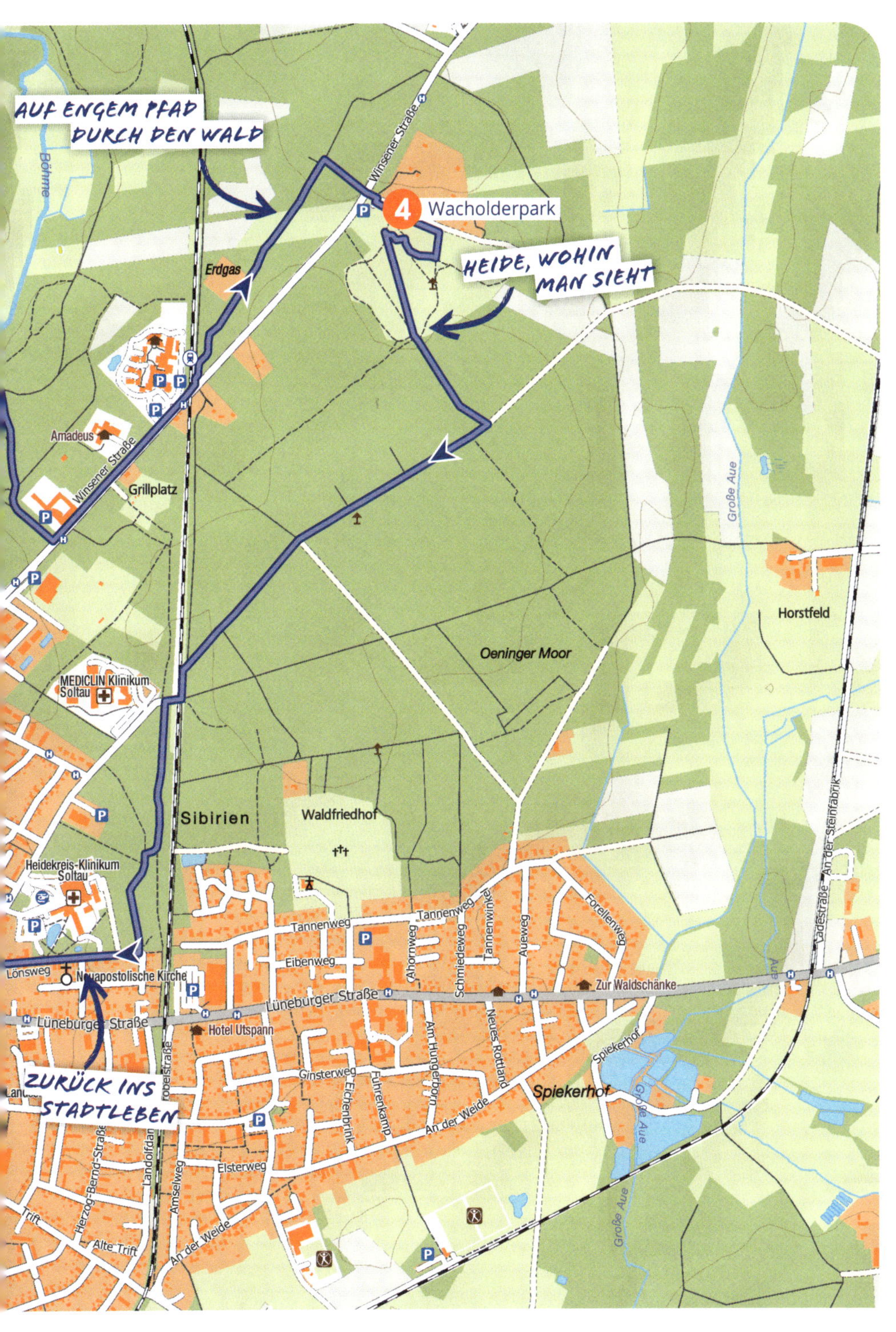

AUF ENGEM PFAD DURCH DEN WALD
HEIDE, WOHIN MAN SIEHT
ZURÜCK INS STADTLEBEN
4 Wacholderpark
Winsener Straße
Böhme
Erdgas
Amadeus
Grillplatz
MEDICLIN Klinikum Soltau
Heidekreis-Klinikum Soltau
Sibirien
Waldfriedhof
Oeninger Moor
Horstfeld
Große Aue
Tannenweg
Eibenweg
Lönsweg
Neuapostolische Kirche
Lüneburger Straße
Hotel Utspann
Zur Waldschänke
Ahornweg
Schmiedeweg
Tannenwinkel
Aueweg
Forellenweg
Ginsterweg
Eichenbrink
Führenkamp
Am Hungerborn
Neues Rottland
Spiekerhof
An der Weide
Elsterweg
Amselweg
Landolfdamm
Herzog-Bernd-Straße
Trift
Alte Trift
Ladestraße
An der Steinfabrik

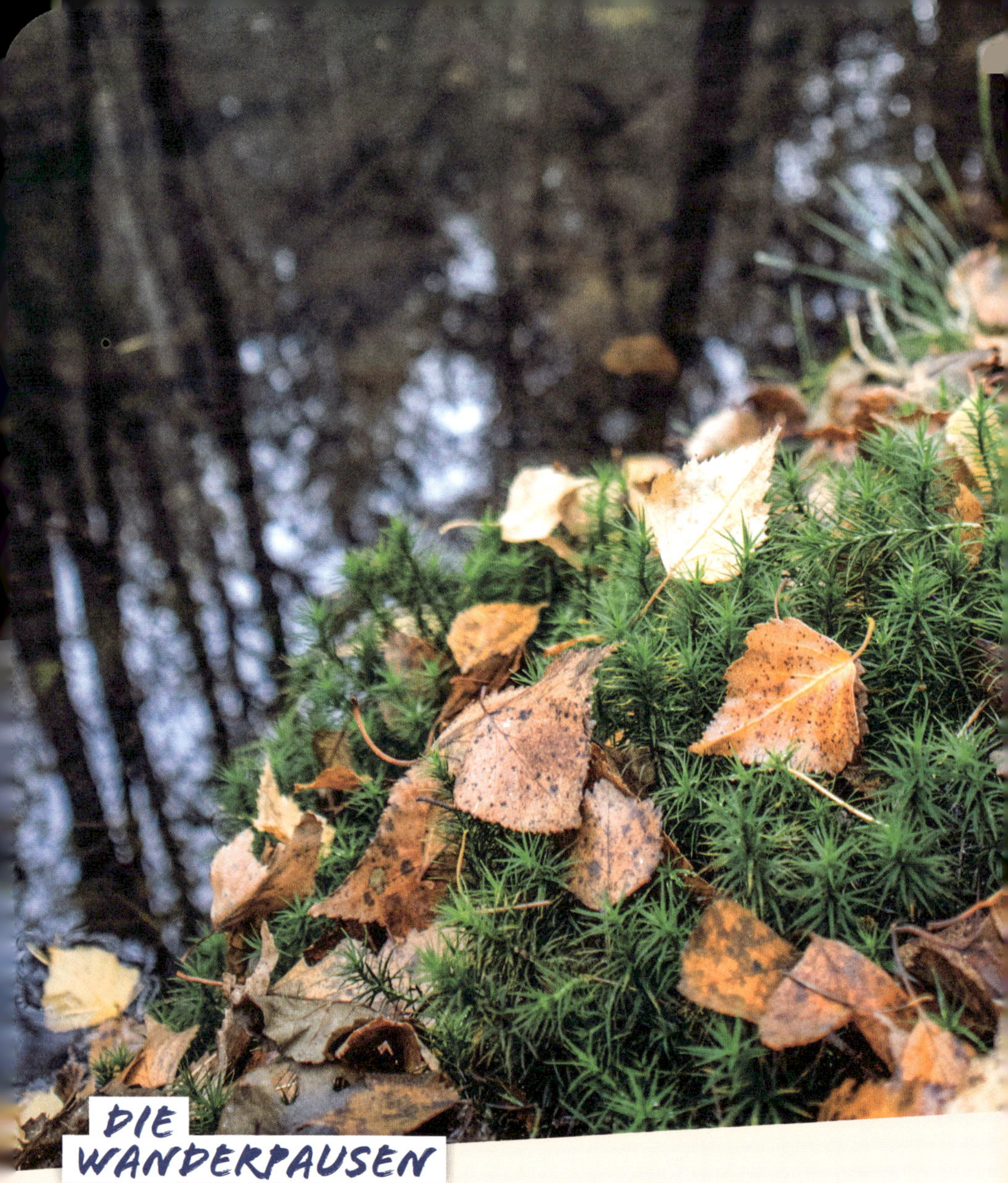

DIE WANDERPAUSEN

» START
Bushaltestelle Hermannsburg, Ortsmitte/Rathaus

KM 0,5
1 Peter-Paul-Kirche
Zwischen Turmspitzen

KM 2
2 Evangelisch-lutherisches Missionswerk
Frieden finden

KM 5

Wassertretstelle
Alle gucken zu

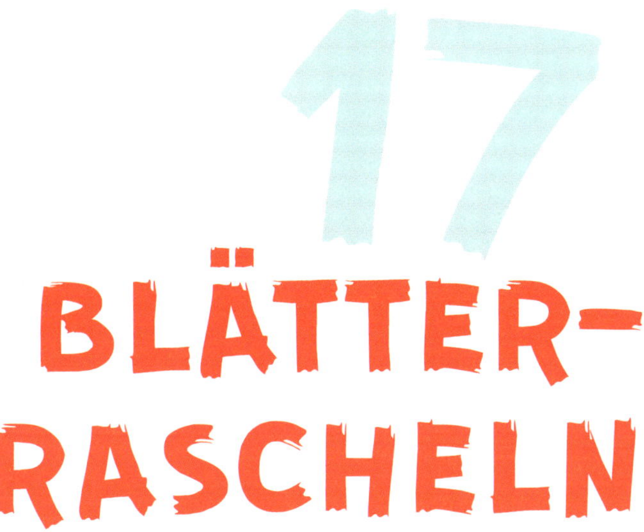

17 BLÄTTER-RASCHELN

Rund um Hermannsburg

Im Herbstkleid zeigt sich Hermannsburg dank bunter Laubfärbung und tief stehender Sonne von seiner allerschönsten Seite. Vor der Winterpause noch einmal alle Sinne anknipsen, den Kreislauf ankurbeln und die Zeit an Fluss und weiter Flur vergessen.

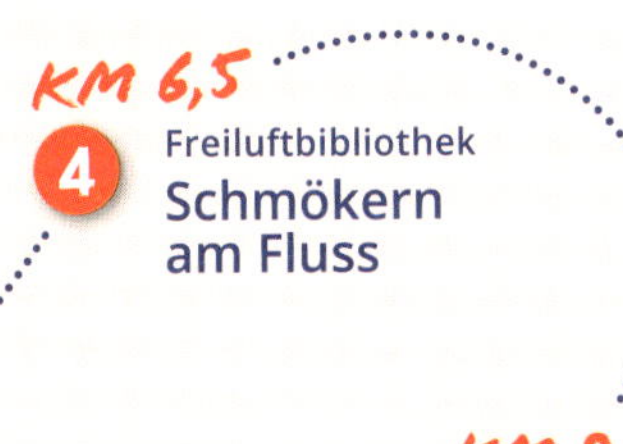

KM 6,5

4 Freiluftbibliothek
Schmökern am Fluss

KM 8

5 Imkerei Helmut Völker
Honig auf Knopfdruck

KM 9,6 » ZIEL

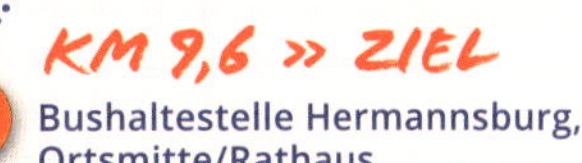

Bushaltestelle Hermannsburg, Ortsmitte/Rathaus

MALERISCH IM ÖRTZETAL EINGEBETTET …

… liegt **Hermannsburg.** Den Auftakt dieser entspannten Tour macht ein Bummel durch den Ortskern. Die Große Kreuzkirche aus Backstein ist von Weitem zu sehen. 50 Meter ragt der Kirchturm in die Höhe. Hier liegt die Wiege des größten Missionswerks in Deutschland. Die Peter-Paul-Kirche, einst Dorfkirche, trägt ein weißes Gewand. Im Inneren befinden sich ein hölzernes Taufbecken und das Modell eines Missionsschiffes.

Ein Abstecher zu Wiesen und zum Fluss. Herrlich klingt das Plätschern unter der Brücke. Der Startpunkt eines Pilgerwegs der anderen Art sorgt am **Missionswerk** für erhellende Denkanstöße. Wie gehen Frieden und Zivilcourage? Und was hat Frieden mit Gleichberechtigung zu tun?

Rein in den Wald. Sonnenstrahlen scheinen durch Baumwipfel. Der Herbstwind stupst Blätter an und bringt sie zum Rascheln und Rauschen. Tief durchatmen, Gedanken fliegen fort. Der Weesener Bach, auch Lutterbach genannt, gesellt sich als Weggefährte hinzu. Weiße Birken wurzeln im Flussbett, Moosteppiche überziehen Baumstümpfe, Steilhänge fallen zum Wasser hinab, Kieselsteine glitzern. Wer sich zu jeder Jahreszeit etwas Gutes tun möchte, kurbelt den Kreislauf mit **Wassertreten** an. Dieser schöne Platz unter großen Bäumen eignet sich perfekt zum Picknicken.

Beim Überqueren der Auto- und Fußgängerbrücke über die Örtze fällt die Bootsanlegestelle auf. Im Sommer muss es wirklich toll sein, hier ein Flussabenteuer zu starten. Und wie einst die Flößer durch die Landschaft zu gleiten.

Gelb, orange, rot. Die goldene Stunde taucht Wald und Wiesen in warmes Licht. Statt Laub rascheln Buchseiten. Manchmal braucht es nur einen schönen Sitzplatz, auf den die Sonne scheint und eine gute Lektüre. Zeit wird zur Nebensache und man verschwindet ganz im Hier und Jetzt. Der freie Platz im Rucksack, der zuvor ein Buch für die **Lesekiste** füllte, wird kurzerhand mit Süßem aus der **Imkerei** gefüllt. Durch die Grünanlage des Örtzeparks geht es dem Abschluss dieser Tour entgegen. «

WENN JEDES ZEITGEFÜHL BEIM SCHMÖKERN UNTER FREIEM HIMMEL VERLOREN GEHT

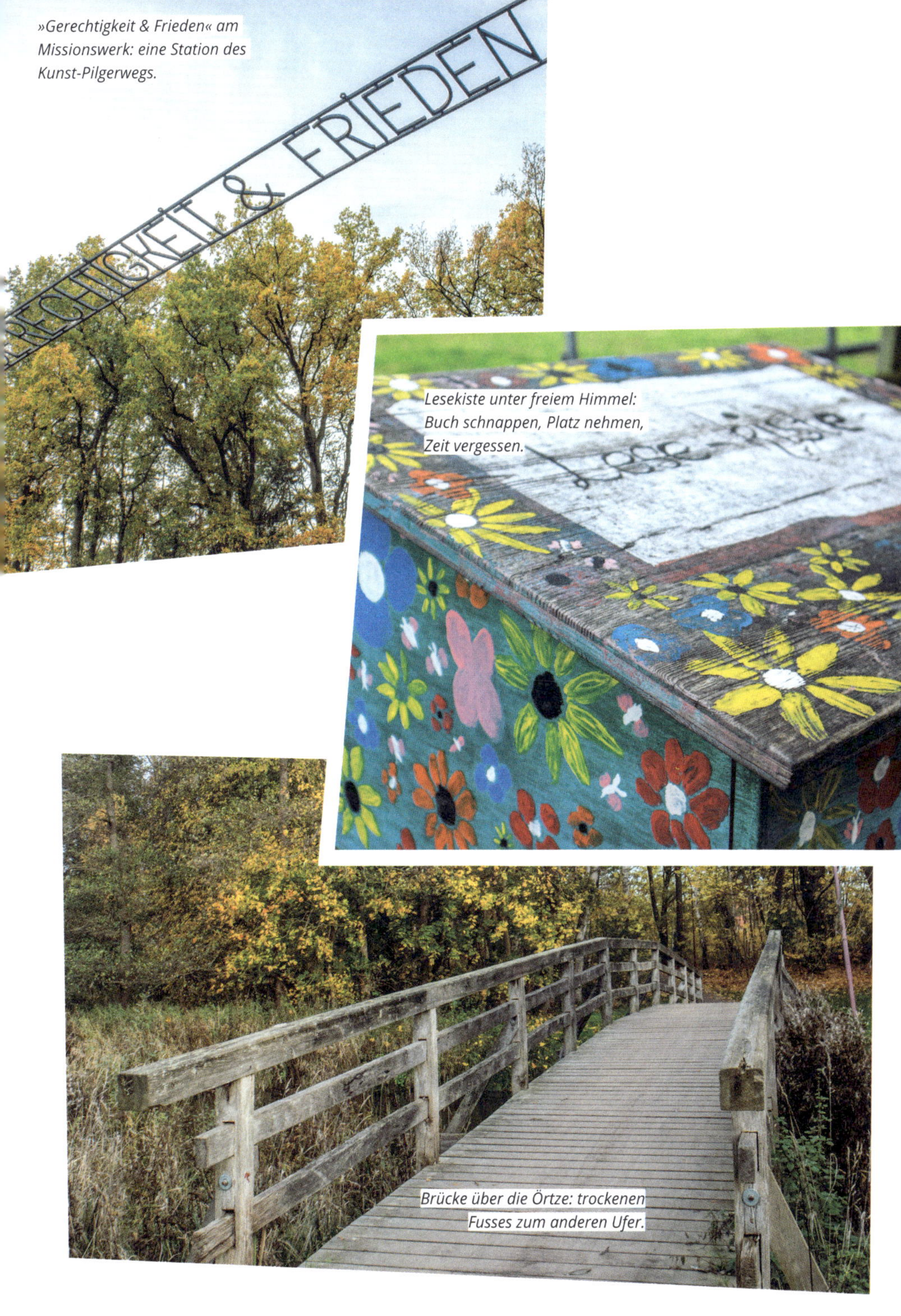

»Gerechtigkeit & Frieden« am Missionswerk: eine Station des Kunst-Pilgerwegs.

Lesekiste unter freiem Himmel: Buch schnappen, Platz nehmen, Zeit vergessen.

Brücke über die Örtze: trockenen Fusses zum anderen Ufer.

WANDERN & GENIESSEN

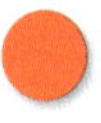

» START

Bushaltestelle Hermannsburg, Ortsmitte/Rathaus

Start am Rathaus. Empfohlene Route zur Besichtigung: Auf Am Markt und Junkernstraße zur Großen Kreuzkirche, dann auf Billingstraße zurück, an Peter-Paul-Kirche vorbei zur Lotharstraße.

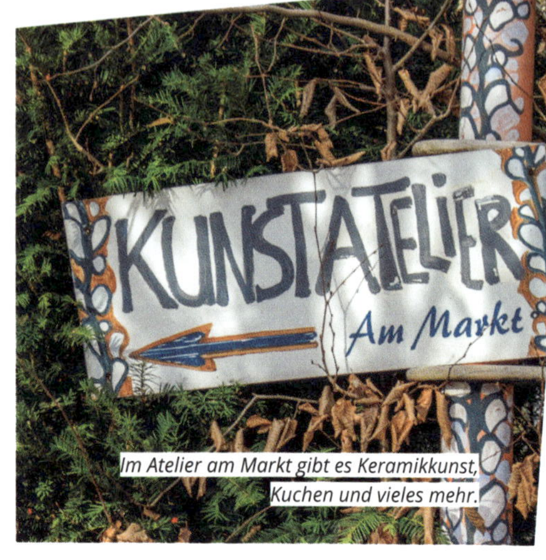

Im Atelier am Markt gibt es Keramikkunst, Kuchen und vieles mehr.

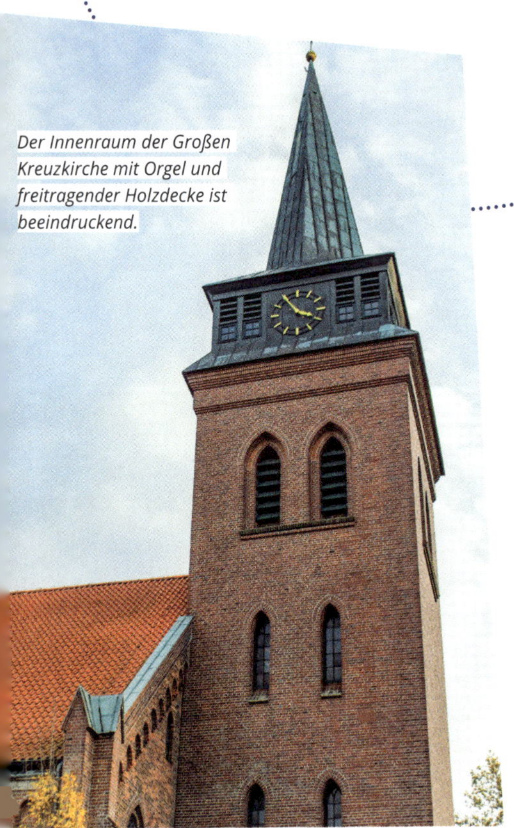

Der Innenraum der Großen Kreuzkirche mit Orgel und freitragender Holzdecke ist beeindruckend.

KM 0,5

Peter-Paul-Kirche

Zwischen Turmspitzen

Im Örtzetal zieht sich das Städtchen Hermannsburg am Fluss entlang. Von einer Burg weit und breit keine Spur. Dafür erinnert am Rathaus mit Touristen-Information eine Bronzeskulptur an ein Original: Timm Willem, mit bürgerlichem Namen Wilhelm Timme, zündete als Nachtwächter abends bei Wind und Wetter Laternen an. Mit Rad, Hund und Handglocke zog er als »Ausrufer« durch die Gassen, trieb Steuern ein, läutete die Glocke der **Peter-Paul-Kirche.** Kunstatelier, Kartoffelhof, Bunzlauer Keramik, kleine und große Kirchen – ein Streifzug durch den Ortskern mit über 1000-jähriger Geschichte, hübschen Läden und Backstein lohnt sich zur Einstimmung.

Celler Straße folgen, links abbiegen auf Olendrop, links über die Örtzebrücke und wieder links in Georg-Haccius-Straße.

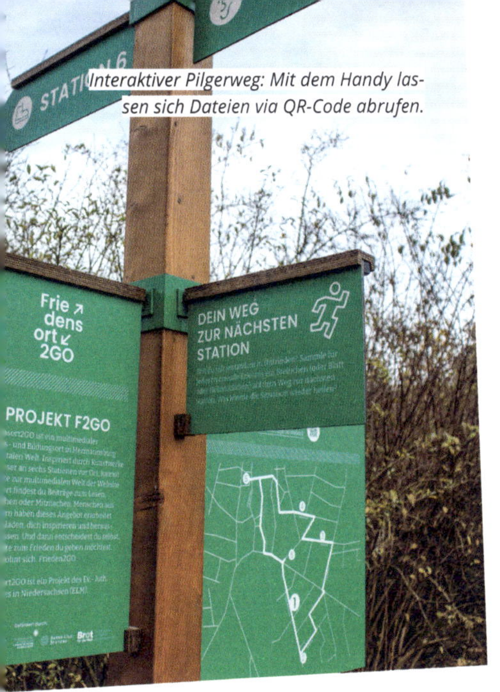

Interaktiver Pilgerweg: Mit dem Handy lassen sich Dateien via QR-Code abrufen.

KM 2

2 Evangelisch-lutherisches Missionswerk

Frieden finden

Eine Liegefläche aus Holz überspannt ein metallener Schriftzug. »Gerechtigkeit & Frieden« steht in großen Lettern in den Himmel geschrieben. Am Evangelisch-lutherischen Missionswerk befindet sich die erste von insgesamt sechs Stationen eines etwas anderen Pilgerwegs. Kunstwerke und multimedial aufbereitete Informationen beschäftigen sich mit dem Thema Frieden. Wer mag, scannt mit dem Handy QR-Codes und erhält Audiodateien und Textbeiträge.

Auf Georg-Haccius-Straße weiter, Lotharstraße überqueren und Harmsstraße folgen. Vorbei am Ludwig-Harms-Haus, dann weiter auf Missionsstraße. Links ab auf Sägenförth durch Wohngebiet. Auf Höhe Immenhoop rechts in den Wald hinein bis zum Weesener Bach, dann am Flussufer in entgegengesetzter Richtung weiter.

KM 5

3 Wassertretstelle

Alle gucken zu

Das letzte Teilstück am Weesener Bach ist besonders schön, oder? Weicher Waldboden, Heidelbeersträucher unter Kiefern, Birken und goldgelbes Laub, das durch die Luft segelt, bevor es zu Füßen fällt. Die kleine Badebucht mit Sand ist im Sommer perfekt zum Abkühlen und Erfrischen. Während Menschen Fleece und Daunen tragen, ist es den Wauzis an der Wassertretstelle nicht zu kalt. Sie toben und hüpfen im glasklaren Heidebach umher. Wasser spritzt, schlägt Wellen. Herrlich, da zuzuschauen! Wer es nicht gewohnt ist, schreckt bei Helikopterlärm, Waffen- und Explosionsgeräuschen zusammen – der Truppenübungsplatz ist deutlich zu hören.

Weesener Bach überqueren, links abbiegen und Radweg folgen. An der Bio-Gasanlage rechts der Autostraße Zur Örtze (E1-Fernwanderweg) folgen bis Zum Kanal in Baven, dann rechts weiter.

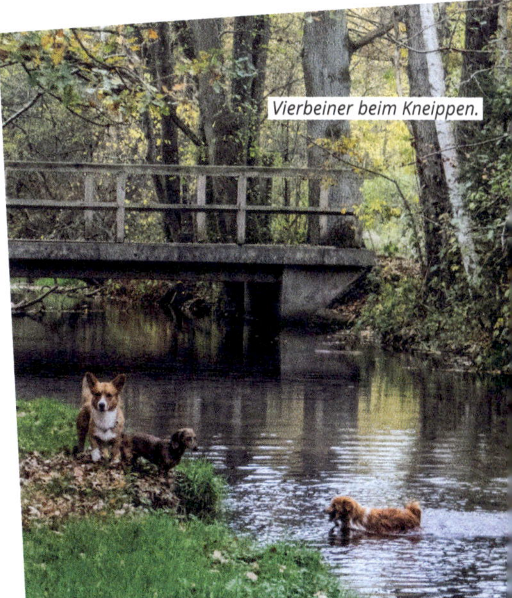
Vierbeiner beim Kneippen.

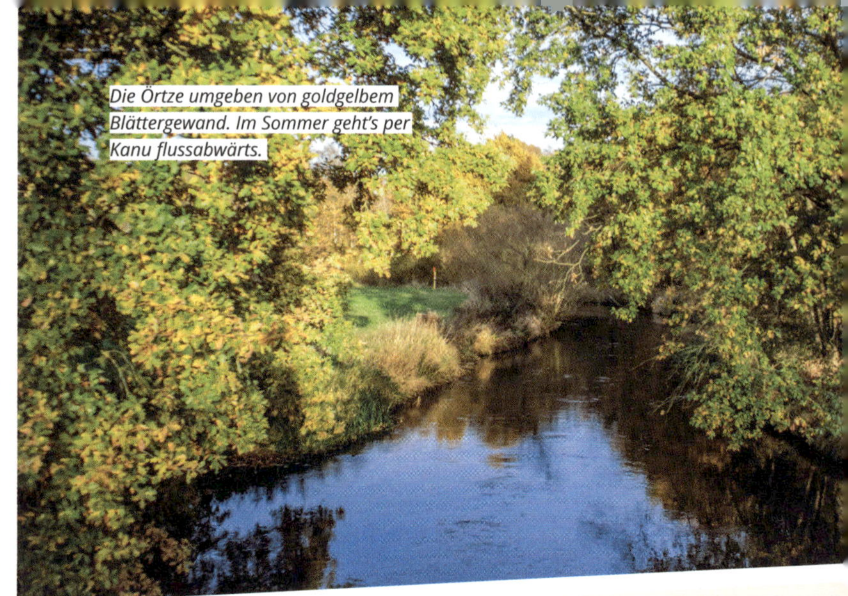

Die Örtze umgeben von goldgelbem Blättergewand. Im Sommer geht's per Kanu flussabwärts.

KM 6,5

4 Freiluftbibliothek

Schmökern am Fluss

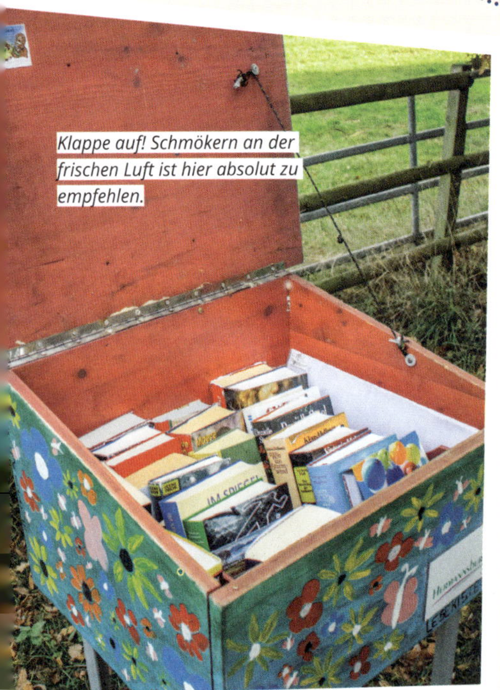

Klappe auf! Schmökern an der frischen Luft ist hier absolut zu empfehlen.

Eine bunte Lesekiste, eine Bank, freier Blick auf grüne Wiesen und orangefarbene Laubbäume. Dazwischen plätschert die Örtze aus Müden kommend in weiten Bögen gen Süden nach Hermannsburg weiter. Im Sommer und Herbst ist die Freiluftbibliothek im Miniformat 24/7 geöffnet. Jeder darf Bücher herausnehmen und hineinstellen. Platz nehmen, verweilen, schmökern und ganz ungeniert in Familientragödie und Schnulze abtauchen. Die Idee ist ein schönes Gemeinschaftsprojekt: Familienwerk, ortsansässige Firmen und Schüler:innen bieten mit den Kisten Gästen und Einheimischen abwechslungsreichen Lesestoff und verschönern jede Rast.

Zurück zur Hauptstraße Zur Örtze, die Straße überqueren, Zur Kalten Kirche geradeaus folgen. Der nächste Stopp liegt an der Kreuzung Billingstraße auf der anderen Straßenseite.

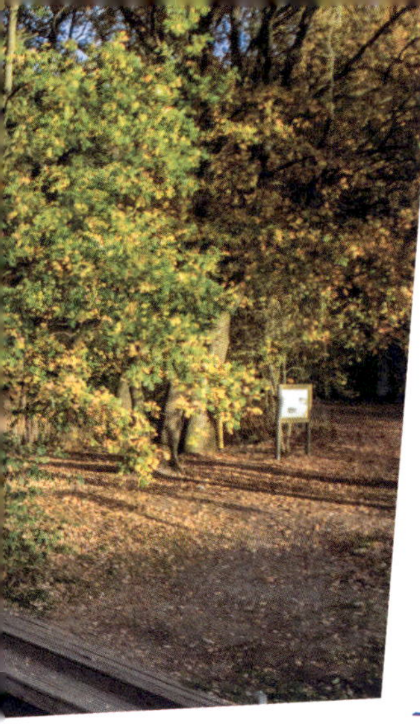

EXTRA INFOS:

Einen Tisch reservieren und auch gleich über Nacht bleiben kann man in ● **Ohlendorfs Gasthaus** (ohlendorfs-gasthaus.de). Selina und Florian Noll verwöhnen mit regionalen Speisen, die mal pfiffig, mal rustikal sind.

Sofern es der Pegelstand erlaubt, lohnt sich eine ● **Kanutour auf der Örtze** mit **Kanu Feeling** (Mitte Mai bis Mitte Oktober). Einen halben Tag (ca. 3,5 Std.) brauchen Paddelnde von Hermannsburg bis Eversen, einen Tag (ca. 6–7 Std.) bis nach Wolthausen – den Naturpark Südheide vom Wasser aus erleben ist ein unvergessliches Gefühl. (kanu-feeling.de)

KM 8

5 Imkerei Helmut Völker

Honig auf Knopfdruck

Herzhaft und kräftig oder lieber mild und fein? Die Wahl fällt beim Blick in den SB-Automat vor der Imkerei nicht leicht. Prima, der Hofladen ist offen und Verkosten erwünscht. Neben Honig bestücken Seifen, Schnäpse, Bonbons und Kerzen die Regale. Da findet sich sicherlich ein schönes Andenken oder Geschenk für Familie und Freunde. Mit den Bienen wandert Familie Völker-Kohrs übrigens durch den gesamten norddeutschen Raum – zur Rapsblüte an die Ostseeküste, nach Braunschweig und Hannover zur Wald- und Sommerhonigernte und zum krönenden Abschluss des Bienenjahres durch die Heide. (imkerei-voelker.de)

Billingstraße weiter, bei der nächsten Möglichkeit links abbiegen, Pfad zum Örtzepark folgen. Von der Lotharstraße zurück zum Rathaus.

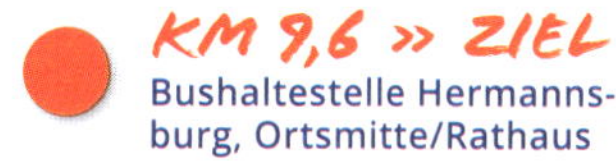

KM 9,6 » ZIEL

Bushaltestelle Hermannsburg, Ortsmitte/Rathaus

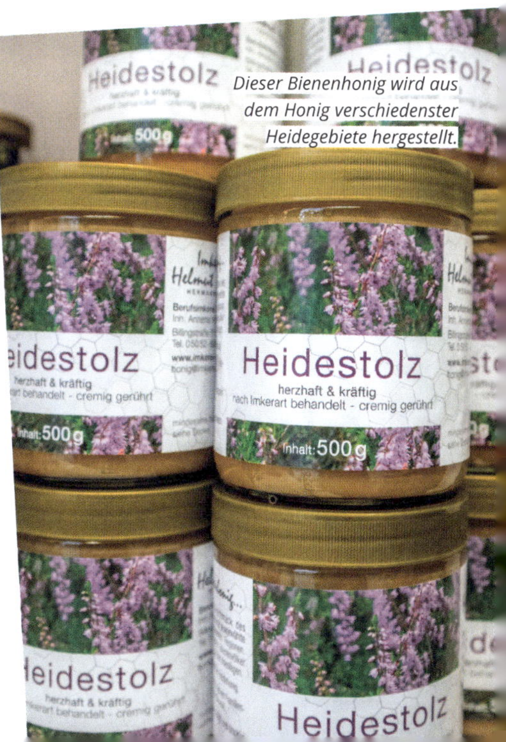

Dieser Bienenhonig wird aus dem Honig verschiedenster Heidegebiete hergestellt.

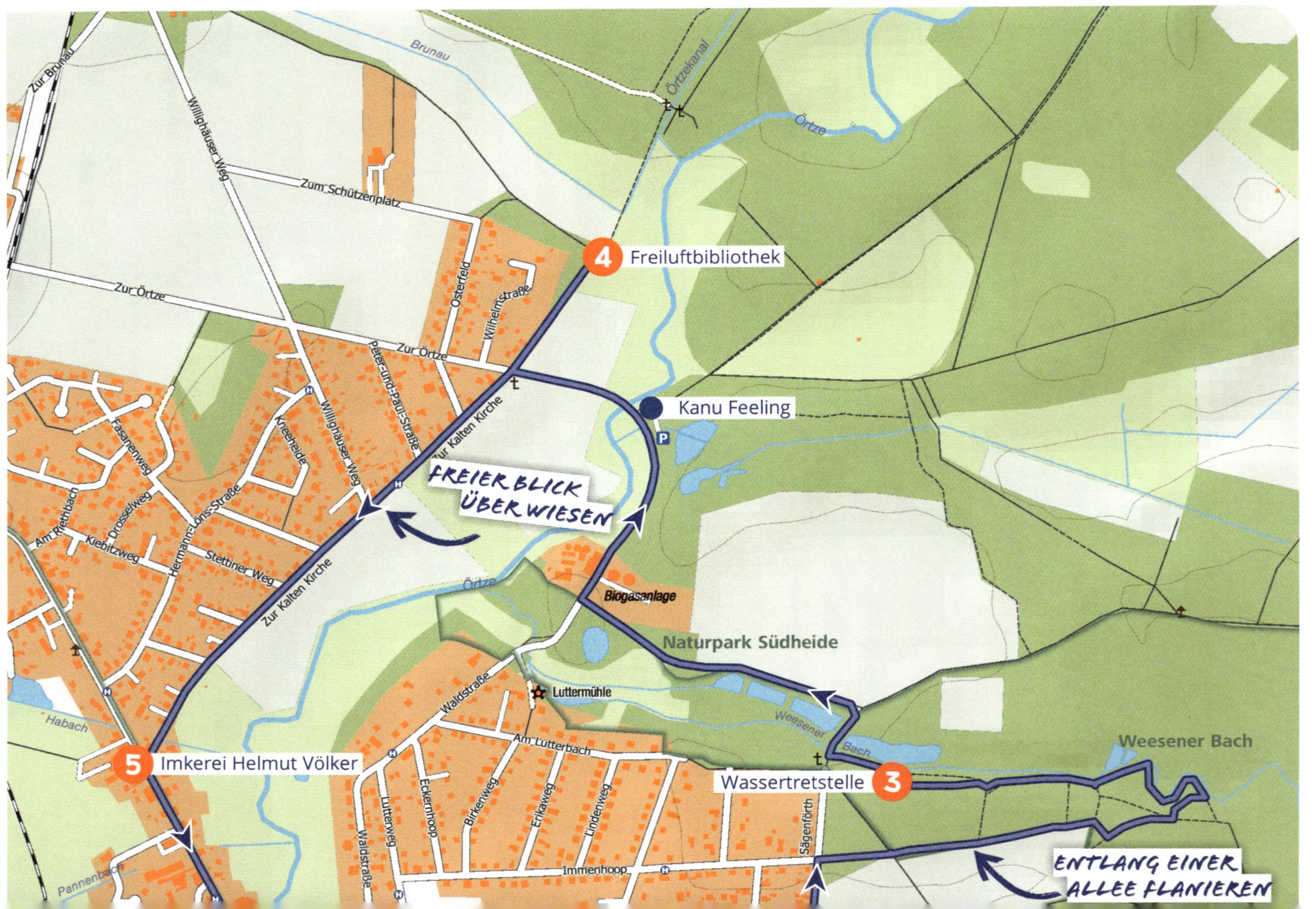

Freiluftbibliothek
4
Kanu Feeling
FREIER BLICK ÜBER WIESEN
Biogasanlage
Naturpark Südheide
Luttermühle
Weesener Bach
Wassertretstelle
3
ENTLANG EINER ALLEE FLANIEREN
Imkerei Helmut Völker
5
Brunau
Örtzekanal
Örtze
Zur Brunau
Willighäuser Weg
Zum Schützenplatz
Zur Örtze
Osterfeld
Wilhelmstraße
Peter-und-Paul-Straße
Zur Kalten Kirche
Kneeheide
Fasanenweg
Drosselweg
Am Riethbach
Kiebitzweg
Hermann-Löns-Straße
Stettiner Weg
Habach
Pannenbach
Waldstraße
Am Lutterbach
Lutterweg
Eckernhoop
Birkenweg
Erikaweg
Lindenweg
Immenhoop
Sägenförth

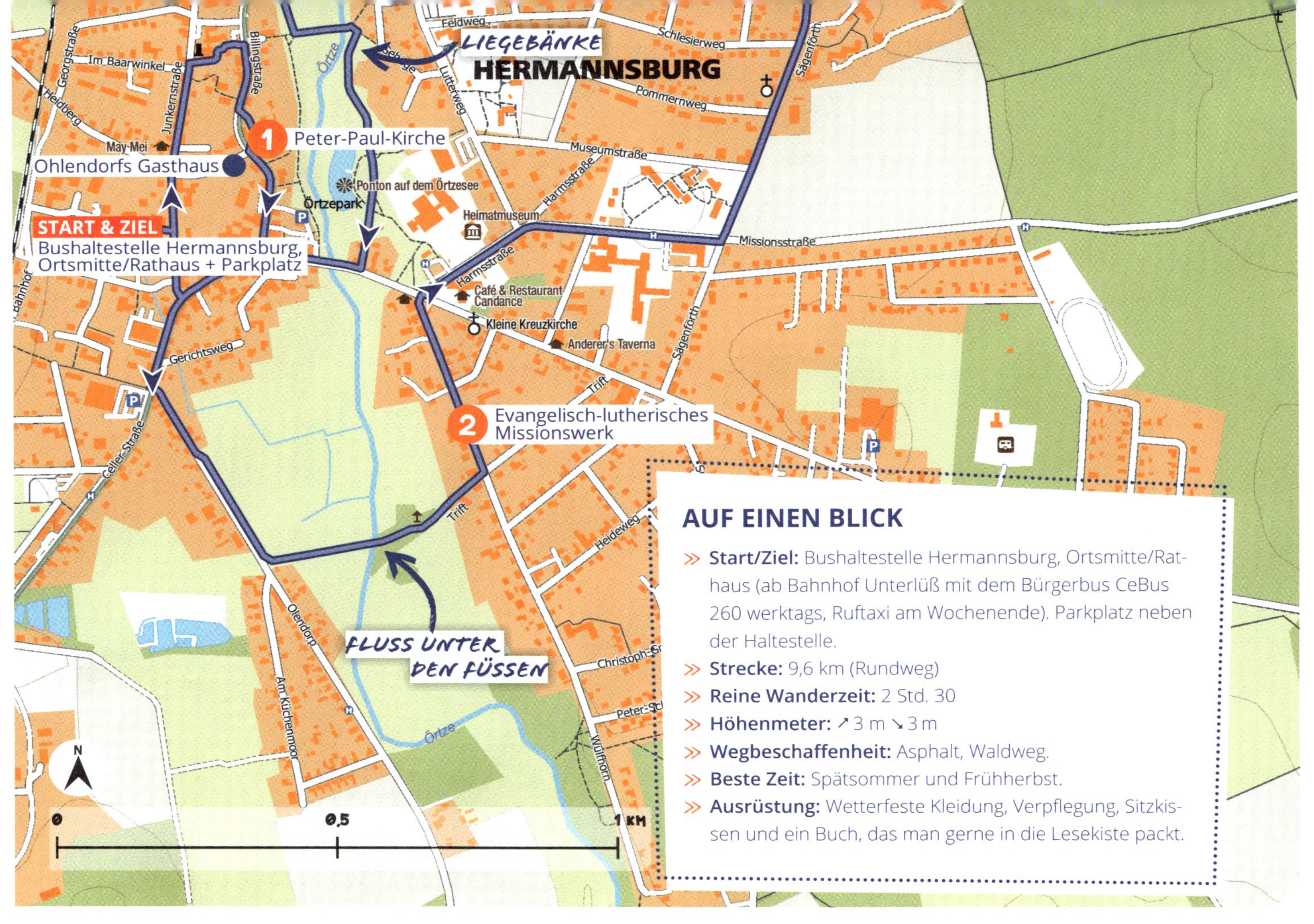

AUF EINEN BLICK

- **Start/Ziel:** Bushaltestelle Hermannsburg, Ortsmitte/Rathaus (ab Bahnhof Unterlüß mit dem Bürgerbus CeBus 260 werktags, Ruftaxi am Wochenende). Parkplatz neben der Haltestelle.
- **Strecke:** 9,6 km (Rundweg)
- **Reine Wanderzeit:** 2 Std. 30
- **Höhenmeter:** ↗ 3 m ↘ 3 m
- **Wegbeschaffenheit:** Asphalt, Waldweg.
- **Beste Zeit:** Spätsommer und Frühherbst.
- **Ausrüstung:** Wetterfeste Kleidung, Verpflegung, Sitzkissen und ein Buch, das man gerne in die Lesekiste packt.

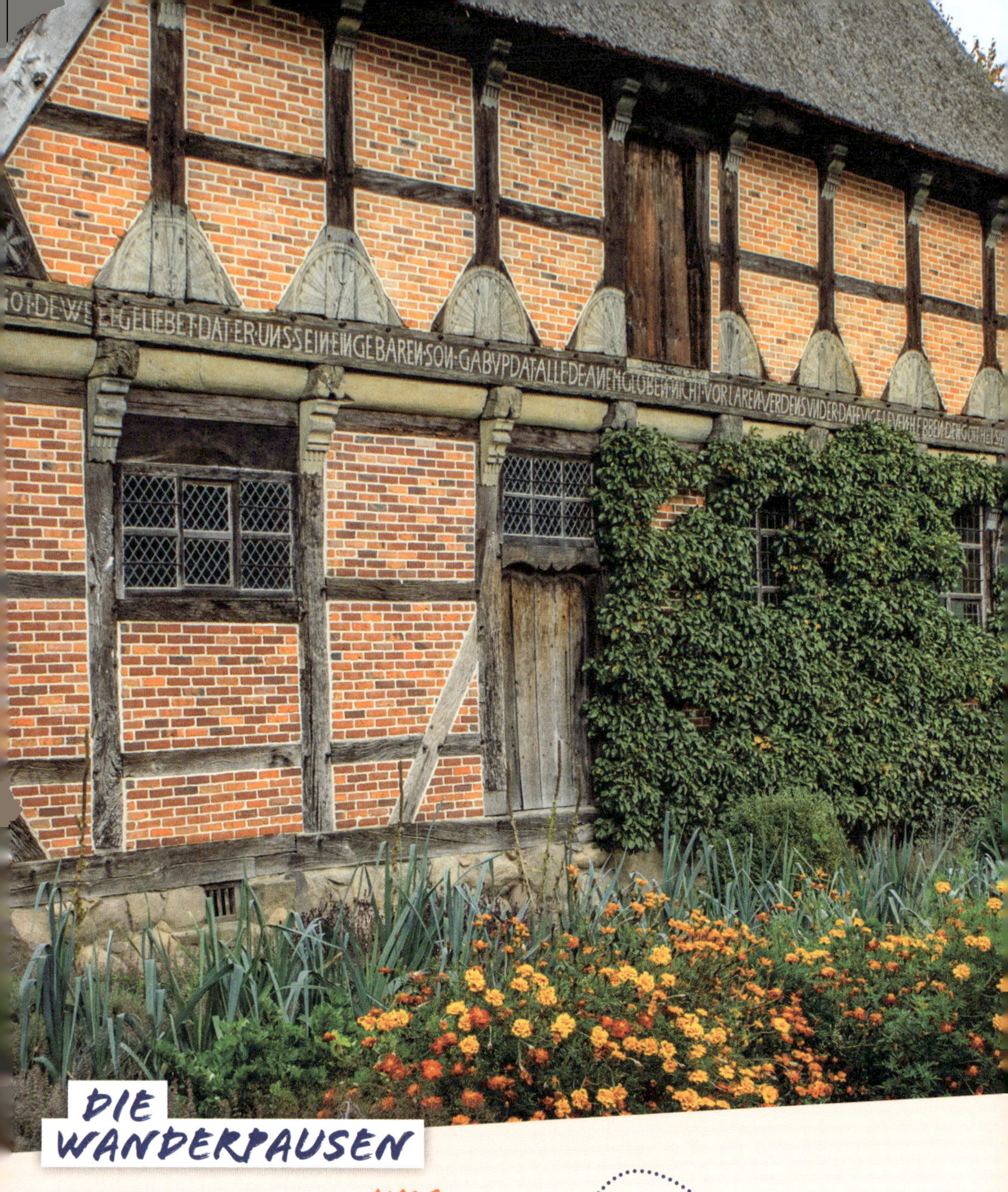

DIE WANDERPAUSEN

» START
Bushaltestelle Museumsdorf Hösseringen

KM 0,1
1 Museumsdorf Hösseringen
Auf Zeitreise

KM 1
2 Hausgarten des Museumsdorfs
Blick ins Beet

KM 4
3 Rasthuus Alte Schule
Klönschnack zwischen Büchern

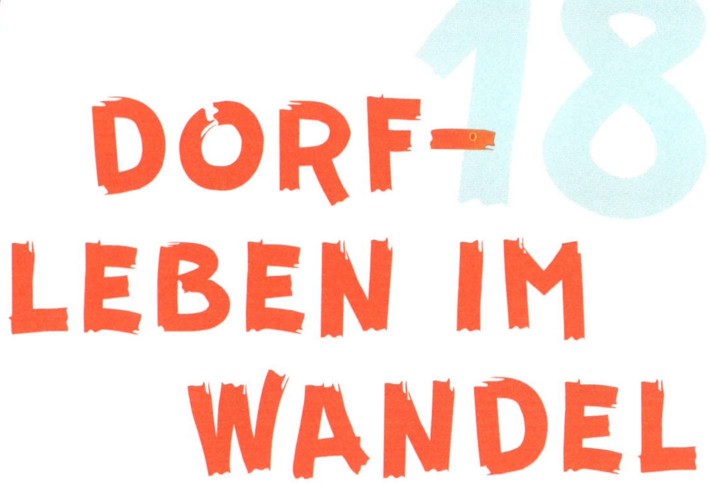

18 DORF-LEBEN IM WANDEL

Rund um Hösseringen

Aus waldiger Höhe geht's zur feuchten Aue hinauf auf den höchsten Turm mit sagenhafter Fernsicht über die Südheide. Diese Tour gewährt zudem Einblicke in das Dorfleben vergangener Tage und beschert schöne Momente im Hier und Jetzt, Seezeit inklusive.

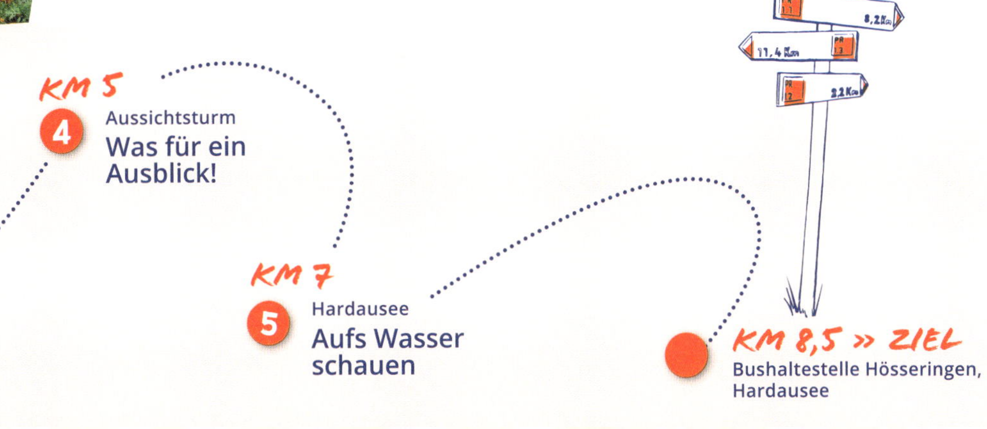

IN EINEM KLEINEN DORF …

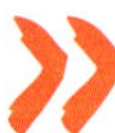

… südlich von Uelzen und nördlich von Celle scheint die Zeit stehen geblieben zu sein. Im **Museumsdorf in Hösseringen** kann man problemlos ein paar Stunden verbringen. In alte Gebäude schauen, Werkzeuge und Mobiliar begutachten. Wie lange es wohl braucht, ein Hallenhaus mit Reet zu decken? Ein Pfad führt zu einem Schafstall mitten in der Heide. Beim Wandern im Auf und Ab wähnt man sich irgendwo zwischen Brunsberg (Tour 5) und Radenbachtal (Tour 11) – authentisch wirkt dieses Stück Heide mitten auf dem Museumsgelände. Sonnenschein fällt auf das offene Trockental. Der **Hausgarten** am Brümmerhof inspiriert. Petersilie und Kapuzinerkresse wachsen auch auf dem kleinsten Balkon, selbst in der Stadt. Der Weg führt am Museumsdorf vorbei, auf dem Wasser-Erlebnispfad durch dichten Mischwald, hinab zu einem Dorf der Gegenwart. Ein ganzes Stück lang dringt kaum Licht durch Baumstämme und Blätterdach. Moose und Pilze wachsen am Wegesrand. Der Heidebach Hardau fließt von den Anhöhen als Begleiter mit. Eine Infotafel verrät: Der Name Hardau setzt sich aus den mittelniederdeutschen Worten »hart« und »Au« zusammen. Und so verläuft die erste Strecke durch waldige Höhe zu vom Bach überschwemmten Wiesen.

Jeglicher Zeitdruck bleibt vor der Einkehr im **Rasthuus Alte Schule** vor der Tür. Dann schmecken herzhafte Stärkung und Kaffeezeit gleich doppelt gut.

Statt bergab, wie auf dem ersten Teil der Strecke, führt der nächste Abschnitt bergan und raus aus Hösseringen. Eine Radlergruppe düst vorbei. Schummelei! Akkus treiben Räder an, von Wadenkraft nichts zu sehen. Nach ein paar Hundert Metern Wiedersehen am **Aussichtsturm.** Für alle gilt: Hoch geht's nur zu Fuß! Nach 180 Stufen klopft der Puls am Hals, doch diese Aussicht entschädigt für jegliche Mühe. Das Ende der Tour ist schon zu sehen und nur einen Katzensprung entfernt.

UNBESCHREIBLICH SCHÖN: DIE FERNSICHT AUS DER VOGELPERSPEKTIVE. WIE WEIT IST DIE HEIDE?

Über Acker, Feld und Straße zum Flusslauf der Hardau. Zieleinlauf am **See.** Eine schöne Tour zwischen damals und heute, Wald und See, geht zu Ende. Zeit, die Seele baumeln zu lassen. «

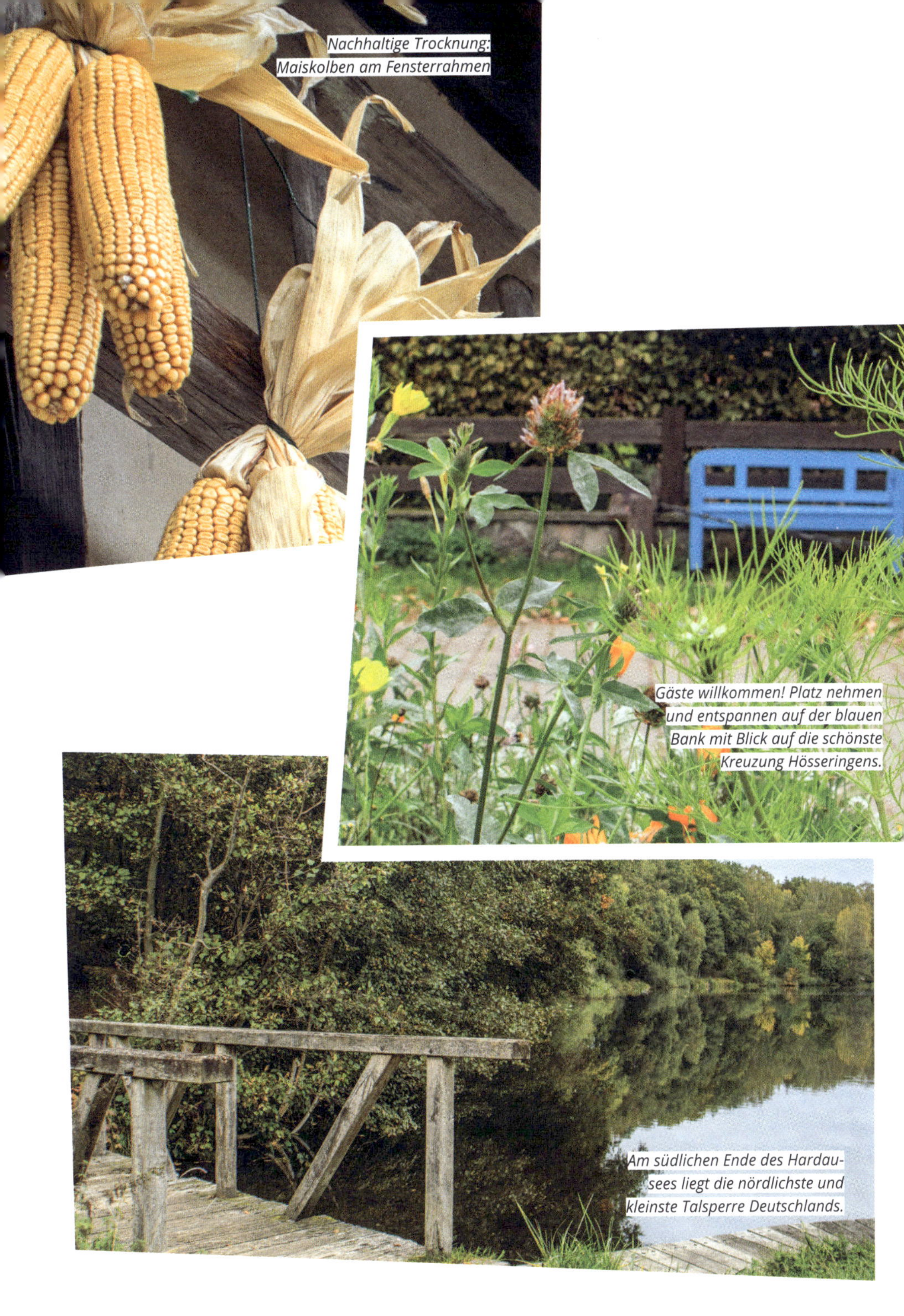

Nachhaltige Trocknung: Maiskolben am Fensterrahmen

Gäste willkommen! Platz nehmen und entspannen auf der blauen Bank mit Blick auf die schönste Kreuzung Hösseringens.

Am südlichen Ende des Hardausees liegt die nördlichste und kleinste Talsperre Deutschlands.

WANDERN & GENIESSEN

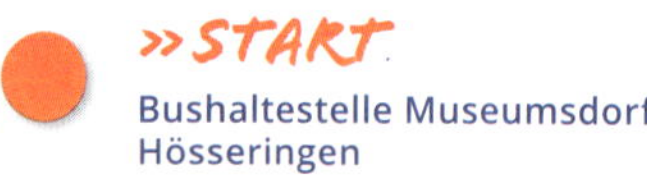

»START

Bushaltestelle Museumsdorf Hösseringen

Der erste Stopp liegt gegenüber der Bushaltestelle.

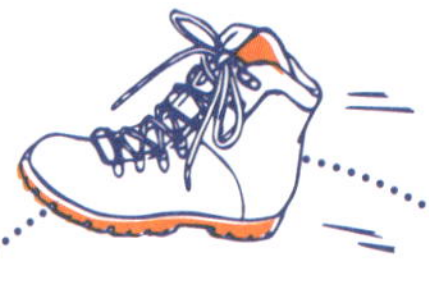

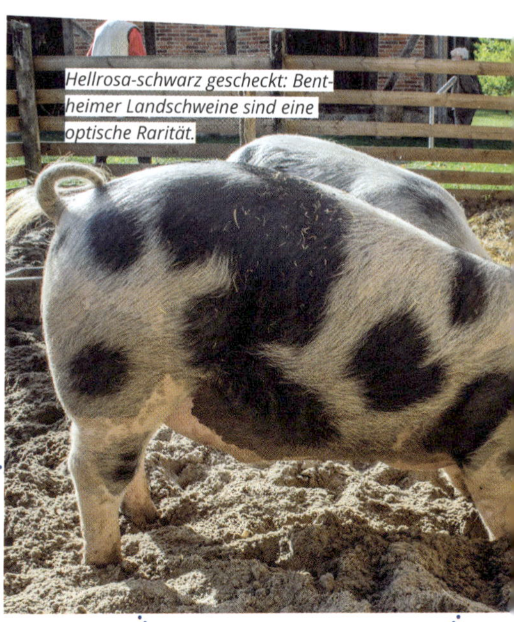

Hellrosa-schwarz gescheckt: Bentheimer Landschweine sind eine optische Rarität.

KM 0,1

1 Museumsdorf Hösseringen

Auf Zeitreise

Scheune, Schmiedewerkstatt, Spritzenhaus. Auf einem 13 Hektar großen Freigelände mitten im Wald stehen 30 historische Bauten. Anschaulich lässt sich das Dorfleben in der Lüneburger Heide in der Zeit von 1600 bis 1950 nachempfinden. Ein Entdeckerpfad führt im Auf und Ab durch ein Heidetal, vorbei an Findlingen, Außenschafstall und Backhaus. Im Matsch suhlen Bentheimer Landschweine, rosarot mit schwarzen Tupfen. Heidschnucken blöken. Schulkinder ziehen mit Bollerwagen zum Picknickplatz. Wer immer schon mal wissen wollte, was in eine »Gute Stube« gehört, der spaziert durch ein Imkerhaus und darf ganz ungeniert durch die Gardine rausschauen. (museumsdorf-hoesseringen.de)

Empfehlung zur Besichtigung: Gegen den Uhrzeigersinn zum Entdeckerpfad, Rast mit Blick über das Heidetal, dann, weiterhin im Museumsdorf, zum nächsten Stopp.

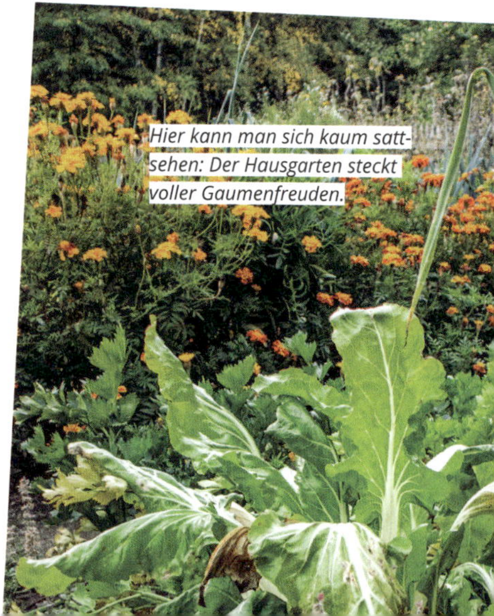

Hier kann man sich kaum sattsehen: Der Hausgarten steckt voller Gaumenfreuden.

KM 1

2 Hausgarten des Museumsdorfs
Blick ins Beet

In der Mitte ein Rondell mit Rose. Buchsbäume säumen Nutz- und Zierpflanzen ein. Lauchzwiebeln, Petersilie und Kohlrabi sprießen aus der Erde. Schmetterlinge flattern zwischen Ringelblumen. Bohnen und Kapuzinerkresse schlingen sich an Holzstäben entlang. Beim Grünkohl handelt es sich um eine alte Sorte aus der Altmark – er wächst bis zu 2 Meter hoch. Gartenliteratur und mündliche Überlieferungen liegen der Rekonstruktion dieses repräsentativen Hausgartens um 1900 zugrunde. Beim Anblick möchte man gleich selbst mit dem Gärtnern loslegen.

Museumsdorf links herum verlassen. Links abbiegen und Waldweg nach Hösseringen folgen. Rechts abbiegen auf Bauernstraße, dann links auf Hinter den Höfen. Der nächste Stopp liegt auf der linken Seite.

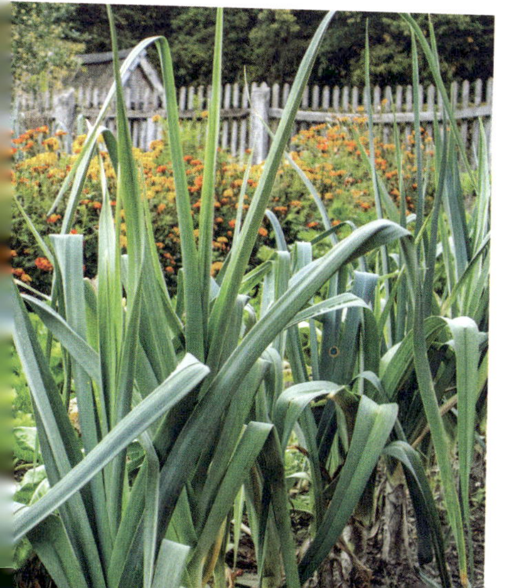

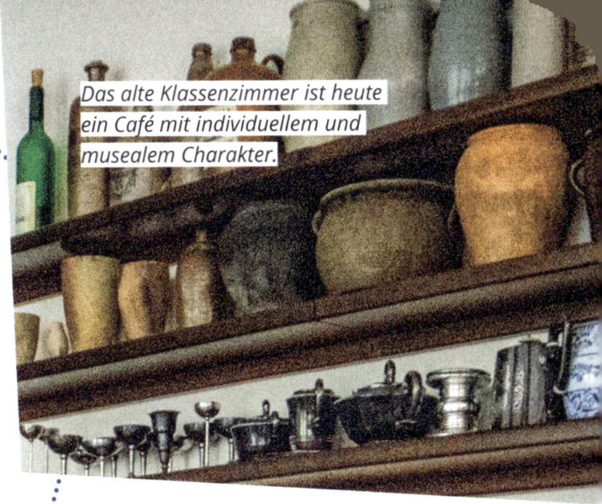

Das alte Klassenzimmer ist heute ein Café mit individuellem und musealem Charakter.

KM 4

3 Rasthuus Alte Schule
Klönschnack zwischen Büchern

Dorfcafé, Tante-Emma-Laden, Gästezimmer: Wer die einstige Schule betritt, landet in einem Mikrokosmos. Mila Schrader kassiert, nimmt sich dann Zeit für einen Klönschnack. Eine Wandergruppe trudelt ein, jetzt muss es schnell gehen. Früher, meint sie, brachten Menschen mehr Zeit mit. Die einstige Verlegerin tauschte München gegen Heide, zog mit Mann und Töchtern zurück in die alte Heimat Niedersachsen. Und verwirklichte sich einen Lebenstraum, der Hösseringen um ein attraktives Ausflugsziel reicher macht. Dicke Tortenstücke, Kaffeekännchen, Blick in den Garten – hyggelig hier. Die riesige Bücherwand reicht bis zur Decke. Zwischen Emaille, Blechdosen und Souvenirs lässt sich herrlich im Allerlei stöbern. (rasthuus-alte schule-hoesseringen.de)

Rasthuus links herum verlassen. Von Hinter den Höfen links in Westerfeld, dann rechts abbiegen und Lerchenberg hinauf. Schildern zum Aussichtsturm folgen.

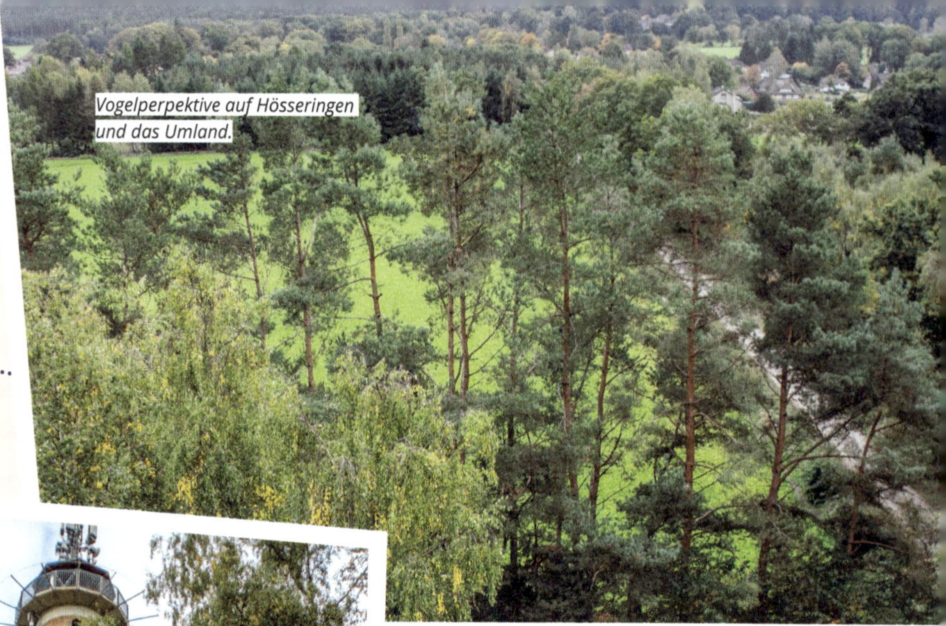

Vogelperpektive auf Hösseringen und das Umland.

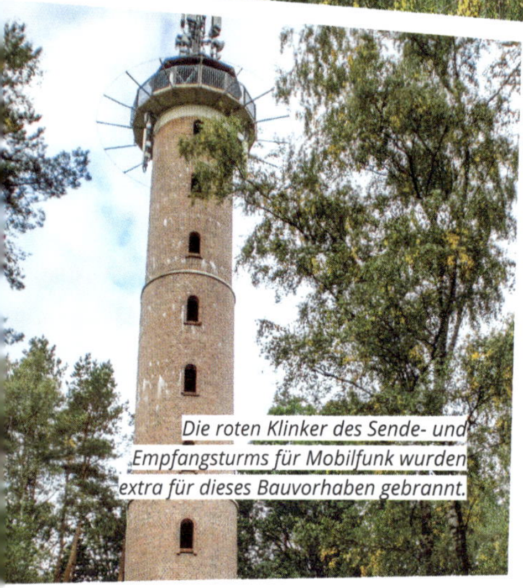

Die roten Klinker des Sende- und Empfangsturms für Mobilfunk wurden extra für dieses Bauvorhaben gebrannt.

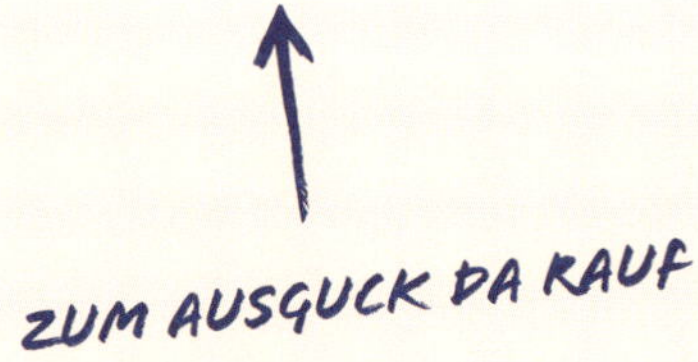

KM 5

4 Aussichtsturm

Was für ein Ausblick!

Schmaler Turm, roter Klinker, 180 Stufen bis zur Aussichtsplattform. Das Schwindelgefühl kommt nicht nur vom Aufstieg in Spiralen. Oben in 32 Meter Höhe angekommen, lässt diese fantastische Rundumsicht auch kurz den Atem stocken. Der Blick sucht nach Ankern in der Landschaft und findet Hösseringen im Süden und Räber im Norden. Das Suderburger Land und Bad Bodenteich (Tour 19) liegen im Osten, der Lüßwald und Hermannsburg (Tour 17) im Westen. Grüner Acker, buntes Herbstkleid. Radelnde auf weiter Flur. Am Horizont drehen Windräder auf einem Bergrücken.

Turm nach links verlassen, zwischen Ackern zur Landstraße. Links auf der Straße weiter (Achtung Autos), Straße überqueren und rechts auf Feldweg weiter. Wanderweg zum Hardausee folgen.

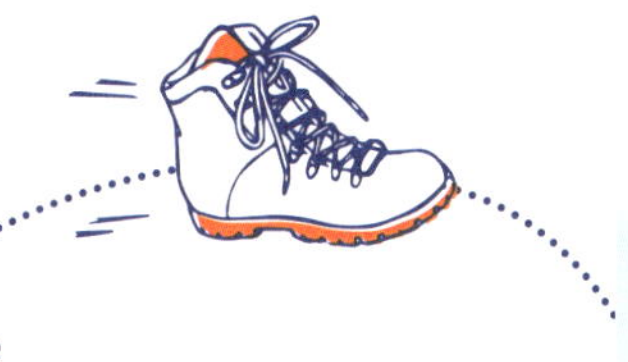

KM 7

5 Hardausee

Aufs Wasser schauen

Weißer Sandstrand, quietschbunte Tretboote, Wasser und Wald. Da kommen einem Erinnerungen an wunderschöne Sommertage aus längst vergangener Zeit in den Sinn – mit Freudengeschrei, Wasserplantschen und Pommesgeruch. Wenn gerade keine Badesaison herrscht, zeigt sich der etwa 8 Hektar große Stausee, der vom Heidebach Hardau gespeist wird, von seiner idyllischen Seite. Einmal rund herum. Mit etwas Glück sieht man Eisvogel, Graureiher und Kormoran bei der Jagd. Birken, Erlen und Eichen spiegeln sich im Antlitz des Sees.

Spazierweg am südlichen Ende des Sees verlassen, links auf Helddamm abbiegen und zur Heerstraße hinauf. Die Bushaltestelle liegt links direkt an der Landstraße.

EXTRA INFOS:

Keine Lust, erst am Ende der Tour die Zehenspitzen ins kühle Nass zu strecken? Dann lohnt sich ein Schlenker zwischen Stopp 3 und Stopp 4. Vom Dorfcafé Rasthuus läuft man in fünf Gehminuten zum ● **Hösseringer Mühlenteich,** bevor es anschließend hinauf zum Aussichtsturm geht. Im Dorfzentrum an der Heerstraße fließt der Heidebach Hardau direkt durch den Mühlenteich.

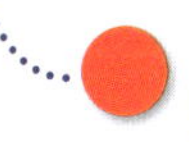

KM 8,5 » ZIEL

Bushaltestelle Hösseringen, Hardausee

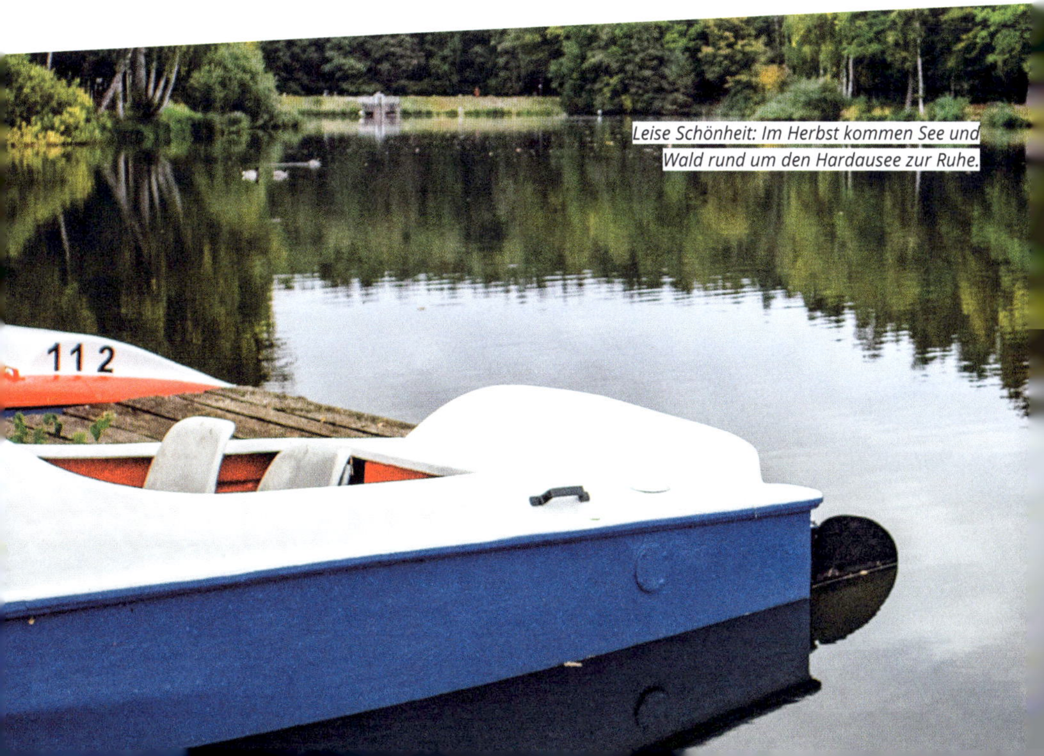

Leise Schönheit: Im Herbst kommen See und Wald rund um den Hardausee zur Ruhe.

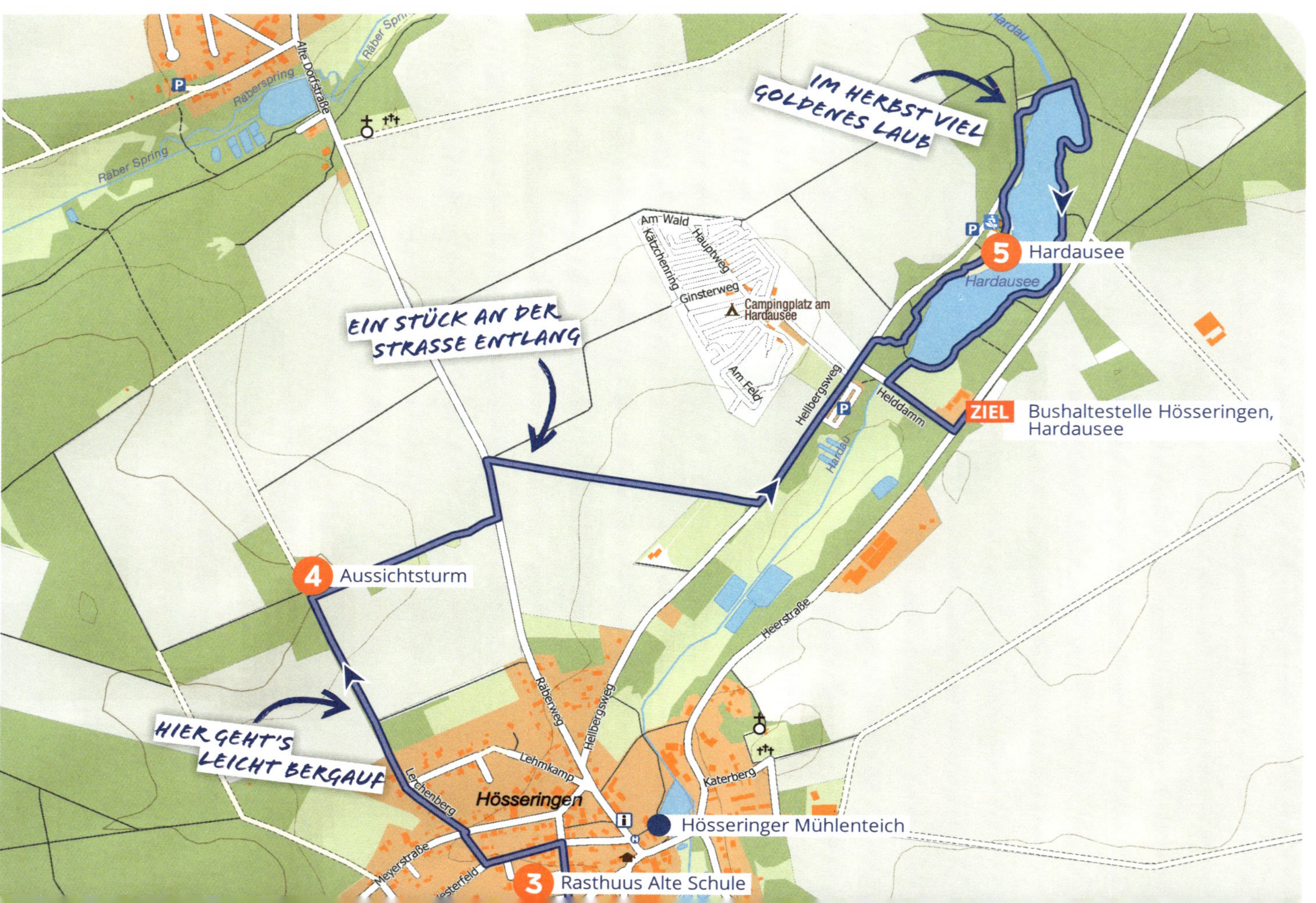

IM HERBST VIEL GOLDENES LAUB
5 Hardausee
Hardausee
Hardau
ZIEL Bushaltestelle Hösseringen, Hardausee
EIN STÜCK AN DER STRASSE ENTLANG
Am Wald
Hauptweg
Kätzchenring
Ginsterweg
Campingplatz am Hardausee
Am Feld
Hellbergsweg
Helddamm
Alte Dorfstraße
Räberspring
Räber Spring
4 Aussichtsturm
HIER GEHT'S LEICHT BERGAUF
Heerstraße
Räberweg
Lehmkamp
Lerchenberg
Katerberg
Hösseringen
Hösseringer Mühlenteich
Meyerstraße
3 Rasthuus Alte Schule

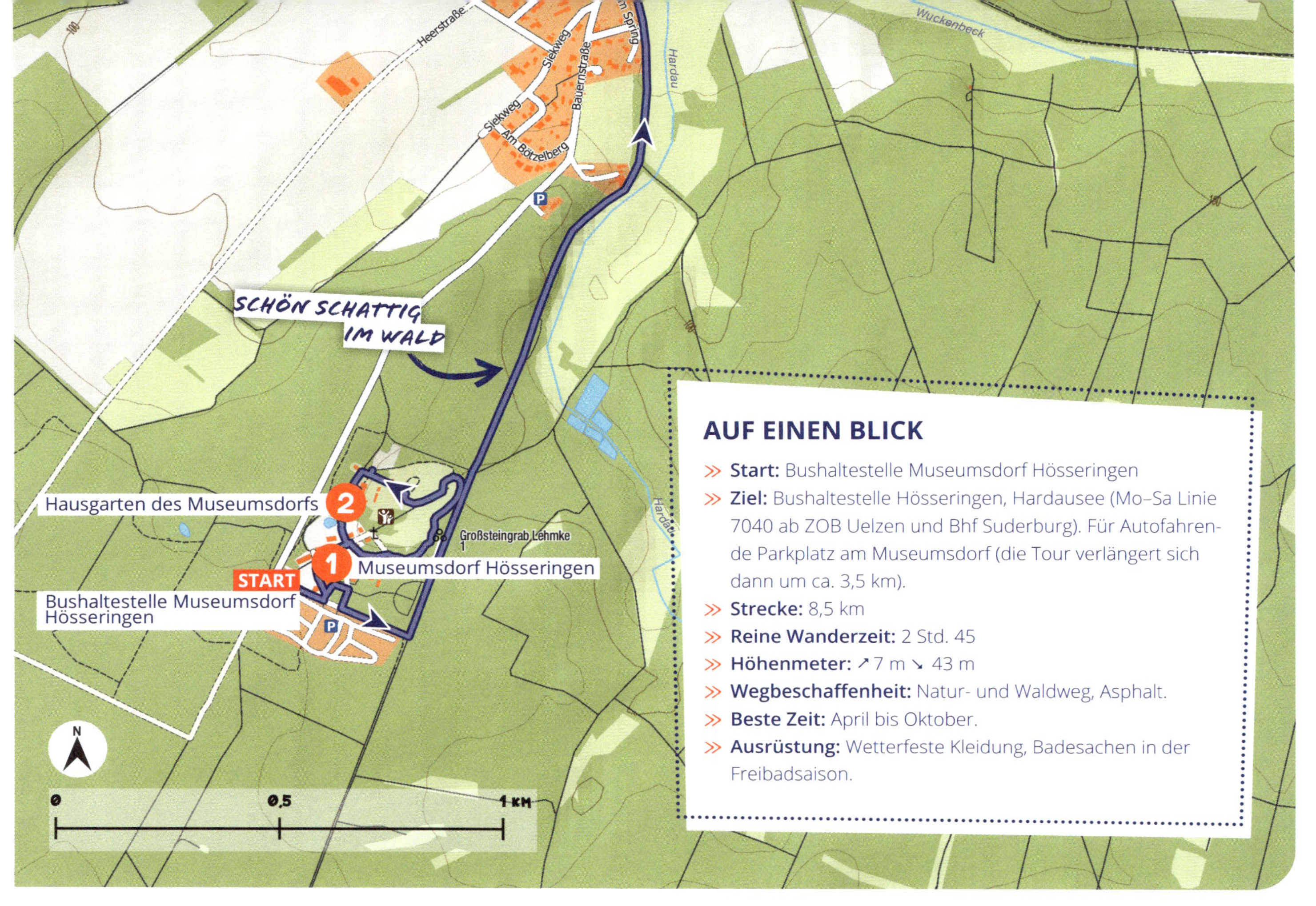

AUF EINEN BLICK

- **Start:** Bushaltestelle Museumsdorf Hösseringen
- **Ziel:** Bushaltestelle Hösseringen, Hardausee (Mo–Sa Linie 7040 ab ZOB Uelzen und Bhf Suderburg). Für Autofahrende Parkplatz am Museumsdorf (die Tour verlängert sich dann um ca. 3,5 km).
- **Strecke:** 8,5 km
- **Reine Wanderzeit:** 2 Std. 45
- **Höhenmeter:** ↗ 7 m ↘ 43 m
- **Wegbeschaffenheit:** Natur- und Waldweg, Asphalt.
- **Beste Zeit:** April bis Oktober.
- **Ausrüstung:** Wetterfeste Kleidung, Badesachen in der Freibadsaison.

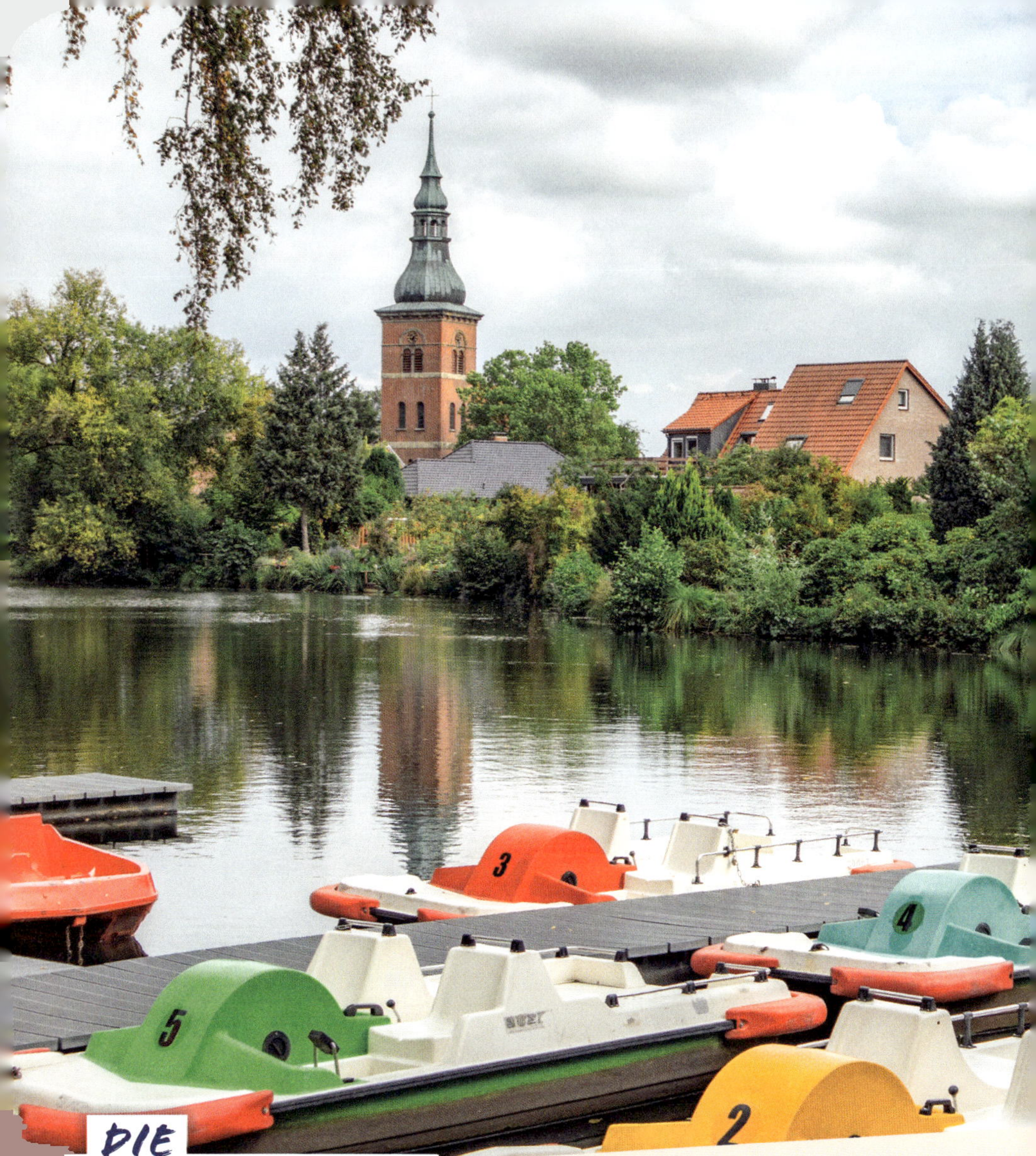

DIE WANDERPAUSEN

» START
Bahnhof Bad Bodenteich

KM 0,5
1 Kurpark, erster See
Alle viere von sich strecken

KM 1
2 Wassertretstelle am zweiten See
Kleine Kur, große Wirkung

KM 3,5
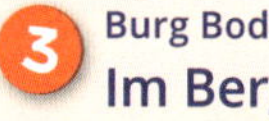
3 Burg Bodenteich
Im Bergfried

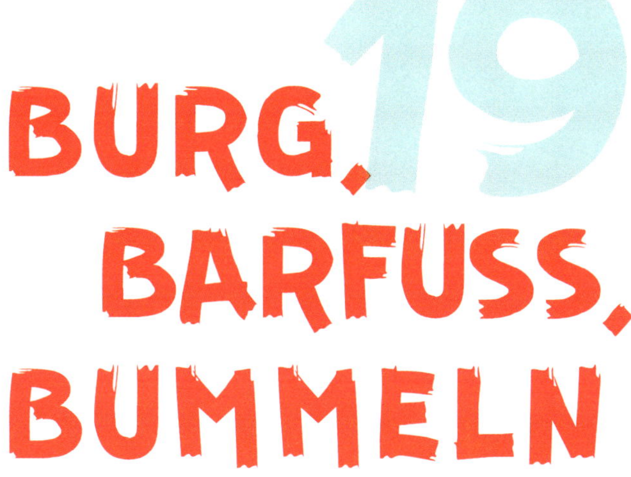

BURG, BARFUSS, BUMMELN

Rund um Bad Bodenteich

Südlich von Uelzen am Rand der Lüneburger Heide befindet sich die einzige Burg weit und breit. Doch das reicht als Lockmittel natürlich noch nicht – bei dieser Tour stehen ausgiebiges Schlendern, Wassertreten und Frische-Luft-schnappen auf dem Programm.

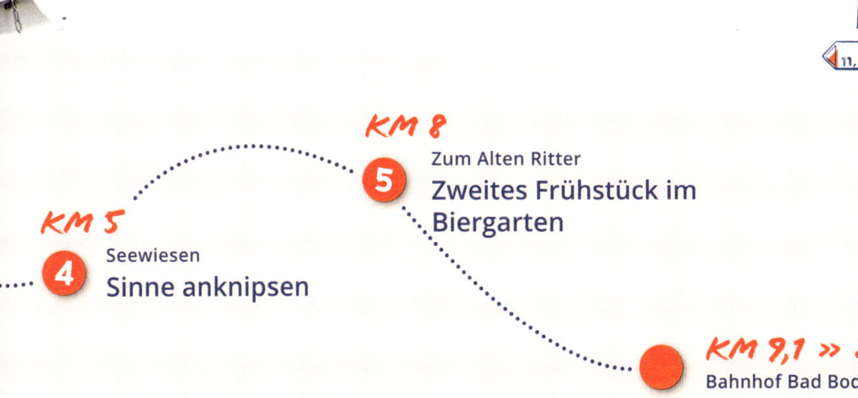

GANZ UNGENIERT …

… bereits beim Tourstart alle Viere von sich strecken? Na klar! Vom Bahnhof führt der Weg zunächst nach Süden an den Bahngleisen vorbei. Doch das sind nur ein paar hundert Meter, dann zeigt sich schon die Grünanlage des Luftkurortes. Liegeplatz aussuchen, dösen, im See waten und so lange entspannen, bis man auf dem Rundweg – am besten gegen den Uhrzeigersinn – zur Entdeckungstour rund um alle drei Seen aufbricht. Langweilig wird es im **Kurpark am See** sicherlich nicht.

Wenn die nötige Entspannung erreicht ist, geht es im Bummelmodus durch den Ortskern von Bad Bodenteich eine Anhöhe hinauf. Dort liegt eine Burganlage mit einem **Bergfried** aus dem Mittelalter. Kaum ist der Wassergraben überquert, setzt die Fantasie ein. Hufgetrappel, Ritter in Rüstung auf einem Ross, ein Burgfräulein blickt sehnsüchtig durch Gitterstäbe in die Freiheit.

Glücklicherweise liegt das Mittelalter lange zurück und Freiheit, Ruhe und Weite liegen nur einen kleinen Trampelpfad entfernt. Vom Burggelände führt der Weg hinab zu den **Seewiesen.**

Der feuchte Boden federt jeden Schritt ab, als ginge man auf einem Mix aus Schilf und halbtrockenem Moor. Im Schneckentempo querfeldein mit ganz viel Platz rundherum. In den Seewiesen rücken Tiere und Pflanzen in den Fokus. Mit Fernglas und der nötigen Stille lassen sich Kranich, Bekassine und Silberreiher erhaschen. Nicht nur den Augen, auch den Ohren wird einiges geboten. Zwitschern, pfeifen, zirpen – Wiesen klingen im Frühling anders als im Herbst.

SINNE ANKNIPSEN ZWISCHEN DEN GRÜNEN SEEWIESEN

Zurück am Fuße der Burg lockt eine kostenfreie Fußreflexzonenmassage unter freiem Himmel. Gleich zu Beginn des Barfußpfades kommt die erste Mutprobe: Wadentief durch die Seehalsbeke. Klitzekleine Steine pieksen empfindliche Fußsohlen. Doch mit jedem Meter wird der schuhlose Schritt sicherer und am Ende schreitet es sich völlig mühelos durch die Aue. Eine zünftige Brotzeit im **Biergarten** kommt nach so viel Draußensein gerade recht und bildet einen gemütlichen Abschluss dieser Tour. «

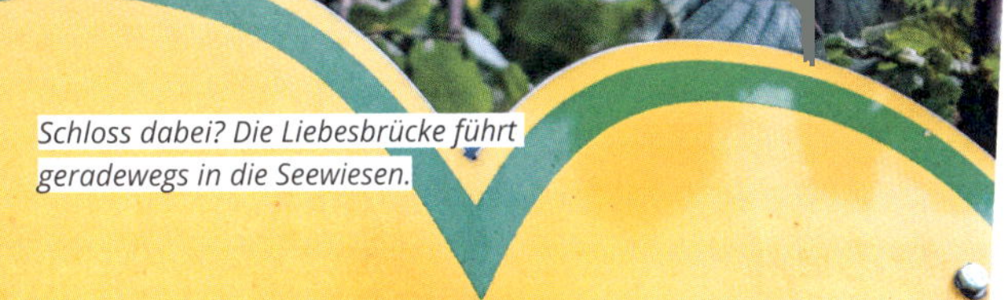

Schloss dabei? Die Liebesbrücke führt geradewegs in die Seewiesen.

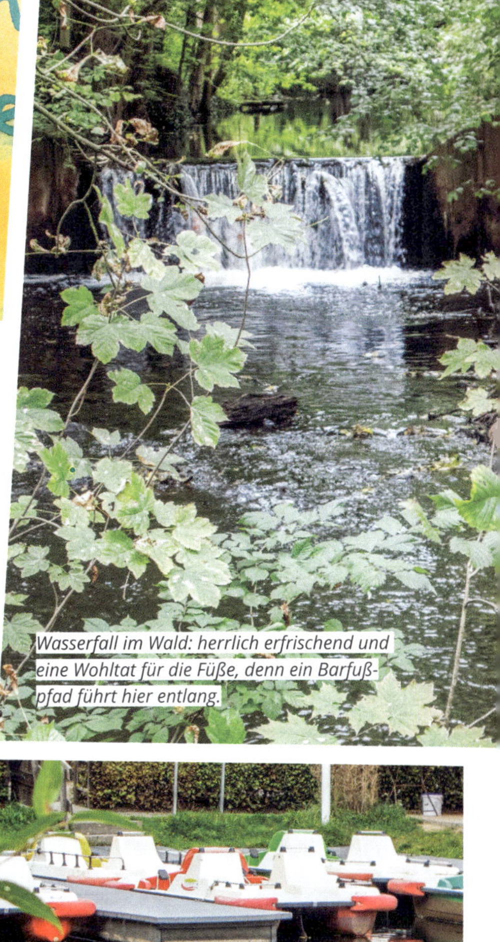

Wasserfall im Wald: herrlich erfrischend und eine Wohltat für die Füße, denn ein Barfußpfad führt hier entlang.

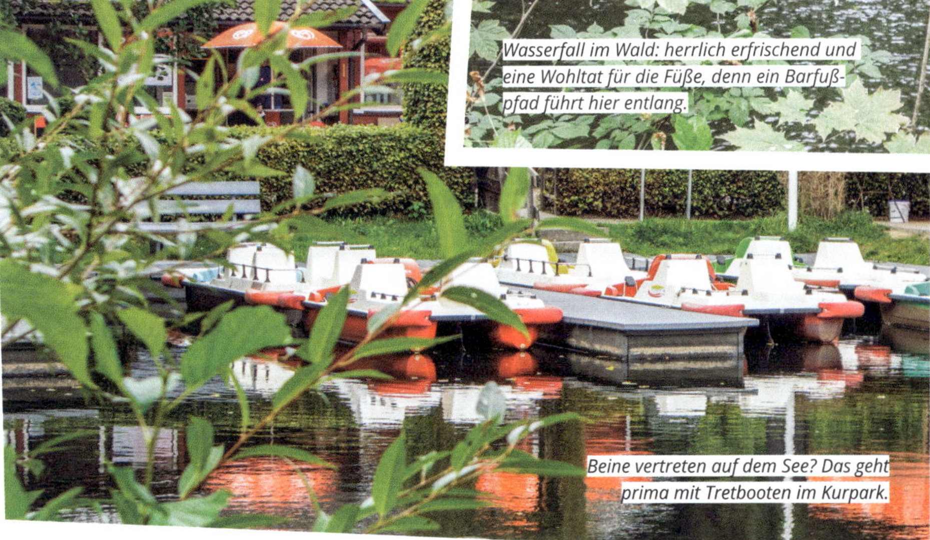

Beine vertreten auf dem See? Das geht prima mit Tretbooten im Kurpark.

WANDERN & GENIESSEN

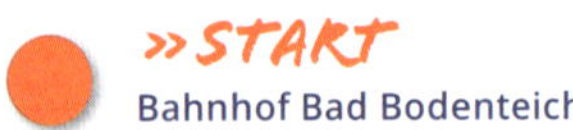

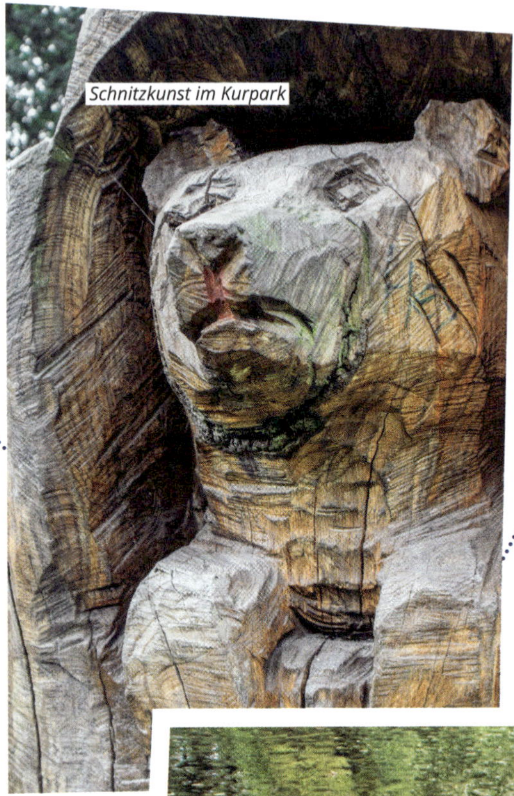

Bahnhof Bad Bodenteich

Die Bushaltestelle liegt direkt an der Hauptstraße. Die Straßenseite wechseln und Geh- und Radweg linksherum bis zur Kreuzung Am Walde folgen. Rechts abbiegen, dann geradeaus.

Schnitzkunst im Kurpark

KM 0,5

1 Kurpark, erster See

Alle viere von sich strecken

Genießen bedeutet, sich mit Muße hinzugeben und zu entspannen. Warum nicht mal zu Beginn der Tour eine Erholungspause einlegen? Füße hochlegen, Augen schließen, dösen und feststellen, wie Hektik und Alltagssorgen zunehmend verblassen. Wunderbar geht das an einem der drei Seen in der Parkanlage im Ortszentrum. Auf Rasenflächen stehen Holzliegen, auf dem Wasser schaukeln Tretboote, Halme wedeln im Wind. Wer die Reset-Taste erfolgreich gedrückt hat, lässt beim Minigolf und Boule Bälle und Kugeln rollen.

Gegen den Uhrzeigersinn vom ersten zum zweiten See spazieren. Der nächste Stopp liegt am Ufer.

ERFRISCHUNG GEFÄLLIG? →

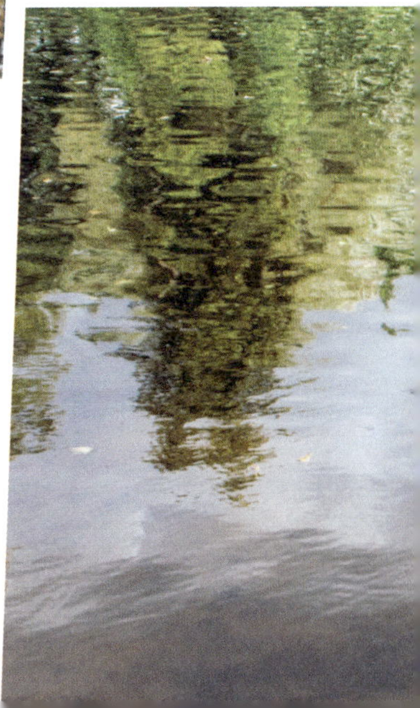

KM 1

Wassertretstelle am zweiten See
Kleine Kur, große Wirkung

Schon ein kurzer Storchengang durch kühles Nass belebt den Kreislauf und beschert einen Frischekick. Am Ufer des zweiten Sees erleichtern ein Handlauf und eine Sitzbank den Einstieg ins Wasser. Socken und Schuhe aus, Hosenbeine hochkrempeln. Zehen finden Halt auf glatten Kieselsteinen, sinken tiefer in den Sand. Das Staksen im natürlichen Gewässer fühlt sich einfach sehr viel schöner an als auf glatt polierten Fliesen. Die Venen pochen, müde Beine fühlen sich putzmunter und wollen weiter.

Weiter gegen den Uhrzeigersinn, den dritten See umrunden. Pfad zwischen erstem und zweitem See einschlagen, an den Seeparkterrassen vorbei nach Norden. Hauptstraße überqueren und Pfad rechts vom Café Schweden Hüüs zur Burg folgen.

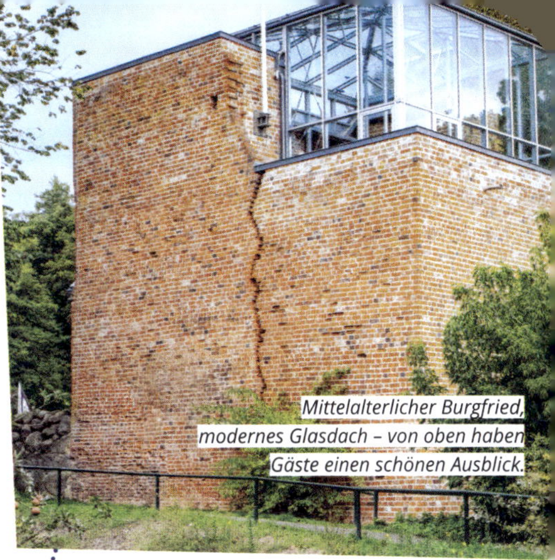

Mittelalterlicher Burgfried, modernes Glasdach – von oben haben Gäste einen schönen Ausblick.

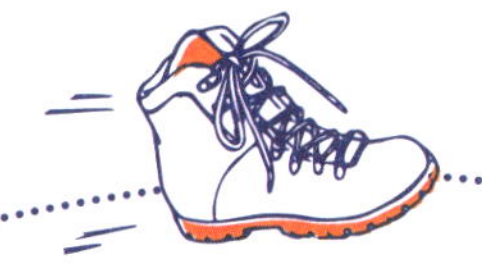

KM 3,5

Burg Bodenteich
Im Bergfried

Es war einmal ein See, an dem die Ritter von Bodendike eine Wasserburg errichteten. Der See versumpfte, Teile der Burg blieben erhalten. Eine Holzbrücke überspannt den Wassergraben, Kopfsteinpflaster weist hügelan den Weg über das Burggelände. Brauhaus und Backhaus auf der einen Seite, daneben ein Bauerngarten. Herzstück des Burggeländes ist der noch erhaltene Bergfried aus dem 14./15. Jahrhundert, unter dessen Glasdach sich ein Aussichtspunkt befindet. Schon bei der Turmbesteigung regen Schaubilder und Spielzeugfiguren die Fantasie an. Mehr zur Geschichte der Burg und dem Leben im Mittelalter verrät das Burgmuseum. (burgmuseum-bodenteich.de)

Pfad linker Hand des Turms hinab zu den Seewiesen folgen. Liebesbrücke überqueren und links abbiegen. Dem Naturerlebnisweg (kurze Strecke) am Robin-Hood-Castell gegen den Uhrzeigersinn durch die Seewiesen folgen.

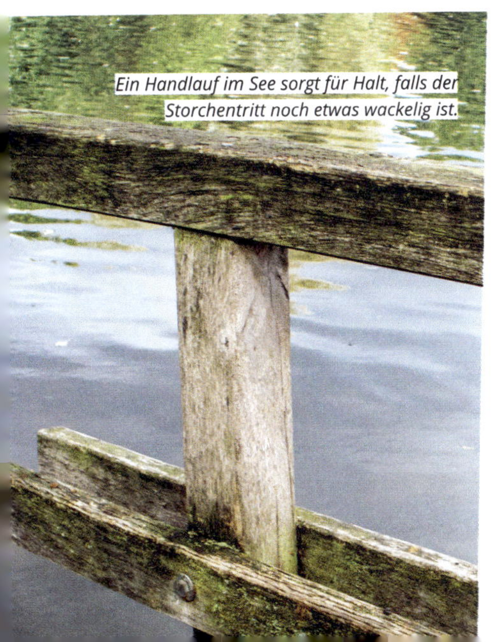

Ein Handlauf im See sorgt für Halt, falls der Storchentritt noch etwas wackelig ist.

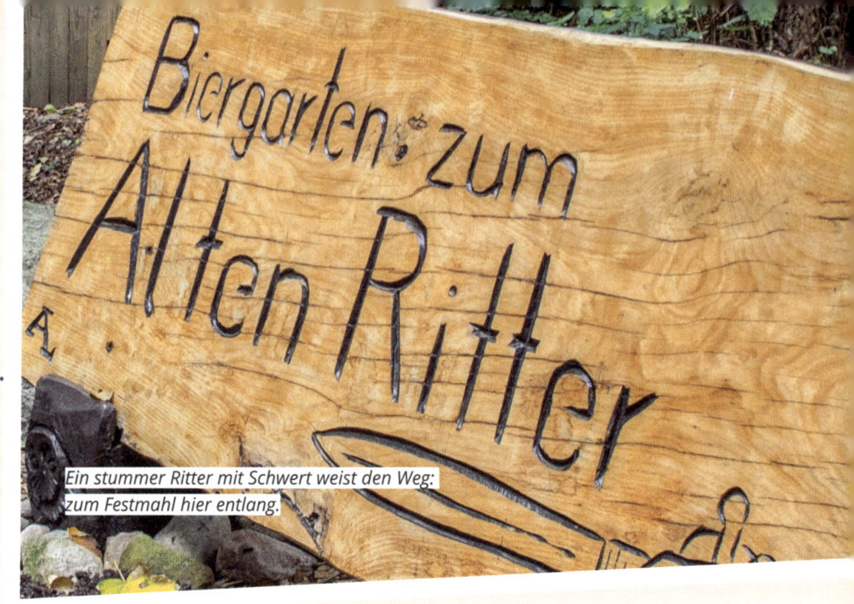

Ein stummer Ritter mit Schwert weist den Weg: zum Festmahl hier entlang.

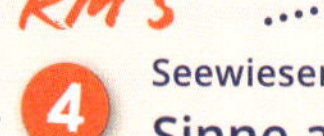

KM 5

4 Seewiesen
Sinne anknipsen

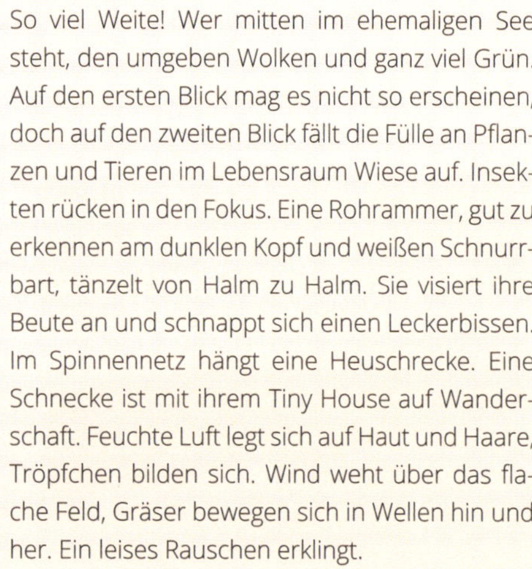

So viel Weite! Wer mitten im ehemaligen See steht, den umgeben Wolken und ganz viel Grün. Auf den ersten Blick mag es nicht so erscheinen, doch auf den zweiten Blick fällt die Fülle an Pflanzen und Tieren im Lebensraum Wiese auf. Insekten rücken in den Fokus. Eine Rohrammer, gut zu erkennen am dunklen Kopf und weißen Schnurrbart, tänzelt von Halm zu Halm. Sie visiert ihre Beute an und schnappt sich einen Leckerbissen. Im Spinnennetz hängt eine Heuschrecke. Eine Schnecke ist mit ihrem Tiny House auf Wanderschaft. Feuchte Luft legt sich auf Haut und Haare, Tröpfchen bilden sich. Wind weht über das flache Feld, Gräser bewegen sich in Wellen hin und her. Ein leises Rauschen erklingt.

Zurück in Richtung Burg. Vor der Liebesbrücke rechts ab und schuhlos dem Barfußpfad unterhalb der Burg folgen. Durch die Aue, zweimal links und den Schildern »Zum Alten Ritter« durch den Wald folgen.

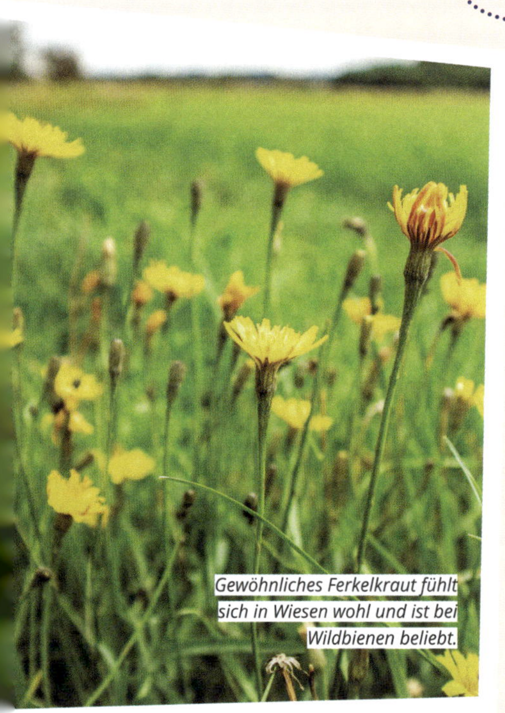

Gewöhnliches Ferkelkraut fühlt sich in Wiesen wohl und ist bei Wildbienen beliebt.

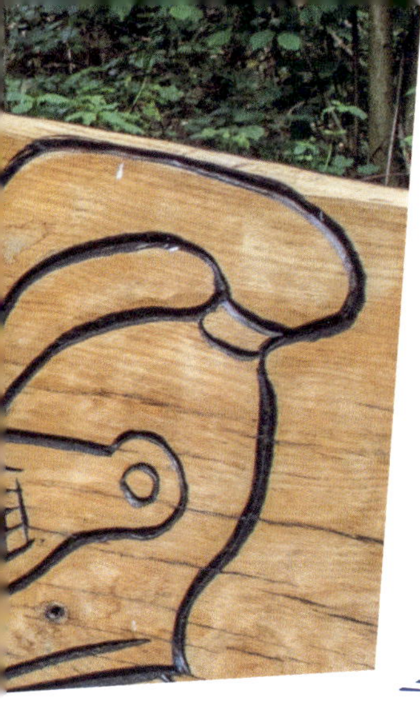

EXTRA INFOS:

Lust auf Fika? In Schweden ist die Zeit am späten Nachmittag für Kaffee und ein leckeres in Zucker getränktes Hefegebäck reserviert. Mitten in Bad Bodenteich an der Hauptstraße kann man im ● **Café Schweden Hüüs** (cafe-schweden-huus.de) schwedischen Spezialitäten und passender Lebensart frönen. Vorbeischauen lohnt sich nicht nur zur Kaffeepause, wechselnde Mittagstische laden ein, die skandinavische Landesküche kennenzulernen. Am Wochenende stehen die Chancen gut, ein Stück Butterbrottorte zu ergattern. Die typisch schwedische Gemütlichkeit *mysig* gibt's kostenlos dazu.

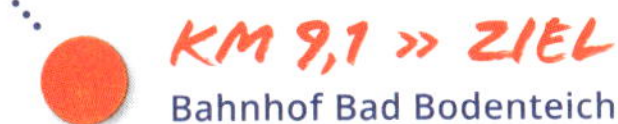

KM 8

5 Zum Alten Ritter
Zweites Frühstück im Biergarten

KM 9,1 » ZIEL

Bahnhof Bad Bodenteich

Bevor ein rustikaler Ritterschmaus und kühl Gezapftes auf der Tafel landen, geht es erst einmal im Slalom an Kobolden, Waldgeistern und meckernden Ziegen durch ein Waldstück. Am Ende angekommen, öffnet sich das Tor zum Biergarten. Am besten bringt man Hunger mit. Deftige, deutsche Küche und Spezialitäten von Rind, Schwein, Wild und Geflügel stehen auf der Speisekarte und besänftigen den großen Hunger. Den kleinen Hunger stillen Käsebrot, Strammer Max oder ein Bauernfrühstück. (zumaltenritter.de)

Von Neustädter Straße auf Brömmelweg abbiegen, links auf Pfad an Gärten vorbei zur Schützenstraße. Dann links und direkt rechts abbiegen auf Bahnhofstraße, geradeaus zum Ziel.

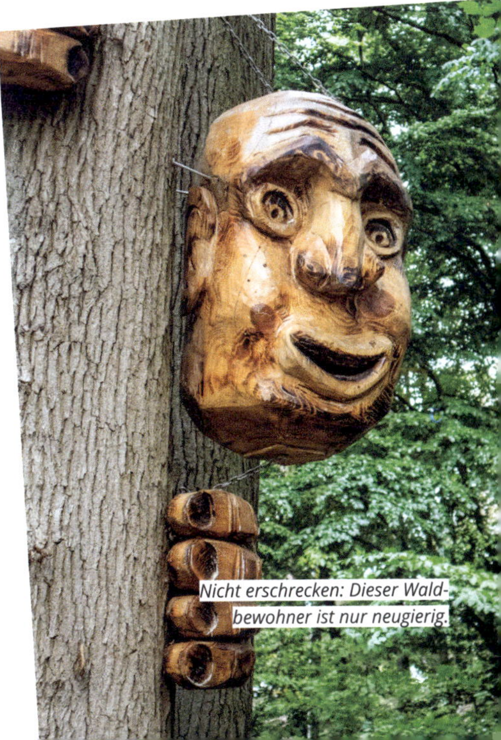

Nicht erschrecken: Dieser Waldbewohner ist nur neugierig.

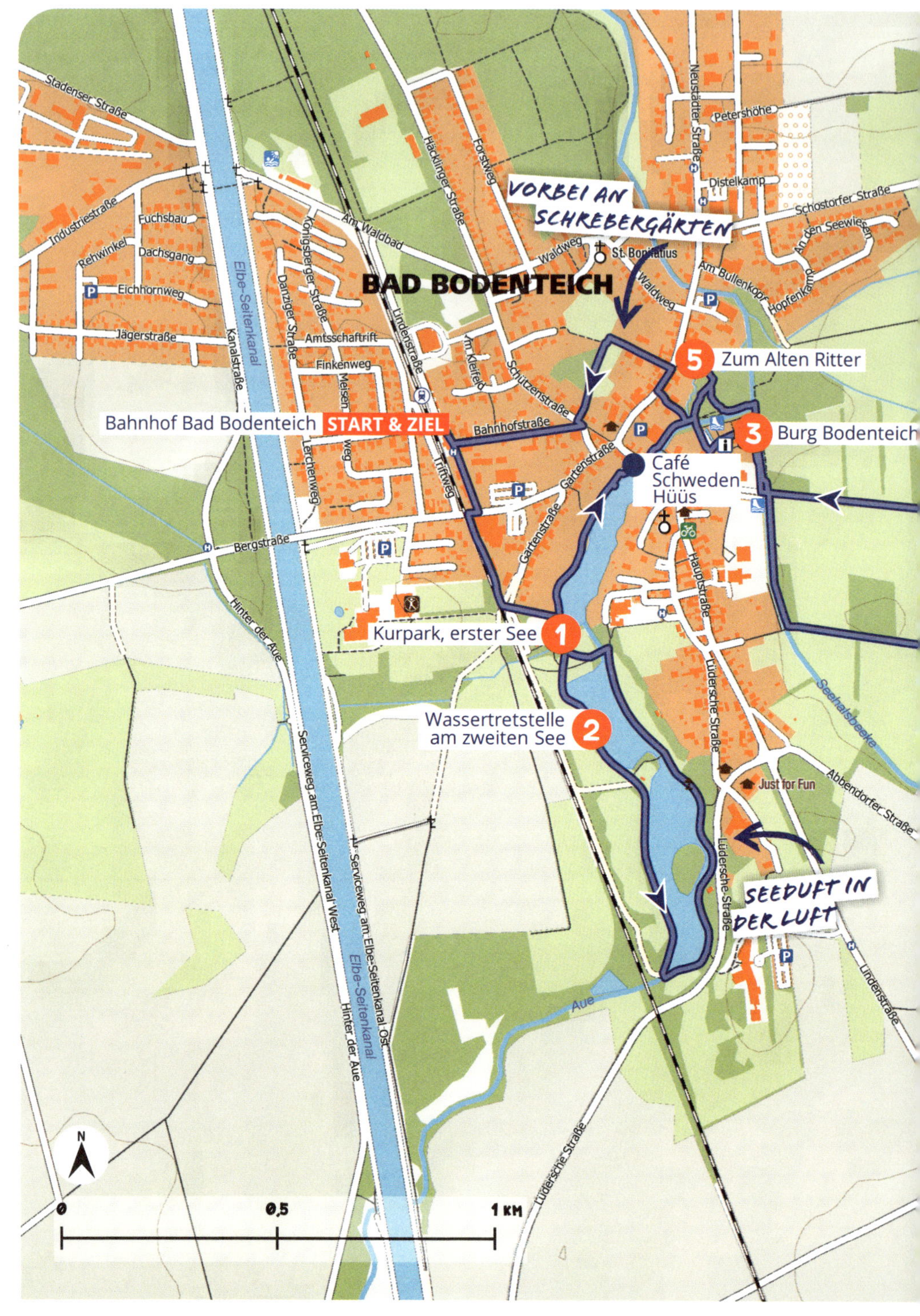
VORBEI AN SCHREBERGÄRTEN
BAD BODENTEICH
5 Zum Alten Ritter
Bahnhof Bad Bodenteich START & ZIEL
3 Burg Bodenteich
Café Schweden Hüüs
Kurpark, erster See 1
Wassertretstelle am zweiten See 2
SEEDUFT IN DER LUFT
Just for Fun
Stadenser Straße
Industriestraße
Fuchsbau
Rehwinkel
Dachsgang
Eichhornweg
Jägerstraße
Kanalstraße
Elbe-Seitenkanal
Danziger Straße
Königsberger Straße
Amtsschaftrift
Finkenweg
Lerchenweg
Lindenstraße
Am Waldbad
Häcklinger Straße
Forstweg
Waldweg
St. Bonifatius
Im Kleifeld
Schützenstraße
Bahnhofstraße
Triftweg
Gartenstraße
Bergstraße
Hinter der Aue
Hauptstraße
Lüdersche Straße
Seehalsbeeke
Abbendorfer Straße
Neustädter Straße
Petershöhe
Distelkamp
Schostorfer Straße
An den Seewiesen
Am Bullenkopf
Hopfenkamp
Servicewег am Elbe-Seitenkanal West
Serviceweg am Elbe-Seitenkanal Ost
Aue
Lindenstraße
N
0
0,5
1 KM

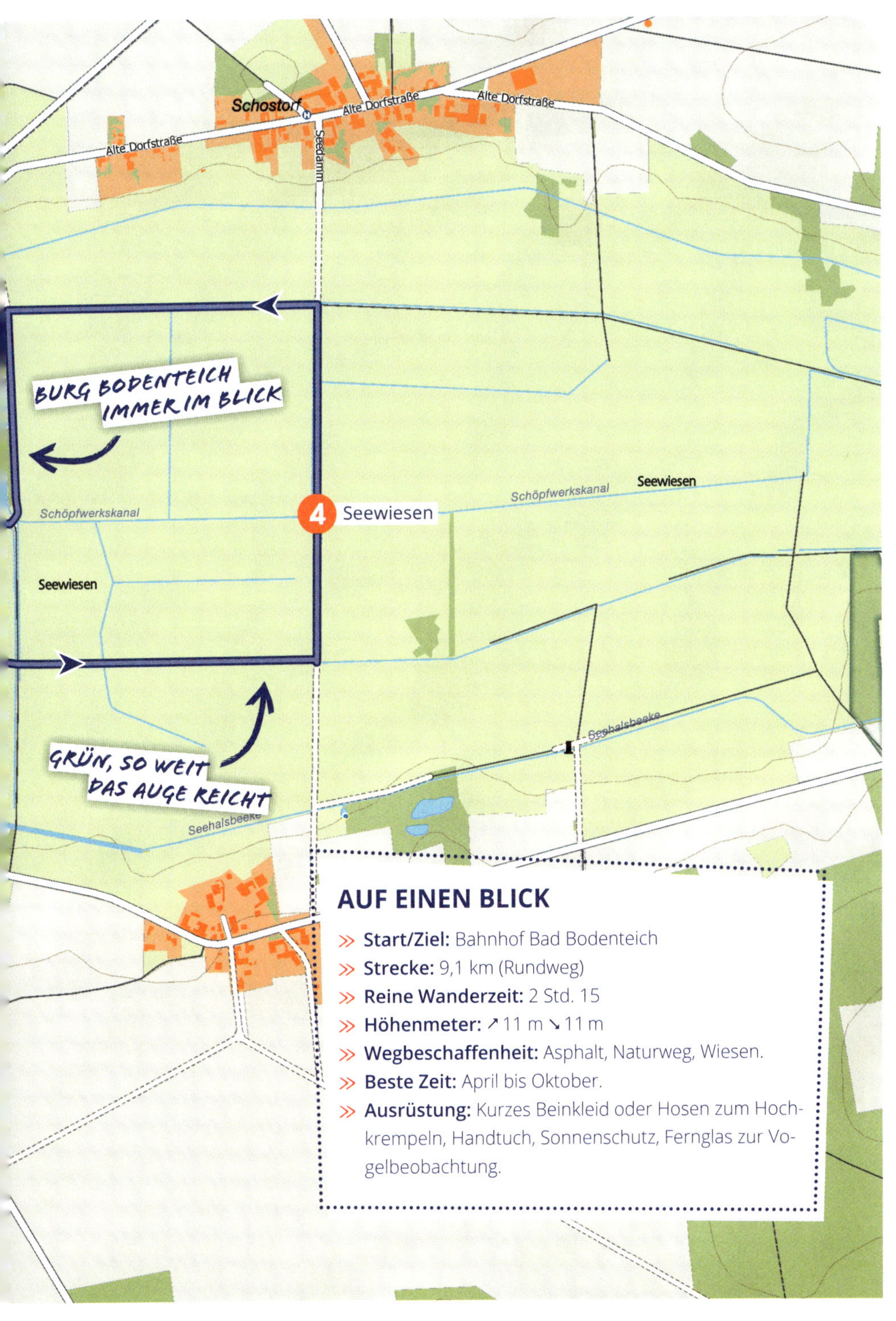

AUF EINEN BLICK

- **Start/Ziel:** Bahnhof Bad Bodenteich
- **Strecke:** 9,1 km (Rundweg)
- **Reine Wanderzeit:** 2 Std. 15
- **Höhenmeter:** ↗ 11 m ↘ 11 m
- **Wegbeschaffenheit:** Asphalt, Naturweg, Wiesen.
- **Beste Zeit:** April bis Oktober.
- **Ausrüstung:** Kurzes Beinkleid oder Hosen zum Hochkrempeln, Handtuch, Sonnenschutz, Fernglas zur Vogelbeobachtung.

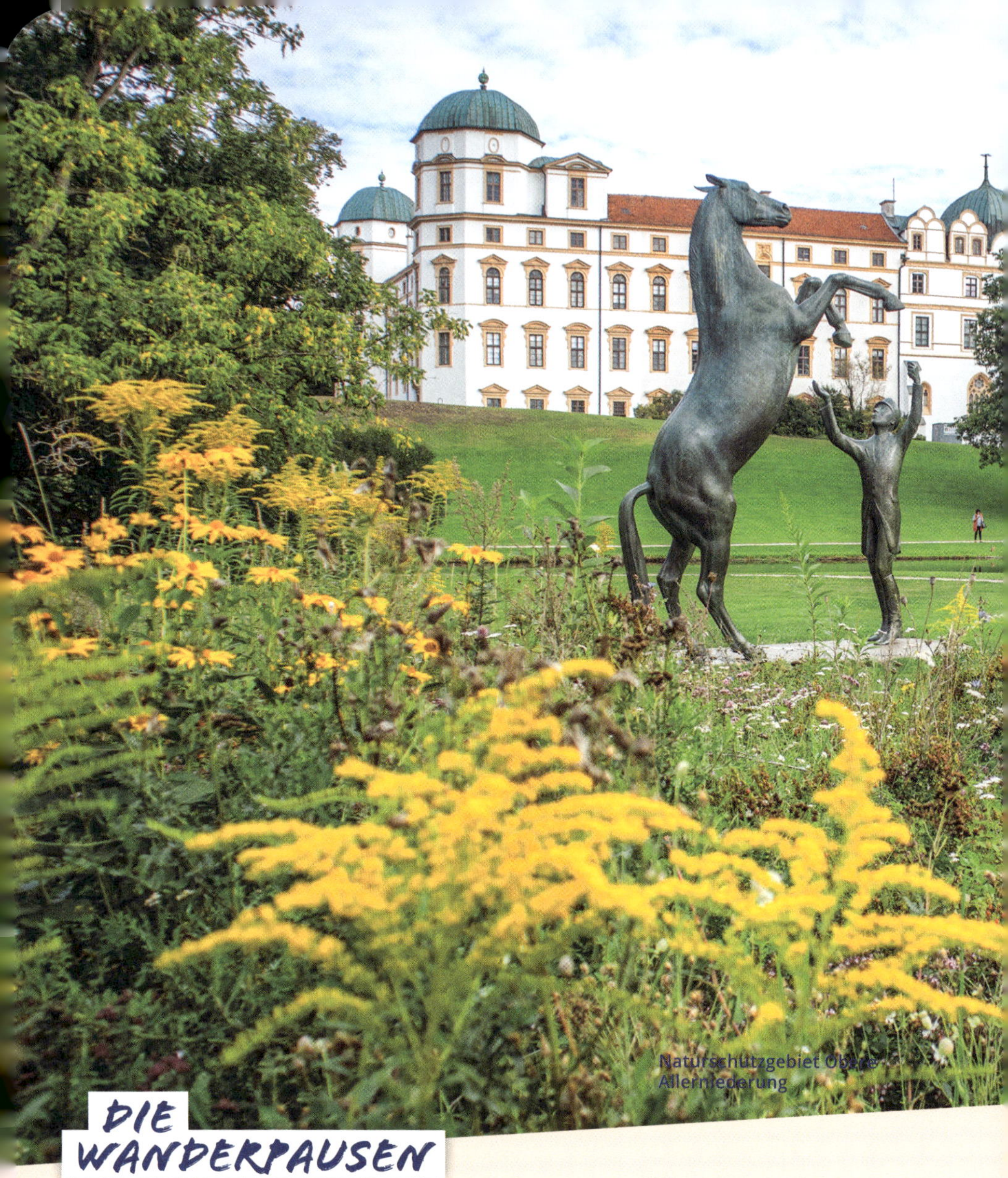

Naturschutzgebiet Obere Allerniederung

DIE WANDERPAUSEN

» START
Bahnhof Celle

KM 1,2
1 Schlosspark
Auf geschwungenen Wegen

KM 2
2 Französischer Garten
Lustwandeln zwischen Linden

KM 4,2

Bank an der Aller
Gräsern lauschen

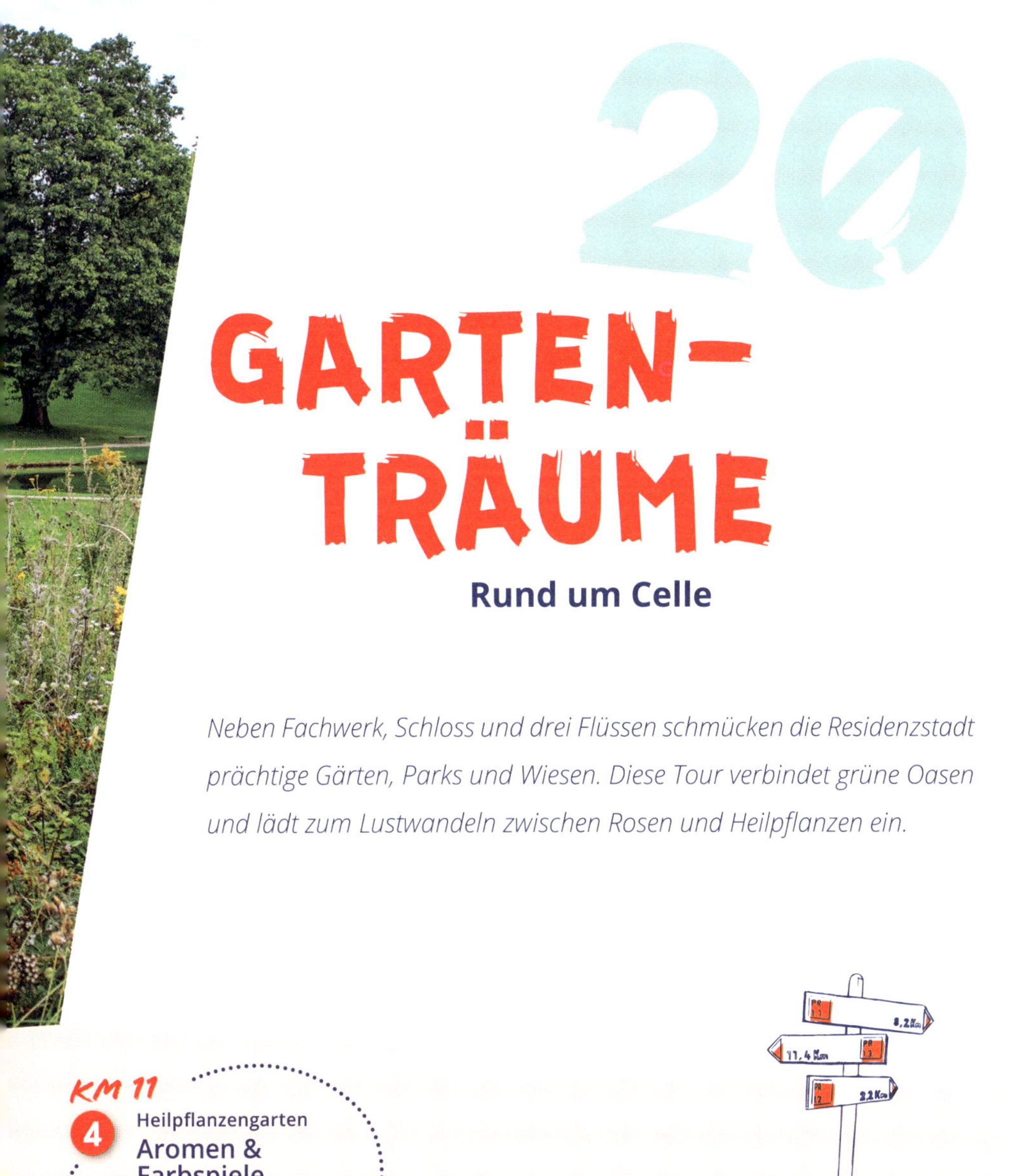

20

GARTEN-TRÄUME

Rund um Celle

Neben Fachwerk, Schloss und drei Flüssen schmücken die Residenzstadt prächtige Gärten, Parks und Wiesen. Diese Tour verbindet grüne Oasen und lädt zum Lustwandeln zwischen Rosen und Heilpflanzen ein.

KM 11

4 Heilpflanzengarten

Aromen & Farbspiele

KM 12

5 Altstadt

Fachwerk, Fries & Feinkost

KM 12,5 » ZIEL

Bushaltestelle Schlossplatz/ Museum

BUNTE BEGRÜSSUNG …

… gleich zu Beginn der Tour. Installationen machen Celle zu einem Lichtkunstbahnhof, dem ersten und bisher einzigen in Deutschland. Eyecatcher an Gleisen, Treppen und Wänden buhlen um die Gunst des Betrachters. Geradeaus der Bahnhofstraße folgen und durch die Triftanlagen. Rasen, Bäume, Bänke. Lila und Rotorange an einem Ende, Weiß und Blassgelb am anderen Ende. **Schlosspark** und **Französischer Garten** grenzen im Westen und Süden an die **Altstadt.** In den Ruheoasen treffen sich Locals und Gäste – zur Mittagspause, zum Flanieren und Draußensein.

Straßenlärm und Stadtluft bleiben zurück, die weite Flusslandschaft der **Aller** grüßt. Links strömt der Fluss gemächlich in die entgegengesetzte Richtung. Wolken und Blau spiegeln sich auf der Wasseroberfläche. Flusswind weht durchs Gesicht. Rechts weiden Pferde, Fohlen traben neugierig zum Zaun. Hier in der Niederung haben Aller und Lachte Platz, um in Kurven und Bögen zu fließen. Gehweg, Aller-Radweg und Jacobusweg verlaufen gemeinsam durch einen wunderschönen Landstrich. Ein Glockenturm aus Holz schmückt Celles ältestes Gotteshaus, die Gertrudenkirche in Altencelle.

WENN BEIM ANBLICK BUNTER BOOTE DER WUNSCH NACH DER NÄCHSTEN ESKAPADE ZU WASSER AUFKOMMT

Kehrtwende. Das kurze Stück an der viel befahrenen Straße war anstrengend. Nach Ruhe und Stille in den Wiesen, klingeln die Ohren vom Motorenlärm, beruhigen sich wieder am Fluss. Schmatzen zwischen beigefarbenen Gräsern – Rinder beim Lunch. Die Stadtkirche mit weißem Turm und grüner Spitze ist von den Dammaschwiesen aus gut zu sehen. Mit jedem Schritt rückt die Stadt näher. Wie viel Uhr? Täglich um 16 Uhr 45 spielt ein Turmbläser in alle Himmelsrichtungen. Zum Loslassen vom Grün mit wunderschönem Wolkenspektakel ist einem noch nicht zumute. Zum Ende der Tour trumpft der **Heilpflanzengarten** mit Düften und Pausenzeit auf.

Ein letzter Blick von der Pfennigbrücke hinein ins Grün und die Gewissheit: Beim nächsten Mal geht's mit dem Boot raus. So eine Draußenzeit weckt alle Sinne, macht hellwach. Und deshalb springen einem all die vielen Details in der Stadtkulisse ins Auge. «

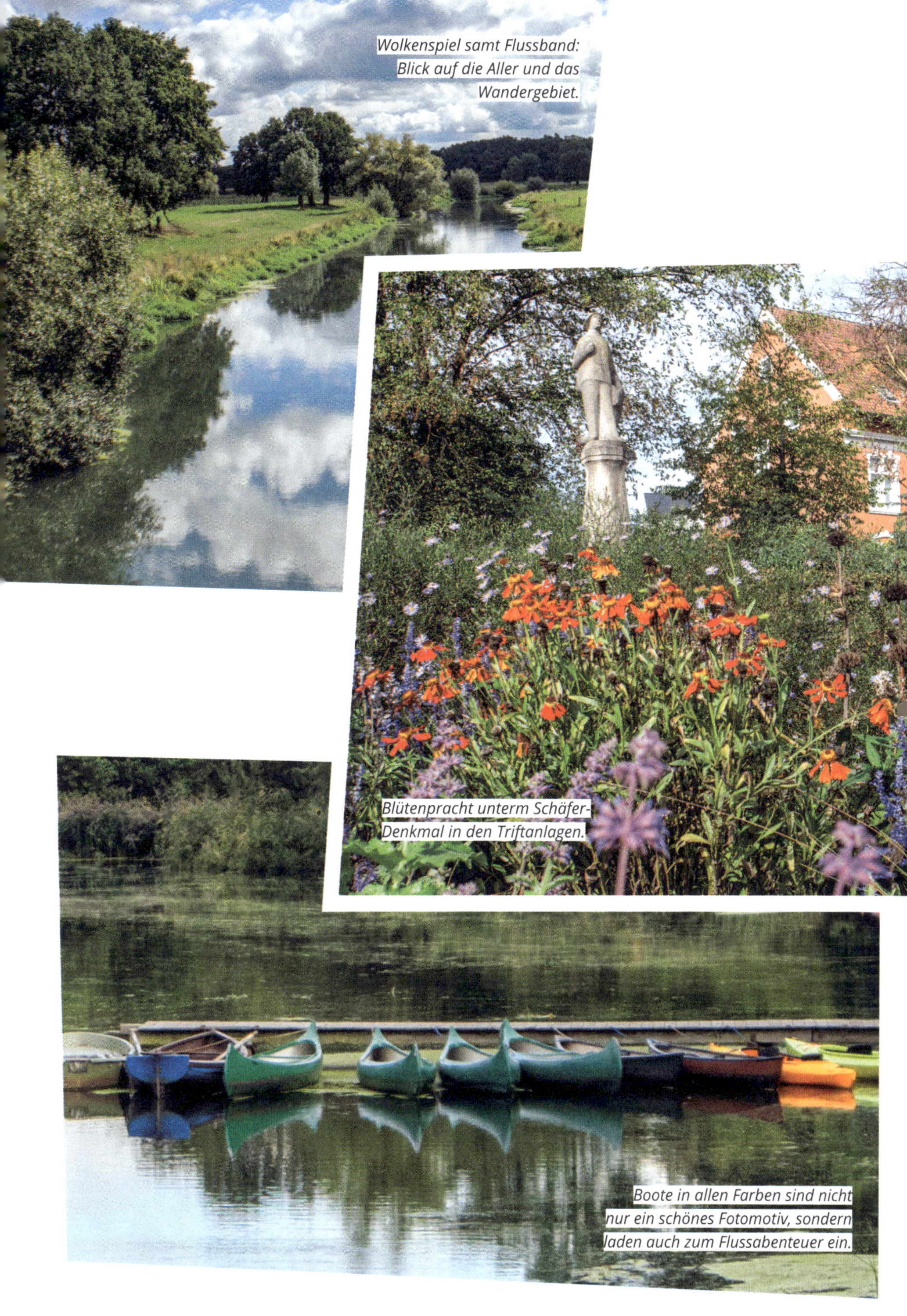

Wolkenspiel samt Flussband: Blick auf die Aller und das Wandergebiet.

Blütenpracht unterm Schäfer-Denkmal in den Triftanlagen.

Boote in allen Farben sind nicht nur ein schönes Fotomotiv, sondern laden auch zum Flussabenteuer ein.

WANDERN & GENIESSEN

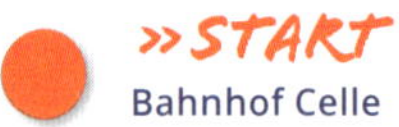

Bahnhof Celle

Bahnhofstraße durch die Triftanlagen zum Schloss mit Schlosspark folgen.

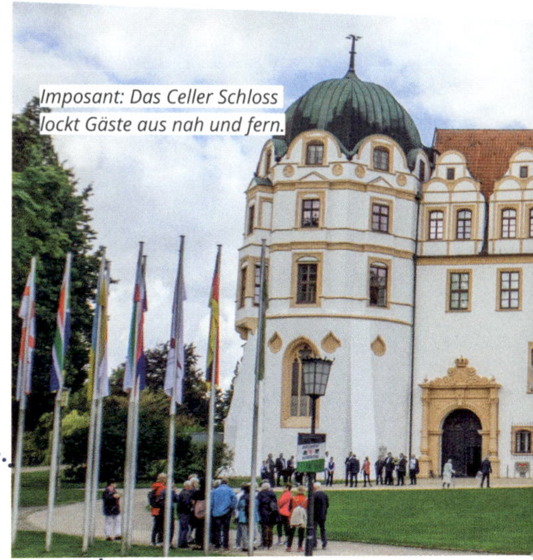

Imposant: Das Celler Schloss lockt Gäste aus nah und fern.

KM 1,2

1 **Schlosspark**

Auf geschwungenen Wegen

Die Sonne blinzelt durch die Wolkendecke. Vögel zwitschern. Kunterbunte Beete, sattes Grün und Gehwege, die sich sanft an Fluss und Hügel schmiegen. Schwäne ziehen Bahnen auf dem Wassergraben, der um das imposante Wahrzeichen der Stadt führt. Drei Jahrhunderte residierte das Herzogtum Braunschweig-Lüneburg im elfenbeinfarbenen Schloss auf dem Hügel. Bei diesem Stopp rücken statt Schicksalen, Tragödien und Theater aparte Bäume in den Fokus. Zu den insgesamt 50 Baumarten gehören der Taschentuchbaum, in China beheimatet, und die Sumpfzypresse, typisch für die Everglades. Papierbirken fallen durch ihre schlohweiße Rinde auf. Amerikanische Ureinwohner:innen nutzen sie als Schreibmaterial und zum Kanubau. Favorit dabei?

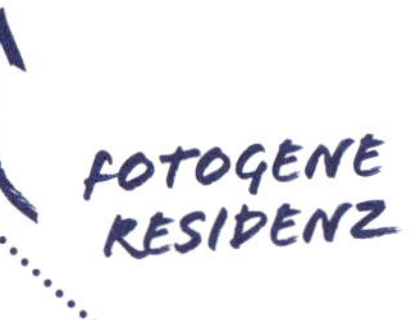

Mit Schlosseingang im Rücken und Bomann-Museum im Blick nach rechts auf Schlossplatz abbiegen und Straßenverlauf folgen.

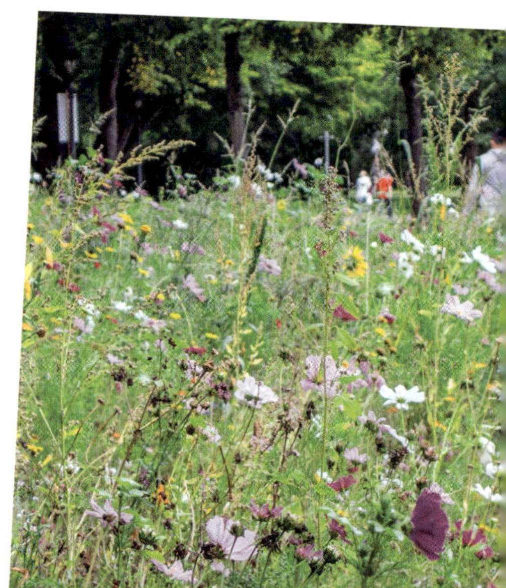

KM 2

2 Französischer Garten
Lustwandeln zwischen Linden

Eins gleich vorweg: Der Französische Garten südlich der Altstadt ist heute ein Landschaftspark im englischen Stil. Seinem romantischen Charme tut dies keinen Abbruch. Am Teich mit Fontäne zeigen sich Regenbögen zwischen Wasserstrahlen. Im Barockgarten betören dicke Rosenköpfe und eine barbusige Dame mit ihrem Antlitz. Auf Bänken genießen Menschen Zweisamkeit. Osten und Westen verbindet eine doppelte Lindenallee, die zwischen 1695 und 1696 gepflanzt und von 1951 bis 1953 erneuert wurde. Eingehüllt von Blätterdach und Lindenduft, passen sich Tempo und Gangart an. Hummel und Bienen leisten Gesellschaft. Arme im Rücken verschränken, der Blick schweift von Stamm zu Stamm und Ast zu Ast.

Am Caroline-Mathilde-Denkmal vorbei, dann von Herzogin-Eleonore-Allee links auf Fritzenwiese weiter. Rechts abbiegen auf Steintor. Pfad folgen, dann links abbiegen auf asphaltierten Geh- und Radweg.

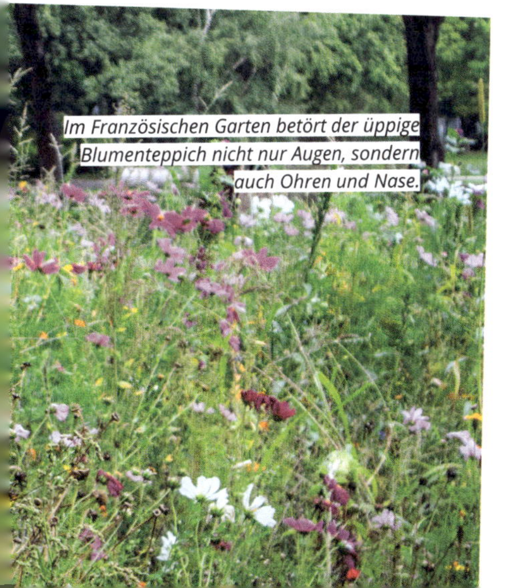

Im Französischen Garten betört der üppige Blumenteppich nicht nur Augen, sondern auch Ohren und Nase.

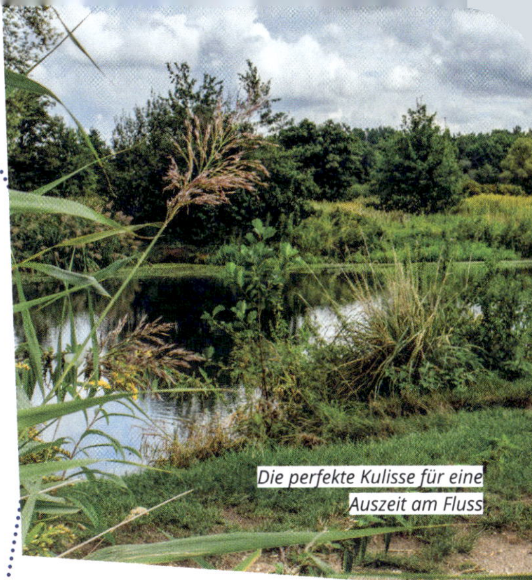

Die perfekte Kulisse für eine Auszeit am Fluss

KM 4,2

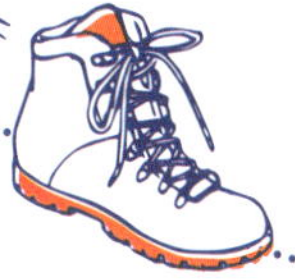

3 Bank an der Aller
Gräsern lauschen

Das Vogelorchester am Morgen ist beendet, der Straßenlärm weit weg. Gummi rollt auf Asphalt, eine Klingel schellt. Radfahrende düsen vorbei. Nahezu gespenstig ruhig ist es am Flussufer. Bis eine Brise durch Halme weht und Gräsern ihr Rascheln und Rauschen entlockt. Je höher die Halme, desto schöner die Töne. Da lohnt es sich, Platz zu nehmen und die Ohren zu spitzen. Auf der anderen Seite mündet die Lachte in die Aller. Äste reichen bis zum Wasser, fast scheint es, als würden Bäume im Fluss stehen. Wiesen, Röhricht, ganz viel Grün. Regelmäßig schwappt Wasser über das Ufer und verwandelt Auen und Weiden in Schwemmland.

Weg bis Altencelle folgen. Links auf Alte Dorfstraße (B3) weiter, Brücke überqueren. Gehweg 600 m parallel zur B3 folgen, Straße überqueren, zurück ins Grün und Weg nach Celle folgen. An Thaers Garten vorbei zum nächsten Stopp.

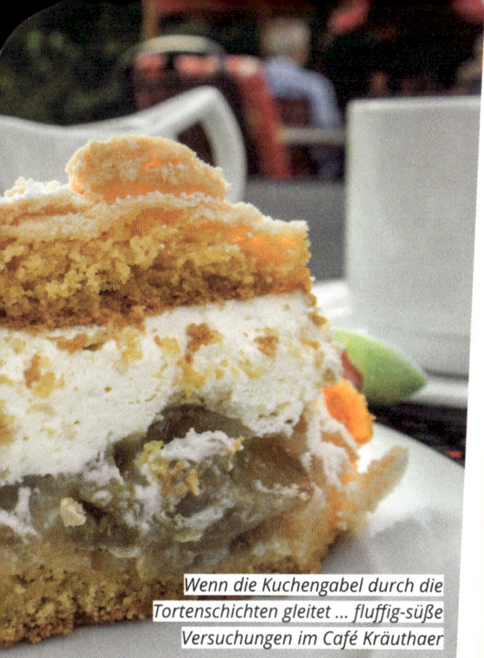

Wenn die Kuchengabel durch die Tortenschichten gleitet ... fluffig-süße Versuchungen im Café Kräuthaer

KM 11

4 Heilpflanzengarten
Aromen & Farbspiele

Zuerst Kaffee und Kuchen im **Café Kräuthaer,** dann Aromen und Farbkleckse genießen. Oder andersrum? Die Reihenfolge ist egal, Hauptsache Zeit und Muße sind im Gepäck, um sich in einem der größten Heilpflanzengärten Europas ganz ohne Rezept einer Aromatherapie hinzugeben. Hanglage, Terrassen mit Beeten, Stauden und Sträuchern, alte Bäume. Rund um ein Wasserbecken befinden sich die bekanntesten und am häufigsten verwendeten Heilpflanzen. Hildegard von Bingen, Sebastian Kneipp, Matthias Leisen. Ayurveda, Homöopathie und Traditionelle Chinesische Medizin – wer nutzt welche Pflanzen auf welche Weise? (cafe-kraeuthaer.de)

Vorbei an den Dammaschwiesen über die Pfennigbrücke in die Altstadt.

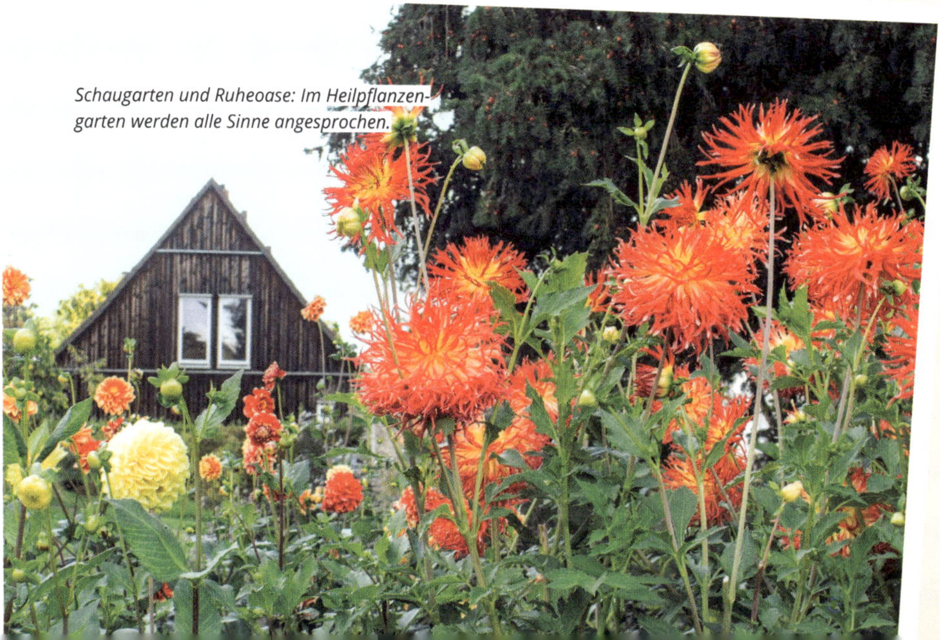

Schaugarten und Ruheoase: Im Heilpflanzengarten werden alle Sinne angesprochen.

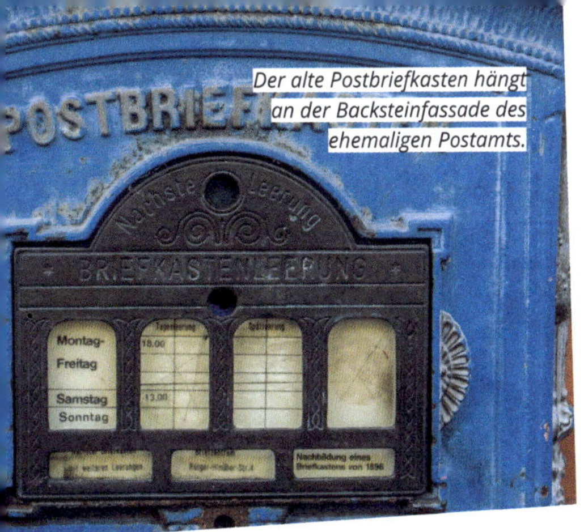

Der alte Postbriefkasten hängt an der Backsteinfassade des ehemaligen Postamts.

EXTRA INFOS:

Paddeln auf dem Fluss – nur fünf Gehminuten von der bezaubernden Fachwerkstadt entfernt fließt die Aller und bietet aktiven Menschen eine wasserreiche Auszeit. Ob wackelig beim SUP oder gemütlich paddelnd im Sit-on-top (Fun-Boote die sich bestens für Badeausflüge eignen): Die Flotte von ● **AllerLeih** (allerleih-celle.de) lässt kaum Wünsche offen. Einfach vorbeigehen (im Sommer Wartezeiten einplanen) und Lieblingsgefährt aussuchen.

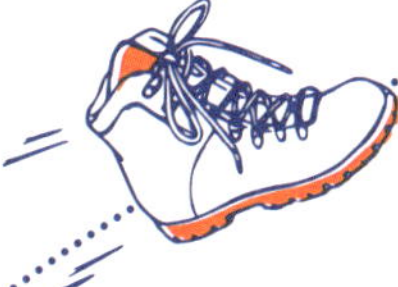

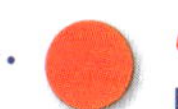

KM 12,5 » ZIEL

Bushaltestelle Schlossplatz/ Museum

KM 12

5 Altstadt

Fachwerk, Fries & Feinkost

Den Abschluss der Tour gemütlich ausklingen zu lassen, fällt in der quirligen Altstadt von Celle leicht. Durch Gassen schlendern, Fachwerk und Giebel in Augenschein nehmen. Wie im Mittelalter, oder? Vorspringende Erker, Toiletten zwischen Häuserwänden, gerade und schiefe Balken. Farbigen Putz zieren Inschriften, goldene Ornamente und filigrane Schnitzereien. Friese verlaufen im Zickzack und als Treppen an Fassaden entlang, gut zu sehen in der **Neuen Straße.** Im **»Alten Provisor«** in der Bergstraße 12 geht man mit der Zeit. Aus dem 400 Jahre alten Fachwerkhaus ist mit viel Liebe zum Detail ein Geschenkeladen geworden. Drinnen Interieur und Feinkost, draußen spielt eine Jazzband. In Gläsern wippt der Kräuterlikör zum Bass.

Busse zum Bahnhof fahren von der Haltestelle Schlossplatz/Museum ab.

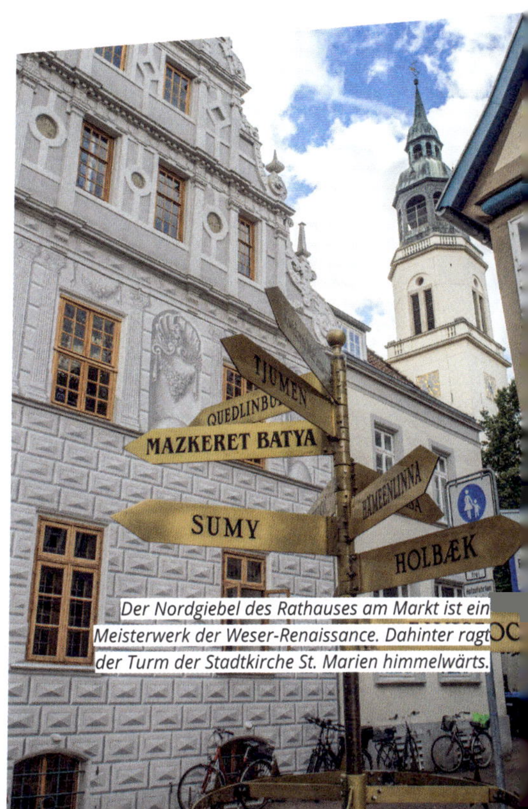

Der Nordgiebel des Rathauses am Markt ist ein Meisterwerk der Weser-Renaissance. Dahinter ragt der Turm der Stadtkirche St. Marien himmelwärts.

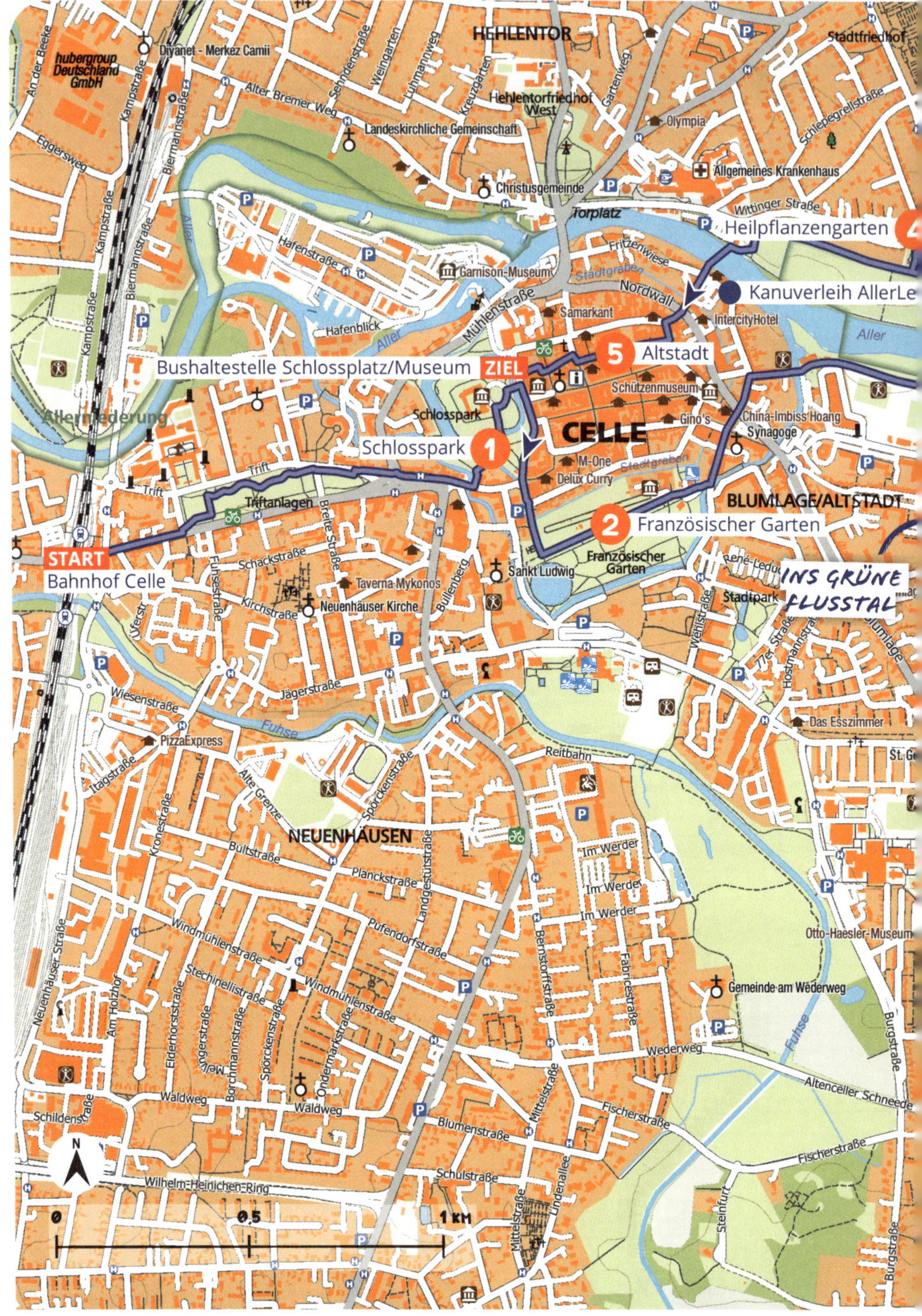
HEHLENTOR
Stadtfriedhof
hubergroup Deutschland GmbH
Diyanet - Merkez Camii
Alter Bremer Weg
Landeskirchliche Gemeinschaft
Hehlentorfriedhof West
Olympia
Allgemeines Krankenhaus
Christusgemeinde
Torplatz
Wittinger Straße
Heilpflanzengarten
4
Hafenstraße
Garnison-Museum
Fritzenwiese
Stadtgraben
Nordwall
Kanuverleih AllerLe
Samarkant
IntercityHotel
Hafenblick
Aller
Mühlenstraße
5
Altstadt
Bushaltestelle Schlossplatz/Museum
ZIEL
Schützenmuseum
Schlosspark
Gino's
China-Imbiss Hoang
Synagoge
CELLE
Allerniederung
1
Schlosspark
M-One
Delüx Curry
Stadtgraben
Trift
Triftanlagen
BLUMLAGE/ALTSTADT
2
Französischer Garten
START
Bahnhof Celle
Schackstraße
Taverna Mykonos
Französischer Garten
Sankt Ludwig
INS GRÜNE FLUSSTAL
Stadtpark
Kirchstraße
Neuenhäuser Kirche
Jägerstraße
Wiesenstraße
Fuhse
PizzaExpress
Das Esszimmer
Reitbahn
NEUENHÄUSEN
Bultstraße
Planckstraße
Pufendorfstraße
Windmühlenstraße
Im Werder
Otto-Haesler-Museum
Gemeinde am Wederweg
Wederweg
Altenceller Schneede
Waldweg
Blumenstraße
Fischerstraße
Schulstraße
Wilhelm-Heinichen-Ring
Steinfurt
Burgstraße
0
0,5
1 KM
N

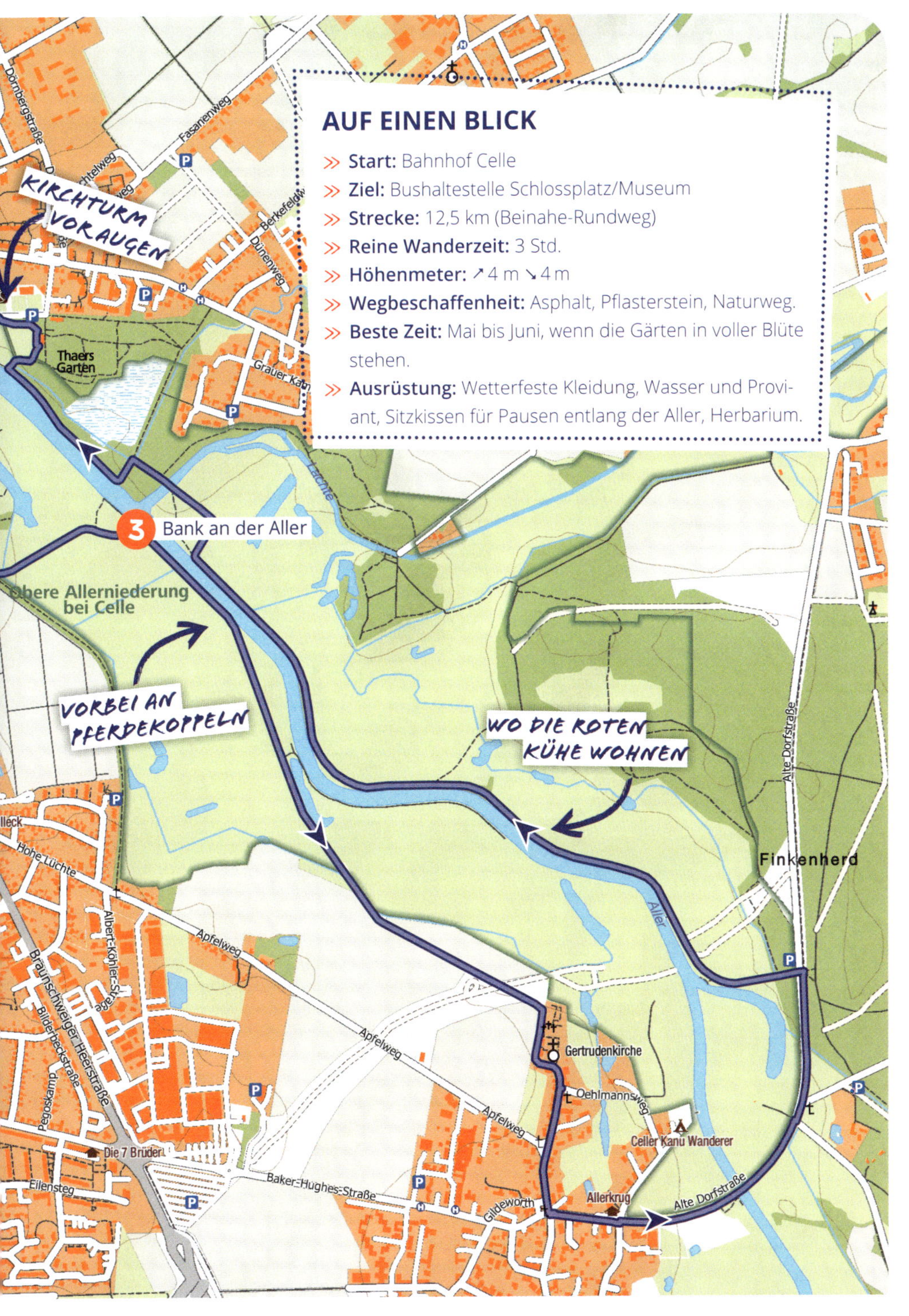
AUF EINEN BLICK
» Start: Bahnhof Celle
» Ziel: Bushaltestelle Schlossplatz/Museum
» Strecke: 12,5 km (Beinahe-Rundweg)
» Reine Wanderzeit: 3 Std.
» Höhenmeter: ↗ 4 m ↘ 4 m
» Wegbeschaffenheit: Asphalt, Pflasterstein, Naturweg.
» Beste Zeit: Mai bis Juni, wenn die Gärten in voller Blüte stehen.
» Ausrüstung: Wetterfeste Kleidung, Wasser und Proviant, Sitzkissen für Pausen entlang der Aller, Herbarium.
KIRCHTURM VOR AUGEN
VORBEI AN PFERDEKOPPELN
WO DIE ROTEN KÜHE WOHNEN
3 Bank an der Aller
Thaers Garten
Obere Allerniederung bei Celle
Finkenherd
Gertrudenkirche
Oehlmannsweg
Celler Kanu Wanderer
Allerkrug
Alte Dorfstraße
Gildeworth
Baker-Hughes-Straße
Apfelweg
Die 7 Brüder
Eilensteg
Braunschweiger Heerstraße
Bilderbeckstraße
Albert-Köhler-Straße
Hohe Lüchte
Pegoskamp
Dörnbergstraße
Fasanenweg
Berkefeldweg
Dünenweg
Grauer Kamp
Aller
Lachte

AUCH NOCH GANZ NÜTZLICH

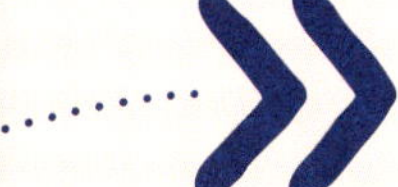

ORTSREGISTER

IMPRESSUM

» **Text:**
Sonja Anwar

» **Cover- und Buchgestaltung:**
Carolin Weidemann, Köln, www.weidemann-design.com

» **Lektorat & Produktion:**
Ronit Jariv, Köln, www.derschoenstesatz.de

» **Projektmanagement:**
Susanne Heimburger, Tamara Siedler

» **Fotos:**
Titelfoto: Shutterstock.com/foto-select; Fotos Innenteil: Sonja Anwar

» **Kartografie:**
©KOMPASS-Karten GmbH, kompass.de unter Verwendung von ©OpenStreetMap Contributors, osm.org/copyright

» **S. 222 / 223:**
Marie Geißler (Illustration), Jens Bey (Text)

Printed in Poland

1. Auflage 2024

ISBN 978-3-616-03230-6

www.dumontreise.de

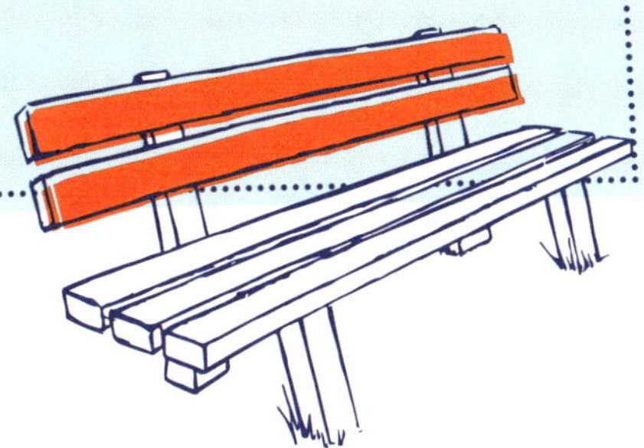

RECHTS ODER LINKS? IMMER WISSEN, WO'S LANGGEHT!

» TOURENVERLAUF
GPX-Daten zum kostenlosen Download
www.dumontreise.de/wanderzeit/lueneburger-heide

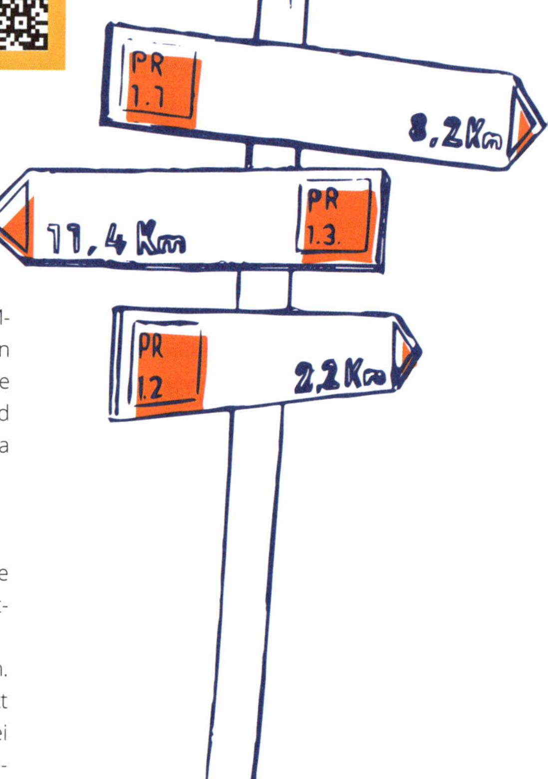

GPX-DOWNLOAD AUFS SMARTPHONE – SO GEHT'S

» Voraussetzung:
Eine Outdoor-App muss installiert sein, z. B. KOMPASS, Outdooractive oder Komoot. Zum Einlesen des QR-Codes benötigen ältere Android-Geräte eine QR-Code-App. Bei neueren Android- und iOS-Geräten ist diese Funktion in der Kamera integriert.

» Daten downloaden:
1. Den QR-Code einlesen oder die Webadresse im Browser eingeben, um auf die Wanderzeit-Website zu gelangen.
2. Die gewünschte Tour zum Download anklicken.
3. Bei iOS-Geräten werden die GPX-Daten direkt mit der vorab installierten App verknüpft. Bei Android-Geräten muss ggf. noch ein Weiterleiten-Button geklickt werden (z. B. oben rechts im Display). Manche Apps zeigen den Tourverlauf starr an, andere haben eine Navigationsfunktion dabei.

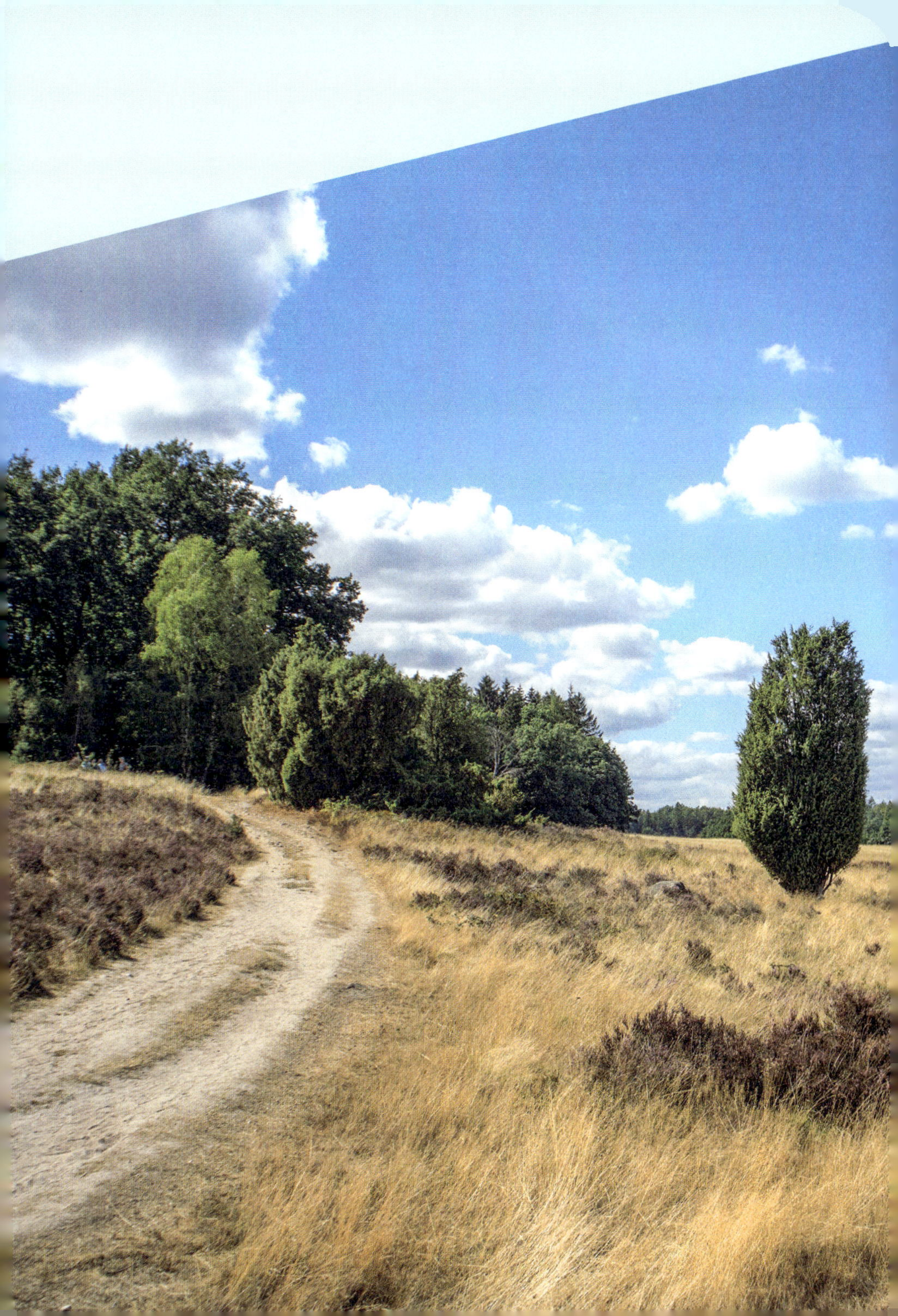

WEITERWANDERN ...

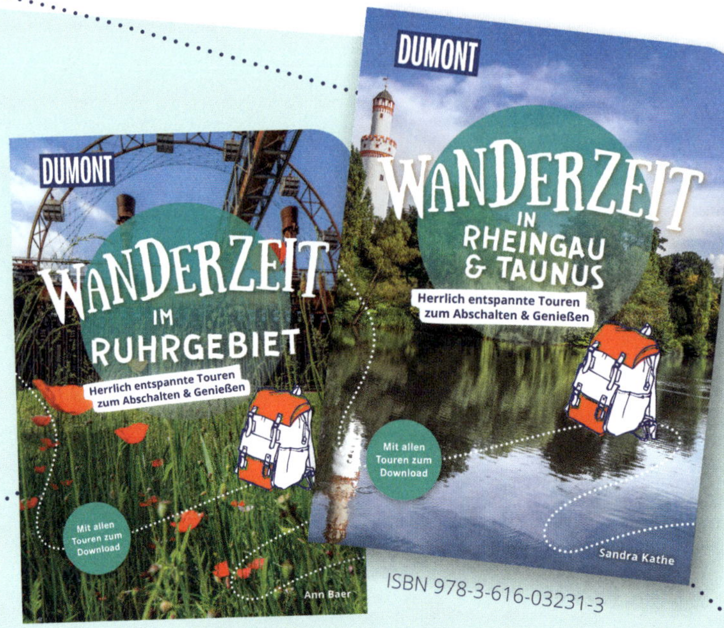

ISBN 978-3-616-03231-3

ISBN 978-3-616-03232-0

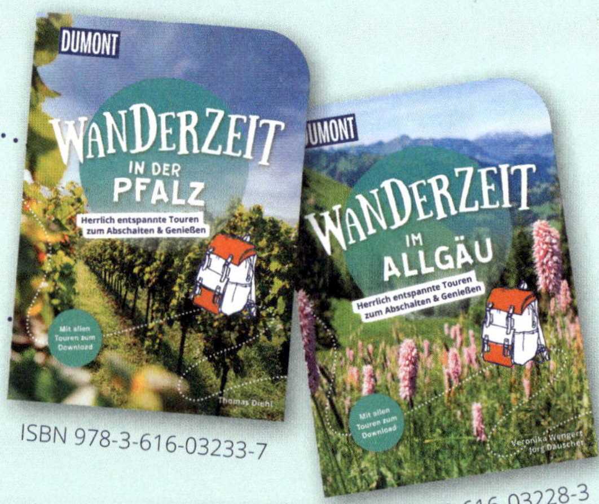

ISBN 978-3-616-03233-7

ISBN 978-3-616-03228-3

… ODER LIEBER MAL RADELN?

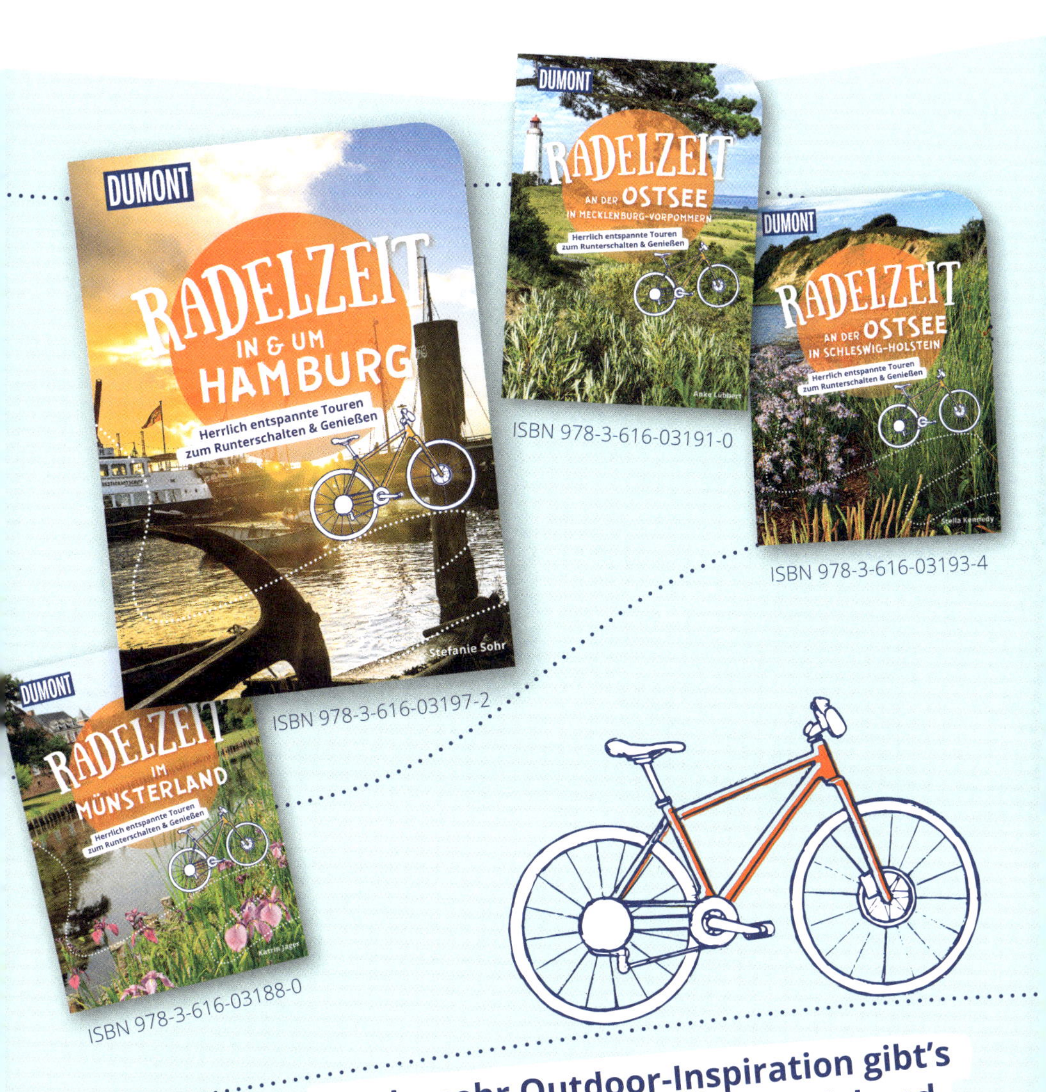

Noch mehr Outdoor-Inspiration gibt's im gut sortierten Buchhandel und unter www.dumontreise.de

ANTI-RUCKSACK-AUTSCH-ÜBUNGEN

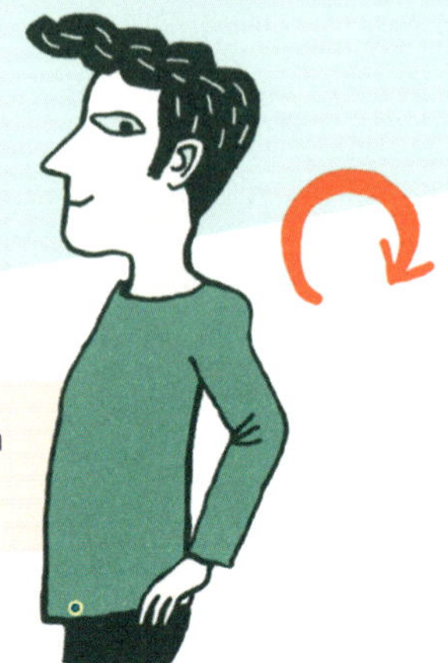

1. Kreise 30 Sekunden mit den Schultern nach hinten und unten.

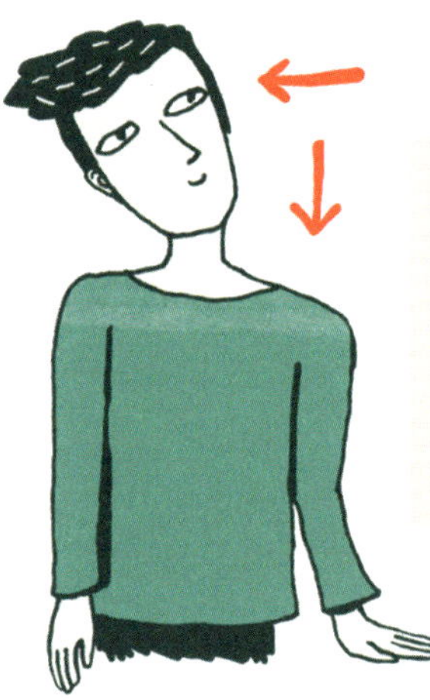

2. Den Nacken ziehst du in Form, indem du den Kopf langsam, ohne ihn zu verdrehen, zur rechten Schulter neigst. Den linken Arm schiebst du dabei langsam nach unten, die Handfläche zeigt zum Boden. Ruhig atmen, 15 Sekunden halten, dann wechselst du die Seite.

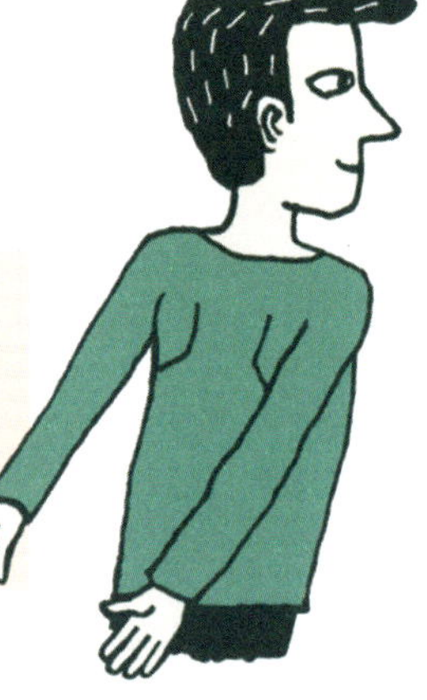

3. Die Brust entspannt sich, wenn du deine Arme seitlich nach hinten bewegst, mit den Handflächen zur Decke. 15 bis 20 Sekunden lang in der Dehnung bleiben und dabei kein Hohlkreuz machen.

4. Die Schulterbrücke stärkt den Rücken. Lege dich auf einer Matte auf den Rücken, stelle die Beine hüftbreit auf, die Arme liegen gerade am Boden. Dann hebst du das Becken an, sodass der Körper eine gerade Linie bildet. Absenken und wieder anheben.

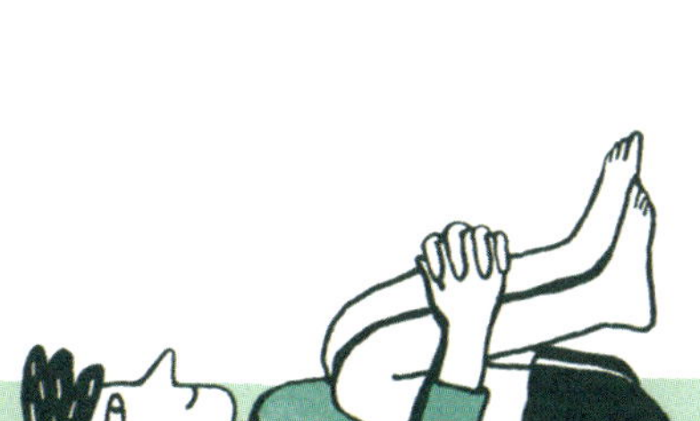

5. Prima Päckchen: Ziehe die Knie zur Brust heran, umfasse sie mit den Händen und atme aus. Lockere die Knie etwas und ziehe sie wieder heran. Das dehnt die Muskulatur an der Wirbelsäule und macht dich wieder beweglicher.

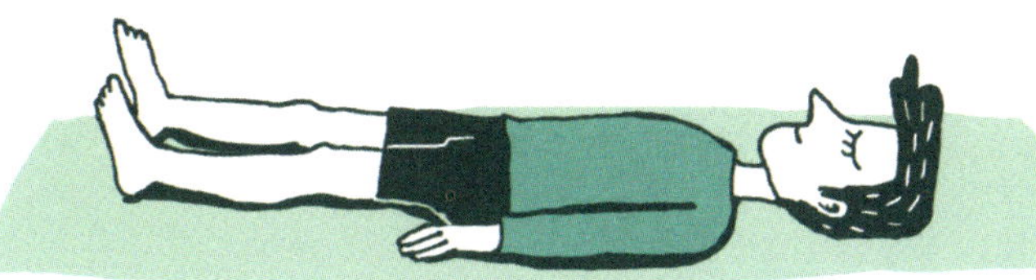

6. Zum Schluss entspannst du ein paar Atemzüge auf dem Rücken, Arme und Beine locker von dir gestreckt.

DIE PERFEKTE TOUR …

#FÜRSONNENHUNGRIGE

Sonne satt, weite Flächen und ganz viel Sand unter den Füßen. Der Weg zum höchsten Berg der norddeutschen Tiefebene fühlt sich nach Strandtag an.

» **TOUR 9, S. 94**

#FÜRNEUGIERIGE

In die Eiszeit abtauchen, Wissenswertes über die Pfleger der Kulturlandschaft und das Leben in der Heide im Laufe der Jahrhunderte erfahren. Spannend!

» **TOUR 11, S. 114**

#FÜRWASSERRATTEN

Kanu, Tretboot, Fußbad. In Bad Bevensen ist die Ilmenau der Star. Wer statt im Fluss lieber im Freibad oder in der Therme planscht, ist hier richtig.

» **TOUR 14, S. 144**

#FÜRLECKERMÄULER

Zuerst herzhaft und dann süß. Auf dieser Tour sorgen Schafstall und Heidekönnigensaal fürs leibliche Wohl. Da geht man gerne ein paar Kilometer extra.

» **TOUR 8, S. 84**

#FÜRFAULE

Plattes Land, Hängematte, Sitzbänke am Wegesrand. Die einzigen Höhenmeter führen auf Beobachtungstürme. Wer's auf die Spitze treiben will, schummelt sich mit dem Bummelzug durchs Moor.

» **TOUR 4, S. 44**

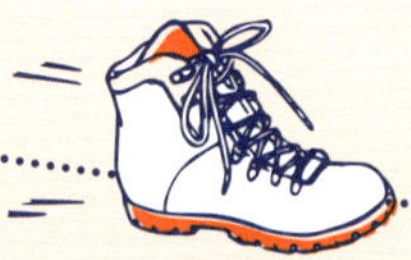